新
思
THINKR

有思想和智识的生活

企鹅欧洲史

［英］西蒙·普莱斯
（Simon Price）
［英］彼得·索恩曼
（Peter Thonemann） 著
马百亮 — 译

THE BIRTH OF CLASSICAL EUROPE
A HISTORY FROM TROY TO AUGUSTINE

古典欧洲的诞生
从特洛伊到奥古斯丁

中信出版集团 | 北京

图书在版编目（CIP）数据

古典欧洲的诞生：从特洛伊到奥古斯丁 /（英）西蒙·普莱斯，（英）彼得·索恩曼著；马百亮译.—北京：中信出版社，2019.5（2025.3 重印）
（企鹅欧洲史）
书名原文：The Birth of Classical Europe: A History from Troy to Augustine
ISBN 978-7-5086-9437-5

Ⅰ.①古… Ⅱ.①西…②彼…③马… Ⅲ.①欧洲—古代史 Ⅳ.① K502

中国版本图书馆 CIP 数据核字（2018）第 203568 号

The Birth of Classical Europe: A History from Troy to Augustine
Copyright ©Simon Price and Peter Thonemann, 2011
Simplified Chinese translation copyright © 2019 by CITIC Press Corporation
Penguin（企鹅）and the Penguin logo are trademarks of Penguin Books Ltd.
First Published 2011
First published in Great Britain in the English language by Penguin Books Ltd.
All rights reserved.

本书仅限中国大陆地区发行销售
封底凡无企鹅防伪标识者均属未经授权之非法版本

封面图片来源：视觉中国

古典欧洲的诞生：从特洛伊到奥古斯丁

著　　者：［英］西蒙·普莱斯　［英］彼得·索恩曼
译　　者：马百亮
出版发行：中信出版集团股份有限公司
　　　　　（北京市朝阳区东三环北路 27 号嘉铭中心　邮编 100020）
承 印 者：河北鹏润印刷有限公司

开　　本：880mm×1230mm　1/32　　印　　张：14　　插　　页：8　　字　　数：343 千字
版　　次：2019 年 5 月第 1 版　　　　印　　次：2025 年 3 月第 13 次印刷
京权图字：01-2015-8279
书　　号：ISBN 978-7-5086-9437-5
定　　价：68.00 元

版权所有·侵权必究
如有印刷、装订问题，本公司负责调换。
服务热线：400-600-8099
投稿邮箱：author@citicpub.com

目录

"企鹅欧洲史"系列中文版总序　i

《古典欧洲的诞生：从特洛伊到奥古斯丁》导读　v

致　谢　xiii

前　言　xv

第一章　爱琴海地区，米诺斯人、迈锡尼人和特洛伊人：
　　　　约公元前 1750 年—前 1100 年　1

第二章　地中海、黎凡特和中欧：
　　　　公元前 1100 年—前 800 年　43

第三章　希腊人、腓尼基人与西地中海：
　　　　公元前 800 年—前 480 年　79

第四章　希腊、欧洲与亚洲：
　　　　公元前 480 年—前 334 年　121

第五章　亚历山大大帝与希腊化世界：
　　　　公元前 334 年—前 146 年　　161

第六章　罗马、迦太基与西方：
　　　　公元前 500 年—前 146 年　　197

第七章　罗马、意大利半岛和帝国：
　　　　公元前 146 年—公元 14 年　　247

第八章　罗马帝国：
　　　　公元 14 年—284 年　　295

第九章　罗马帝国晚期：
　　　　公元 284 年—425 年　　349

插图清单　391
延伸阅读　397
年代表　411

"企鹅欧洲史"系列中文版总序

文明的更新、重组和不断前进
——为什么我们应该阅读"企鹅欧洲史"系列

彭小瑜

21世纪还剩有80多年,当今的主要发达国家,也就是欧洲国家以及在制度和文化上与之关系极其紧密的北美洲和大洋洲国家,在发展上的明显优势目前无疑还存在。那么到了21世纪末,情况又会如何?"企鹅欧洲史"系列包含的9部著作覆盖了欧洲文明近4 000年的历史。如果我们精细地阅读这几本书,我们就能够观察到欧洲文明在历史上经历过的多次繁荣、危机和复兴,进而能够认识到欧洲文明保持更新和不断前进的真正力量是什么。

相对于世界其他地方的古老文明,欧洲文明天然具有优越性吗?从19世纪在中国沿海地区贩卖鸦片的英国人身上,我们看不到什么值得欣赏和效仿的品德和价值观。西方近代的"船坚炮利"及其背后的科学技术固然值得研究和学习,但是学会了"船坚炮利"的本事不是为了欺负和攻打别人。另外,西方文明的优点,欧洲在近代国力强大的原因,绝不局限于自然科学和先进技术。我们了解和研究欧洲历史，借鉴欧洲和整个西方的历史文化和经验，肯定也不能局限于救亡图存这一有限目的。我们采取和保持一个面向世界的开放态度，是为了建设一个美好的生活环境，也是为了对世界和平和全人类的福利做出我们的贡献。因此，我们对欧洲史和整个西方文明需要有一个认真和耐心研究的态度，努力学习其优点，尽量避免其不足，以期完成我们中华民族在21世纪追求的远大目标。为了这样一个宏大的事业，我们需要精细阅读"企鹅欧洲史"系列。这是我们了解和学习外部世界过程中迈出的小小一步，却可能会让我们拥有以前不曾体验过的惊奇、思索和感悟。

整套丛书由古希腊罗马远古的历史开始，讲述了直到21世纪的欧洲历史。尽管各位作者的资历和背景不尽相同，他们基本的历史观却高度相似。在对西方文明进行坦率批评的同时，他们以明确的乐观态度肯定了这一独特文化、政治和经济体制的自我更新能力。普莱斯和索恩曼在描写古代雅典城邦时（见《古典欧洲的诞生：从特洛伊到奥古斯丁》），注意到了雅典民众拥有在古代世界独一无二的政治参与权，不过该城邦"同时也是对妇女压制最为严重的城邦之一"，因为唯有男性拥有公民权的情况让没有公民权的自由民妇女地位变得十分糟糕。依靠元老院、人民和行政长官三者之间沟通和平衡的古罗马，建立和维持着一个似乎比雅典更加稳定的共和国。后来，贫民的土地问题以及意大利和其他地方民众获取公民权的问题，引发了"罗马在350年里的第一次政治杀戮"。之后不断加剧的社会矛盾导致了血腥的持续的内战，并颠覆了共和制度，但是罗马人在内战废墟上建立了君主制帝国，同时让各地城市保持了强有力的自治传统，在地中海周边的辽阔地区又维持了数百年的安定和繁荣。

乔丹在《中世纪盛期的欧洲》里面写到了14世纪的黑死病，"在1347—1351年的瘟疫中有多达2 500万人殒命"，之后瘟疫还连续暴发了好多次，而此前欧洲的总人口只有大约8 000万。这个世纪同时也是战争和内乱频仍的年代，是教会内部思想混乱和不断发生纷争的年代。面对如此可怕的巨大灾祸，面对16世纪宗教改革带来的政治和思想的严重分裂，西方人在生产、贸易和金融等领域仍然取得长足进步，并开始探索世界地理，航行到非洲、亚洲和美洲，倡导用实验来把握有用的知识，学会用科学的方法来仰望星空，认知宇宙的秘密。与此同时，自私的欲望逐渐泛滥，开始有文化人鼓吹"最自然的人权就是自利"，鼓吹"自然状态是一个相互竞争的丛林"（见《基督教欧洲的巨变：1517—1648》）。

当资本主义的贪婪和帝国主义的强权给世界上落后国家带来压榨和屈辱的时候，欧洲内部的社会矛盾也变得十分尖锐。在19世纪中叶，英国每天要用掉大约2.5亿根火柴，在位于伦敦的工厂："用于制造可燃火柴的白磷产生的气体开始给工人身体造成严重损害。工厂工人几乎是清一色的女工和童工，工人需要先准备好磷溶液，然后把火柴杆放在里面浸沾。他们的牙龈开始溃烂，牙齿脱落，颌骨慢慢腐烂，流出散发臭味的脓水，有时从鼻子里往外流脓，人称'磷毒性颌骨坏死'。1906年在伯尔尼签署的一项国际公约禁止使用白磷，两年后，英国议会批准了该公约。"（见《竞逐权力：1815—1914》）

历史故事的细节从来都具有一种思想冲击力。"企鹅欧洲史"系列的各个分册里面充满了大量的细节和故事。看了白磷火柴女工的故事，认真的读者都会好奇，当时的欧洲会往何处去。埃文斯描写了第一次世界大战前的欧洲社会和改革运动。他提到，德国的铁血宰相俾斯麦曾经声称，国家必须"通过立法和行政手段满足工人阶级的合理愿望"。在叙述现代历史的各个分册里，我们都能看到，欧洲统治阶级坚持文化和制度的渐进改良，不单单是"出于发自内心的社会良知"，也是因为他们面临来自社会主义思想和运动的压力，希望通过对话达成社会各阶层的和解。社会各阶层重视沟通和妥协不仅是现代西方社会的一个突出特点，应该也可以追溯到遥远的雅典城邦和罗马共和国传统。沟通和妥协的能力，确实是欧洲文明保持活力和持续进步的一个重要原因。

第一次世界大战结束后不久，梁启超先生到欧洲考察，遇见一位美国记者，后者觉得"西洋文明已经破产了"，不赞成梁启超将之"带些回去"的打算。梁启超问："你回到美国却干什么？"该记者叹气说："我回去就关起大门老等，等你们把中国文明输入进来救拔我们。"梁启超在《欧游心影录》里面记载了这个故事，但是他提醒读者，欧洲不会完。他解释说，18世纪以后的欧洲文明不再是贵族的文明，而是"群众的文明"，各种观念和立场有顺畅交流，思想文化依然活跃。所以他断言，欧洲仍然能够"打开一个新局面"。饮冰室主人在1929年去世，没有机会看到此后的欧洲历史轨迹。我们是幸运的，看到了更多的世界风云变幻。我们是幸运的，能够阅读"企鹅欧洲史"系列这样有趣和深刻的历史读物。我们借此不仅能够更清楚地看到欧洲的过去，也可能能够看到一点欧洲和世界以及我们自己的未来。

《古典欧洲的诞生：从特洛伊到奥古斯丁》导读

一本开卷有益的欧洲古代简史

郭小凌

中信出版集团新近出版的"企鹅欧洲史"系列第一卷《古典欧洲的诞生：从特洛伊到奥古斯丁》，是一本简明可信，因而开卷有益的地区史读物。

近些年来，字数不算多却叙述一个庞大主题的小书频频问世，成为国际出版界的一种现象，比如许多冠以"极简"（the shortest）历史的国别史、断代史、地区史、专题史作品。这显然适应读者对某个学科方向的社会需求，因为在知识爆炸的年代，在几万个专业化的分支学科面前，对于广大非专业的读者而言，其实只需知道某个感兴趣领域的"皮毛"知识，获得一些入门的指导，了解认知对象的概貌也就够了。如果因此产生了进一步求知的欲望，那么每个学科自有由浅入深、由表及里、数量众多的普及、半专业和专业的读物可供深入阅读。譬如在读过这本极简的《古典欧洲的诞生：从特洛伊到奥古斯丁》之后，倘若读者仍有进一步了解古希腊史和古罗马史的愿望，那么仅相关的中文书籍，便有几千本之多可供选择。

需指出，"极简"某个研究学科领域的内容并不容易，它考验简化者是否具有把一个容量很大的复杂事物深入浅出、举重若轻地表达出来的能力。这要求作者能够"大题小作"，融会贯通有关学科的知识和方法，善于筛选与剪裁内容，抓住要点，并在需要的时候，能够进行高度的概括。它实际考验的是一个作者是否拥有智慧与表达技术。平心而论，《古典欧洲的诞生：从特洛伊到奥古斯丁》的作者西蒙·普莱斯和彼得·索恩曼是这样两位简化欧洲史的高手。他们把卷帙浩繁的古希腊与罗马的历史，浓缩在30多万汉字的一册小书中，线索清晰完整，重大历史事件和人物的知识点一应俱全，词条般的说明与释义拿捏得恰到好处，而且注意照应古今之间的各种联系，不时点出古为今用的借鉴意义，给人合理信服的阅读印象。这一切表明作者不仅是自己所治专业的行家，还是思维清晰、视野宽阔，能举一反三、考虑大问题的学者。

书名中的主语"古典欧洲"是一个较新的术语，它借自"古典古代"或"古典文明"等惯用词组的形容词"古典"，这是一个具有高度赞誉色彩的定语。

"古典"是对英文 classical 一词的中译，这个词与文艺复兴以来西方形成的一门新学科的名称 Classics（古典学）同出自拉丁文形容词 classicus，原义主要指罗马高级别的公民，如"头等公民的"之类，引申义则意味出类拔萃、完美无缺、权威和典型。中文"典"字有标准、规则之义，与 classical 的意思大体相符。有趣的是，classical 并没有"古"的时间指代，最初的中译者可能鉴于古希腊罗马早已变为古代事物，近现代西方人又把古希腊罗马时代看作是为西方确立基本价值标准的时代，因此在"典"字前加一"古"字，倒也比较贴切地传递了近现代西方人对于古希腊罗马文明的基本认识。顺便说一句，对于近现代的一些文化艺术形式，如 classical music，若译作"古典音乐"就与原义不符了，因为它涵盖的音乐作品均与古代无关，都是近现代的产物。

古典欧洲系指在公元前 8 世纪与公元 5 世纪之间形成、发展、繁盛与衰亡的古希腊与古罗马文明，习称"古典古代"（Classical antiquity），其空间最初局限在以希腊半岛为中心，包括地中海与黑海周边的广阔地带，后来则扩展到以意大利半岛为中心，东至幼发拉底河西岸，南抵北非深处，西到不列颠岛，北至今荷兰、比利时和德国南部。用作者的话说，"从苏格兰一直延伸到尼罗河谷，从葡萄牙的大西洋海岸到亚美尼亚的山脉"。这是欧洲大部分地区在历史上首次，也是唯一一次统一在一个超大型国家之中，奠定了现代欧洲文明语言、政治制度、思想文化的基础。用恩格斯的话说："没有古希腊文化和罗马帝国所奠定的基础，也就没有现代的欧洲。"

但是，欧洲人居的历史以及欧洲文明的历史却要比古典欧洲文明早得多。从直立人到尼安德特人、克罗马农人，欧洲拥有比较完整的古人类化石链。最早的文明出现在公元前 3000 多年的昔克拉底群岛，随后文明中心转移至爱琴海中的最大岛屿克里特，也就是所谓的米诺斯文明，目前看时间是大约公元前 2700 年。所以欧洲也有五千年的文明史。欧洲概念便出自克里特岛，因为古希腊主神宙斯与美丽的少女欧罗巴结合，在克里特生出了米诺斯王。

为什么《古典欧洲的诞生：从特洛伊到奥古斯丁》一书却不远不近，从公元前 1750 年写起呢？原因也很简单直白，就是目前能够辨识与今天欧洲存在血缘联系的确凿证据——印欧语言，正是可定年在这个时间的线形文字 B，之前的线形文字 A，已知属非印欧语系。这是古典欧洲的源头，尚不是古典欧洲的开端，而是古典欧洲的孕育期。作者如此处理符合迄今已知的历史证据。

古典欧洲大体上是从出现希腊字母文字记载开始的，也就是公元前 8 世纪。这一时间恰好与古典世界特殊的社会和政治结构，亦即公民社会与城市国家的出现大体同步。为此，作者用了两章多、占全书约 1/4 的篇幅叙述爱琴宫殿文明向城邦文明转化的过程，主要依据几十年来考古发现的实物史料，辅助以少量传统文字史料，这表明，出自牛津大学的两位作者十分熟悉自己所讲授的古希腊罗马史课程的细节，哪怕是缺乏文字史料的前古风时期的希腊史。然而，如果从全书布局来看，这样处理未免避重就轻、舍近求远，因为与后来古典文明的庞大内涵与浩如烟海的史料相比，特别是对近现代欧洲文明的深远影响相比，给前古典欧洲一章的份额就足够了。或许是以往的希腊史对古典希腊一个半世纪的辉煌历史着墨太多，学界对前古典的希腊史因史料贫乏又不可信，向来草草带过。所以这本书"矫枉过正"，对已经积累起来的考古材料物尽其用，给前古典时代的希腊史更多的字数，把以往希腊史悬置未决的大问题都或多或少地交代一番，比如关于"黑色雅典娜"、东方化、爱琴文明衰亡原因、多里安人入侵、特洛伊战争、海上民族、线形文字 B 与字母文字的转换等等问题的说明，自然两章也不够用。尽管这些问题仍然没有可靠的答案，但读者通过阅读获知，古典学家们并没有搁置这些问题，而是在积极收集线索，不断寻求更合理的解释。

希腊的古典时代是由希波战争开始的。战争促进了希腊人的自我身份与他者身份的认知，也因联合起来的小国战胜大国而产生的民族自信、制度自信、文化自信，希腊城邦进入自身历史的繁盛时期，以雅典和斯巴达为代表。但作者因为在写欧洲史，因此目光并未局限于希腊与波斯帝国，还分出篇幅书写国别史不会注意的东西地中海区域其他国家或文明民族的历史，比如色雷斯、马其顿、腓尼基诸邦、迦太基、意大利半岛的大希腊、埃特鲁里亚等，笔墨不多，但点到新材料、新视角、新诠释，而且拿出宝贵的篇幅，适时进行今昔对比，如亚历山大东侵与奥斯曼土耳其西侵的比较，古代马其顿与今天前南斯拉夫的马其顿共和国的关系，不仅增加了阅读的趣味，而且延伸了历史的深远意义。

这种叙述方法一直被有效地运用，直至书尾西罗马帝国的灭亡。比如在古罗马史四章中，插入但丁所用拉丁语与古今拉丁语的关系、福楼拜的《萨朗波》、马基雅维利与罗马、墨索里尼与罗马、莎士比亚所作古罗马题材的戏剧等等专栏，可谓妙趣横生，意味深长。后人对古人的利用和滥用，将古代和现代紧密结合在一起。这是该书与以往就古代只说古代的史书有所区别的鲜明特点之一。

再一个特点同样是在写法上。作者有意突出史学史角度的说明，即古希腊罗马人怎样记述和理解他们自己的历史，为什么是这样而不是那样记载。而一般史书却只关注历史的真实是怎样的。譬如，在《古典欧洲的诞生：从特洛伊到奥古斯丁》一书的古罗马史部分，必定少不了独裁官恺撒的遇刺事件。书中述及古罗马人对谋杀的两种对立的认识：共和派和各哲学流派一致认为谋杀一个用不正当手段成为独裁者的僭主合乎正义；但恺撒的亲信安东尼和继承人屋大维则视谋刺为非法，并在战胜共和派后神化了恺撒。作者在交代古人如何记载的同时，进一步指出共和末期大史家李维是庞培的同情者，自然对击败庞培的恺撒不会有好感,这影响了他的代表作《罗马史》中的有关叙述。

再如关于犹太史家约瑟夫斯对犹太大起义的记载,作者认为与他参与犹太起义后被罗马军团俘虏、很快改变立场而被授予罗马公民权一事有关。所以他写到犹太暴动的起因时便有意为自己辩护,也有为犹太上层以及他皈依的主人辩解的意思。有心的读者读到这里,很有可能产生史学的参与感,认识古代作家的所思所想,对成文史的认识或许会有一个升华。

这本书还有一个比较突出的特点是作者力求说明古代欧洲各个民族如何自我定义自己的身份,包括公民、种族、区域、文化和语言等社会文化成分的认同与不认同,比如犹太人、希腊人、高卢人、日耳曼人、基督徒和罗马人之间的复杂关系,他们眼中的自我认识与对外族群的认识。举例来说,作者认为犹太民族在罗马征服的众多民族中是一个独特的成员,多次顽强反抗罗马统治,血流成河。为什么犹太人的反抗如此激烈?作者很自然地要讨论历史信息的来源。犹太首次大起义的记载者是参与起义的史家约瑟夫斯,他把起因归于双方的几个害群之马的过激行为。这本书的作者当然不以为然,而是自己去探究历次起义的宗教根源。罗马政府为惩罚犹太人而单独制订"犹太人税",全部用于卡皮托林山上的罗马主神朱庇特神庙的开支。这种犹太人与非犹太人区隔的深层原因不仅在于犹太人的不逊,而且在于犹太神与罗马神以及其他族群的神不能兼容,臣服罗马是犹太人的耻辱和错误,从根本上违背上帝保护其选民并帮助他们脱离苦海的应许。因此这是民族信仰和现实的冲突。

近些年来,一些古典学专业以外的史学爱好者提出希腊罗马伪史说。按照这一说法，这本古典欧洲史也应被看作是建筑在虚假史料基础上的想象。希望他们认真阅读一下这本书，因为它比其他古典世界的史作更多地注意古代历史编纂的历史，更多地举证考古史料和文献史料的由来、呈现和意蕴，以及古代文本不同形态传世或发现的过程。特别对他们以及对广大古希腊罗马史爱好者和学习者有益的是，这本书还提供了"延伸阅读"的基本书目，其中包括详细介绍古代文本来龙去脉的专著和指南，这些著作指明它们与文艺复兴时期或19世纪西方学者的晚后编造无关。相信一个实事求是的读者在阅读了这些著作之后，对古典欧洲的历史会有新的认识。

致　谢

我们要对下面这些人致以诚挚的谢意，他们审阅过本书的一些章节，有的还审读了整本书：迈克尔·克劳福德（Michael Crawford）、约翰·戴（John Day）、彼得·海因斯沃思（Peter Hainsworth）、艾琳·莱莫斯（Irene Lemos）、伊丽莎白·尼克松（Elizabeth Nixon）、卢西亚·尼克松（Lucia Nixon，她对本书的影响无所不在）、米兰达·尼克松（Miranda Nixon）、约翰·诺斯（John North）、辛西娅·谢尔默丁、菲利普·索恩曼（Philip Thonemann）、萨拉·索恩曼（Sarah Thonemann）和罗杰·汤姆林（Roger Tomlin）。

正文中插入的附记探讨了现代人对古典时代的使用，这些附记得到了以下各位的帮助：露西·贝莉（Lucy Bailey）、海伦·巴尔（Helen Barr）、尼古拉斯·科尔（Nicholas Cole）、约翰·戴、迈克尔·多布森（Michael Dobson）、彼得·海因斯沃思、克莱夫·霍姆斯（Clive Holmes）、玛丽-尚塔尔·基利恩（Marie-Chantal Killeen）、伯纳德·奥多诺休（Bernard O'Donoghue）、尼古拉斯·施林普顿（Nicholas Shrimpton）和詹妮弗·伊（Jennifer Yee）。

在收集图表和插图的过程中，我们同样要感谢很多人，他们是：威廉·范·安德林加（William Van Andringa）、约翰·贝恩斯（John

Baines)、莫琳·巴泽多（Maureen Basedow）、亨利·赫斯特（Henry Hurst）、艾琳·莱莫斯、西蒙·洛斯比、伊丽莎白·尼克松、卢西亚·尼克松、米兰达·尼克松、达米安·罗宾逊（Damian Robinson）、爱德华多·桑切斯–莫雷诺（Eduardo Sánchez-Moreno）、伯特·史密斯（Bert Smith）、西里尔·托马斯（Cyrielle Thomas）、安德鲁·威尔逊（Andrew Wilson）和格雷格·伍尔夫（Greg Woolf）。还要感谢其他为我们提供插图的人，虽然这些插图最终没有被用到。我们也要感谢安奈林·艾利斯–埃文斯（Aneurin Ellis-Evans）为本书制作索引。本书最后的《废墟》引自 R. F. 莱斯利（Leslie）主编的《三首古英语哀歌》（*Three Old English Elegies*，埃克塞特：埃克塞特大学出版社，新版，1988 年）。

最后，我们要铭记两位作者之间美好而和睦的合作。

牛津
2009 年 7 月

前 言

2005年10月，在斯特拉斯堡欧洲议会所在地外面，人们为一座用钢铁、青铜和玻璃制作的巨大雕像举行了揭幕仪式。这座雕像是克里特岛上的圣尼古劳斯镇（Agios Nikolaos）捐赠给欧洲议会的，描绘的是神话中的公主欧罗巴。由青铜铸造而成的欧罗巴骑在一头用钢铁和玻璃做成的牛背上。从前（据传说），主神宙斯爱上了这位名叫欧罗巴的美丽少女。为了赢得她的芳心，宙斯将自己变成一头膘肥体壮、高贵华丽的公牛，并将她背过大海，到了克里特岛。根据一些传说，欧罗巴和宙斯育有三个儿子，其中一个名叫米诺斯（Minos），后来成为克里特的国王。因为欧洲大陆就得名于欧罗巴，克里特岛上的米诺斯文明标志着欧洲历史的真正开始，所以斯特拉斯堡的这座雕像优雅地象征着克里特岛在欧洲历史上的地位。

斯特拉斯堡这座骑着公牛的欧罗巴雕像给参观者提供了一个简洁的"古典"欧洲的定义：一个以一位希腊神话人物（欧罗巴）命名的地区，而这个地区的第一个伟大文明则得名于她的儿子。当然，这个被现代人轻松接受的故事里有一些真实的成分，但是对这个传说需要进行更加认真的考察。斯特拉斯堡的欧罗巴雕像与这个故事的希腊和罗马版本相去甚远。

在古代希腊世界，欧罗巴和公牛的故事广为人知。现存最古老的希腊文学作品（荷马的《伊利亚特》）中提到了欧罗巴被诱拐之事，希腊的艺术作品也经常刻画这一主题，例如陶瓶画或雕塑。因此，这是泛希腊神话的一个很好的例子，这个传说在希腊世界的不同地区广为人知，人们讲述的动机有很多种。这个故事最知名的版本正是来自克里特的。在公元前5世纪到公元前3世纪之间的克里特岛，很多城邦都铸造以欧罗巴为主题的硬币，有时她骑在公牛背上，有时则躺在一棵梧桐树下。显然，就是在这棵梧桐树下，欧罗巴和宙斯第一次躺在了一起。在宣称自己是这个故事的发源地方面，戈耳提恩城（Gortyn）尤其成功，而这棵树则成为那里一个十分显著的地标。在罗马时期，这棵树因为永不落叶而受到赞颂，人们剪下它的枝条，种植到克里特岛的其他地方。换句话说，通过宣称戈耳提恩是这个著名的泛希腊神话的发源地，戈耳提恩人为自己在广阔的希腊世界争得了一个特殊的地位。正是在戈耳提恩，就是在这棵树下，宙斯使欧罗巴怀上了米诺斯和他的兄弟。戈耳提恩与附近的克诺索斯（Knossos）和斐斯托斯（Phaistos）一直竞相宣称自己才是真正的发源地，上述说法显然是在竞争中提出的。如果戈耳提恩是宙斯与欧罗巴发生激情故事的真正地点，那么克诺索斯和斐斯托斯在这场竞争中就落败了。这段叙述提醒我们，希腊人没有把他们的神话视为"神话"或是虚构，而是将其视为关于遥远过去的传说，而这种传说可能植根于真实的地点和事件。在戈耳提恩城的旧址之上，这个故事的当地版本依然被当地导游所津津乐道。他们会指着某一棵大树，说就是在这棵树下，欧罗巴躺在了宙斯的怀抱里。

欧罗巴的故事也很受罗马作家的欢迎。在诗人奥维德的《变形记》

中就有这样一个故事。腓尼基推罗（Tyre）国王的女儿欧罗巴在海边与女伴们一起玩耍，宙斯看上了她，想勾引她，于是就把自己变成一头膘肥体壮的公牛，混进他事先安排在海边吃草的牛群。欧罗巴爱上了这头美丽的动物，很快就爬到了它的背上，之后公牛背着这个惊慌失措的女孩越过大海，来到了克里特岛。在这里，宙斯恢复了原形。奥维德讲述的这个故事和戈耳提恩、克诺索斯和斐斯托斯当地的版本都大相径庭。这是一个"游移无根"的版本，没有偏向于克里特岛上的任何一个地方，而只是构成《变形记》一系列变形中一个优雅（并且有点暗示性）的小插曲。正是因为奥维德对这个故事以及其他神话故事的讲述是游移无根的，在文艺复兴时期及以后的日子里，它们才获得了正统的地位。正是奥维德的版本赋予了像提香和伦勃朗这样的画家以灵感。

这个神话成为欧洲文明的象征，实际上是晚近的事情。在古代，这个神话本没有这一含义。在古代，欧洲几乎从来没有被人格化，只是到了19世纪，欧洲才经常被人格化为骑在公牛背上的欧罗巴。克里特岛的米诺斯文明和欧洲的起源之间的联系也是一个现代产物。希腊人仅仅把米诺斯视为克里特岛早期的几批统治者之一，而不是一个原始文明的创始人。虽然斯特拉斯堡的欧罗巴和公牛雕像源自一个至少可以追溯到公元前8世纪的故事，但是其文化意义和21世纪初的特定政治环境密切相关。

*

这本古典欧洲的历史从克里特岛上所谓的米诺斯文明一直讲到罗

马帝国晚期，从公元前第二千年中期到公元4世纪和5世纪早期。虽然本书所涵盖的地理范围从苏格兰一直延伸到尼罗河谷，从葡萄牙的大西洋海岸到亚美尼亚的山脉，但是我们无意呈现今天被称为"欧洲"的整个地区的全部历史。我们探讨的焦点是地中海盆地北部的古老民族，即希腊人和罗马人。对此，我们无须为偏向性道歉，因为在很长的时间里，推动古典时期发展的主要是爱琴海、巴尔干南部和意大利半岛的民族。本书的九个章节是按照时间顺序排列的，因为对历史的分析必须要结合对事件发展过程的把握。我们努力避免提出不受时间因素限制的说法，例如"希腊人的某某观"或"罗马人的某某观"。关于欧罗巴的古老神话，并没有固定不变的唯一版本。即使是非常普遍的想法也植根于特定的情况和事件。

历史必须从某个点开始讲起，而本书的起点早于关于古典世界的大部分讲述。（本书最后的年代表提供了关键时间的简明摘要。）我们从克里特岛上的米诺斯文明和希腊本土的迈锡尼宫殿时期开始讲起。我们也会考察它们和爱琴海东部以及其他地区的邻居之间的关系，重点是小亚细亚西北部的特洛伊。在第二章和第三章，我们的视野继续向西扩展，将整个中部地中海世界纳入其中。我们会考察宫殿时期崩溃之后的动荡时期（所谓的黑暗时代），以及希腊和意大利早期城邦的出现。第四章和第五章讲述的是从古典时代到希腊化时代的希腊历史。在此期间，希腊城邦的文化传播范围远远超出其爱琴海的家园，深入了亚洲的腹地。第六章和第七章又回到了意大利半岛，讲述了罗马共和国的建立及其海外治权的发展，最终，共和制崩溃，罗马从共和国变成了帝国。第八章是对罗马帝国运行机制的深入分析。最后，在第九章中，我们探讨了公元4世纪帝国体制的转变、基督教对帝国与日俱增的影响，以及这一时期对"古典"文化的态度转变。圣奥古斯丁试图将基督教文化与罗马的"古典"遗产调和起来，本书在这里结束正合适（"企鹅欧洲史"系列的下一卷将从这里讲起）。

因此，本书各章涵盖的地理范围会随时间而变化。每一章都从对背景和范围的简要阐述开始，并对所考察的区域范围做一些说明。每一章的主要内容是对这一时期国家特征的讨论。这个国家实行的是宫殿制、城邦制还是君主制？它的面积有多大？该地区有单一的中心，还是有多个中心？那里的聚落达到什么级别？这一区域和外部世界之间有什么样的联系？希腊和罗马历史上明显的中心地区（克诺索斯、斯巴达、雅典、马其顿和罗马）将得到应有的重视，一些不那么著名的地方也会在本书中反复出现，其中包括一些城邦，比如马西利亚（Massilia，现在的马赛）、迦太基和米利都（Miletus），也包括一些地区，如克里特岛西南部的斯法基亚（Sphakia），在土耳其西南部的吕基亚（Lycia）和塞浦路斯岛。

虽然我们的讲述大致按时间顺序进行，但我们所努力提供的不仅仅是对古代世界的一个简单陈述。我们的目的是在一系列不同的历史背景中探讨以下三个主题。

第一个贯穿全书的主题是"记忆"。本书是对记忆的历史研究，但是并没有简单化地在对过去所谓的"真实"和"虚假"的记忆之间划出界线。所有的历史都是一种记忆行为，历史学家试图将历史记录下来以保存对过去的记忆（正如希腊历史学家希罗多德在其《历史》开篇所说的那样）。对于研究历史的意义，可能还有其他的说法，但这一点无疑是最基本的。回顾过去，反对那些出于不良动机而改写历史的人，这是我们的道德义务，但历史学家不能（或者说不应该）说自己就是客观真实的守护者。历史至少在部分上是一种人为的建构，是智力、社会和政治压力的产物。这并不是说记忆和历史是一回事。历史学有严谨性的规则，为的是提出站得住脚的、符合真相的主张。历史叙事与记忆叙事的建构方式不同，但是记忆和历史之间也有相似之处。无论是记忆还是历史，对过去事件的讲述都不是直来直去的，关于过去，两者都有自己的版本，而两者都是自己时代的产物。研究前人记忆的趣味在于它聚焦于特定民族的自我理解，这使我们能够更加真切地理解他们的世界。对记忆的研究应该使我们离前人的心态更近，应该有助于防止我们对该时期做出不符合时代背景的解释，使我们能够看到人们所做的选择和他们自己对过去的看法有何关联。

正如我们将看到的那样，希腊人和罗马人对过去的看法与现代历史学家大相径庭。例如，我们知道（或者认为我们知道），公元前 1200 年前后，随着希腊迈锡尼文明的结束，历史进入了一个长达 400 年的"黑暗时代"。最早的希腊城邦在公元前 8 世纪开始出现，它们对迈锡尼宫殿时期的文化和制度毫无借鉴；公元前 8 世纪的希腊人是"白纸一张"。然而，在希腊人的集体记忆中，并没有一个长达数世纪的"黑暗时代"。公元前 7 世纪和公元前 6 世纪的希腊人认为，他们所在的城邦是遥远过去（包括特洛伊战争时期）的宫殿国家的直接继承者。根据经验，我们现在基本可以肯定，希腊人的这种想法是错误的：他们的时代与"英雄时代"之间连续的历史年表并不是真实的，而是一个"向往年表"。尽管如此，对于这个希腊人的"向往年表"，我们必须认真对待。就希腊人的自我定义来说，他们对自己过去（无论是否真实）的认识至关重要。驱动公元前 7 世纪到公元前 4 世纪之间希腊社会向前发展的，不是我们对他们早期历史的了解，而是他们自己对历史的了解。因此，本书的目的是认真考察前人如何看待他们自己与过去之间的关系。换句话说，本书所呈现的是"滚动式的过去"。

"记忆"这个主题也可以用另一种方式来考察。在试图表明希腊人和罗马人怎样对待他们自己的过去的同时，我们也想探索后人是怎样利用古代的。例如，一边是公元前4世纪马其顿备受争议的文化身份（是不是希腊人？），另一边是当前围绕该地区的文化身份以及前南斯拉夫马其顿共和国这一名称而起的政治争论，两者之间有着千丝万缕的联系。为什么约西亚·韦奇伍德（Josiah Wedgwood）将他的陶瓷厂命名为"伊特鲁里亚"（Etruria）？为什么"波阿狄西亚"（Boadicea）能成为一个如此有力的英国民族认同感的象征？这一类例子作为附记穿插在正文中，以免破坏主要叙事的流畅性。我们自己对古典时代历史的使用（和滥用）形成一张网络，将我们和"古典欧洲"联系到一起。

记忆这一主题的最后一个方面涉及将某些特定的时间、地点或遗迹定义为"古典"。对于今天的历史学家来说，公元前4世纪和前5世纪的"古典雅典"就是这样一个与众不同的时期，但这是从什么时候开始的呢？为什么会这样呢？古典雅典在古代就被认为是"古典的"吗？这种看法是谁提出的呢？自中世纪以来，维吉尔一直被尊奉为"古典"作家（毕竟，在《神曲》中，他是但丁在地狱中的向导）。在罗马帝国时期，情况也是如此吗？

本书的第二个主题是共同体身份。对历史的利用是定义共同体身份的一种方式，但并不是唯一的方式。本书探讨了古代欧洲各个民族不断变化的自我定义的方式，其中包括公民、种族、区域、文化和语言等。我们特别关注罗马帝国治下人们的不同文化身份，包括希腊人、犹太人和基督徒。罗马帝国曾试图在其臣民中培养一种特定的罗马身份吗？它成功了吗？罗马的许多臣民确实借鉴了罗马人的生活方式（这一过程通常被称为"罗马化"），但在帝国的不同地方，这种借鉴的形式大相径庭。我们将会看到，在公元后的前3个世纪，罗马西部各省的"罗马化"导致其历史记忆的广泛消失，在很大程度上，罗马高卢和不列颠的居民成为真正意义上"没有历史的民族"。相比之下，在帝国的东部省份，古典希腊历史的记忆不仅得以保留，而且被赋予各种特权（并为罗马帝国政府所鼓励）。其他少数群体在他们共有的宗教信仰基础上建立了自己的公共身份认同。我们会重点考察犹太人和基督徒这两个群体，研究他们对彼此的看法、他们对过去的不同认识以及对当时世界的看法。

本书的第三个主题是空间和概念上的。如果记忆的主题中有一部分内容涉及"古典"不断变化的定义，那么还有一部分内容就是对不断变化的"欧洲"概念的分析。从2004年到2007年，欧盟持续扩张（从14个成员国到27个成员国），"欧洲"的外部边界似乎令人不安地游移不定。十年之后，"欧洲"很可能与现代伊朗相邻。然而，尤其是在西欧，许多人在意识深处依然保留着"旧欧洲"（早期欧盟的范围）的自然边界。当然，即使这个"旧欧洲"也不是一个自然的存在，而是一个历史和文化的建构。在本书的不同章节，我们将探讨"欧洲"在古代是何时被定义的，以及是怎样被定义的，从最初为了将其和"亚洲"（赫勒斯滂海峡以东被波斯人统治的地区）区分开来而下的定义，到后来由从苏格兰延伸到幼发拉底河的罗马帝国所创造的新的空间体系。在本书所涵盖的时期里，"文明"世界的一个或多个中心发生了变化，对这个世界的边界也有过不同的界定，边界常常是由海洋、河流和山脉这样的自然特征决定的。

*

不同时期和不同地区定居点的大小相差很大，在整本书中，我们试图让读者对这些定居点的规模有一定的了解。我们尽可能指出具体的面积，而不是用像"小"或"大"这样模糊且毫无意义的形容词。我们使用的面积单位是标准的现代考古单位：公顷（1公顷即1万平方米，或者说是边长为100米的正方形的面积）。为了更直观地把握一公顷到底是多大，不妨说一个英式足球场的面积大约是一公顷，而一个橄榄球场的面积不到半公顷。如果你喜欢以英亩为单位来思考，将公顷数加倍（更确切地说是乘以2.5）即可。

当然，对于面积较大的地区来说，在脑海中将其与一些现代事物进行比较也很有帮助。例如，温莎城堡占地超过10公顷（26英亩），而巴黎在环城大道以内的面积是9 470公顷。

现在还没有一个统一的处理希腊名称的解决方案。我们采用了三种方式来处理。最常见的名称，比如"雅典"和"科林斯"，在英语里已经有了约定俗成的写法。另外一些常见的名称，比如"墨涅拉俄斯"（Menelaus）和"伊萨基"（Ithaca），保留其拉丁语形式，而那些罕见的名称，比如"凯阿"（Keos）和"伯巴瑞斯"（Peparethos），则保留了其希腊语形式。还有就是大力神在希腊语中的名字是"赫拉克勒斯"（Heracles），在拉丁语中是"赫丘利"（Hercules）。

第一章

爱琴海地区，米诺斯人、迈锡尼人和特洛伊人：约公元前1750年—前1100年

让我们从特洛伊城和特洛伊战争开始说起，由于据说是荷马创作的两部史诗《伊利亚特》和《奥德赛》，它们在欧洲历史上十分有名。根据这两部史诗，这场战争由特洛伊王子帕里斯引起，因为他诱拐了斯巴达国王墨涅拉俄斯的王后海伦。《伊利亚特》描写了希腊武士阿喀琉斯对特洛伊的愤怒，《奥德赛》讲述的是奥德修斯从特洛伊返回故乡伊萨基岛途中的冒险故事。我们知道，这两部史诗的内容大部分是虚构的，但是在古代及以后，这些故事和后来对特洛伊战争的记忆十分重要。希腊人、罗马人和其他民族都从与特洛伊战争有关的事件中追根溯源，可以说它标志着欧洲历史的开端。在考察特洛伊战争对后来的影响之前，我们需要了解这些故事发生的时代背景，那就是克里特岛和希腊本土的宫殿时期。

1822年，海因里希·谢里曼（Heinrich Schliemann）生于今天的德国北部，他起初接受的是古典教育，后来转去经商，通过从事各种商业冒险活动来赚钱，也参与了加利福尼亚州的淘金热。他后

来声称父亲用荷马史诗中的故事激励了他,在 8 岁时,他就立志有朝一日要对特洛伊遗址进行挖掘。这些说法可能是谢里曼为使自己更具传奇色彩而虚构的,不过在 40 岁左右时,他已经积累了足够的财富,不但衣食无忧,而且能够四处游历。1868 年,46 岁的谢里曼到了希腊和土耳其。次年,他出版了《伊萨基、伯罗奔尼撒和特洛伊》(Ithaka, the Peloponnese and Troy)一书。在书中,他认为特洛伊遗址位于土耳其西北部距离达达尼尔海峡入口处不远的希萨利克(Hisarlık),这和当时盛行的,认为特洛伊遗址位于珀纳尔巴舍(Pınarbaşı)附近的观点背道而驰。他的观点部分建立在英国考古学家弗兰克·卡尔弗特(Frank Calvert)的成果之上,在此前的 5 年里,卡尔弗特一直在那里开展挖掘工作。谢里曼决定亲自动手,1871 年,在卡尔弗特的帮助下,他开始了后来让他声名远播的挖掘工作。谢里曼的挖掘方法很原始,即使按照当时的标准也是如此,因为他一下子把九层全给挖了,包括最靠近底部的那一层(从底层往上数的第二层),他认为这就是荷马史诗中的特洛伊,即国王普里阿摩斯(Priam)的城邦。他还被指控伪造证据,至少是在记录挖掘发现时很不严谨。但是在 1875 年,他就此出了一本书,即《特洛伊及其遗迹》(Troy and her Ruins),并且又几次回来,继续从事挖掘。虽然无论是在当时还是后来,他都受到了很多批评,但是他的挖掘工作和著作成功确立了希萨利克作为特洛伊遗址的地位。谢里曼还对荷马史诗中出现的其他地点进行了挖掘:1876 年,他去了伯罗奔尼撒半岛上的迈锡尼,即阿伽门农的故乡,他还去了位于希腊西北部的伊萨基岛,他认为奥德修斯的宫殿就在此处。

虽然谢里曼的观点和证据有严重的缺陷,但是他做出了两项伟大的成就。首先是在年代方面。在19世纪早期,大部分西欧人认为特洛伊战争的故事根本就没有历史依据,只不过是神话传说而已。受过教育的人依然相信《创世记》里的说法应当照字面意思理解。17世纪时,大主教厄谢尔(Ussher)认定创世的时间是公元前4004年。他的说法被人们广泛接受,但是其中并没有提到公元前5世纪之前爱琴海地区复杂社会的存在。我们今天已经很难想象这种创世时间如此之晚的观点了,没有人类的过去世界被追溯到了无数个千年之前。现在已经证实,"智人"大约出现于13万年之前,而我们更加遥远的祖先"能人"(*Homo habilis*)大约出现于250万年前。到了19世纪中期,地质学家认为世界的历史比这还要悠久很多。谢里曼确凿地表明,爱琴海地区有一个重要的"史前"阶段,那是一个至少长达千年之久的时期。这一时期出现了一些复杂的定居点,有大规模遗迹,并且这些定居点之间有长距离的联系。谢里曼的第二个成就有更强的技术性。他意识到仅仅有遗迹并不足以确定这些新发现的时间段,而陶器不仅能够长期保留,而且不同时代的陶器会有不同的质地、形状和图案,因此可以用来准确地判断相对年代。按照相对年代排序的陶器至今依然是考古年代学的基础。

另外一个影响了我们现在对早期爱琴海文明看法的伟大人物是阿瑟·埃文斯(Arthur Evans,1851—1941)爵士,他对克里特岛上的克诺索斯遗址进行了挖掘。谢里曼受到了荷马史诗的驱动,而埃文斯则是为了寻找早期的书写形式。阿瑟·埃文斯生于一个富有的家庭,父亲是一位杰出的考古学家和收藏家。在牛津大学获得近现代史专业学位之后,他到北欧和东欧广泛游历。1877年,他成为《曼彻斯特卫报》的驻巴尔干记者。次年,他娶玛格丽特·弗里曼为妻,婚后在达尔马提亚沿海的拉古萨（Ragusa，现在的杜布罗夫尼克）定居。1883年，他去了希腊，在那里遇到了谢里曼，了解到他在迈锡尼几个遗址的挖掘工作。1884年，埃文斯成为牛津大学阿什莫林博物馆（Ashmolean Museum）的馆长，上任之初，他宣布自己的目标就是将考古学的研究范围扩大到古典时期之前，收集并展示更多种类的古代遗迹。

1894年，埃文斯第一次到达克里特岛。在为阿什莫林博物馆收集刻有文字的石头和印章的过程中，他对爱琴海地区的书写系统产生了兴趣。他拜访了克诺索斯遗址，向当地的克里特考古委员会提出他想买下这块土地，亲自进行挖掘，希望能够在此发现早期文字的新证据。克诺索斯有丰富的文物古迹，这一点已经众所周知。早在1739年，英国旅行者理查德·波科克（Richard Pococke）就已经看到为数不多的遗迹。1878年，来自附近城市伊拉克利翁（Herakleion）的麦诺斯·卡罗卡莱里诺斯（Minos Kalokairinos）在此挖了几条沟，认为这就是传说中古老的迷宫，即半人半牛怪弥诺陶洛斯（Minotaur）的住处，后来这里被确认为宫殿的西翼。谢里曼也想在克诺索斯进行挖掘，他已经从克里特的土耳其当局获得挖掘许可，但是在经济赔偿的问题上却没能和土地所有人谈妥。

使埃文斯无法开始在克诺索斯挖掘的则是克里特的政治局势。克里特人当时为争取独立正在与奥斯曼土耳其人作战。1898年，土耳其人离开克里特岛，自治的克里特新政府成立。到了1900年初，埃文斯已经获得了克诺索斯遗址的挖掘许可，从3月23日开始启动挖掘工作。此时，他已经从到手的文物中意识到史前克里特的文化和迈锡尼文化是不同的，在他看来，这种差异很大，甚至到了前者可称为

"非希腊"文化的程度。于是，他借用欧罗巴和宙斯的儿子、克里特国王米诺斯的名字，用它来指代早期的克里特文明。埃文斯在克诺索斯的发现证实了他的看法。被他称为米诺斯宫殿的华美建筑，色彩亮丽的壁画和陶器，刻有后来被称为线形文字B的泥板，所有这些都是前所未见的。从1900年到1905年，挖掘工作持续了5年之久，挖掘成果被发表在1921年至1936年出版的精美六卷本《米诺斯宫殿》(The Palace of Minos)中。

现在要想批评埃文斯很容易，在一些重要的问题上他的确犯了错误。关于克里特的米诺斯文明和迈锡尼文明之间的关系，先是米诺斯文明在爱琴海地区占主导地位，后来迈锡尼文明在克里特岛上占据了主导地位，这是他永远不会接受的。在对克诺索斯遗址进行复建的过程中，他也犯了一些错误，当然有些复建是必要的，尤其是他发现的是多层结构，要考虑到进一步挖掘和游客的安全。虽然如此，埃文斯依然是克里特史前考古的重要人物，既因为他的远见卓识，也因为他将自己的工作成果带入公众的视野。1941年，他误以为德国入侵者已经毁坏了克诺索斯遗址，伤心离世，而实际上德国人对其精心保护。克诺索斯在历史上的重要地位已经在整个欧洲牢牢确立。

克诺索斯和克里特的其他地方都属于所谓的第二宫殿时期，这一时期始于公元前1750年前后，本书就从这一时期开始讲起。在经历了从公元前17世纪到公元前15世纪早期的长期繁荣之后，到了大约公元前1430年，克里特岛上的很多地方遭到武力破坏。在这一时期，最早的迈锡尼人从希腊本土来到克里特。如果将迈锡尼人的到来看作是对克里特的直接征服，未免过于简单化，新来者并不仅仅是武力征服,而是和米诺斯人精英进行融合与合作。在公元前15世纪后期和公元前14世纪,克诺索斯成为岛上的主要行政中心,希腊语成为新的行政用语。希腊本土和克里特岛上的迈锡尼文明继续繁荣发展,到了公元前1100年,也就是本章所涵盖的最后阶段,在希腊本土和克里特岛上,宫殿式组织形式就不再发挥作用了,社会和政治都发生了影响深远的变化。在第二宫殿时期,所有的道路都通向克诺索斯,但是到了公元前1100年,情况发生了变化,爱琴海地区分崩离析。

我们不能过分强调公元前1500年前后克里特岛和希腊本土的宫殿文明的重要性。米诺斯和迈锡尼的宫殿国家位于一个广大区域的西部外围,那个区域里的近东国家实力强得多,也成熟得多。公元前1500年前后,在近东地区处于支配地位的国家是南部的埃及王国。经过一段中间期(前1795—前1540),中王国(前2116—前1795)被新王国(前1550—前1070)所取代。中王国时期的埃及很稳定,和南部的努比亚(Nubia,今天的埃塞俄比亚)之间有稳固的边界。在中间期,埃及受到外来的希克索斯人(Hyksos)的统治。这一时期的埃及与外界有广泛的外交和贸易往来,统治者对整个国家的控制非常弱。公元前1550年前后,希克索斯人被驱赶出去,新王国建立,埃及被重新统一,疆域南至努比亚,东北到巴勒斯坦附近,两地之间直线距离长达1 200千米。

此时,近东的其他地方也有一些互相竞争的国家。在篡权的希克索斯王朝统治埃及的动荡时期里,小亚细亚中部(今天的土耳其)和美索不达米亚也经历了一段时期的混乱和无政府状态。从公元前1590年前后开始,经过三代人的时间,城市发展已经降到了1 500年中的最低水平。人类社会被分解为不安全的小定居点,没有或者很少有更广泛的组织。大约从公元前 1500 年开始，在这种权力真空中出现了三个相对稳定的主要国家。在下美索不达米亚，喀西特人（Kassites）成功占领幼发拉底河和底格里斯河下游的巴比伦尼亚，这个长寿的王朝统治这一区域长达 400 年。在上美索不达米亚，到了公元前 1400 年，亚述王国已经形成。亚述本来是以阿舒尔城（Ashur，面积约为 50 公顷）为中心的一个小国，逐渐发展为近东的超级大国。亚述人侵犯其南部的喀西特王国，并向北部和西部大肆扩张。在其疆域最大时，南北距离长达 700 千米。在安纳托利亚中部，古老的赫梯王国东山再起，以位于安纳托利亚中北部的巨大首都哈图萨（Hattusa，今天的博阿兹柯伊附近）为中心，进入一个新的繁荣时期，从公元前 1420 年一直延续到公元前 1200 年。在此期间，哈图萨城的面积扩大到 180 公顷，四周有高大的城墙，城内有宫殿建筑群，还有专门的宗教区域，至少有 30 座神庙。赫梯统治者从这里统治着安纳托利亚中部，到公元前 1220 年前后，他们已经支配了广大的区域，西到爱琴海沿岸，东部和亚述王国以幼发拉底河为界，南部在巴勒斯坦和埃及接壤，东西和南北的距离皆有 1 000 千米左右。在公元前第二千年的下半叶，赫梯帝国是近东地区的主要国家，和爱琴海地区有活跃的外交关系。

在公元前第二千年的后半期，这些伟大的近东帝国拥有许多看似很现代的机构。埃及、巴比伦和亚述都是从中心进行统治的领土国家（territorial state）。埃及在过去的 1 500 年一直是一个领土国家，但是在巴比伦和亚述，以前独立的城邦失去了自主权，成为疆域更广的新国家的一部分。相比之下，赫梯王国更多是建立在附属王公的忠诚之上，而不是靠对附庸城邦的大规模兼并。通过援引历史先例、建构王朝谱系，占统治地位的王朝使自己的统治合法化。这些国家参与国际体系，相互间有广泛的外交和贸易往来。例如，现存有 350 封信件的副本，记录着埃及法老阿肯那顿（Akhenaten，前 1353—前 1335 年在位）与埃及之外的统治者之间的联系，这些就是所谓的亚马拿泥板书信（Amarna Letters）。其中大部分是阿肯那顿写给在叙利亚和巴勒斯坦的附庸国的信件，但还有大约 40 封是他和其他被视为地位平等的统治者之间的来往书信，这些"大国王"（Great Kings）之间以兄弟相称，其中包括巴比伦、亚述和赫梯人的统治者，还有其他一些不那么重要的国家的统治者，因为埃及需要这些国家的帮助。在必要时，外交事务还涉及不同国家之间缔结条约，以便精确而详细地阐明它们的边界。各国内部实行高度的中央集权，国王是国家的主要象征，是一切事务的核心。人民需要服务于国王，向他提供捐税（比如牲畜、谷物或白银）和劳役（参与公共工程或服兵役）。在亚述王国，法律管控着私人生活的方方面面。例如，法律明确规定通奸的妻子及其情人应该受到什么样的惩罚，从而建立起一个控制私人仇杀的公共框架。相较于这些近东的先进国家，爱琴海地区的迈锡尼和米诺斯宫殿社会显得无足轻重。

爱琴海地区包括南部的克里特岛，至少是直到沃洛斯［Volos，位于古代的色萨利（Thessaly）］的希腊本土以及爱琴海南部的一些岛屿。支配克里特岛的是一系列宫殿，至少有七个，埃文斯所挖掘的克诺索斯是其中最著名的。它和斐斯托斯的确是最大的两个宫殿，但此外还有已知的或者是被认为存在过的十个宫殿。宫殿清单长短取决于定义宫殿的具体标准。

米诺斯和亚特兰蒂斯

埃文斯对克诺索斯的挖掘引起人们对米诺斯的广泛关注。埃文斯本人认为，他的发现表明了后期希腊神话的真实性：米诺斯是一个真实存在的人物，他的宫殿就是后期神话中的迷宫，而半人半牛怪弥诺陶洛斯的故事就源自跳牛运动。1909年，一位学者在《泰晤士报》上提到柏拉图关于消失的亚特兰蒂斯王国的讲述。那是大西洋上的一个强大国家，曾对欧洲和亚洲发起远征，但是都没能成功，最后这个王国毁于一场自然灾害，被巨浪所淹没。他认为，这个传说源于人们对埃及有关克里特岛米诺斯文明记载的误读。这种说法让后来寻找亚特兰蒂斯的人欲罢不能：近来有考古学家研究试图把亚特兰蒂斯与米诺斯的终结联系起来，与桑托林火山（Santorini volcano）的爆发联系起来（关于这次火山爆发时间的重估，见后文，第19页），甚至认为亚特兰蒂斯就在特洛伊。2004年，亚特兰蒂斯在塞浦路斯附近海域被"发现"，2009年，谷歌地球把亚特兰蒂斯定位在大西洋靠近非洲西海岸的地方。在柏拉图的普通读者看来，柏拉图只是随意提到这个小故事，而人们却一再试图揭开其背后的"真相"，这实在很奇怪。

一定程度上由于对克诺索斯的挖掘，20世纪的艺术家从克里特神话中得到很多灵感，他们以现代的方式处理古老的主题。例如，1919年至1920年，德国艺术家洛维斯·科林特（Lovis Corinth）对欧罗巴和公牛的形象进行加工，借此探讨当时热门的女性性觉醒的主题。克里特岛的其他神话也为艺术家提供了丰富的素材。20世纪30年代,毕加索开始着迷于半人半牛怪弥诺陶洛斯的形象,这部分是受到西班牙斗牛运动的刺激,也受到了在克诺索斯发现的斗牛壁画的启发。通过一系列的绘画和版画,巴勃罗·毕加索接着探索了性、暴力和死亡的主题,其中包括1935年创作的《弥诺陶洛斯之战》(*Minotauromachie*),这幅画被一些人视为20世纪最伟大的画作。

克诺索斯遗址位于距离克里特岛北部海岸大约5千米的地方,在今天的伊拉克利翁东南部。在同一个地点,在这个公元前第二千年中期的宫殿之前,曾经有过其他的宫殿。在公元前第三千年,这里已经出现了一个重要的定居点,其中包括一座很大的建筑,和后来的宫殿在同一条直线上。第一宫殿是一座大型的综合性宫殿,建于公元前1900年以后不久,但在公元前1700年前后被地震摧毁。第二宫殿建于公元前1700年前后,和第一宫殿基本上在同一条直线上,但是在公元前1430年前后同样被毁(见图1)。这里常常被用作仪式活动的场所,男女皆可使用。这些活动可能包括跳牛表演,对于宫殿来说,这一仪式非常重要。宫殿的大门在西北方向,门外是一个台阶式的结构,这里可能被用来迎接来客进入西庭,这里与宫殿的西立面正好相对。从这里有一系列过道通向中庭,过道的墙上是华美的壁画。中庭是一片很大的开放区域(长50米,宽25米),用于举行仪式。这种庭院是所有克里特宫殿的典型特征。中庭外的前厅通往王座室,附近有一座由三部分组成的三重神殿(Tripartite Shrine)和两个用柱子支撑起来的地下室,这些黑暗的小房间被认为有仪式上的意义。

图1 公元前第二千年中叶的克诺索斯宫殿平面图

居住区域位于宫殿的东南部,这里设计巧妙,可以最大程度利用间接光线、气流和室内管道(见图2)。遗址的发掘者埃文斯认为男人居住的房间较大,称之为国王寝宫(King's Hall),女人居住的房间较小,称之为王后寝宫(Queen's Hall)。从这些房间的现代名称中,可以看到埃文斯关于不同性别分开居住的假设,但是并没有证据表明居住区域是分开的。事实上,和中庭西边的房间一样,可能整个区域都是用来举行仪式的。宫殿中还有许多储藏室,里面有巨大的罐

图 2　克诺索斯宫殿局部复原图，皮特·德荣（Piet de Jong）制作

子，用来储存葡萄酒或橄榄油；还有一个作坊，用从希腊本土进口的石材制作豪华器皿。在第二宫殿时期，宫殿被许多彼此不相连的住宅所环绕。宫殿周围定居点的面积有大约67公顷。房子的大小和复杂程度各不相同，但其中最宏伟的房子在建筑风格上借鉴了宫殿的很多特色。

公元前第二千年中期，克里特岛上的十来个宫殿构成了一系列中心，覆盖了岛上大部分地区。它们有共同的建筑特色和类似的功能。尽管其他宫殿小于克诺索斯和斐斯托斯，但这些国家之间似乎是基本平等的。它们彼此之间有商品交易，并且可能还有其他方面的交往。地位在宫殿之下的是一系列从属的定居点，它们在各个方面都模仿宫殿。古尔尼亚城（Gournia）的一座主要建筑一度将定居点广场的一部分纳入其中，仿佛是一个宫殿的中庭。岛上各处还有大量的"别墅"，这些独立的建筑物借鉴了宫殿的建筑风格。这些建筑没有宫殿那么复杂，连小型的中庭也没有，但是在石料加工和房间设计方面，它们与宫殿有着同样的风格。这些"别墅"和宫殿一起构成一个政治和经济体系的一部分。

然而，这个体系并没有覆盖整个克里特岛。这些宫殿和"别墅"都集中在岛屿的中部和东部，沿北海岸向西一直延伸到干尼亚（Khania）。岛屿的西部和西南部似乎处于宫殿式商品生产组织形式之外。现代斯法基亚地区就是这方面一个典型的例子。斯法基亚位于克里特岛的西南部，在干尼亚以南，从那里的建筑上很少能看出宫殿的影子。斯法基亚被白山（White Mountains）与北部海岸隔断，在其西部和中部的定居点，无论是在规模方面还是在遗迹方面都不太突出。但在斯法基亚东部情况有所不同，这里有一片广阔的沿海平原，可以通过海岸和克里特中部的宫殿联系起来。这里的定居点规模更大，可以看到宫殿式建筑风格的特征。

在希腊本土，宫殿也有了一定的发展，但是和克里特岛相比要晚不少。演进过程很漫长，从分散的酋邦（在公元前第二千年早期很常见）发展到更加中央集权的国家。人们对这里宫殿建筑的发展知之甚少，但在公元前1400年后不久，迈锡尼、梯林斯（Tiryns）、皮洛斯（Pylos）和底比斯就建起了宫殿。这些宫殿形成了统一的风格，和克里特岛上的宫殿大相径庭。希腊本土保存最完好的宫殿遗迹在皮洛斯，这个宫殿面积不大（不到半公顷），但结构很复杂（见图3）。建于公元前14世纪的皮洛斯宫殿似乎模仿了米诺斯宫殿的建筑风格，但是留存下来的建于公元前1300年至前1200年之间的宫殿，和克里特岛上的宫殿有很大的不同。其入口很复杂，可能一侧有一个卫兵室，另一侧有一个档案室，负责记录进出的货物。从那里，人们可以通过一个庭院和前厅进入所谓的"正厅"（megaron）。正厅是一个长方形的房间，有四根圆柱环绕中间一个圆形的炉灶，上方有一个灯笼或天窗，有一个宝座靠在一面墙上。正厅是希腊本土宫殿的典型特征之一，迈锡尼和梯林斯的早期宫殿也有这样的大厅。正厅的墙上装饰有华丽的壁画，是举行仪式的主要场所。正厅的周围是食品储藏室和仓库。穿过庭院，可以到达一间缩小版的正厅，与卧室和浴室相邻。公共宴会很可能在两个地方举行：上层人物的宴会地点在西南部建筑和主殿之间的开阔地带，在正厅外面；普通人的宴会则在宫殿前的开阔地带举行。

迈锡尼、梯林斯和底比斯的宫殿都建在平原上露出地面的岩石之上，周围是复杂的防御工事。在其他地方，也有一些重要的设防城堡，比如米狄亚（Midea）、阿辛那（Asine）和戈拉（Gla）。在戈拉，露出地

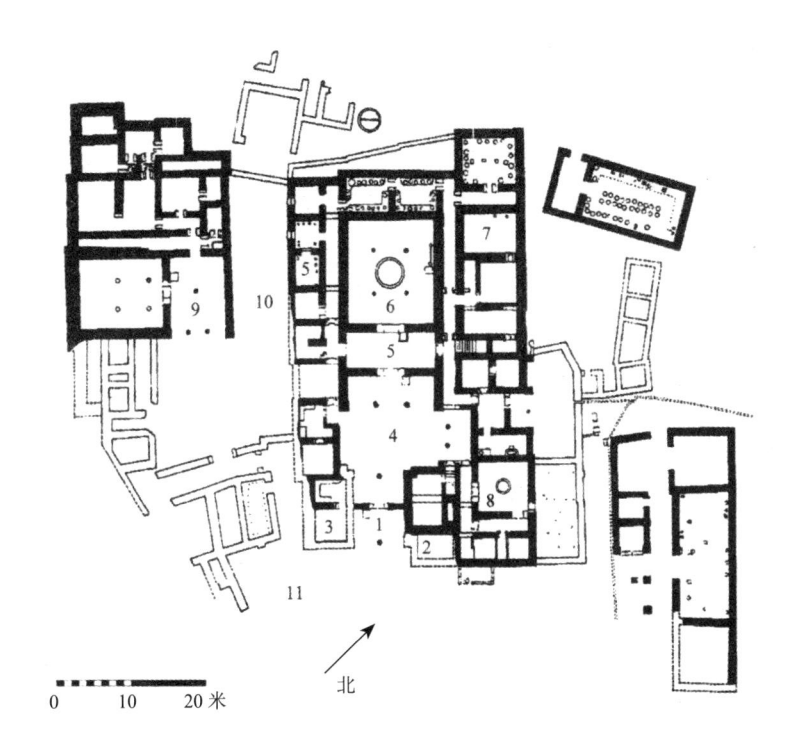

图3 皮洛斯宫殿平面图。加粗的线条表明已经确定的墙壁,中空线条表示墙壁没有得到很好保存。1. 入口;2. 卫兵室;3. 档案室;4. 庭院;5. 前厅;6. 正厅;7. 食品储藏室和仓库;8. 小一点的正厅;9. 西南部建筑的正厅;10. 宴会厅;11. 宴会区域

面的岩石四周是厚厚的城墙,用很大的石块筑成。被巨大的围墙围绕的区域,面积大约有24公顷,那里有迈锡尼最大的城堡。城堡中间还有一圈笔直的围墙,其内部面积为4公顷,一些建筑散布其间。

对于我们来说,公元前第二千年中期克里特岛和希腊本土的宫殿标志着希腊历史的开端。但是,米诺斯人和迈锡尼人并不认为自己属于一个"年轻"的文明,而是认为自己处于一段漫长历史的结尾,这

段历史可以一直追溯到史前时代。皮洛斯宫殿奢华的装饰壁画特别值得注意。在西南部建筑物的正厅，壁画描绘的是身着迈锡尼盔甲的武士击败身穿兽皮者的情景。虽然在描绘士兵时，甲胄（头盔、剑和护胫甲）往往都会出现，但这里描绘的似乎不是当时的战争。其中一些武士佩戴的野猪獠牙头盔对于这一时期来说已经显得有点过时。迈锡尼武士都袒露胸膛，他们对手的穿着也不像那时候的人会穿的，因此双方之间的战斗可能被设定在很久以前的"英雄时代"。主殿正厅的壁画更加引人注目。正厅墙上的壁画描绘了巨大的动物和人物，在宝座两侧都有纹章式的狮子和狮鹫。正厅一端的墙上画着一场户外宴会的场景，至少有四个男人坐在桌子旁，一队男女正在从前厅走向正厅，他们后面跟着一头用来献祭的公牛。宴会场景中的主要人物是一位弹奏七弦琴的吟游诗人，他坐在一块彩色的石头上，可能在吟唱过去的英雄事迹。对于当时的观看者来说，皮洛斯正厅的壁画显然具有叙事上的意义。我们无法判断这些壁画描绘的是特定的还是一般的场面，但我们肯定可以想象这样一个情景：一群迈锡尼人在聆听吟游诗人吟唱他们过去的英雄时代。

通过迈锡尼的墓圈 A（Grave Circle A）的竖井墓穴，可以更加清晰地看到过去的历史对于迈锡尼社会的重要性。这些坟墓是谢里曼在1876 年发现的，他声称里面精致的陪葬品具有典型的迈锡尼特征。其中五个墓穴中有黄金面具，陪葬品之丰富令人难以置信。谢里曼大喜过望，他给希腊国王发了一封电报："我向陛下通报一件大喜事，我已经发现了帕萨尼亚斯（Pausanias）所声称的阿伽门农、卡珊德拉（Cassandra）、欧律墨冬（Eurymedon）和他们同伴的坟墓，他们都是被克吕泰涅斯特拉（Clytemnestra）和她的情人埃癸斯托斯（Aegisthus）

在一场宴会上杀死的。"事实上，现在人们已经弄明白，这些坟墓可以追溯到大约公元前1700年至前1600年，因此比现存的迈锡尼宫殿古老得多，也比人们通常认为的特洛伊战争的时间早很多。但是在公元前1300年以后，城墙延伸到了西南部，使卫城的面积增加了超过三分之一，狮门也建了起来，墓圈A受到了特殊的对待。周围墓地的其他部分被新的建筑物所覆盖，但六个竖井墓穴得以保留。一堵新的巨大挡土墙被修建起来，形成了很高的地面部分，墙基和最初的坟墓可能是同时代的。周围建有复杂的圆形护墙，入口在新建的狮门附近。在其内部，原来的墓碑有的被移到新加高地面上，位置也被重新安排。公元前1300年以后，迈锡尼统治者开始以那些古老竖井墓穴里埋葬的统治者的合法继承人自居。

希腊本土的宫殿是当地复杂社会系统的中心，其周围有数量可观的定居点，面积和小镇差不多。皮洛斯宫殿周围的定居点占地约20公顷，迈锡尼宫殿周围定居点面积为32公顷。和在克里特岛上一样，希腊本土的宫殿形成了一个多中心的系统。各个宫殿之间是相似的，但似乎并不存在某个占主导地位的宫殿。在每个宫殿之内，都有一个至高无上的人，他被称为"瓦纳克斯"（wanax，意为王者），可能总揽内政和外交事务。瓦纳克斯之下是"人民领导者"，其地位仅次于瓦纳克斯。在人民领导者之下是"贵族""同伴""官员"，还有各个地区的长官及其副手。有些官员隶属于中央宫殿，还有些隶属于地方，受各地宫殿的管辖。这些地方官员中有些被称为"巴昔琉斯"（basileis），他们的权威可能建立在亲属关系之上，早于宫殿制度。大概是因为这个原因，在宫殿制度崩溃之后，巴昔琉斯一职（和其他官职不同）得到了保留。巴昔琉斯负责监督当地的手工生产。

他们一度和"人民领导者"并列,因此其角色绝不仅仅是监工,在宫殿制度瓦解之后,这一职务变得更加重要,有了"贵族"甚至"国王"之意(见后文,第47页)。

我们并不清楚这种等级制度在政治和军事上的作用,但是在经济事务方面,国家肯定拥有相当大的权威。和米诺斯的宫殿不同,希腊本土的宫殿并不集中储存物资,但是对于其他地方生产的农产品,宫殿里的人的确是记录并跟踪的。对于主要农产品的生产,他们并没有多少控制权,但是他们的确对有些物品的生产实施监管,比如亚麻产业的原材料。对于这些产品,他们会监督实际的生产过程。国家主要关心的是物品在国内的再分配,但是芳香油等声望商品被大量出口到国外,可能是为了交换金属、香料和象牙等需要进口的物品。虽然希腊本土的宫殿在建筑风格上和克里特岛上的宫殿不同,但是它们发挥的作用是一样的,即仪式、行政、农产品生产记录、奢侈品存储,以及一些产品的生产。

在上层人物纪念祖先方面,宫殿也发挥着重要的作用。在希腊本土,在宫殿发展起来之前,地方精英在纪念祖先时会炫耀自己的财富和权势。典型的迈锡尼墓穴是圆顶墓(tholos)和室式墓。在建筑风格方面,圆顶墓尤其引人注目,这种坟墓多见于伯罗奔尼撒半岛,包括一条长长的入口过道和圆拱形的墓室。"tholos"一词的意思是"蜂巢",因为它的形状就像蜂巢。一个很好的例子是迈锡尼的"阿特柔斯宝库"(Treasury of Atreus),这个宝库入口正立面的一部分现存于大英博物馆。宫殿时期,圆顶墓的数量减少,主要集中在宫殿周围。似乎宫殿的精英成员有意将资源集中于宫殿附近。与此前和此后的时期不同,在第二宫殿时期,克里特岛上几乎找不到墓葬的证据。也许是因为宫殿主导着整个社会，没有给各个家庭纪念其逝者留下空间。

克里特岛和希腊本土之间的关系不仅仅是相似和差异的问题。大约在公元前1430年，克里特岛很多地方和克里特岛北部岛屿上的米诺斯定居点都毁于大火，但不一定都发生在同一时间。关于如何解释这一现象，一直有很多争议。曾经有一种说法很流行，即桑托林岛（古代的锡拉岛）火山爆发，引发了巨大的海啸，所以造成这些毁坏。从历史的角度来看，这种说法是站不住脚的（为什么克里特岛上的破坏没有得到修复呢？）。有的地震学家根本就不相信这一海啸理论（桑托林岛西北部的火山所造成的海啸怎么会跑到东南部呢？）。无论怎样，通过对一块埋藏在地下的橄榄木进行放射性碳分析，最新的一项研究认为这次火山爆发的时间为公元前17世纪。现在人们已经可以肯定，桑托林火山的爆发比宫殿被毁要早两百年。

对于公元前1430年前后的破坏，另一个主流解释是来自希腊本土的迈锡尼入侵者占领了克里特岛。和宫殿政权有联系的地方似乎是重点破坏对象。例如在皮尔戈斯（Pyrgos），被烧毁的是别墅，而不是附近的小镇。还有可怕的暴力迹象：在莫克洛斯（Mokhlos），尸体没有得到掩埋；在克诺索斯，似乎有儿童的尸体被吃掉，这可能是围城造成的。我们无法确定这些破坏背后的动机是什么，但当前的观点是迈锡尼入侵者这一解释过于简单。迈锡尼人支配之下的克诺索斯的确曾主导克里特岛一段时间，但是迈锡尼人可能也与当地的米诺斯精英人士合作并通婚。

克诺索斯本身在这个时候也没有逃脱被毁灭的命运，但是和其他的米诺斯宫殿不同，克诺索斯宫殿立即得到了重建。克诺索斯宫殿很快就成了迈锡尼人在克里特岛上的主要行政中心。新的宫殿政府至少控制了四个地区，第五个地区则将克诺索斯与当地两个主要的圣地连接到一起，后面我们还会谈到这两个圣地。这四个地区至少从西部的干尼亚延伸到在克里特岛东部拉西锡（Lasithi）高原的西部边缘。在克诺索斯控制的区域之内，附属的区域中心得以保留，包括宫殿和别墅。例如，斐斯托斯曾经有一个独立的宫殿，在公元前1430年后克诺索斯的记录中依然被提及，然而，就外表看来，斐斯托斯的宫殿已经不再能够独立运作。尽管有一些具有连续性的因素，但在这次政权更替之后，克里特岛上的文化和艺术遭受到巨大破坏：我们后面将会看到，官方语言发生了变化，人们不再建造以庭院为中心的建筑，宫殿式建筑的典型建筑风格消失无踪，各式各样的奢侈品也停止生产，包括浮雕壁画、石头做的牛头酒器和象牙雕塑。直到公元前13世纪，克诺索斯在克里特岛上的支配地位才告终结，米诺斯特征得以恢复。

克里特岛上的宫殿比希腊本土的大，但是和公元前第二千年中期同时代的近东宫殿相比，两者都要小很多。如果把迈锡尼（近4公顷的城堡内宫殿面积只有1公顷）和克诺索斯（宫殿面积为2公顷）与哈图萨（城墙内的面积至少有180公顷）进行比较，就能看到规模上的显著差异，这足以说明克里特岛和希腊本土宫殿制度的复杂程度。和近东国家不同，它们并没有发展出成文的法典，也没有在复杂多样的场合广泛使用文字。但是，在某些有限的情况下，克里特岛和希腊本土的宫殿确实使用了文字。

克里特岛上的书写系统出现于第一宫殿时期或之前，这方面可能受到了近东的启发，但是书写形式是当地的发明。最早的书写符号被用来记录商品的数量，它们被称为"克里特象形文字"，这个叫法很容易造成误解，因为它们和埃及的象形文字并无相似性。使用克里特象形文字的区域仅限于克诺索斯和马利亚（Malia）的中心区域，但是在第二宫殿时期的克里特岛南部，出现了另一种被称为"线形文字A"的书写系统。这种文字在整个克里特岛乃至岛屿之外的地方都得到了使用。和克里特象形文字相比，线形文字A更加复杂，其符号更多，有较多线形（因此得名），是一系列用来表示音节、事物和数字的符号。它也被用来记录商品，有的刻在泥板和印章上，还有的在陶器上，它也被用于其他场合，例如在宗教物品上刻上文字，记录宫殿的供奉。至于克里特象形文字和线形文字A记录的是同一种语言，是两种不同的语言，还是同一种语言的不同方言，人们依然不得而知。无论是什么语言，我们可以确定的是，它们不是希腊语。

随着迈锡尼人来到克里特岛，书写系统发生了变化。被称为线形文字B的文字肯定源自克里特岛，在这里，它被专门用于行政管理。在克里特岛上，流传下来的线形文字B要远多于线形文字A，其中大部分来自克诺索斯，但也有部分来自西部的干尼亚。迈锡尼人把这种新的文字带到了希腊本土。在皮洛斯、梯林斯、迈锡尼和底比斯的宫殿中，发现了刻有线形文字B的泥板，在米狄亚还发现了刻有这种文字的印章。和在克里特岛上一样，在希腊本土，线形文字B也专门用于行政。

线形文字B的符号有三分之二借鉴了线形文字A，但是对其做了简化，并增加了新的符号。其使用范围仅限于行政管理，几乎全部写在黏土之上，有的刻在泥板上，有的绘在运输罐上。例如，来自克诺索斯的一块泥板上保留了两份名单的部分内容，记录的是在克诺索斯劳动的妇女的名字（见图4）。之所以开列这样的名单，是为了记录宫殿工人的情况，也是为了方便计算需要分配给她们多少口粮，以便维

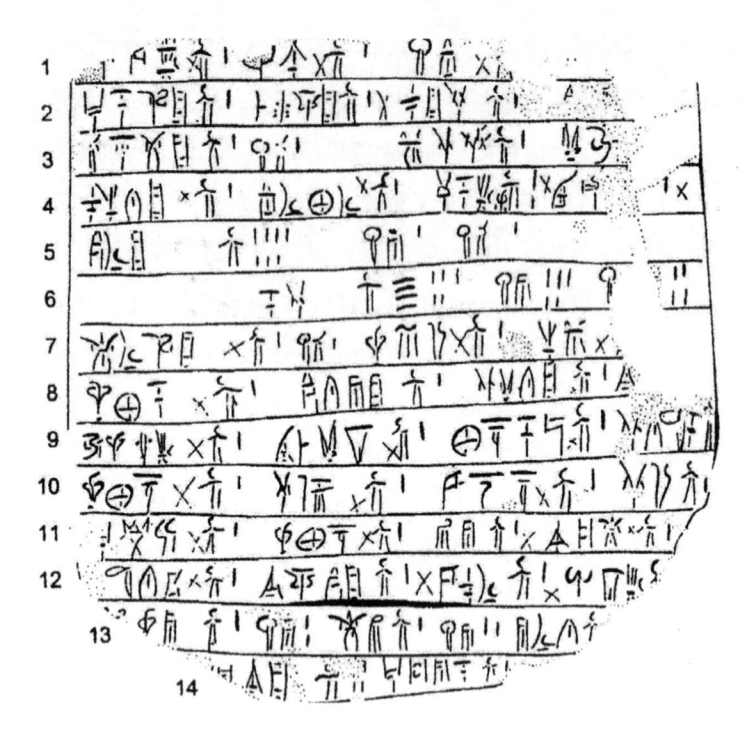

图4 来自克诺索斯的线形文字B（现存于牛津大学的阿什莫林博物馆）

持她们本人及其子女的生存。在第一份名单的末尾，第四至六行，我们可以看到这样的内容：

  第四行：来自斐斯托斯的妇女，X。妇女，1人。斐勒格拉（Philagra），X，妇女，1人。*18-to-no，女儿，妇女，2人，X。wi-so，妇女，1人，X。

  第五行：来自e-ra的妇女。妇女，7人。女孩，1人。男孩，1人。

第六行：妇女总人数，45人。女孩，5人。男孩，4人。

这份名单的格式很简单：名字，表示妇女的符号，然后是一个数字。这里的"X"写得很轻，是未烧制的泥板干燥后添加上去的，可能是负责清点妇女人数的宫殿官员或文书所为。对这些妇女有不同的指称方式，有的是记录个人的名字，比如斐勒格拉，还有的是按照原籍进行命名或分组，比如来自斐斯托斯（位于克里特岛的中南部）的妇女，或者是来自 e-ra 的七名妇女，这个地方位于克里特岛中部。有的妇女带着小孩，孩子们可能年龄太小，还无法工作。但是有一位名叫"*18-to-no"的妇女有一个女儿，已经足够大，可以被算作成年妇女（顺便说一句，"*18"代表一个音值尚未确定的符号）。缩进的第六行记录了第一份名单上的总人数，包括45名妇女以及她们的孩子，5个女孩，4个男孩。第一份名单只保存下来一部分，上面仅记录了二十多名妇女，加上一个女孩和两个男孩，所以很显然，泥板上端缺失了很大一块。这种一丝不苟的人名或商品清单是线形文字B泥板上的常见内容。

线形文字B所代表的是一种不同于线形文字A的语言。在第二次世界大战之前，学者们无法解读线形文字B，但他们一致认为它记录的不是希腊语。关于线形文字A，学者们也持同样的观点，但是在这方面他们的理由很充分。1952年，一位名叫迈克尔·文特里斯（Michael Ventris）的非专业人士成功解读了线形文字B，并证明它记录的确实是希腊语。例如，在前文引用过的线形文字B记录中，几乎每一个词在后来的希腊语中都可以找到，比如"女儿"（tu，是后来希腊语中 thugater 一词的缩写形式）、"女孩"（ko-wa，在后来的希腊语中是

korē)、"男孩"（ko-wo，在后来的希腊语中是 kouros）。由此可见，刻在泥板和运输罐上的线形文字 B 是希腊语，比此后流传下来的希腊文字要早 400 多年。

希腊本土和克里特岛上的迈锡尼人都使用希腊语，并且可能用希腊语交谈。希腊语是公元前第二千年这一时期和后来的古典时代之间的主要联系，虽然这一时期究竟有多少克里特人实际上学会了说希腊语还是一个问题。但是，线形文字 B 也表明了宫殿文化和其后文化之间的不同之处。这一时期，掌握书写技能的人很少，和线形文字 A 相比，线形文字 B 的使用范围更有限。线形文字 B 泥板是用来开列清单的，并没有用在更随意的文本中，更不用说文学了。其使用仅限于宫殿及其行政管理。由于它没有深深扎根于社会，因此一旦宫殿时代结束，这种书写方式也就随之消失了。

此外，线形文字 B 并非主要的记录媒介，与在皮洛斯和迈锡尼一样，还有其他记录过去的方式。即使在开列清单方面，线形文字 B 泥板的寿命也是有限的，这些文本被刻在泥板上，然后放到阴凉处晾干。它们被保留的时间不超过一年。泥板可以被重新利用，因此有的文本上会有关于上一年债务的信息。这些为期一年的记录只有在储存地毁于大火而意外被烧制之后才能留存下来。因此，线形文字 B 并非永久性的档案。在这方面，它们不同于埃及、亚述和赫梯人的记录。那些民族确实有永久性的档案，还有皇家通信、条约和史册的副本。他们还在突出位置公开展示一些文本，而无论是在迈锡尼人的克里特岛还是在希腊本土，都完全没有这种现象。

*

虽然克里特岛和希腊本土的宫殿最终被共同的管理方式和语言联系在一起，但它们本来是沿着不同的路径发展的。两种文化有一些相通的做法，并且最终形成了广泛的共同认同，但是它们之间也有重要的差异，在宗教方面，这些差异体现得最为明显。在第二宫殿时期的克里特岛上，宗教仪式似乎是由宫殿组织的。这一时期克里特岛上的敬拜以宫殿本身和山顶圣所为中心，而没有同时代的近东那种纪念性宗教建筑。据说克诺索斯宫殿中的几个房间有仪式上的功能，但这种说法是猜测性的，只有两个房间（见图5）可以确定是宗教活动场所，即所谓的三重神殿和双斧神殿（Double Axes）。举行祭仪的很多用品

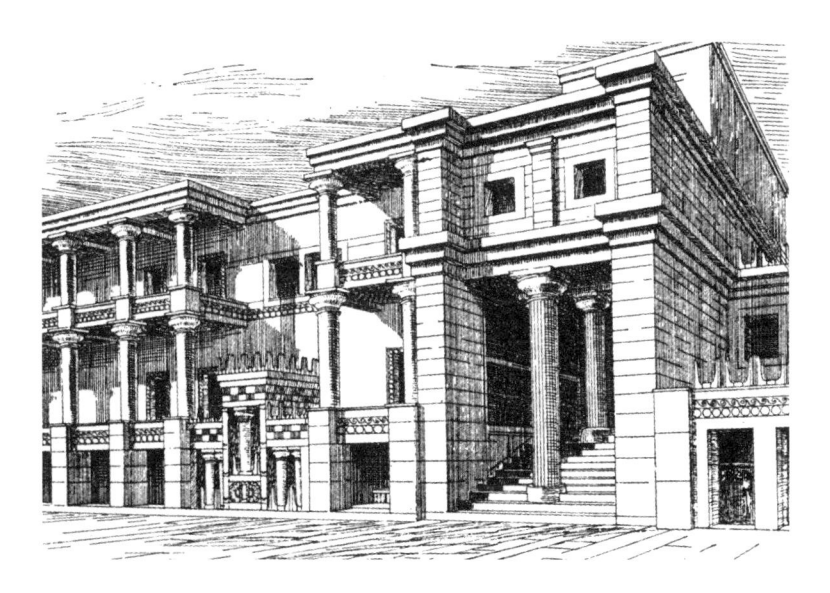

图5 克诺索斯，中庭西侧三重神殿的复原图

都便于携带，这可能意味着固定的仪式地点很少，所以宗教建筑也很少。山顶圣所和神圣洞穴也是宫殿宗教体系的重要组成部分。山顶圣所位于中等高度的山上，彼此可以相望，本地和区域性圣所有不同的等级。在克诺索斯，尤克塔斯山（Mt. Juktas）两个山脊中较低的那一个上面的圣所尤为重要。从宫殿远眺，可以看到克诺索斯所在山谷尽头山顶以南的美丽景色。沿着山谷有一条6千米长的道路，米诺斯崇拜者可以沿着这条路到达尤克塔斯山。爬上一个很大的山坡就可以登临这处圣所，圣所的周围有一圈宏伟的围墙。圣所由露天平台组成，上面有一座带供桌的祭坛。山腰上凿有几间辅助洞室，面积不大。克诺索斯另一个主要的敬拜地点是阿穆尼索斯（Amnisos）的埃勒提亚（Eileithyia）洞穴。这里位于克诺索斯东北部5千米处，是举行仪式和敬献供品的场所。阿穆尼索斯以及其他几个洞室的供品和山顶圣所基本上一样，这表明了宫殿时期宗教体系的统一性。

希腊本土的宗教体系与之大有不同。迈锡尼人借用了一些来自克里特岛的宗教象征，但是并没有建在山顶上或洞穴中的圣所，也没有和宫殿中心相连接的其他外部宗教场所。和在克里特岛一样，宫殿中心的宗教建筑面积并不大。在迈锡尼，墓圈A南侧的敬拜中心大部分是在新城墙建成后立即建造的。这是一个复合式房间，在建筑风格上并无特殊之处，但其内部有明显的仪式特征。例如，在一座神殿的中心位置有一个低矮的长方形台子，也许是祭酒用的（见图6）。在房间一端的台子上，有一尊小雕像，可能是一位女神，有一张小供桌放在前面。在房间左侧，透过窗户可以看到一块裸露的天然岩石，这块石头一定具有重大意义，它把这个地方与这一崇拜联系到了一起。在房间右侧，是一段通往楼上房间的台阶，上面储藏了大量的陶俑，可

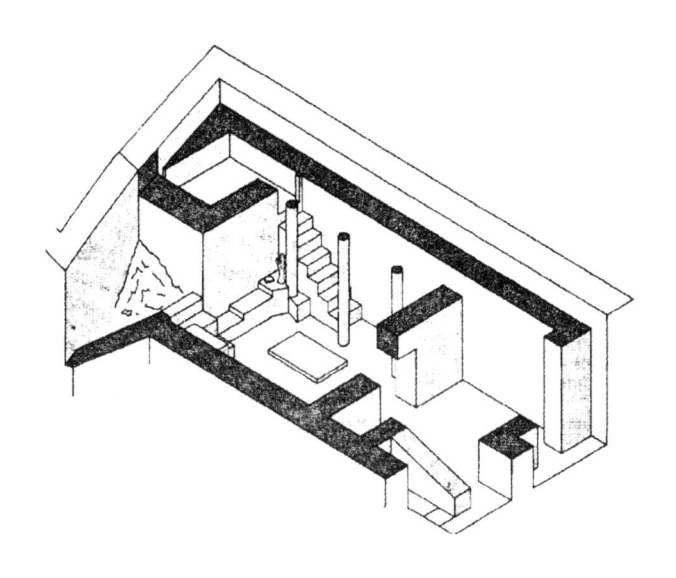

图 6　迈锡尼神殿的等距视图，从西南方向看。主要房间为 5.1 米长，4.3 米宽

能代表着崇拜者。整个复合式建筑，包括其中的女神及其崇拜者的形象，在克里特岛上任何地方都没有类似的例子。

只有当我们有线形文字 B 的证据时，才能知道克里特岛和希腊本土受崇拜的神灵的名字，我们很少能够把一位神灵的名字和一个特定的地点联系起来。从线形文字 B 泥板上，可以找到后来人们所熟悉的神灵的名字，比如宙斯、赫拉、波塞冬和狄俄尼索斯，他们也许很重要，但泥板上还有其他不为后人所知的神灵的名字，比如伯特尼娅（Potnia，"女主人"）和迪维娅（Diwia，女性版的宙斯）。不同的地方崇拜着不同的神灵群体，例如在皮洛斯，一块线形文字 B 泥板上记录着某一个月举行的宗教仪式，以及祭祀的地点、祭品、参与者和接受祭品的神灵。泥板上一共列举了8个人的名字,他们可能是神殿的管理者,还有13件金器,大概是每年在仪式上使用的、代代相传的酒器。在主要的宫殿宗教区域与皮洛斯之外的其他四五个圣所,都会举行这些仪式。在主要的宗教区域被敬拜的伯特尼娅是这块泥板上提到的主要神灵,但其他的神灵也受到敬拜,比如波塞冬(皮洛斯的一位主要神灵)神殿中的"秀发女神"(The Lady of the Tresses)和"牛一样的女神"(The Cattle-like Lady),以及宙斯、赫拉、德里弥欧斯(Drimios,宙斯的儿子)和赫尔墨斯–阿雷亚斯(Hermes Areias),还有一些次要的神灵,比如伊菲莫狄亚(Iphimedeia)和迪维娅,以及"三度英雄"(The Thrice-Hero)和"一家之主"(The House-Master)。显然,皮洛斯有一套非常复杂的多神信仰,神灵的重要性不同,定期轮流接受敬拜。

人们往往会强调这份名单中那些熟悉的名字,比如宙斯、赫拉、波塞冬和赫尔墨斯,以此指出这一宗教体系中既有男神,又有女神,既有男祭司,又有女祭司,因此断言青铜时代的神灵和后来的希腊众神之间有很强的延续性。这种观点大错特错。如果将青铜时代和古典时代宗教的诸神一一对应,就会忽略这两个时期宗教体系之间的系统性差异。这两个宗教体系植根于完全不同的社会和政治环境,虽然有些名字相似,但是这并不意味着这些神灵在两个时期有相同的意义。"延续性"的说法意味着对这些神灵的崇拜是代代相传的,而这是一种本末倒置的做法。后人虽然沿用了他们从过去知道的名字和做法,但是对其进行了调整,用来为自己的目的服务,时移世易,他们构建了属于自己的新的宗教体系。

一些现代的解析强调米诺斯文明和迈锡尼文明之间的差异。米诺斯文明常常被描绘为和平、没有内部暴力冲突的文明,米诺斯人无忧无虑,幸福而自然。相比之下,迈锡尼人被认为好勇斗狠,据说他们入侵克里特岛,破坏了之前这里宁静的田园生活。在这种简单的对比之上,有的人还会加上另外一个区别,米诺斯人虽然性格温良,对欧洲人来说却是外族人,因为他们不说希腊语,而那些讲希腊语的迈锡尼人往往被视为早期的欧洲人。事实上,米诺斯人和迈锡尼人之间的这种两极对立是很武断的,而欧洲人和非欧洲人这一划分也无甚裨益。米诺斯人的语言可能属于印欧语系(我们不得而知),米诺斯文明和迈锡尼文明之间有很多共同点,尤其是在外部联系、海外移民、对外接触和贸易模式等方面。从这三个相互关联的方面看,我们不应该将克里特岛与希腊本土简单对立起来。

*

第一宫殿时期,克里特岛和北部岛屿之间的接触变得频繁起来。两个区域之间的贸易对爱琴海诸岛居民产生了相当大的影响,当地精英试图仿造克里特岛的产品。米诺斯人的海外移民促进了这些贸易,移民主要定居在锡拉岛、米洛斯岛(Melos)和凯阿岛(Keos)。第二宫殿时期,移民的规模和数量明显增加。克里特岛西北面有几个重要的定居点,在基西拉岛(Kythera)上,米诺斯人修建了可以远眺克里特岛的山顶圣所。在克里特岛东北面的卡尔帕索斯岛(Karpathos)、罗得岛(Rhodes)和科斯岛(Kos)上,米诺斯人建立了定居点,小亚细亚海岸线上的米利都也有他们的定居点。有些定居点原本就有居民,克里特人只占人口的一小部分;有时,移民在以前无人居住的部分定居下来。米利都定居点特别值得一提。在第一宫殿时期，一些来自克里特岛的商人移居到米利都原有的一个城镇。到了第二宫殿时期，米诺斯人在这里的地位已经大不相同。这一时期米利都的物质文化由米诺斯人主导：当地生产的日用陶器有 85%～95% 是米诺斯风格。这里还建了一座米诺斯风格的圣所，圣所中有一个用土砖建造的祭坛。这里使用的是线形文字 A，当地生产的陶器在烧制之前会被刻上这种文字。很明显，当时有许多米诺斯人生活在米利都，他们聚居在这里，建立了米诺斯式的组织。可能就是在这一时期，这个地方第一次被命名为"米利都"，米诺斯定居者可能是以克里特岛上小镇米拉托斯（Milatos）的名字为这个定居点命名的。

迈锡尼人到达克里特岛之后，爱琴海上这种海外定居的模式发生了变化。米诺斯文明在爱琴海南部岛屿上的影响式微，不敌迈锡尼文明的强大影响力。就像其他相似的地区一样，在米利都，米诺斯时期以毁灭告终，迈锡尼定居者取而代之。大多数陶器都遵循迈锡尼的形制，无论是进口的还是当地生产的。更突出的是，房屋和墓穴也都是迈锡尼风格。有证据表明这里的宗教仪式也是迈锡尼式的。沿着安纳托利亚海岸，迈锡尼定居点从米利都向南延伸，一直到达近海岛屿，特别是罗得岛。

在本章所涵盖的整个时期，克里特岛和希腊本土都与当时的近东国家有重要的外交和其他联系。无论是在第一宫殿时期还是在第二宫殿时期，克里特岛都与埃及保持着密切的联系。在尼罗河三角洲的泰勒答巴（Tell el-Dab'a）的王宫里，人们发现了公元前 16 世纪下半叶的壁画，其在风格、技巧和主题上都有鲜明的米诺斯特征。壁画表现了各种米诺斯主题，包括穿着米诺斯服装的年轻人，他们可能正在参加克里特岛上常有的跳牛活动。该壁画对米诺斯图案的借鉴表明，在埃及新王国时期之初，克里特和埃及之间有密切的联系。在公元前15世纪埃及的首都底比斯，有两个贵族的墓葬，墓穴壁画描绘了所谓的"克夫提乌人"(Keftiu)，他们穿着米诺斯的服装，拿着米诺斯风格的金属或石质容器，其中包括公牛头造型的水杯和整头公牛的模型。这些人想必是向埃及人呈献厚礼的克里特使节。甚至有人指出，早期壁画中的克夫提乌人看起来更像米诺斯人，后期壁画上的更像迈锡尼人。

赫梯人也与爱琴海地区的民族有联系。从公元前15世纪起，赫梯国王就已经意识到了"阿希亚瓦人"(Ahhiyawa)的存在，这是一个复数名词，指代西部与其相邻的民族。关于阿希亚瓦的身份，人们一直争论不休，但最近面世的赫梯文献清楚地表明阿希亚瓦人不仅生活在赫梯人的西部，而且与其隔海相望。因此，我们可以放心地把他们归为"亚该亚人"(Achaeans)，即荷马史诗中的希腊人。公元前13世纪，赫梯国王开始重视阿希亚瓦人。哈图西里三世(Hattusili III，前1267—前1237年在位)试图恢复安纳托利亚西部的秩序。赫梯的叛逆分子皮亚马拉都(Piyamaradu)从哈图西里三世那里逃到了米拉万达(Milawanda，即米利都)，米拉万达在赫梯的支配范围之外，但是受阿希亚瓦国王的间接控制。哈图西里三世到米拉万达去追捕皮亚马拉都，要求当地的统治者把这个叛逆者交给他。但是皮亚马拉都乘船逃到了阿希亚瓦人的土地上，从那里他继续对赫梯人进行袭扰。哈图西里三世的远征失败，他写信给阿希亚瓦的国王，称他为兄弟，请求阿希亚瓦王帮助他剿灭皮亚马拉都。我们通常把迈锡尼国家看作一系列相互斗争的政权，然而哈图西里三世仅仅将其中一位统治者视为阿希亚瓦人的国王，这是很不同寻常的。这位国王很可能是希腊中部的底比斯（不要与埃及的底比斯弄混了）的统治者。根据刻有线形文字 B 的泥板，底比斯不仅控制着希腊中部周围的地区［该地区后来被称为维奥蒂亚（Boeotia）］，而且还向东控制着优卑亚岛（Euboea）的大部分地区。（后来米利都周围的很多地方都采用了维奥蒂亚地区的地名，可能就是因为和维奥蒂亚的这种联系。）这位底比斯统治者似乎已经成功地让哈图西里三世视他为亚该亚人唯一的国王。哈图西里三世的继任者图德哈里亚四世（Tudhaliya IV，前 1237—前 1209 年在位）也远征到了西安纳托利亚：他入侵米拉万达，可能还破坏了米利都的定居点，扶植自己的盟友成为这一地区的霸主。图德哈里亚四世是这样称呼那些被他视为与他地位平等的国王的："和我同等地位的国王，包括埃及国王、巴比伦国王、亚述国王和阿希亚瓦国王。"书吏后来又抹掉了"阿希亚瓦国王"，也许是因为在图德哈里亚四世远征西安纳托利亚之后，这位亚该亚人的国王失势了。

公元前第二千年中期，把米诺斯定居点和迈锡尼定居点联系在一起的是贸易，能够证明他们与埃及和赫梯王国之间关系的证据也是贸易。从克里特岛出发，有三条主要的贸易路线：向西北走，经基西拉岛到达伯罗奔尼撒半岛南部；向北走，经过锡拉岛、米洛斯岛和凯阿岛，到达阿提卡（Attica）地区的铜矿和银矿；向东北走，经过卡尔帕索斯岛和罗得岛，到达安纳托利亚，然后向东到塞浦路斯和黎凡特（Levant，现代的叙利亚、黎巴嫩、以色列和约旦所在地区）。前面提到的米诺斯人定居点全部位于这三条贸易路线之上，这并非偶然。迈锡尼人来到克里特岛后，贸易从米诺斯人那里转移到了迈锡尼人手中。公元前 1300 年以后，主要的贸易路线发生了变化，但迈锡尼人和米诺斯人一样，在安纳托利亚、塞浦路斯和黎凡特地区有广泛的利益联系。

从公元前1300年前不久一艘沉没在安纳托利亚南部乌鲁布伦（Uluburun）海岸附近的沉船上，可以生动地看到这一时期贸易的情况。从1984年到1994年，人们对这艘沉船进行了发掘。这艘船长15~16米，自黎凡特地区一路向西航行，可能来自该地区最大的从事国际贸易的城市乌加里特（Ugarit），这个地方位于现代叙利亚的拉塔基亚（Lattakia）北面。船上装载着极其丰富的货物：不少于490锭产自塞浦路斯的粗铜，重达10吨；约120块锡板，产自近东的某一个地方，重达1吨。铜锭的品质不高，又薄又脆，但是用这些金属可以生产出约11吨的青铜。此外还有：175块玻璃，有的是钴蓝色，有的是蓝绿色，还有的是淡紫色，这些玻璃将被加工成珍贵的器物；24根产自埃及的乌木；整根或部分的象牙和河马牙，准备用于雕刻，有几个是已经雕刻好的成品；用来制作七弦琴共鸣箱的龟壳；鸵鸟蛋壳；149个可能来自乌加里特的罐子，一个里面装着玻璃珠，有一些里面装着橄榄，但大多数装的是来自死海以西地区的松节油树脂，总重量达1吨，可能会被用作熏香；还有来自乌加里特和埃及的珠宝。总之，货物来自近东的各个地方，从塞浦路斯、埃及、努比亚、叙利亚到美索不达米亚各地。这些货物很可能是应爱琴海东部地区一位统治者的要求运送的。让人既好奇又无奈的是，船上还发现了两个折叠起来的木制写字板，其造型是近东风格，但是里面的蜡上究竟写的什么内容，已经无迹可寻。船上有两个迈锡尼人——从他们的佩剑和其他个人物品可以判断他们的这一身份，可能要护送货物到一个主要的迈锡尼宫殿。

沉船上的物品让我们窥见黎凡特和迈锡尼世界之间的贸易情况。

船上货物的价值有高有低，其价值结构和亚马拿泥板书信（见前文）体现的近东统治者间交换物品的价值结构是完全一致的，只缺了最贵重的两种物品，即黄金和白银。但迈锡尼人并不仅仅被动接受强大东方邻居的施舍。他们进口原材料，以当地风格进行加工，赋予其当地的意义。作为回报，迈锡尼人肯定提供了其他物品进行交换。我们并不确定究竟是什么物品，但是在阿提卡地区，白银很容易开采，克里特岛则以羊毛纺织著称。在前文提到过的埃及壁画上，克里特人穿着精美的羊毛衣服。刻有线形文字B的泥板也曾提到，克里特岛的一些羊毛制品和皮洛斯的一些芳香油是为了出口而生产的。

爱琴海地区的国家也向西开展贸易，贸易对象包括西西里岛、意大利半岛和撒丁岛。西边没有米诺斯人或迈锡尼人的定居点，不像在爱琴海地区，这里贸易似乎不由宫殿直接管理，而可能是由独立的商人管理的。随着迈锡尼人利益的扩张，就像在爱琴海地区一样，在这里迈锡尼的商品也在很大程度上取代了米诺斯人的商品，但克里特岛依然和西边的国家保持着一定的联系。公元前1200年后，干尼亚生产的陶器被卖到意大利半岛、撒丁岛和其他地方。克里特岛上生产的陶器具有意大利半岛中部地区的风格，由此可以判断有一些意大利人移居到了克里特岛。

*

特洛伊这座闻名后世的城市位于迈锡尼外部联系网的边缘。谢里曼所挖掘的遗址距离现代的海岸至少有5千米，我们很难想象特洛伊会是一个主要的海上强国。但是，对特洛伊城所在半岛的地形研究表明，公元前第三千年到公元前第二千年的海岸线与现在的海岸线有很大的不同，这是因为西摩伊斯河（Simois）和斯卡曼德河（Scamander）带来了许多淤泥。公元前第二千年时，特洛伊城位置优越，正好可以控制一个大海湾，对于通过达达尼尔海峡进入黑海的船舶来说，这是唯一的深水港。到了公元前第二千年，特洛伊已经成为一个重要的区域中心，控制着安纳托利亚西北部和爱琴海诸岛北部地区。

特洛伊的物质文化属于西安纳托利亚，判断的依据是房子的建筑风格、门口的祭仪，以及人们发现的刻有卢维语（Luwian）的印章，卢维语是在安纳托利亚广泛使用的一种语言。然而，无论是对于爱琴海地区，还是对于安纳托利亚地区，特洛伊都处于边缘。公元前14世纪和公元前15世纪，特洛伊可能从爱琴海东部地区进口了一些迈锡尼陶器，并在当地进行仿造，但是生产的数量很少，大约只占当时当地陶器总量的1%～2%。特洛伊紧挨着赫梯王国控制着的地区。国王姆塔瓦利二世（Muttawalli II，前1295—前1272年在位）不得不派遣一支赫梯远征军来到一个名叫维鲁萨（Wilusa）的地方，以恢复这里的秩序，因为这个地方似乎已经被叛乱分子所占领，给赫梯人和他们的附庸国造成很大的麻烦。维鲁萨显然位于安纳托利亚的西北部，由于特洛伊是这一地区唯一的重要考古遗址，维鲁萨可能就是我们所知道的伊利昂（Ilion，最初为"Wilion"）或特洛伊。在公元前13世纪与进一步的军事行动和骚乱有关的其他赫梯文本中，维鲁萨这个地名也出现过。阿希亚瓦的国王和总是制造麻烦的赫梯叛逆者皮亚马拉都似乎也介入其中。

随着1988年以后对这处遗址的重新挖掘，我们对特洛伊遗址重要性的理解已经发生了巨大的变化。值得注意的是，这些发掘活动的主要赞助商之一是戴姆勒-奔驰公司，它赢得了联合国教科文组织的一次竞赛，因为这些发掘对"**欧洲**文化遗产"具有重大意义。和谢里曼的发掘一样，现代的发掘活动也各有其文化上的目的。谢里曼发掘的土丘只是很小的一个区域，还不到 2 公顷，持怀疑态度者一直认为对于长达 10 年的特洛伊战争来说，这个中心未免太小，让人难以相信。最近在这个遗址的考古研究表明，特洛伊实际上是一处大遗址。现在人们已经弄明白，谢里曼发掘的土丘仅仅是一个堡垒，在下方的平原上，还有一个十分重要的定居点，占地约 20 公顷（见图 7）。这个定居点周围是一系列的防御工事，有一道巨大的木头护墙，一条宽 3.5 米、深 2 米的大沟，用于抵挡战车的攻击。这些新的发现告诉人们，特洛伊与希腊本土的皮洛斯和叙利亚北部的贸易中心乌加里特有

图 7　特洛伊第六层的复原图：堡垒和宫殿建筑，以及低处城市的一部分

同样的规模。

对特洛伊的发掘可以支持特洛伊战争的确发生过这一说法吗？谢里曼认为，被亚该亚军队攻陷的是第二层（自下而上）的特洛伊城，但实际上第二层的年代比这早得多。现在人们已经清楚，和迈锡尼国家同时代的是第六层和第七层的第一阶段。然而，关于这些地层的划分及其意义，各种现代观点之间有很大的差异，往往被有关特洛伊战争的一厢情愿的想法所蒙蔽。通过对1938年出土的陶器进行仔细分析，正统的观点认为第六层的第八阶段和第七层的第一阶段是两个不同的时期。公元前1300年前不久，第六层的第八阶段毁于一场大规模的破坏，这也是第六层的最后一个阶段。此后不久，特洛伊城就被匆忙重建，并没有文化断裂的迹象。重建的城市被称为第七层第一阶段，持续了大约90年，在公元前1200年前不久被洗劫并烧毁。1998年和1999年的发掘结果挑战了这一正统的观点。另外一种观点认为，第六层的第八阶段和第七层的第一阶段属于同一时期，第六层的第八阶段在公元前13世纪中叶毁于敌人之手，在第七层第一阶段发现的"烧毁"的痕迹实际上是仪式活动的结果。

那么，被称为第六层第八阶段或第七层第一阶段的那座城，就是在特洛伊战争中被毁的普里阿摩斯之城吗？这个问题的答案是非常不确定的。荷马史诗对我们观念的影响太大了，许多人愿意相信特洛伊战争的确发生过。因此，人们不是总能冷静下来，去思考《伊利亚特》究竟是一部什么样的作品，以及就特洛伊战争而言，什么样的考古证据才算是好的证据。《伊利亚特》的创作距离它声称所描绘的事件有500年之久，这是一部富有想象力的作品，但其中的世界和诗人所处的时代相去甚远。因此，它是不能被视为历史著作的。另一方面，考古学擅长为长时段的模式提供证据，但不擅长为特定的事件（或据说发生过的事件）提供证据。在某一个问题上，用实物证据去硬套文本证据通常会犯错误，尤其是考虑到《伊利亚特》中丰富的想象成分。就特洛伊城是否被入侵的亚该亚军队围攻并洗劫这一具体问题而言，实物证据可以说必然是很含糊的。根据正统的观点，公元前1300年前夕，第六层第八阶段的特洛伊城毁灭，这时迈锡尼人在爱琴海地区的势力正处于巅峰期。有人认为这一时期的特洛伊毁于敌人之手，但也有人认为，从破坏的规模来看，造成这一破坏的是一次巨大的地震，而不是人为的原因。墙壁的毁坏是因为地震还是因为劫掠者？第七层第一阶段的焚烧痕迹是意外、仪式还是敌人造成的？假如是敌人的行动导致了第六层第八阶段或第七层第一阶段的破坏，那么敌人又是谁呢？《伊利亚特》说敌人是亚该亚人，但同时期的证据显示赫梯人在这一地区也有广泛的利益关联。

诚然，赫梯王国的宫廷档案非常零散，但是从这些档案中，看不到有关亚该亚人对特洛伊发起大规模的攻击并导致其灭亡的记录。不仅如此，从中反而可以看到在很长的时间里，赫梯人和阿希亚瓦人曾对特洛伊地区展开争夺。小规模的攻打的确发生过，进攻的有时是阿希亚瓦人，有时是当地指挥官率领下的安纳托利亚军队。第七层第一阶段特洛伊被"毁灭"的年代较晚，很难想象当时会有迈锡尼人的势力联合起来攻打特洛伊，因为在这一时期，希腊本土的宫殿制度正走向崩溃。此时来自希腊本土的小规模偷袭是有可能的，但是我们必须强调的是，并没有考古学证据可以证明究竟是什么人洗劫了第七层第一阶段的特洛伊。我们最多可以说，围绕特洛伊而起的冲突可能构成了后来《伊利亚特》等传说的基础（我们在第三章还会讲到《伊利亚特》)。但是同样值得注意的是,《伊利亚特》的作者似乎并不知道赫梯人,还说米利都是卡里亚人(Carian)而非迈锡尼人的城市,受不说希腊语的安纳托利亚西南部居民统治,作者在描写希腊地理时,似乎也不了解青铜时代的情况。

*

大约就在第七层第一阶段的特洛伊遭到所谓的劫掠之前,公元前1200年前后,克里特岛和希腊本土的宫殿体制宣告终结。对于这些变故,人们提出了三种解释:自然灾害,外敌攻击和内部冲突。问题是,学者们往往只赞同其中的一个解释,例如认为地震是导致宫殿体制崩溃的唯一原因。但是,对于复杂的现象,单一原因的解释往往过于简化。即使地震的确造成了广泛的破坏,人们为什么没有进行修复呢?事实上,对于成功运行了几个世纪的宫殿体制,要想找出其崩溃的原因,就要将所有三种解释都考虑进来。

关于克里特岛,围绕克诺索斯"最终毁灭"的时间一直存在很大的争议,这在很大程度上是因为人们在宫殿档案被破坏的时间上有分歧,在该问题上,埃文斯最初的发掘记录中并不完全明确。现在学界普遍认为,克诺索斯利用线形文字 B 进行管理的做法结束于公元前1350年前后,而迈锡尼人在克里特岛上的活动也在同一时期停止。克里特岛从受克诺索斯的支配发展到拥有多个中心。在整个公元前13世纪,干尼亚继续使用线形文字 B,但是大约从公元前1200年开始,克里特岛上就没有再出现宫殿体制了。

公元前13世纪初,希腊本土似乎发生了一连串的地震,对迈锡尼、梯林斯、底比斯等地区造成了破坏。然而，地震的后果并不是宫殿体制的崩溃，而是迈锡尼和梯林斯的防御工事被大大加强，使用了一种新式的建造风格。在迈锡尼的卫城之上，人们建造了工场和仓储设施。这些举措似乎是为了在面对外部威胁时集中资源和人员。

人们发现了公元前13世纪后期和公元前12世纪早期的一系列破坏层，例如在迈锡尼和梯林斯，而在皮洛斯，人们也发现了一个破坏层。并不是在希腊本土的每处遗址都能清楚地看出地震造成的破坏，地震无论如何也难以作为宫殿体制崩溃的唯一解释。来自外部或内部的攻击想必是宫殿体制崩溃的重要原因，毕竟此前人们为抵御攻击而加强了防御工事。有人称在这一时期，被称为"海上民族"的劫掠者曾在埃及、黎凡特和安纳托利亚造成很大的破坏；但是爱琴海诸岛此时并没有遭到破坏，也没有迹象表明攻击希腊本土的是"海上民族"，后面我们还会谈到他们（见后文，第56—57页）。另外一个由来已久的解释将希腊本土宫殿的毁灭归因于来自北部的多利安人（Dorian）的入侵。在后来的希腊传统（见后文，第63—65页）中，所谓的"多利安人入侵"被视为希腊早期历史上的一个重大转折点，但是对于这一解释，就像特洛伊战争的故事一样，我们找不到多少证据来支撑。破坏的范围虽然很广，但并不是同时发生的。我们最好这样想象：在一个世纪甚至更久的时间里，发生了一连串的入侵，说希腊语的多利安人逐渐扩散到原来迈锡尼世界的各个地区。宫殿体制可能此前就一直受内部经济问题困扰，因此无法从这些压力中恢复过来。各中心出现崩溃：宫殿没有得到重建，乌鲁布伦沉船所体现的那种广泛的对外交往停止，行政体系停止运作，宫殿所特有的书写体系也随之消失。

*

克里特岛和希腊本土的宫殿体制经常被描述为欧洲文明的开端。它们确实是非常成功和持久的机构，具有高度的复杂性，但是在同时代近东的埃及、美索不达米亚和安纳托利亚面前，它们相形见绌。真正驱动变革的可能是公元前第二千年的近东超级大国。克里特岛和希腊本土的宫殿体系崩溃后，并没有给后人留下多少遗产。就像我们将在下一章中看到的那样，随后一个时代要简单和狭隘得多，但是对我们来说，这些宫殿文明意义重大，原因有两个。首先，克里特岛和希腊本土的宫殿是由说希腊语的人控制的，而这是今天从雅典到墨尔本所有的希腊人所使用的语言的早期形态。其次，对希腊人、罗马人和其他民族来说，对这一时期的记忆至关重要。对他们来说，"特洛伊战争"及其直接后果构成了他们历史意识的上层，已然成为欧洲认同的基础。

第二章

地中海、黎凡特和中欧：
公元前1100年—前800年

在希腊本土的宫殿体制终结（约公元前1200年）后的一段时期里，许多定居点和宗教场所仍有人使用，然而整个爱琴海地区却进入了以前人们所说的希腊"黑暗时代"，其特征是宫殿体系的彻底崩溃，对外交流及人口广泛迁移的停止。"黑暗时代"这个说法已经过时，因为根据我们现在对这一时期的了解，这样的表达语气过于消极。我们应当更加中立地谈论从青铜时代到铁器时代的这段过渡时期。在地中海世界的不同地区，这一过渡发生的时间是不同的（在希腊是在公元前1070年前后），其最早的阶段被称为"铁器时代早期"，是本章所要讲述的重点。从组织方式和对外交流方面来看，铁器时代早期的世界远没有过去那么复杂，但是到了这一时代末期，对外交流的水平再次有所提高，尤其是和近东的交流。这里我们将把爱琴海、意大利和中欧在这一时期的发展放在一起考察，将它们与近东不断变化的力量对比联系起来。

要想理解这一时期的情况，优卑亚岛上的勒夫坎第（Lefkandi）

遗址是最佳的出发点。这处遗址得名于现代的一个村庄（其古代名称不得而知），位于优卑亚岛西海岸的中间地带。至少从公元前2400年起，这里就有了一个定居点，在宫殿时期，它受到位于底比斯的阿马林索斯（Amarynthos）宫殿的支配。该宫殿位于勒夫坎第以东大约15千米处，在底比斯的线形文字B泥板中曾被提到。到了公元前1200年前后，随着包括底比斯在内的宫殿体制的崩溃，勒夫坎第繁荣起来。在公元前12世纪，这里至少两次受到暴力破坏，但是都很快得到了重建。在一座探入大海的小山上，即今天被称为色洛波利斯（Xeropolis）的海角，有一个占地约7公顷的繁荣的大庄园。铁器时代早期，人们继续生活在勒夫坎第，直到公元前8世纪末。至关重要的是，宫殿体制崩溃之后，在我们所说的青铜时代和铁器时代之间并没有出现断裂。

"铁器时代早期"一词对于勒夫坎第来说十分贴切。社会高层人士已经获得了新的冶铁技术，在该地武士们的坟墓中发现了铁制刀剑和矛头。更加引人注意的是，在2006年至2008年对这处遗址进行发掘的过程中，人们发现了一座长12米、宽5.5米的巨大建筑，是公元前12世纪建造的，在公元前12世纪后期被重建之后，其长度至少有15米，宽度至少有8米。这想必曾经是勒夫坎第一个名门望族的居所。2006年至2008年的发掘还发现了一堵复杂的双重墙的一部分，这堵墙建于公元前11世纪或公元前10世纪，似乎是用来标志定居点入口的，其前面堆积着一些仪式的遗留物。

勒夫坎第居民的墓地也极为重要。对于考古发掘工作来说，在同一个地点发现同一时期的房屋和墓地是很难得的。在勒夫坎第，我们能够研究比较生者之地和死者之地。墓地位于住宅区以西约500米的山坡上，从那里能够俯瞰位于色洛波利斯的定居点。那里至少有5处独立的墓区，有193座坟墓和104处火葬堆，占地约5公顷。从铁器时代早期起，这里就被用作墓地。这个山坡上并没有更早的坟墓，这表明和来自色洛波利斯的证据相反，勒夫坎第的定居点此时正在经历剧烈的变化。随葬品最丰富的墓地位于山顶上的图姆巴（Toumba，现代希腊语中的"土丘"）。公元前950年前后，图姆巴所在的这块区域被平整好，在中间位置挖了两口竖井作为一男一女的坟墓（见图8）。男人在柴堆上被火化之后，他的骨灰被一种特殊的布料包裹起来，放入一只有两个把手的青铜罐中，这是一件在那之前100年从塞浦路斯进口的珍贵物品。这只青铜罐被放置在其中的一口竖井中，一起放进去的还有特制的铁器、一把剑、一支矛头以及一块磨石。青铜罐旁边的木棺中安置了一个女人的遗体，可能是这个男人的妻子，她身上有

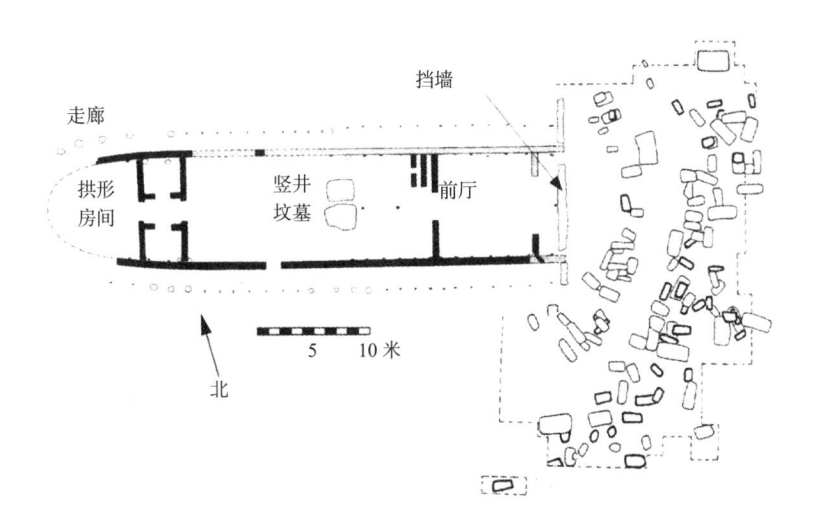

图8 勒夫坎第的"英雄祠"平面图

大量的黄金首饰，其中一个黄金吊坠是一件年代更久远的宝物，可能是从叙利亚进口的，其历史可以追溯到大约公元前1700年。她的头边放置着一把象牙手柄的铁刀。这里放了把刀，男女二人可能在同一时间下葬，女子并没有被火化，这些事实都表明，她很可能是被杀或自杀的，目的是给她的丈夫陪葬。另有四匹马被献祭，它们的尸体被掷入另外一口竖井中。

这些随葬品与此前几个世纪的截然不同。在青铜时代后期，武士们的葬礼与其他葬礼并没有什么显著的不同之处：仅仅是有的坟墓中有武器，有些则没有。相比之下，在铁器时代早期的图姆巴以及其他地方，武士们的葬礼远比其他同代人的葬礼奢华：勒夫坎第的武士们是铁器时代早期社会的精英阶层。在铁器时代早期武士的葬礼上，杀死马匹，以及在许多情形下故意毁坏武器，都是为了炫耀家族财富，表明这个家族有条件破坏或摧毁价值连城的物品。同样新颖且引人瞩目的是图姆巴坟墓里埋葬的那些稀有而珍贵的古董，这些宝物把这个家族和久远的过去联系起来。

最后，在图姆巴坟墓里，男人和女人的入葬方式不同，这是性别差异的新标志。这个女人有奢华的随葬品，体现出这一时期上层家族中女性地位很高。与此相似，在大约公元前850年的雅典中心，也有一些奢华的坟墓，其中最早的属于一个女人。在她火葬用的柴堆上，有几十个被打碎的精美器皿。她的骨灰与精美的珠宝一起被放置在一个华丽的陶器里。紧靠它的是一只用黏土做成的箱子，顶上有五个粮仓的模型，这象征着这位女性的财富来源。

图姆巴坟墓很豪华，还有祖传宝物随葬，说明葬在此处的男人和女人都是当时社会的领导人物。在猜测他们的头衔时，我们很容易联想到"巴昔琉斯"一词。在迈锡尼时期（见前文，第17—18页），"巴昔琉斯"指的是地方官员，但是到了公元前7世纪，它指的就是个体或集体意义上的"贵族"了。葬在图姆巴的人肯定地位高贵，可以以此来称呼。在图姆巴的墓葬和后来荷马在《伊利亚特》（见后文，第107页）中描述的帕特罗克洛斯（Patroclus）的葬礼之间，有着惊人的相似之处：屠杀马匹，将遗体火化，将骨灰用昂贵的布料包裹后放置在一个特殊的金属容器里。这些相似之处以及与此前青铜时代墓葬之间的差异表明，荷马"史诗"的素材并非源自宫殿时代，而是源自他所处时代之前被称为"黑暗时代"的那几个世纪。

两个竖井墓穴之上建有宏伟的建筑物，进一步说明葬在图姆巴的人地位很高。高约1.3米的碎石基座上曾建有一座巨大的长方形建筑物（长50米，宽14米），墙壁用泥砖砌成。这座建筑物有一个门廊、一个前厅、一个中厅，在过道的两侧分别是两个竖井和两个小房间，此外还有一个拱形的房间；拱形房间外面环绕着一个走廊，这可以从曾用来支撑屋顶的柱子留下的空洞看出来。整个建筑一定参照了住宅的形式，但据我们所知，它比当时希腊的任何一座住宅都大得多。它的长度是公元前8世纪"百尺神庙"的一半，在公元前1200年至前700年间的500年里，它的确是希腊世界已知的最大的建筑。该建筑尽管规模庞大，但可能从未投入使用，并且在建成后不久就被拆除了大部分。所幸随后在它上面堆起了一个巨大的土丘，这才为考古学家留下了石头基座和1.5米高的泥砖墙。

尽管这座不同寻常的建筑物有时被称为"英雄祠"（heroön）或祭祀英雄之地，然而无论是在被拆毁之前的建筑物之内，还是在后来堆起的土丘之上，都看不到向逝者敬献供品的迹象。这个土丘仅仅是这场盛大葬礼的标志。在接下来的100年里,土丘东面、建筑物曾经所在位置前方的区域被用作一些格外富有的男性与女性的墓地。后来被埋葬在图姆巴的这些人希望把自己表现为最初埋葬于此的夫妇的后裔,以此维护他们勒夫坎第名门望族的地位。

*

对于勒夫坎第以及希腊世界其他几处遗址这些非比寻常的变化,需要放在整个近东世界的背景下看待。建立于公元前第二千年中期的近东政治体制遭到了很大的破坏,结果无论在何地,有关这一时期的书面记录流传下来的都很少。和线形文字B一样,近东的书写系统和书写方式与特定的宫殿体制有密切的联系,因此随着这些体制的崩溃,这种书写方式也宣告终结。

埃及边界的相对稳定可能表明了整个国家在这一时期的安定。其实,直到公元前11世纪,埃及实际上都被两个统治者分而治之,一个是在尼罗河口附近坦尼斯(Tanis)的国王,另一个是在埃及中部底比斯的大祭司。利比亚人经常从西部对埃及发起侵袭;事实上,他们曾成功夺取埃及的王位。因此这一时期出现了两个相互对立的王朝。埃及学家称新王国灭亡后的350多年(前1070—前712)为第三中间期,这一时期的埃及动荡不安。埃及缺乏稳定统一的政府,在公元前11世纪失去了对黎凡特地区的控制权,虽然在公元前950年和公元前850年之间,它重新建立了和这一地区的联系。在一连串灾难性的内战以及南部努比亚人的攻占之中,这一时期宣告结束。

小亚细亚中部的赫梯王国也经历了长期动乱。虽然它在公元前第二千年后半期曾经是近东的主要国家之一，但是在公元前1200年前后，这个王国彻底瓦解了，取而代之的是一个个独立的小国。在前赫梯王国的东南部有很多小国，其中一个的都城是幼发拉底河畔的迦基米施（Carchemish）。这是一个有城墙的巨大城市，面积约110公顷。这些各自为政的新生国家自认为是赫梯王国的继承者，事实上现代学者称他们为"新赫梯诸国"（Neo-Hittite states）。这些小国的统治者借用之前赫梯国王的名字，声称自己才是赫梯王国的真正继承者，其中一位国王还模仿过去的赫梯国王，自称为"大国王"。在公共雕塑中，他们继续沿用赫梯人用过的形象；虽然他们没有使用赫梯人的语言，却在赫梯象形文字的基础之上形成了自己的文字系统。这些新兴国家虽然在政治上并没有统一，但是依然十分繁荣，这部分要归功于乌拉尔图（Urartu）王国（在亚美尼亚地区）与地中海国家之间利润丰厚的金属交易。

在之前赫梯王国的中心地区形成了名为弗里吉亚（Phrygia）的新王国，其首都在戈尔迪翁（Gordion，现代的安卡拉附近）。到了公元前8世纪，弗里吉亚的势力向东扩张，一直延伸到之前赫梯王国的首都哈图萨。同时代的亚述文本中提到公元前8世纪后期的"穆什基人的国王米塔"（King Mita of Mushki），他就是后来希腊传说中那位著名的点石成金的弥达斯（Midas）国王。随后，在弗里吉亚王国西部产生了以萨迪斯（Sardis）为中心的吕底亚王国。在公元前8世纪，吕底亚似乎是一个无足轻重的小国。到了公元前7世纪时，随着一个充满活力的新王朝的诞生，它的势力增强了，并最终对小亚细亚西部的所有希腊城邦称霸。吕底亚人还声称他们才是意大利半岛（见后文，第73—74页）伊特鲁里亚人的祖先。

在美索不达米亚，由于受到来自西面势力以及南方巴比伦的多次入侵，公元前第二千年时一度辉煌的亚述帝国被大大削弱。在公元前1050年后的一个世纪里，关于亚述和巴比伦的文献十分缺乏，但是从公元前10世纪中叶起，亚述人再度支配了整个上美索不达米亚地区。这就是所谓的新亚述帝国（前883—前610）的开端。公元前8世纪和公元前7世纪，亚述进一步向西扩张，而这将对黎凡特沿海地区的海洋国家产生重大的影响（见后文，第89—91页）。

随着埃及、赫梯和亚述三者之间原有的势力均衡被打破，公元前10世纪和公元前9世纪的黎凡特在很大程度上处于一种自行其是的状态。位于现代黎巴嫩的铁器时代的城市，比如推罗、西顿（Sidon）、比布鲁斯（Byblos）和其他一些城市，都是早期青铜时代城市的直接继承者。所有这些城市都坐落于地中海沿岸，其中几个在近海的岛屿上，高大的山脉（现称黎巴嫩山，从北部的哈马一直延伸到南部的戈兰高地）使其免受内陆动乱的影响。当地的居民自称迦南人，《圣经》也这样称呼他们，但希腊人称他们为"腓尼基人"。这个名字可能是从"*phoinix*"一词衍生而来的，在希腊语中，这个词意为"紫色"，因为腓尼基人十分擅长生产紫色染料，而在古代世界，紫色是社会地位的重要象征。现代学者沿袭希腊人的说法，用"腓尼基人"一词来称呼那些住在现代黎巴嫩区域，没有被以色列人逐出的迦南人（尽管这样做在青铜时代的"迦南人"和铁器时代的"腓尼基人"之间人为制造了一种断裂）。公元前10世纪和公元前9世纪，在拥有强大海军的推罗的领导之下，腓尼基人成为这一地区的主要势力，和南边以色列的所罗门王有贸易上的往来，其贸易网络向南一直延伸到红海。公元前9世纪，他们的势力范围又开始向西扩展（见后文，第77页）。

正是在这一时期，以色列国诞生了。尽管当时的以色列只是黎凡特几个挣扎求生的小国之一，但是对我们来说，它的兴起有一种特殊的意义，因为《圣经》中对这一过程的漫长叙述构成了欧洲历史遗产的核心。

在文化记忆的创造方面，《圣经》叙事是一个很好的先例。《圣经》的前五卷即《摩西五经》，从《创世记》开始讲起，讲到以色列人寄居埃及，后来在摩西的带领下逃出埃及，并在旷野中流浪四十年。这部分内容以摩西之死为结局，辞世之际，他从尼波山（位于现代约旦）顶俯瞰应许之地。在《约书亚记》《士师记》《撒母耳记》《列王纪》中，这个故事继续展开。对我们来说，这部分叙事尤为重要。这些文本的组织过程极其复杂，但是一般认为，这段历史的第一个版本大约形成于公元前620年，第二个版本大约形成于公元前550年，即以色列人被掳至巴比伦期间。因此，《圣经》这几卷对以色列国形成过程的叙述并不是对同时代事件的客观讲述，而是一种回顾式的讲述，带有其独特的神学、政治和社会用意。

在约书亚的带领下，以色列人征服了应许之地迦南（通常认为这是在公元前1200年前后），而这也引出了一些特别的问题。《约书亚记》的前12章讲到，在约书亚的领导下，以色列人从东面渡过约旦河，一举征服应许之地。然而，《士师记》的前几章提到，完成征服的是若干独立的部落，而不是统一的以色列。尽管如此，两种说法都把以色列人的到来表现为一次军事征服。

一个世纪的发掘工作已经产生了大量的史料，这些史料可能会影响人们对《圣经》叙事的评价，但是对这些史料的解释有很多争议。这些困难的产生部分是由于学者个人的宗教动机，部分是因为（和有关特洛伊战争的情况一样）把考古证据与历史叙事联系起来，这样的做法本身就是有问题的。对于长时段的文化过程，考古学可以给我们提供一个非常清晰的画面，但是它不大擅长阐明特定事件的历史。

尽管有些历史学家主张考古证据证实了《圣经》中提到的"征服"模式，但其中有某种诡辩的成分。在约书亚的号角声中，耶利哥（Jericho，今称"杰里科"）的城墙轰然倒塌，这个故事人们很熟悉，可以作为一个重要的判断案例，因为据说耶利哥是约书亚渡过约旦河后征服的第一个城市。20世纪30年代，在耶利哥的考古发掘发现了一堵在毁灭性的火灾中倒塌的巨大城墙。发掘者认为这就是《圣经》中所描述的那堵城墙。遗憾的是，后来在20世纪50年代进行的发掘表明，这堵墙的最后阶段可追溯到公元前2350年左右，比《圣经》中那件事发生的时间早了一千多年。现在似乎已经很清楚，公元前1200年前后（以色列人征服时）的耶利哥是一个相对较小、防守薄弱的地方，并没有大型的城墙。从公元前14世纪后期到又有人定居的公元前11世纪和公元前10世纪，耶利哥的考古证据一片空白，而以色列人对这一地区的征服应该就发生在这一时期。在此情况下，很难将《圣经》上的讲述与考古证据对应起来。

至于附近据说被约书亚征服的城镇，也存在类似的问题。以耶利哥西北部的艾城（Ai）为例，《约书亚记》生动描述了它被攻占的经过。艾城遗址保存完好，已经得到充分挖掘。公元前第三千年后期，艾城被毁，然后遭到废弃，直到公元前1150年前后，在这片公元前第三千年的定居点废墟上，才建立了一个不起眼的小村庄，而到了公元前1050年前后，这里再次被废弃。据《约书亚记》记载："约书亚将艾城焚烧，使城永为高堆、荒场，直到今日。"这个故事之所以会产生，似乎是因为在《约书亚记》成书的公元前7世纪，艾城依然是一片废墟，满目苍凉。当以色列人来到迦南时，这个据说被约书亚摧毁的繁华之地实际上已经荒废了千年之久。

对这一区域的多年考古调查显示的情况，与《圣经》中讲的有很大的不同。这里发生的不是联合起来的军事征服，而是一个长期的和平定居过程，这一过程从公元前12世纪一直延续到公元前11世纪。最早的以色列定居点位于少有人居住的山区，就在耶路撒冷的北面。耶路撒冷南面的犹太从公元前10世纪以后才开始有人定居。如果这一证据可靠的话，那么公元前7世纪的《圣经》叙事就是将一个缓慢、和平的过程变得更具戏剧性了，目的是强调以色列服从耶和华旨意的重要性。

在《圣经》中，以色列人在这一地区定居的第一个阶段被称为"士师时期"，其后则是大卫和所罗门的统治；大卫的统治时期大约是公元前1010年到前970年，所罗门则是从公元前970年到前930年。《圣经》对他们的统治进行了高度理想化的描写。遗憾的是，关于公元前10世纪考古学证据依然非常少，我们几乎完全依赖于《圣经》的讲述。虽然有怀疑论者对大卫和所罗门的存在提出质疑，但仍然有几个强有力的证据可以表明，《圣经》中对这两位统治者的描述是有历史内核的。首先，在加利利北部的但城（Tel Dan），人们发现了一段阿拉米语的铭文，可以追溯到公元前850年前后，上面就出现了大卫的名字，说大马士革的国王吹嘘自己战胜了"大卫之家"（House of David，即犹太地）的王和以色列的王。从这段铭文可以看出，大卫是犹太一个王朝的创始人，是一位征服者，而在犹太的北面，还有以色列的另一个王朝。其次，《列王纪上》所描述的所罗门圣殿形式和在考古上已经得到充分证实的一种神殿相一致，这种神殿出现于公元前1300年至前800年之间的黎凡特，后来再没有出现过。再次，根据《列王纪上》的记载，在所罗门去世之后，也就是罗波安（Rehoboam）在位期间，埃及法老示撒（Shishak）对犹太发动了一次入侵。在公元前925年前后建造的埃及卡纳克神庙群中，有一段法老舍顺克一世（Shoshenq I，即示撒，约公元前945—前924年在位）的铭文，上面也提到了这次入侵。来自埃及的这份证据强有力地证实了《圣经》中的说法，表明《列王纪上》的作者能够接触到公元前10世纪的王家编年史；假如作者提到大卫和所罗门时是在讲述一个传说，在讲到其后罗波安的统治时却突然转入历史，那就太不可思议了。最后，《列王纪上》提到一位"推罗王希兰"（Hiram，前969—前936年在位）和所罗门是同一时代的人。根据后来出现的一份显然很精确的推罗列王表，就在这一时期，的确有一位名叫希兰的国王，这表明这部分内容是符合史实的。

那么，这一切又说明了什么呢？我们无法确定，但是总体看来，《圣经》中关于从大卫开始的这段时期的讲述可能大致脉络是正确的。大卫占领了耶路撒冷，将其作为新建立的王国的首都。他把约柜迁移到这里，并且可能筹划建造一座圣殿，试图把对耶和华的崇拜集中于王室的庇护之下。后来，在大卫的城市以北200米处的一个山顶上，他的继承者所罗门建造了这座神圣宏伟的宫殿。

考古证据十分匮乏，因为圣殿的遗址后来被派作他用，即使有一些证据，也很可能被埋在圆顶清真寺（Dome of the Rock）的地下了。由于山顶相当狭窄，为了建造圣殿，所罗门砌筑了一个巨大的长方形平台。这个平台的面积基本上是可以确定的：不少于5公顷，大约和当时定居点其他部分的总面积相当。在设计风格上，这座圣殿和早期迦南人的神庙很相似，但是规模更大，更加宏伟，因此需要大量的当地劳动力。就像前面提到过的那样，所罗门与腓尼基人合作开发通往南方的贸易路线。因此，他能够为圣殿的建设聘请腓尼基的工匠，购买最上等的木料（黎巴嫩山的香柏木）。尽管如此，这座圣殿和这一地区此前建造的任何一座神庙都有很大的不同。就像所罗门据说曾经宣称的那样，这座圣殿是"为耶和华——以色列神的名"建的。尽管此前和此后近东的神庙里通常都会有神像，但所罗门的圣殿却是"为耶和华之名"建的，里面并没有供奉偶像。

《圣经》回顾大卫和所罗门的统治时带上了理想化的色彩。这种叙述在王国瓦解和所罗门的圣殿被破坏之后最终定型。我们应该避免这样一种想法，即认为在公元前10世纪，犹太教的各个方面都已经牢牢确立。就连《圣经》的讲述本身也明确表示情况并非如此。主要的宗教改革被认为发生在公元前7世纪，当时约西亚王对其他形式的崇拜采取了激进的行动，下令要庆祝逾越节。"自从士师治理以色列人和以色列王、犹太王的时候，直到如今，实在没有守过这样的逾越节。"这个一带而过的句子提醒我们，犹太教的制度是长时间逐渐演进的结果，而不是一次性的改革或革命的结果，虽然大部分《圣经》文本并未表明这一点。

*

对于近东的这个动乱时代,现代的解释已经从总体转向具体。原有的总体解释是在公元前1200年前后,来自神秘的"海上民族"的持续压力导致了古老超级大国的垮台。在上一章的最后,我们已经提到这些"海上民族",他们被认为是导致克里特和希腊本土宫殿体制最终崩溃的可能原因之一。

和多数单一原因的解释一样,这类解释也行不通。关于海上民族,已经明确证实的只有在埃及文本中提到的两次御驾亲征,分别发生于公元前1220年和公元前1186年。其中一个文本声称:"赫梯、科德(Kode,土耳其南部的奇里乞亚)、迦基米施(幼发拉底河流域)、阿尔扎瓦(Arzawa,赫梯王国西部)和阿拉什亚(Alashiya,即塞浦路斯),没有一个地方能够阻挡他们前进。"虽然乍看之下十分清楚明确,但是这段话有很强的感情色彩,不能字字当真。也许只有在以打败他们为荣的埃及国王眼中,"海上民族"才是一股统一的势力。这一时期的迦基米施并没有受到海上民族或其他任何人破坏的迹象。在维护以前赫梯王国传统方面,这里的新赫梯王国表现出绝对的延续性。诚然,在公元前1200年前后,哈图萨本身被摧毁,但是并没有海上民族入侵的迹象。来自哈图萨以北山区的默默无闻的卡斯卡(Kaska)民族在很长的时间里时不时地对赫梯人发起攻击,因此他们更有可能是罪魁祸首。

与其将神秘的海上民族视为近东地区旧秩序解体的主要原因,不如先考察一下每个国家内部的社会和政治问题。有各种迹象表明赫梯王国内部有不少问题,包括来自统治精英内部的反对,王权的衰落,以及臣属变得越来越不驯服。通过土耳其东南部沿海的一个港口进行的粮食进口对近东地区至关重要，但是这种进口遭到了破坏。也许正是因为这个原因，赫梯王国才派遣海军远征，以恢复他们对塞浦路斯的支配。

近东地区一直以来都在遭受各种小规模的侵扰，在这一时期，这些侵扰的增多加剧了各超级大国的内部问题。海盗对沿海地区的小规模侵袭可能变本加厉。在公元前13世纪和公元前12世纪，来自小亚细亚南部的其他民族似乎成为雇佣兵，待价而沽，为各个国家服务，例如他们参与了利比亚人对埃及人发动的战争。埃及人有时也会招募雇佣兵，其中的帕来塞特人（Peleset）作为驻军在巴勒斯坦定居下来。随着在埃及外部埃及人势力的瓦解，帕来塞特人分裂出去，成为独立的群体。他们东面的邻居和对手以色列人称这个好战的民族为"非利士人"（Philistines）。

*

对于希腊世界来说，千年之交席卷近东地区的剧变也很重要，主要体现在以下几个方面。首先，它们给希腊正在发生的变化提供了一系列的类比。中央控制的瓦解是整个近东地区的共同主题，但是在不同的地区，其形式是不同的。埃及经受住了这次考验，亚述最终恢复了其原来的帝国，而赫梯帝国却分崩离析，分裂成了几个小国，地方王朝成功地将土地据为己有。对于克里特岛和希腊本土迈锡尼王国的崩溃，赫梯帝国的瓦解也许可以作为一个有用的类比。

近东地区的动荡也对希腊世界产生了直接的影响。乌鲁布伦沉船所代表的那种繁荣的贸易网络要想继续存在，就离不开近东稳定的转口港。乌鲁布伦沉船可能来自乌加里特，但是在公元前1200年前后，乌加里特受到劫掠，而这意味着这一贸易网络的终结。只有在能取而代之的新的近东转口港出现后，新的贸易网络才能形成。

克里特岛和希腊本土的宫殿体制分别于公元前 1350 年和公元前 1200 年前后崩溃，有人称其后的时期为"宫殿时期后的黄昏"（post-palatial twilight）。不过这毕竟是黄昏，而不是彻底的黑暗。在很多地方，光明依然在持续。在克里特岛上，大部分定居点的规模的确缩小了，但是有些地方依然很繁荣，新的房屋不断被建起来，如干尼亚和马利亚。此外，新的地域单位也得以形成，这些定居点远离大海，坐落于便于防守的地方。例如，在斯法基亚，人们生活在一个名叫克洛卡西亚-卡斯托洛（Kolokasia Kastro）的新定居点，它位于一个陡峭的山坡上，北面是悬崖，其他几面几乎全部是峭壁。这里海拔大约 600 米，视野十分开阔，向南可以俯瞰沿海的平原，向北可以看到峡谷。在年代上，克洛卡西亚-卡斯托洛和附近的帕特斯亚诺斯-科法拉（Patsianos Kephala）重合，后者坐落于两座小山之间的马鞍状山脊上，地势平缓。公元前 800 年前后，后者完全取代了前者。和克洛卡西亚-卡斯托洛相比，帕特斯亚诺斯-科法拉的海拔要低很多，只有大约 250 米，因此能够更加充分地利用山地、平原和海洋的资源。

虽然克里特岛上宫殿对宗教生活的控制结束了，但人们继续在很多以前的地点进行敬拜。在整个这一时期，山顶和洞穴的圣所依然深受欢迎，这种情况一直延续到铁器时代。但是，这里要注意，这句话不能做太多引申。宗教场所的延续性并不一定意味着宗教行为或信仰的延续性。由于宗教深深植根于社会和政治结构，随着宫殿体制的崩溃，它也注定会发生巨大的变化。虽然如此，这并不意味着过去完全被一笔勾销。就像我们在第一章有关皮洛斯的叙述所表明的那样，重要的是人们是怎样利用他们对过去的仪式和场所的了解。

在克里特岛上，古老宫殿的遗址非常显眼，它们被重新利用，但不是作为定居点，而是用于宗教上的目的，这一点是很能说明问题的。在克诺索斯，铁器时代早期的定居点就位于宫殿的西面，宫殿本身被用作各种祭仪的场所。在泉室（Spring Chamber）里的一种祭仪部分模仿了青铜时代双斧神殿的祭仪，一直延续到公元前9世纪。最晚在公元前8世纪，就在这座宫殿的南边，建起了一座供奉得墨忒尔（Demeter）女神的新神殿。这座神殿也位于一个水源的旁边，可能是泉室祭仪的直接延续。到了公元前8世纪，在宫殿中央庭院的西南角，兴起了一种新的祭仪，敬拜者们肯定知道这个场所过去的历史。在宫殿的另外一个地方，一幅米诺斯公牛的壁画直到公元前8世纪依然清晰可见。

这一时期，宫殿北边的坟墓也发生了变化，这些变化和铁器时代早期克诺索斯的神殿是有关系的。这块墓地于公元前11世纪投入使用，起初有很多种不同的坟墓。从公元前9世纪末开始，有些人被埋在墓室里，可能重新利用了青铜时代的墓室。最早的墓葬非常奢华，在后来的几个世纪里，这里出现了大量较为简朴的墓葬。陶器葬品也受到了青铜时代器物特点的启发。在公元前9世纪，通过夸大自己和古代建筑与陶器风格之间的联系，有些家族似乎在克诺索斯当地社会赢得了更显赫的地位。我们很难说清铁器时代的这些新群体究竟是怎样看待他们青铜时代的祖先的，但从他们在古老的宫殿遗址上举行仪式的做法以及上层人士的埋葬方式看，他们十分急切地要将他们所处的世界和宫殿时代的遗存联系起来。

从公元前12世纪到公元前11世纪早期，在希腊本土，青铜时代的迈锡尼文明并不是突然消失，而是逐渐消亡的。宫殿被毁后，迈锡尼和梯林斯宫殿的所在地并没有被抛弃。那里重建了很多房屋，新建了很多宏伟的建筑，但是到了公元前11世纪早期，卫城的作用发生了改变：在迈锡尼和雅典的卫城里发现了一些墓穴，这可能标志着古老的山顶定居点最终被抛弃了。这些墓穴都是简单的坑洞，而不是以前几个世纪那种精致奢华的墓室，这也是那个时代的标志。随着迈锡尼文明的逐渐衰亡，文化的地域性变得越来越强。在优卑亚岛上，底比斯崩溃之后，五处青铜时代的主要定居点中有四处得以保留，而它们此前控制着岛上的大部分地区。在公元前1050年后开始的这一时期（铁器时代早期），已知的定居点有14个，其中大部分面积不大，但是从青铜时代到铁器时代早期，这里可能一直有人居住。我们提过的勒夫坎第可能是优卑亚岛上典型的主要定居点。尽管勒夫坎第至少经受了两次大规模的破坏，但是从迈锡尼文明的终结到公元前第一千年早期，这里的历史并没有出现断裂。

尽管如此，对于迈锡尼宫殿体制崩溃后几个世纪里的希腊世界，考古学描绘出的画面让人沮丧。总体来说，希腊本土定居点的数量在公元前12世纪减少了三分之二，在公元前11世纪又减少了三分之二。这是一个低谷时期，此后情况开始恢复，定居点的数量在公元前10世纪翻了一番，在公元前9世纪和公元前8世纪再次翻倍。当然，定居点的数量本身并不能说明什么问题，关键在于定居点的规模。如果公元前11世纪时单个定居点的规模比此前和此后都要大，定居点数量上的下降就不会那么重要。但事实上，铁器时代早期定居点的规模通常要比此前和此后的要小。有人试图统计人口究竟下降了多少，但是就我们当前所知的情况而言，这样的统计还为时过早。

显然,在青铜时代末期,人口出现了下降,而在铁器时代早期,人口再次增加。不仅定居点的数量减少了,定居点本身也没有以前那么复杂。聚集的或"核心式"的定居点确实得以延续,尤其是在克里特岛上,其面积在 1 公顷到 4 公顷不等,但是在希腊本土,不少所谓的"定居点"仅仅是几个零散的群落,每个群落只有几户人家。没有中央组织的迹象,没有宏伟的石头建筑,也没有明确划定的公共空间。

后来的希腊人似乎保留了人口大幅下降的记忆。公元前 7 世纪的史诗《库普利亚》(*Cypria*)粗略地讲述了特洛伊战争的故事,其叙述的时间范围大致止于荷马的《伊利亚特》开始之处。这部史诗声称,宙斯引发了特洛伊战争,导致人员伤亡,目的是缓解当时世界上人口过剩的情况。我们倾向于认为,这是对宫殿时期结束之后人口灾难性锐减的模糊回忆。对于这部史诗的听众来说,和特洛伊战争之前的时代相比,世界变得更狭小、更糟糕了。

关于希腊的复苏,一个重要的因素是古老的外部联络的重建。在青铜时代,这些海外联络大部分是由宫殿负责的,但这一时期建立新联络的是一个新的阶层。在公元前 11 世纪,勒夫坎第和爱琴海地区的其他定居点之间维持着联系;到了公元前 10 世纪,它成了以优卑亚岛为核心的联系网络的一部分,和希腊本土中部、色萨利沿海和爱琴海诸岛上的其他群体保持着联系。可以部分证明这种联系的是,从大约公元前 950 年开始,在和黎凡特重建联系的过程中,优卑亚岛走在最前列。公元前 11 世纪,希腊和黎凡特的联系已经减少,但是在公元前 10 世纪,由于强大的推罗城成为一个新的中心,黎凡特的形势彻底改观了。公元前950年至前900年,越来越多优卑亚岛生产的陶器出现在推罗和黎凡特的其他地方,其中包括酒杯和双柄罐(可能被用来运输橄榄油)。这些陶器可能表明优卑亚人在这一地区短暂出现过,他们是为寻找声望物品而来的。至于带来这些陶器的究竟是优卑亚人还是腓尼基人,还是很有争议的,本书第三章将对此展开进一步的探讨。从黎凡特传播到优卑亚岛的重要的声望物品之一是一种新的金属——铁。在勒夫坎第的墓穴中发现的剑和矛头所用的铁可能就来自塞浦路斯,要么是直接运来的,要么是经推罗人之手来的。

在这一时期,塞浦路斯的主要金属资源非常重要。在青铜时代,塞浦路斯被称为阿拉什亚,对东西两边的地区而言都是一个重要的青铜产地。乌鲁布伦沉船中的青铜可能也来自塞浦路斯。公元前13世纪末主要国家瓦解、海外市场关闭后,塞浦路斯岛上的城市定居点在公元前12世纪被废弃了。这里城市生活的中断时间并不长,尤其是相对于爱琴海地区漫长的衰落而言。公元前11世纪和公元前10世纪,塞浦路斯岛上出现了一种新型的城市定居点,这种定居模式一直延续到古典时期结束。

这种新型的定居点可能和来自爱琴海地区、说希腊语的定居者有关。在后来的时期,有传说声称塞浦路斯的王国是由特洛伊战争中的英雄创立的。据说岛上的萨拉米斯城(Salamis)就是埃阿斯(Ajax)同父异母的兄弟透克耳(Teucer)建立的。不仅如此,不寻常的是,在青铜时代结束之后,塞浦路斯岛上的文字并没有消失。在青铜时代,塞浦路斯人曾使用一种当地文字,这种文字源自米诺斯人的线形文字A。由于这种文字似乎不仅仅在管理城市中心时使用，因此与克里特岛和希腊本土宫殿的文字不同，在青铜时代塞浦路斯岛上的中心城市被废弃之后，这种文字幸存下来。铁器时代出现的"塞浦路斯音节文字"（Cypriot syllabary）可能就是从这种文字发展而来的。这种音节文字被用来记录两种不同的语言，一种是新的希腊语，另外一种是当地语言，即所谓的"埃泰尔塞浦路斯语"（Eteocypriot）。即使在公元前8世纪希腊字母被发明之后，在塞浦路斯，这种音节文字依然被用来记录希腊语，事实上，这种文字一直到公元前3世纪都还有人用。

塞浦路斯当地书写系统的历史反映出文化延续性之强大，而这也表明了铁器时代塞浦路斯当地社会的强韧性。稳定的新定居点很早就得以建立，部分是因为岛上居民能够从生产青铜转换到生产铁。塞浦路斯岛上的小国是地中海世界最早组织铁的工业生产的国家，它们的繁荣和这种新技术密不可分。吸引腓尼基人来到这个岛屿的主要是其丰富的矿产资源，他们在塞浦路斯南部沿海的基蒂翁（Kition，现代的拉纳卡）建立了他们最早的海外殖民地（见后文，第89页）。

*

根据后来的希腊传说，特洛伊战争之后时期的特征就是说希腊语的民族在爱琴海盆地的大规模迁徙。在爱琴海地区，据说有四次主要的迁徙：伊奥利亚人（Aeolian）向东渡过爱琴海，波奥提亚人（Boeotian）向南进入后来所谓的波奥提亚地区，多利安人向南来到伯罗奔尼撒半岛，以及爱奥尼亚人（Ionian）向东到达小亚细亚。按照公元前5世纪的猜测,伊奥利亚人是最早开始迁徙的,然后是波奥提亚人,在特洛伊沦陷60年之后是多利安人,在特洛伊沦陷80年之后是爱奥尼亚人。

对于后来的希腊人来说,这些大规模的迁徙构成了其历史意识很重要的一部分,围绕这些迁徙也产生了丰富的神话传说。波奥提亚人声称他们被从希腊北部的色萨利驱逐出去,向南迁徙到了底比斯周围的地区,这里此前被称为"卡德摩斯(Kadmos)之地"。卡德摩斯被认为是底比斯的创立者,生活在英雄时代早期,他还被认为是一个王朝的开创者,这个王朝的统治一直持续到特洛伊战争之后。到现在为止,一切还都说得过去。关于卡德摩斯,奇怪的一点是他还被说成腓尼基人,据说他遵照父亲的命令,徒劳地寻找已经被宙斯诱拐到克里特岛的妹妹欧罗巴。波奥提亚人声称他们所占领的是被驱逐的卡德摩斯后人的土地。到了公元前5世纪,他们的移民身份已经得到了公认。

伯罗奔尼撒半岛上的多利安人也自认为是移民。据说他们最初来自希腊中北部地区,曾为了帮助赫拉克勒斯的后裔回到他们位于伯罗奔尼撒半岛的故土而入侵希腊南部。和波奥提亚人的迁徙传说一样,到了公元前5世纪,这个故事也已经广为人所接受。在后面的两章中,我们将考察后人是怎样利用多利安人入侵伯罗奔尼撒半岛的传说的。多利安人入侵被认为造成了很大的动荡,还导致爱奥尼亚人被从其在伯罗奔尼撒北部的故土驱逐出去。根据最流行的说法,爱奥尼亚人先是定居于阿提卡地区,后来又在雅典国王科德洛斯(Kodros)的率领下再次迁徙。就像我们在第四章会看到的那样,公元前5世纪的雅典人用这个故事来支撑雅典作为爱奥尼亚人"母城"的说法。但是,关于爱奥尼亚人的迁徙，可能还有一种更早的说法，根据这一说法，爱奥尼亚人直接向东行进，渡过爱琴海，来到了伯罗奔尼撒半岛，根本就没有在阿提卡地区停留过。

据说，爱奥尼亚人在东迁过程中征服了小亚细亚西部沿海的 12 座城市。科德洛斯的一个儿子奈琉斯（Neileus）率众来到米利都。爱奥尼亚入侵者杀死了所有的男性俘虏，娶了他们的妻女。米利都人有一条法律，禁止妇女和丈夫同桌共餐，禁止对丈夫直呼其名，据说这条法律就源自这样的强制婚姻。公元 2 世纪，有人指出奈琉斯的坟墓就位于米利都城南门附近一条主干道的左边。据说在同一时期，在赫拉克勒斯后裔回到伯罗奔尼撒半岛之后不久，爱奥尼亚南部的岛屿［现代的佐泽卡尼索斯群岛（Dodecanese）］也被来自希腊本土的希腊人殖民，他们就是多利安人。

这些迁徙是否确有其事还有很大争议。虽然后来的希腊作家所展示的很多细节经不起认真考察，但是语言学和考古学证据的确表明后来的这些传说并非无中生有、凭空捏造。现代的语言学分析表明，公元前 7 世纪时，爱琴海地区有三种主要的希腊语方言。所谓的西希腊方言主要在希腊的西北部和中部、伯罗奔尼撒半岛和佐泽卡尼索斯群岛使用，伊奥利亚方言用在色萨利、波奥提亚和小亚细亚的西北部，阿提卡-爱奥尼亚方言用在阿提卡、优卑亚岛、爱琴海诸岛中部和小亚细亚沿海的中部地区。这三种方言的分布模式和关于迁徙的传说非常吻合。

然而，这幅"方言地图"是否真的可以构成关于这些迁徙的独立证据呢？答案还不那么明确。希腊人自己很清楚整个希腊的方言分布情况，很可能正是这样的方言分布才催生了后来希腊人关于这些迁徙的传说。此外，我们也不能认为语言分布模式就是一波又一波大规模迁徙潮的结果。少数人的迁徙也会导致语言或方言的变化。例如，爱奥尼亚的方言比较统一，其原因可能是后来当地不同方言的融合，而不是有一批说同样方言的人迁徙到了这里。

虽然有这些需要注意的地方，但毫无疑问的是，古典时期小亚细亚中部和西北部的语言地图和青铜时代的有很大的不同。公元前第二千年后期，这一地区的居民使用的是卢维语，这种语言并不属于希腊语。公元前第一千年中期，这里的人使用的是希腊语的一种方言。在这一变化的背后，迁徙很可能起了作用。

考古学证据也能提供参考。就像我们看到的那样，迈锡尼国家的崩溃不能被归因于多利安人的入侵。同样，我们也不能轻易说多利安人在"宫殿时期后的黄昏"渗透到了伯罗奔尼撒半岛，占领了这个已经被削弱的地区。在这一时期，伯罗奔尼撒半岛上的定居点的数量和规模都在下降。这一时期的物质文化没有什么可以表明此地受到了来自北方的入侵。事实上，从考古学上来看，多利安人和伯罗奔尼撒半岛上的"早期"民族没有什么区别。但是这一点并不能推翻多利安人进行了某种迁徙的说法，正如在考古学上，早期的以色列人往往很难和迦南人区分开来，但这并不表明《圣经》中关于以色列人迁徙的讲述完全是虚假的。

关于爱奥尼亚的情况，我们可以比较确定。随着克里特岛和希腊本土迈锡尼宫殿的崩溃，加上东部赫梯王国的衰落，小亚细亚西南部和中西部的迈锡尼定居点变得很容易遭受攻击。统治米拉万达（米利都）的曾经是赫梯国王图德哈里亚四世的一个封臣，他主持修建了一段城墙。公元前1200年之后，这里在外敌的入侵面前已经是门户大开，到了公元前1100年前后，这里肯定已经被摧毁了。然后就是一个新的开端。在古老的城墙遗址上，人们发现了一些公元前11世纪时的陶器，这些陶器和同一时期爱琴海西部地区的陶器有密切的联系。公元前10世纪，来自米利都的陶器继续模仿爱琴海西部地区的风格，但用的是当地的黏土。这或许表明有些外来的工匠已经在米利都定居。陶器风格上的相似性很难证明奈琉斯率众从阿提卡地区迁徙到了米利都，但是它们的确表明这些后来的传说有一些历史依据。

这些迁徙的传说不能被用来重构希腊本土宫殿体制崩溃之后几个世纪的事件。后人的这些传说服务于当时的需要，但是如果因此就声称后来的希腊人不过是为了实现自己的目的而凭空捏造过去的事件，以此确立自己的身份，这未免过于多疑。希腊人对于一系列事件的认识将特洛伊战争及其对当世的影响联系到了一起，这种认识建立在对公元前11世纪和公元前10世纪爱琴海地区真实情况的记忆之上，这种记忆虽然模糊，却是真实的。

*

不同地区从青铜时代到铁器时代转变的形式是不同的。在爱琴海地区，宫殿体制崩溃，定居点被废弃，新的定居点分布于一些不那么容易接近的地方。这个新时代的现代名称是"铁器时代"，这个说法来自发生在这一时期的一场重大技术变革。在宫殿时期，人们就开始使用铁了，但是仅限于很少的场合，比如用作特殊的礼物或用于一些仪式。公元前11世纪和公元前10世纪，冶铁技术可能从塞浦路斯传播到了整个爱琴海地区。人们找到了可靠的铁矿来源,因此到了公元前900年,铁已经成为一种实用的金属,青铜则成为装饰性的金属。这一技术上的变革部分是由当地新产生的精英所推动的,他们的地位建立在这一新技术带来的丰厚利润之上。

在地中海中部和西部地区以及中欧,情况与此有很大的不同。冶铁技术也传播到了这里,其时间稍微晚于地中海地区,但是没有造成剧烈的社会动荡。从公元前1300年到前700年,定居点的数量和规模增长缓慢。在整个这一时期,立于公元前2300年前后的巨石阵一直被使用,这表明西欧的文明并没有出现断裂。在核心建筑周围的坑穴里,人们发现了青铜时代后期和铁器时代早期的当地陶器。公元前1100年前后,人们挖掘沟渠,将巨石阵的入口朝着埃文河延伸了2千米。这并不说明巨石阵的仪式没有发生变化,但是和克里特岛上铁器时代人们对青铜时代宫殿零星的使用相比,有关巨石阵的活动迹象表现出,那里铁器时代与青铜时代的连续性要强得多。

由此继续向南,从西班牙到意大利、从法国到波兰的广大区域完全可以作为一个整体(中欧)来看待。虽然在这一区域内部也有差异,但是中欧地区和西欧(大西洋体系,即伊比利亚半岛的西海岸和法国,以及不列颠群岛和爱尔兰)以及北欧(北欧体系)之间有显著的不同。中欧各地区的第一个共同特征是埋葬方式。公元前1300年前后,这里总体上从土葬转变为火葬。火化之后,骨灰被收集起来,装入瓮中,埋在专门的坟地里。火葬并没有完全取代土葬,在有些地区依然全部实行土葬,但是骨灰瓮埋葬的做法十分盛行,以至于从公元前1300年到前700年之间的这一阶段被称为"骨灰瓮时代"。

有时,骨灰瓮坟墓之上会堆起一个土丘,甚至还建有复杂的石拱墓室，里面有丰富的随葬品，这样的坟墓遍布整个中欧地区，被认为是当地要人的坟墓。和在勒夫坎第的情况一样，他们的后人很看重对先人的记忆。虽然从土葬到火葬的转变可能和人们对于逝者或来生的信仰有关，人们开始认为遗体不过是更高存在的载体，但这只是猜测。在有大量记录的公元2世纪和3世纪，发生了与此相反的变化（从火葬转为土葬），这种变化就与信仰上的变化没有任何联系。因此，中欧开始实行骨灰瓮埋葬可能仅仅是一种时尚。

中欧地区的第二个主要共同因素是生者的社会组织。在整个中欧，社会似乎都掌握在武士领导者手中。大量的青铜武器被非常浪费地用于各种仪式，有的作为随葬品，有的用于祭祀，这些人的声望由此可见。战斗是当时很能赢得声望的行为，当然，这并不意味着在现实中有很多战争。战争带来的威望如此之高，以至于有些被精心摆放在随葬品中的青铜武器似乎就是为了展出，也许既是为了随葬，也是为了炫耀。毕竟，单薄的青铜胸甲虽然花哨，但是在抵挡剑击时，还不如一件简单且便宜很多的羊皮短上衣好用。武器方面的证据已经非常丰富，让我们可以清楚了解什么是各地共有的，什么有地方上的差异。一套典型的武士装备包括青铜头盔、胸甲、护胫甲、圆形盾牌、剑和带青铜尖头的长矛。多瑙河地区、阿尔卑斯山西北部、西欧和意大利半岛北部的武士装备各有不同。不同之处在于头盔的具体形状、剑和矛头的设计，以及盾牌和护胫甲上的装饰。武器的地域差异部分证明了地域格局的存在，虽然它们未必意味着强大的地区政权的存在。

在技术上，这个区域也很统一。关于区域内部的技术转移，玻璃生产就是一个很好的例子。真正意义上的玻璃生产始于黎凡特，正如在乌鲁布伦沉船上发现的那175块彩色玻璃所表明的。在欧洲发现的这种玻璃可能是以玻璃块的形式进口的。当地生产的一种原始玻璃和真正的玻璃不同，这种原始玻璃被称为"费昂斯"（faience，即釉砂）。由于制作费昂斯所需要的温度比真正的玻璃要低很多，因此费昂斯较容易生产。在意大利半岛北部的发掘已经发现了玻璃珠，上面还附着玻璃的熔炉以及部分熔化的玻璃。对这些玻璃的分析表明它们是用当地材料做的，而不是用从东方进口的材料。这项技术很值得拥有，因为它可以生产出色彩鲜艳的物体。费昂斯很吸引人，其生产技术传遍了整个温带欧洲。这一工艺生产规模不大，只被用来生产彩色的珠子，使用范围却很广。

青铜制造是这一时期中欧的重要技术。在公元前1300年，用铜和锡合成青铜的工艺并不稀奇，公元前第二千年后期，技术有了很大的进步，生产规模也大幅扩大。铸模变得更加复杂，失蜡铸造工艺被发明出来，利用这一工艺制作出的物品细节更加精致。后来文艺复兴时期的雕塑家如本韦努托·切利尼（Benvenuto Cellini）就采用了这一工艺。在他的自传中，他生动描述了这一工艺过程。青铜工匠似乎是流动性的。对于打算熔化并重新利用的破烂青铜物品，流动的青铜工匠肯定会仔细埋好，以便以后回来再次利用。这些熟练工匠的流动也有助于说明为什么在广大的区域之内，青铜物品的风格相对一致。例如（见图9），来自德国中北部地区的一个骨灰瓮和来自意大利半岛中部的几乎同样大小，形状也很类似，上面的装饰图案也一样。在中欧各地，不仅埋葬方式一样，葬礼上所使用的物品也一样。

武士精英位于当地社会金字塔的最上层，我们上文考察的青铜武器就属于他们。他们之所以能够获得财富和权势，是因为他们控制着

图9 青铜骨灰瓮。左：来自戈韦林豪森（Gevelinghausen，位于德国中北部）。右：来自维爱（Veii，位于意大利半岛中部）。实际高度：约38厘米

当地金属的生产和物品的流动。他们生活在最大的定居点上，支配的区域面积却并不大，只有方圆150至200千米。他们下面是居于从属地位的精英，生活在较小的定居点上。这部分人下面是单个的农庄，也许还有20至60个小村落。这些从属的精英所控制的区域面积可能方圆20至25千米。换句话说，骨灰瓮时代的社会有复杂的社会和政治结构，虽然每个"国家"的规模不大。公元前1100年前后，武士精英的定居点开始建造防御工事，这说明个别社会开始变得野心勃勃。例如，在德国西南部，定居点沿着河谷分布，各定居点间隔10～15千米，非常均匀。这些防御工事不仅仅是为了展示，大部分有城防的定居点都有曾经遭受破坏的迹象。保护自己的家园不受邻邦的入侵变得越来越有必要。

这方面一个很好的例子是位于波兰中北部的索别茹切（Sobiejuchy），这个设防的定居点规模不大，已经得到充分的发掘，因此可以作为中欧这一时期定居点的典型例子。这个定居点最早可能建于青铜时代后期，一直延续到铁器时代。它坐落在一个湖中岛屿上，面积约 6 公顷，四周有防御用的木栅栏。这个定居点实行的是自给自足的农业经济，对很多作物进行集约型的种植，其中包括谷子、小麦、斯佩尔特小麦、二粒小麦、豆子、小扁豆和豌豆。人们饲养包括猪、绵羊和马在内的牲畜，有时也会捕食野生动物和鱼类以补充蛋白质。无论是在牲畜养殖方面，还是在种植比以前时代更多种类的作物方面，索别茹切都是一个典型的中欧定居点。这里的房屋有足够的空间储藏粮食。陶制的织布机线坠子表明他们自己纺织衣物，金属物品也在当地制造。木栅栏之内到处都是房子，它们的平面图已经无法重现，但是附近的一处遗址发现了一座很大的房子（长 9 米，宽 8 米），房子还有上层。

索别茹切的墓地距离定居点有 500 米，也已经被发掘。根据坟墓的数量估计，约有 600 人生活在这里。这意味着和青铜时代的普通定居点相比，索别茹切的面积要大不少。这一定程度上也是这一时期中欧人口普遍增长的证据。定居点的规模变大了，但索别茹切基本上依然是一个自给自足型的定居点，并没有进口奢侈品，家用的陶器和同一时期 15 千米之外的定居点有很大的不同。在这方面，它可以代表这一时期中欧的大部分定居点。就当地资源来说，这里很富有，但是在声望物品的进口方面并非如此。这个定居点看不出精心规划的迹象，也看不出行业专门化的迹象，我们可以将其视为原始阶段的城镇。

在这一时期，意大利半岛北部和中部的定居点规模也扩大了。意大利半岛中部后来被称为伊特鲁里亚，对该地区各个时期的命名表明，在公元前第一千年的早期发生了很大的变化。这些名称是：青铜时代晚期和"末期"（前1300—前900），铁器时代早期或维拉诺瓦时期（Villanovan Age，前900—前700），后者得名于博洛尼亚附近的维拉诺瓦定居点。但事实上，和中欧的情况一样，这里从青铜时代到铁器时代的发展也是连续性的。青铜时代后期，定居点由小村落组成，坐落在天然易于防守的地方，定居点的平均面积只有4~5公顷。公元前9世纪和公元前8世纪，定居点的数量增加了，伊特鲁里亚南部较大定居点的规模也有了显著的扩大。

其中一个定居点是坐落于山顶的维爱（现代的韦约），我们前面看到的青铜骨灰瓮就来自这里的墓地。根据对地面的考古勘察，村落散布在这个山顶定居点的各处。村落越来越大，事实上很快就达到了这一区域前所未有的规模。这些村落发展为维爱的主要城市中心，公元前5世纪时，城墙所包围的面积达190公顷。公元前7世纪和公元前6世纪，这一区域出现了一种新型的国家，其源头可以清楚地追溯到铁器时代早期。意大利半岛北部的中央集权国家似乎是当地独立发展出来的，并没有受到希腊本土或意大利半岛南部希腊城市发展（下一章将对其进行描述）的影响。

维拉诺瓦时期之后，从公元前700年开始的阶段被称为伊特鲁里亚时期。就像青铜时代末期和维拉诺瓦时期之间的划分一样，这一现代的叫法意味着一种大断裂，可能当时还有新移民到来。关于伊特鲁里亚人来源的问题在古代就曾引起热议。我们不知道伊特鲁里亚人自己是怎样讲述他们的来源的，但是在公元前5世纪时，希腊历史学家希罗多德将他们的历史追溯到小亚细亚西部的吕底亚人。按照希罗多德的说法,由于长期饥荒,在一位名叫第勒努斯(Tyrrhenos)的人的率领下,吕底亚有一半人口西迁。他们定居在意大利半岛中部,放弃了原来的名称,以首领的名字将自己命名为第勒努斯人。

虽然希罗多德的说法依然有拥护者,他们认为来自小亚细亚的移民定居在了意大利半岛北部,在公元前8世纪占领了维拉诺瓦的定居点,但是现在人们已经很清楚,这种解释是说不通的。伊特鲁里亚人的语言很难归类,在意大利半岛是独一无二的。这种语言只有一个"近亲",就是爱琴海利姆诺斯岛(Lemnos)的居民在使用希腊语之前所使用的晦涩难懂的语言。无论其真实的源头在哪里,它肯定不是从吕底亚语演变而来的。考古发掘并没有发现此地在维拉诺瓦时期末遭到毁灭的迹象,甚至连遭到攻击的迹象也没有。同样,也没有迹象表明公元前700年之后的伊特鲁里亚居民和此前居住于此的人有什么不同。和伊特鲁里亚人来自东方的说法相反,现在似乎可以肯定的是,伊特鲁里亚时期是从维拉诺瓦时期演进而来的。

在意大利半岛和中欧的骨灰瓮社会长期演进的过程中,东方人开始对地中海中部和西部沿岸区域施加重大影响。第二宫殿时期,米诺斯和迈锡尼的商人将活动范围向西扩大到了西西里岛、意大利半岛和撒丁岛。乌鲁布伦沉船上发现的一把剑就是他们带来的,这把剑可能来自西西里岛或意大利半岛南部。第二宫殿时期之后,地中海中部地区继续使用爱琴海风格的陶器,但是通过对制作陶器的黏土进行科学分析,人们发现在公元前13世纪,这些陶器是意大利半岛南部地区生产的。在克里特岛和希腊本土的宫殿制度崩溃之后,爱琴海地区的工匠想必迁徙到了意大利半岛南部,在此生产陶器,迁徙要么是永久性的，要么是季节性的。

与此同时，塞浦路斯的商人和工匠也在地中海中部地区活动，虽然我们并不真正了解他们到底在做什么。在公元前13世纪和前12世纪，尤其是公元前12世纪，塞浦路斯与地中海中部的西西里岛和撒丁岛有密切的联系，尤其是在金属冶炼方面。在这两个岛屿上，人们已经发现了大量这一时期的铜锭。在撒丁岛上，至少在26处青铜时代的遗址中发现了铜锭。对铜中的铅同位素进行的科学分析发现，撒丁岛上的铜锭来自塞浦路斯北部的铜矿，虽然撒丁岛当地就有铜矿。不仅如此，撒丁岛上发现的很多冶金工具也可以被证明来自塞浦路斯，比如大锤、钳子和炭铲。尽管如此，撒丁岛上生产的青铜雕像却完全是当地的设计，描绘的是武士和日常生活中的其他人物，比如敬献祭品的牧羊人、摔跤手、乐师和正在哺乳的妇女。

大致在这些物品从东方进口到撒丁岛的同一时期，撒丁岛上的本地定居点经历了重大的变化。这个岛上已知的石头建筑（nuraghi，石塔）超过4 000座，实际可能多达7 000座。其中最简单的是用巨石建造的高塔，高达18米，但并非完全使用当地材料。有的石塔周围有一圈外墙，大部分位于大定居点的中央位置。在岛上的很多地方，它们之间相距不到2千米，可能代表了这个岛屿历史上最集约型的土地使用方式。大部分石塔似乎可以追溯到公元前第二千年的下半叶，有的直到公元前第一千年依然在使用。石塔所代表的人口的快速增长，加上从塞浦路斯传来的冶炼工艺，表明在第二千年的最后几个世纪里，撒丁岛达到了很高的繁荣水平。

无论是在撒丁岛，还是在地中海中西部的其他地方，从公元前13世纪到公元前12世纪塞浦路斯人在贸易上的联系，到公元前8世腓尼基人和希腊人在此创建定居点（下一章将对其进行讲述），两者之间都有长达4个世纪的间隔。现在人们逐渐开始关注这几个世纪。从在西西里岛、意大利半岛、撒丁岛乃至伊比利亚半岛上发现的塞浦路斯饰针来判断，公元前12世纪之后，塞浦路斯人在西方依然很活跃。现在很清楚的一点是，在公元前8世纪腓尼基人创建最早的定居点之前很久，他们就已经活跃于西方。我们已经简单回顾了铁器时代早期腓尼基势力的兴起，以及此后他们在东部和南部的商业扩张，而这和以色列的所罗门王也产生了关系。在公元前10世纪和公元前9世纪，腓尼基的商业一直向西扩张。公元前9世纪，腓尼基人在撒丁岛南部的诺拉（Nora）为他们的神灵建了一座神庙。在公元前9世纪或公元前8世纪克诺索斯附近一个腓尼基人的坟墓中，既有来自腓尼基珠宝商的珠宝，也有来自撒丁岛的一个陶器。

截至公元前10世纪，有些腓尼基人可能已经到了地中海的最西边。在伊比利亚半岛西南部大西洋沿岸的韦尔瓦［Huelva，古代的塔尔提索斯（Tartessos）］，人们发现了400余件青铜物品，其年代可以追溯到公元前10世纪中期，其中包括92件矛头、62个矛尾锥、78把剑、29把匕首、17个箭头、若干头盔碎片、14个扣子、10只戒指、4个完整的安全饰针，还有5条项链。这些物品是在一个河口处被发现的，可能是一次沉船事故留下的，也有可能是堆积的祭祀品。大部分武器制作于大西洋沿岸地区，剑是典型的向北直到不列颠的大西洋沿岸风格，还有件爱尔兰风格的矛头。因此，这些物品表明，这一时期大西洋沿岸各地区之间文化和商业上的联系非常密切。但是也有一些物品来自地中海东部地区，例如一件青铜头盔可能来自亚述，两种不同风格的安全饰针来自地中海东部地区、塞浦路斯和黎凡特。这些物品表明，早在公元前10世纪，地中海东部地区的民族和大西洋贸易路线上的民族之间就已建立了联系。黎凡特和塔尔提索斯之间的联系非常密切，以至于在《希伯来圣经》中，"他施的船"（ships of Tarshish）成为大型商船的统称。推罗的希兰和耶路撒冷的所罗门定期航行到红海，寻找"金银、象牙、猿猴、孔雀"，使用的就是"他施的船"。

公元前第一千年的头几个世纪里，中欧、地中海西部、爱琴海地区和黎凡特这几个地区非常不同，最明显的差异不是东西之间的差异，而是这一时期阿尔卑斯山脉以北和以南地区之间的差异。在公元前800年前后地中海世界的任何一个地方，无论是腓尼基、塞浦路斯、希腊本土、撒丁岛还是意大利半岛北部，都可以看到经济和政治腾飞的迹象。所有这些非常不同的社会都在经历大规模的人口增长、快速的技术进步和复杂国家的成形。在阿尔卑斯山以北，在中欧以及其他地方，都看不到这类发展的迹象。不管原因何在，温带欧洲的骨灰瓮社会并没有和它们的南方邻居一样经历这种腾飞。这样说并不是因为本书两位接受希腊和罗马史训练的作者抱有文化偏见，专门研究中欧的考古学家也是这样认为的。地中海地区的腾飞不容易解释，但应当将其与农业的成功集约化联系起来（只有这样才能养活增加了的人口），与强大社会纽带和当地领导者的出现联系起来，还要与商人的存在联系起来，是他们的贸易活动促进了家乡的发展。无论究竟是什么原因，这一时期，地中海世界决定性地领先于欧洲阿尔卑斯山以北的地区。地中海城邦的时代即将到来。

第三章

希腊人、腓尼基人与西地中海：
公元前 800 年—前 480 年

公元前 8 世纪初，优卑亚岛西部沿海出现了一座新的城市。那里最早的定居者很可能是在黑暗时代来自勒夫坎第的逃难者，不知道什么原因，公元前 8 世纪早期，勒夫坎第被遗弃了。这座新城市被称为埃雷特里亚（Eretria），一边是一个优良的天然港口，另一边是一个天然就很容易防御的山顶卫城，对面就是希腊本土。公元前 720 年前后，当地的一位王子在这里举行了一场非常盛大的葬礼。他的骨灰被装进一个青铜釜中，还有一个釜充当它的盖子，另外还有 4 把剑和 6 支矛作为陪葬品。在此后的 40 多年里，这个家族有超过 15 人被埋葬在这个墓地里，墓穴很华丽，里面有武器和珠宝。从炫耀财富的角度来看，在这一时期希腊的其他地区，没有一处遗址能与埃雷特里亚的这些坟墓相比。但是在公元前 680 年前后，这种埋葬方式突然不再使用了。这些墓穴上方建起了一座巨大的三角形纪念碑，一个频繁使用的私人墓地变成了公共的祭祀场所。这个精英家族退出了当时的埃雷特里亚世界，成为其历史的一部分。巴昔琉斯的时代就此宣告终结。

在公元前8世纪和公元前7世纪，整个地中海世界的各个群体正在缓慢发展为城邦（poleis），即"公民国家"。

希腊城邦的兴起是本章的中心主题。在探讨完公元前8世纪希腊本土城邦兴起的证据之后，我们将看一看在埃及和近东文明的影响之下，这一时期的希腊文明是如何变化的。接下来我们会看到在公元前8世纪和公元前7世纪，这场文化变革是怎样随着大规模的殖民活动（希腊人和腓尼基人）传播到地中海中部和西部的。之后我们将视线转移到希腊城邦的世界，以及在公元前6世纪希腊人对于共同的希腊身份的日益认同。本章将止于公元前5世纪初，此时的希腊城邦必须面对东方一个新崛起的强国，即波斯帝国。

我们要从一个众所周知的难题开始讲起，即究竟什么是城邦。这个词在本质上是指"公民国家"，即在一个政治共同体统治之下的明确界定的区域。这里一个关键的概念是共同体，即全体公民的集合。从公元前800年到前500年，普通人越来越多地参与到政治中去，而在英语里，"politics"（政治）一词的字面意思就是"城邦事务"。和公元前800年相比，公元前500年的人口有了很大的增长。尤其是在公元前8世纪，似乎整个希腊世界出现了一次人口大爆炸。大约在公元前600年，心怀不满的贵族诗人、墨伽拉的塞奥格尼斯（Theognis of Megara）抱怨说，他的城邦正落入这样的人手中，他们"从前根本不知何为正义和法律，身穿破烂的山羊皮，像野鹿一样生活在城邦之外"。不用说，一边是穿羊皮的大众，一边是日益愤愤不平的贵族精英，他们之间的等级差别并不是一夜之间就消失的。在公元前700年到前500年这一时期，无论是在形式上还是实质上，可能每个城邦都控制在几个富有的贵族精英家族手中。但是新兴的公民国家很快就开始形成正式的权力结构，而这是黑暗时代的首领政体从未拥有过的。精英家族之间分享权力的过程导致了具体政治职位的明确分化。公元前7世纪出现了最早的法典，其中大部分内容专门用来约束行政官员的个人权力。在其中几个国家，某一个家族曾在一段时期里将其他竞争对手排除在外，这样的政体就被称为"僭主政治"（tyranny），这个词的负面含义是在公元前5世纪后期才开始产生的。古人认为僭主政治标志着朝向真正意义上的民主政体的一大进步，这是有一定道理的，因为僭主在很大程度上依赖于更加广泛的政治共同体的认同和支持。

不管是哪一种形式的政体，这一时期的一个重要发展是，人们归属于同一个政治共同体的意识越来越强烈。到了公元前500年，城邦公民的自我认同已经成为社会关系的核心，这也深刻体现在希腊人的起名方式上。从那以后，希腊人的全名就由三部分组成，分别是他自己的名字、他们父亲的名字和城邦的名字，比如"克里昂米尼（Cleomenes），安纳山德瑞达斯（Anaxandridas）之子，拉西第梦人（Lacedaemonian）"。

城邦是希腊世界居于主导地位的社会组织形式，考古学证据也有助于我们追溯其兴起过程，这里我们主要探讨两个关键性的发展。首先，公元前8世纪和公元前7世纪，边缘地区农村神庙的数量激增，无论是平原的边沿，还是在山区或沿海。这些神庙可以被视为一种显而易见的确定政治版图的方式，用来标明本国和邻邦之间的边界。在这方面，科林斯就是一个例子。科林斯位于连接伯罗奔尼撒半岛和希腊本土的狭窄地峡之上。在铁器时代早期，这一地区的人口似乎很少，也很分散。只有两处遗址表现出常规的持续性活动的迹象，一处是位于科林斯地峡（Isthmia）的一个小神庙，另外一处是科林斯城本身分散的定居点。公元前8世纪早期，在科林斯人势力范围的最东北端一个与世隔绝的沿海地区派拉霍拉（Perachora），人们为赫拉女神建造了一座新的神庙。虽然其位置很糟糕，位于一个地势不平的半岛之上，水源不足，港口狭小，但是到了公元前7世纪早期，派拉霍拉已经发展为希腊世界最富有的神庙之一，吸引着人们供奉大量的黄金、珠宝、圣甲虫形宝石和费昂斯。这个地方的重要之处在于它远离定居点的主要中心，它骄傲地代表着科林斯势力范围的最远边界。

留存至今的丰富的供品也是很重要的证据，表明贵族精英对其所在社会的态度发生了变化，就像埃雷特里亚的坟墓所表明的那样。公元前8世纪，神庙里还愿供品的数量突然增加，质量也好了很多，这标志着精英对财富的炫耀从完全私人化的领域（尤其是葬礼）转移到了更加高调的公共献祭中。在公元前8世纪古老的科林斯地峡神庙里，开始出现被献上的青铜三足釜、武器和盔甲，这方面的耗费越来越大；到了公元前7世纪，在这里出现了第一座纪念碑式的神庙，这是一座底面为长方形的建筑，长40米，宽14米，有石头墙壁和铺瓦的屋顶，由木柱支撑。可以看出，建造这样一个建筑需要大量人力和组织工作，由此完全可以推断一个中央集权的科林斯国家已经出现。

关于城邦的形成，第二种考古学证据出现得稍微晚一点，那就是明确划定的城市空间的出现。公元前8世纪晚期的科林斯由一些村落组成，村落之间有广阔的开放空间和菜园，零散地环绕在山顶上高大的科林斯卫城周围，这和公元前8世纪的雅典非常相似（见图10）。在这两个地方，人们发现公元前8世纪的坟墓散布于整个定居区域，墓地围

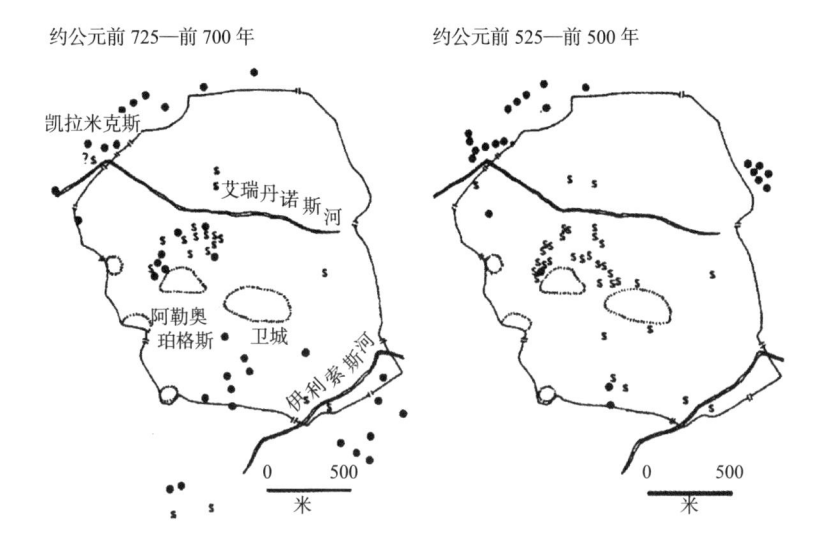

图10 公元前700—前500年雅典墓地和定居点的变化模式。墓地用实心圆标出,定居点用"S"标出

绕在各个村落周围。然而,在公元前700年之后,所有村落的墓地都很快迁移到了村落之外的一个区域,这样一来,生者和死者之间就有了明确的空间划分。这些村落的居民选择组成一个独立的、有边界的集合城市。在公元前7世纪和公元前6世纪,这些城市之内的开放区域开始成为整个社会的行政和经济中心。到了公元前6世纪后期,这种新的公共空间(*agora*,阿哥拉,意思是"集会地")已经从居住区明确划分出来,专门用于公共活动。在城市空间之内,公共领域和私人领域也被区分开来。

将一个定居点划分为不同的区域,将居住区和墓地分开,将私人空间和公共空间分开,这也许是统一的政治共同体得以形成的最典型标志。在很多情况下，事实上可能是在大部分情况下，这种对不同功能空间的"分区"最终导致了全面的城市化：人口密度激增，定居点周围建起城墙，市场经济诞生。公元前 500 年时，大部分公民国家也是城邦，有一个人口稠密的中心城市。然而，城市化虽然很普遍，实际上却不是城邦兴起过程中一个必要且必然的阶段。众所周知，在伯罗奔尼撒半岛南部的斯巴达，其政治中心只不过是 5 个分散的、没有城墙的村庄，但是没有人会因此否定斯巴达作为一个城邦的地位。虽然如此，早在公元前 7 世纪，斯巴达各村庄就开始共用一个阿哥拉了，根据公元前 7 世纪的斯巴达宪法，这是指"巴比卡（Babyka）和克那克昂（Knakion）"之间的区域，前者是一条河，后者是一座桥。这再次说明，关于政治统一最可靠的证据是私人空间和公共空间的划分。

我们已经看到精英阶级行为模式的一大变化：从在私人领域炫耀财富（特别是在墓葬中）转移到对圣地和神庙更加公开可见的投资。同一时期另外一个显著的变化是贵族期望与其产生联系的物品的种类。在公元前 8 世纪和公元前 7 世纪，受近东和埃及的影响，希腊精英的物质文化发生了很大的变化。希腊人物质文化的几乎每一个方面都能够看到这一变化，以至于考古学家称这两个世纪为希腊历史上的"东方化"时期。

从公元前 11 世纪到公元前 8 世纪，虽然对动物、人甚至叙事场景的形象再现变得越来越多见，但希腊大部分精美陶器上都装饰有所谓的"几何"风格的图案，其特征是抽象的线形图案（弯曲的线条、之字形的线条和用圆规画出来的圆圈）。在公元前 8 世纪和公元前 7 世纪早期，几何传统被无情地抛弃，取而代之的是一种完全不同的新风格。和以前一样，人物依然被绘成黑色，但是此时有了用尖锐工具刻画出来的面部细节。一系列全新的自然主义图案凭空出现，其中包括野兽、奇特的怪物和常有异国风情的植物，比如希腊所没有的莲花。这不是演进，而是一场彻底的革命。这些新式瓶子的技巧和图案都直接源于黎凡特和近东的陶器和金属制品。在克里特岛艾达山（Mt. Ida）上的宙斯之洞中，人们发现了一批非比寻常的青铜盾牌和铙钹，它们可以追溯到公元前8世纪和公元前7世纪早期，从中可以看到北叙利亚青铜制品的影响。这些青铜制品上有动物头像浮雕和圆形的带状装饰，描绘的是亚述式的狩猎场景，很可能出自移民至此的叙利亚工匠之手。然而，毋庸置疑的是，希腊大部分东方风格的青铜制品出自模仿东方风格的希腊工匠之手。公元前7世纪和公元前6世纪，在希腊的神庙里，最流行的献祭品是青铜釜，釜的上部边缘附有狮鹫和狮子的头像。其中最早的肯定是从黎凡特进口的，但是希腊人很快就开始大量生产这种有异国风情的物件。我们可以这样推测：当时有专门生产狮鹫附件的作坊，供应给伯罗奔尼撒半岛上奥林匹亚的神庙和希腊东部萨摩斯岛上的赫拉神庙。

叙利亚并非唯一的灵感来源。从公元前7世纪中叶开始，希腊的神庙就开始大量摆放站立的男性雕像。这种雕像和真人一般大或更大一些，常常是裸体的，面朝前方，一只脚稍微向前。这些纪念性的献祭雕像被称为"kouroi"，意思是青年男子雕像，在希腊艺术中是史无前例的。学者一致认为这是对同一时期埃及石雕人像的直接模仿。公元前7世纪时，纪念性石砌神庙首次出现在希腊世界，虽然我们不太确定，但它们可能也从埃及的神庙建筑中有所借鉴。

希腊字母表是希腊世界从东方引进的最重要的东西之一，源自近东的另外一个地区，即沿海的腓尼基。在上一章，我们提到了公元前10世纪和公元前9世纪腓尼基在黎凡特扮演的重要角色，腓尼基字母的历史至少可以追溯到公元前12世纪，希腊字母表在腓尼基字母表的基础上做了些许调整。希腊字母的名称依然沿用腓尼基的叫法，比如阿尔法（alpha）、贝塔（beta）和伽马（gamma）分别对应腓尼基字母里的"aleph""beth""gimel"（意思分别是"牛""房子""手杖"）。我们可以推测，最初这仅仅是一种有助于记忆的序列，目的是帮助腓尼基人掌握读写技能。希腊字母表保留了这一序列，这些名称本身不再有意义，因此在希腊语中并没有辅助记忆的功能。

这些字母是什么时候传到希腊的呢？这是一个很有争议的问题，但是一般公认的时间是大约公元前8世纪早期。我们找不到公元前775年之前用希腊字母书写的文本，但是有多达几十种公元前8世纪后半叶之后的希腊字母铭文。这种极富创新性的新技术传播得很快。在叙利亚的阿尔-米那（Al Mina）、克里特岛的科摩斯（Kommos）、佐泽卡尼索斯群岛的罗得岛和卡利姆诺斯岛（Kalymnos）、爱琴海诸岛的纳克索斯岛（Naxos）和优卑亚岛、雅典和优卑亚人在那不勒斯湾的殖民地皮塞库萨（Pithecoussae），都已经发现了公元前8世纪的希腊语铭文。这些文本大部分是日常的题字或献祭词，比如"我是克拉克斯（Korakos）的酒杯"之类的。在雅典以南的海麦托斯山（Mt. Hymettos）上的一座宙斯神庙里，人们发现了数以百计刻有文字的陶片，它们可以追溯到公元前7世纪和公元前6世纪，也许是已知早期文本中最引人注目的。乍一看，这些简短文本的内容似乎和它们献祭宙斯的功能没有什么关系，都是些没有意义的铭文和字母，甚至是某个其他希腊神灵的名字。在一块陶片上有献祭者的名字，名字后面有这样一句很能说明问题的话:"这是他自己写的。"这句话是理解这些献祭文字的关键。当时,字母书写依然是一种十分罕见、受人尊敬的技能,因此,即使是最小的文字碎片,即使是一个孤零零的字母,也会被视为敬献给神灵的珍贵礼物。

近东的影响不仅仅体现在陶器、金属制品、雕塑和字母表上,还体现在很多早期的希腊文学作品和神话中。现存最早的希腊文学作品可能是赫西俄德(Hesiod)的《神谱》(*Theogony*),这部叙事长诗成书于公元前 700 年前后,讲述了世界的起源、诸神的谱系和他们之间的战争。《神谱》中很多故事和赫梯、巴比伦和近东其他地方的智慧文学有惊人的相似之处。例如,赫西俄德讲到天神乌拉诺斯被其子克洛诺斯阉割,后来克洛诺斯和妻子瑞亚有了五个孩子,根据预言,其中一个孩子最终会推翻他,于是子女一出生就被他吞进肚里。第六个孩子是暴风雨之神宙斯,瑞亚用襁褓包起一块小孩形状的石头,递给克洛诺斯,让他吞了下去,这样才救下了宙斯。长大后的宙斯战胜了他的父亲,克洛诺斯被迫吐出他之前吞下的每一个孩子和那块欺骗了他的石头。这块石头最终被摆放在德尔斐的神庙中,成为人们崇拜的对象。在赫梯人公元前 13 世纪的神话《库马比之歌》(*Song of Kumarbi*)中,这个故事中的几乎每一个情节都可以找到密切的对应,如天神被阉割,他的继承者吞掉自己的儿子,石头后来成为崇拜对象,暴风雨之神最终胜利。由于没有赫西俄德之前的任何希腊语文学文本,我们很难说思想的传播是何时、怎样发生的,但是传播的大方向是不会搞错的。

公元前 4 世纪的哲学家柏拉图写道:"每当希腊人向非希腊人借鉴什么东西的时候,他们总是会把它做得更加完美。"柏拉图关于希腊人借鉴他人的价值判断是可以理解的，但我们未必要照单全收，例如，希腊人的狮鹫看起来就不比亚述人的狮鹫更完美，但是我们必须承认，希腊人绝不仅仅是东方文化的消极接受者。青年男子雕像虽然明显受到了埃及的启发，但是在创作手法上和埃及的完全不同。埃及的男性雕像总是至少会穿一条短裙，而希腊的男性雕像几乎都是裸体，在埃及艺术中是找不到男性裸体的，这反映了希腊人与众不同的文化偏好。从这个例子中我们可以看到，希腊人是怎样根据自己的社会期望和品味对东方的原型进行调整的。希腊人对纪念性的女性石雕的调整更加惊人。在此前很长的时间里，希腊人一直在制作十分死板的女性木雕，女神的雕像尤其如此。公元前7世纪中叶，大约就是最早的青年男子雕像面世的时期，青年女子石雕（korai）也开始出现在希腊的神庙里。和青年男子雕像不同，这些女性雕像总是全身都穿着衣服。这些青年女子石雕中最早的一个可能来自小小的提洛岛（Delos），这尊雕像真人大小，可以追溯到大约公元前650年。根据雕像衣裙上的题字，其委托人是一位名叫尼康德列（Nikandrē）的妇女："尼康德列将我敬献给远射手［阿尔忒弥斯（Artemis）女神］，她是纳克索斯岛的迪诺戴克斯（Deinodikes）优秀的女儿、迪诺米尼斯（Deinomenes）的姐妹、弗拉克索斯（Phraxos）的妻子。"我们不清楚这尊雕像表现的是阿尔忒弥斯女神还是尼康德列本人，在这里，尼康德列完全是根据其与男性亲属——父亲、兄弟和丈夫——的关系来定义的。值得注意的是，希腊人创造性地对石雕像这种新媒介加以改造，使其适应自由站立的着装女性人物这一完全属于希腊的艺术传统。

*

我们已经看到，在公元前 8 世纪和公元前 7 世纪，希腊文化和社会发生了一场"东方化"革命，而这也引出一个更具争议性的问题。事物和观念并不会自己扩散传播，而是要由在不同区域之间流动的个人传播，他们在与他人交易、交谈、共餐、嫁娶的过程中传播文化。希腊人究竟是怎样接触到近东和埃及的文化的呢？谁把什么传播给了谁？或许最重要的是，传播到哪里？

现代考古学家强调腓尼基人十分重要的中介者角色，他们居住在现代黎巴嫩的沿海一带。公元前 10 世纪早期，腓尼基被分为若干个独立的城市王国，其中最重要的是西顿、比布鲁斯，还有推罗。近东有三大文化区，分别是安纳托利亚、美索不达米亚和埃及，这些城市在这三大文化区之间占据着十分优越的战略位置。从公元前第二千年中期开始，腓尼基人就在几个大国之间充当货物运输的中介人：赫梯王国的粮食供应大部分掌握在腓尼基人手中，缺乏木材的埃及人一直严重依赖腓尼基人的进口。公元前 9 世纪早期，这些腓尼基人的城市被纳入美索不达米亚北部的新亚述帝国的控制范围。亚述人需要源源不断的腓尼基奢侈品，特别是象牙、金属制品和纺织品；从埃及出口到亚述的物品也要经过腓尼基。最重要的是，腓尼基人是亚述国王的主要原材料供应商，其中最重要的是铁。为了满足这一需求，腓尼基人迅速将他们的海上贸易范围向西扩大到地中海。腓尼基人的第一个停靠港是矿产资源丰富的塞浦路斯。公元前 9 世纪末，在塞浦路斯岛南部沿海的基蒂翁，腓尼基人建立了一个定居点，还为其女神阿施塔特（Astarte）建造了一座纪念性的神庙。从塞浦路斯出发，主要运输路线通往西部的克里特岛。公元前800年前后,在克里特岛南部沿海的科摩斯港,腓尼基人建立了一个小型圣所(见图11)。在这个圣所周围,人们发现了大量的腓尼基运输罐碎片。表面看来,科摩斯并非腓尼基人的永久定居点,而是一个补给站和交易站。在一路向西朝着希腊本土或利比亚航行的过程中,腓尼基的船只会定期靠岸,科摩斯是一系列停靠点中的一个。此时的腓尼基人肯定经常接触希腊的海上商人。据人们了解,最迟到公元前7世纪,希腊中部波奥提亚的水手还经常会光顾科摩斯的港口。

作为希腊世界和近东之间的接触点,克里特岛和塞浦路斯岛的

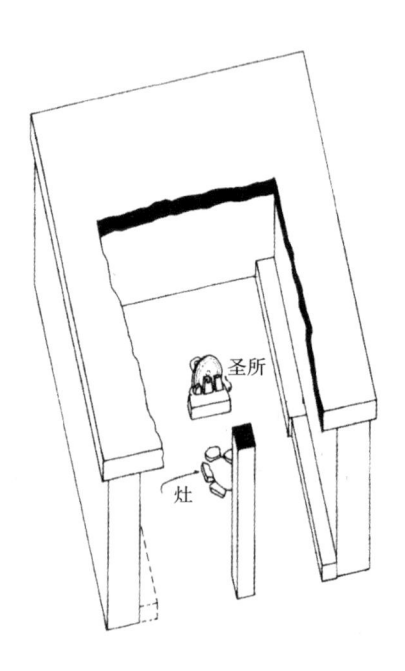

图11 科摩斯的腓尼基三柱圣所

重要性是毋庸置疑的。然而，希腊人是否亲自积极地继续向前深入黎凡特世界，这是一个很有争议的问题。在公元前8世纪的第二个25年，在叙利亚北部位于奥龙特斯河（Orontes）河口的阿尔-米那，建起了一个新的沿海定居点。目前发掘出来的这个定居点最早阶段（约前775—前725）的陶器几乎全部来自希腊，具体说是来自优卑亚岛。定居点的第二阶段结束于公元前700年前后，在这一时期，大约有一半陶器来自优卑亚岛，剩下的来自塞浦路斯和叙利亚。来自希腊其他地方的陶器几乎不存在。那么，公元前8世纪阿尔-米那的居民到底是什么人呢？伦纳德·伍利爵士（Sir Leonard Woolley）在20世纪30年代发掘了这一遗址，他认为阿尔-米那是希腊人的定居点，直到20世纪80年代，考古学家大多认同这个观点。他们强调，阿尔-米那发现的绝大多数陶器来自希腊的优卑亚岛；就已经发现的希腊陶器的数量而言，黎凡特沿海的其他任何地方都比不上阿尔-米那。因此，他们认为，优卑亚的陶器意味着在阿尔-米那有过一个优卑亚"交易站"。

然而，在过去的30年里，越来越多的考古学家极力主张这个希腊交易站并不存在。他们强调，这处遗址的建筑风格并非希腊式的，这里没有希腊式的墓地和祭仪，这里发现的优卑亚陶器几乎都是酒器，没有在希腊定居点会看到的蒸煮罐和其他日用陶器。因此，他们认为，这些希腊酒器是由从事长途贸易的黎凡特人从优卑亚岛带到阿尔-米那的。可能是腓尼基人，他们特别喜欢优卑亚的陶器。因此根本就不需要希腊人将陶器带到阿尔-米那。

无论怎样，仅凭考古学证据都无法对这一问题做出定论。什么人把优卑亚陶器带到了阿尔-米那？什么人使用了这些陶器？对于这些问题，恐怕不大可能会有客观的证据，但这并不意味着这些问题无法解决。当前争论的关键分歧点是，对于东方人来说，希腊风格的酒器是否具有吸引力。只要对公元前8世纪出口到近东的希腊陶器的种类和数量进行全面考察，就可能会一劳永逸地解决这些问题。但是，围绕如何理解阿尔-米那定居点而起的争论具有更加广泛的影响，因为关于公元前8世纪和公元前7世纪希腊"东方化"文化的发展，它反映了两种对立的、不相容的观点。对于主要来自英国和德国的老一辈考古学家来说，阿尔-米那标志着精力充沛、富有进取精神的希腊人在东方的外围获得了一个立足点，从这里他们可以对近东各个文明最有价值的技术加以选择和吸收。在主要来自新世界（美国和澳大利亚）的年轻一代考古学家看来，黎凡特的阿尔-米那表明，在和近东文明发生接触时，希腊人基本上处于被动的状态。相比之下，在公元前8世纪的海上贸易中起到带头作用的腓尼基人却深入了爱琴海地区，希腊的港口城市里到处是他们的产品，既有物质上的，也有文化上的。

或许这场争论所涉及的更多是现代意识形态，而不是古代陶器。的确，在传统上，公元前第一千年早期地中海世界的发展几乎完全是从希腊的视角来看的。就像一位著名的考古学家所言，在历史学家和考古学家中间，有一种不可原谅的倾向，那就是将地中海的非希腊民族看作是"等着有趣的、希腊的事物到来的民族"。19世纪和20世纪早期，腓尼基人仅仅被视作"商人"，这在很大程度上反映并支撑了当代人对于闪族人总体上的刻板印象，思之让人不胜唏嘘。但也有另外一种危险，那就是夸大腓尼基人对欧洲历史的贡献。人们有时抱有一种回溯式的逆向歧视，认为公元前8世纪和公元前7世纪历史和艺术的每一个重大发展都归功于腓尼基人，而希腊人则跟在他们后面，亦步亦趋。这不过是意识形态驱使之下的一厢情愿而已。

黑色雅典娜

关于希腊世界与其非希腊邻居之间的关系，当前影响最大也最具争议的是马丁·贝尔纳（Martin Bernal）的巨著《黑色雅典娜：古典文明的亚非之根》（*Black Athena: The Afroasiatic Roots of Classical Civilisation*，共三卷，1987年至2006年出版）。在这本书中，贝尔纳提出了两个主要的观点：首先，希腊文明的根源要从非洲寻找，尤其是埃及；其次，自18世纪以来，这一事实已经被西方学者系统地故意隐藏起来，要么是出于欧洲中心主义，要么是出于彻底的种族主义。

有的人对贝尔纳的反应很热烈，有的很生气，有的则十分傲慢。一位批评者指出："贝尔纳的论点完全可以置之不理，因为他是研究中国政治的专家，而不是训练有素的古典学者。"在《黑色雅典娜》中，当然有很多可以提出异议的地方，尤其是贝尔纳奇怪地仅仅将埃及当作希腊文化的源头，几乎全然将近东排除在外。对于乔治·詹姆斯（George James）1954年出版的《偷来的遗产：埃及人是希腊哲学的创始人》（*Stolen Legacy: The Greeks were Not the Authors of Greek Philosophy, But the People of North Africa, Commonly Called the Egyptians*）中粗疏而混乱的夸夸其谈，贝尔纳热情支持，而这也无助于他的理论。公平地说，贝尔纳从来没有像詹姆斯和其他人那样走极端，认为克娄巴特拉或苏格拉底是黑人，或者是认为亚里士多德通过洗劫亚历山大里亚的图书馆（该图书馆在亚里士多德去世几十年后才建立），而从埃及人那里偷来了他的哲学观点。

在《黑色雅典娜》第一卷中，他一笔带过地提到"说埃及法老是黑人有一定积极意义"，这句话可以更好地代表贝尔纳本人的观点。贝尔纳是这样为"有积极意义"的标准进行辩护的："毫无疑问，在今天，'种族'的概念极其重要。因此，我认为，对于当代的读者来说，无论是我对埃及文明之非洲本质的强调，还是那些'被认为是黑人具有积极意义'的统治者的存在，都是很重要的。这驳斥了非洲民族文化衰弱的观点，无论是含蓄的假定，还是明确的陈述，这样的观点认为从来没有一个为整个世界文明做出贡献的伟大的'非洲'文明，还认为'黑人'一直就是一个奴性的人种。"在我们看来，这样的说法似乎公正而得体，论述也很充分，至于这是不是写作历史的正确方式，我们留给读者来判断。

公元前8世纪和公元前7世纪的"东方化"为这一时期另外一个重要的历史发展铺平了道路，那就是希腊人和腓尼基人对西地中海的同时渗透。的确，在公元前11世纪和公元前8世纪之间，地中海东西两部分之间的接触只是零星发生。在公元前8世纪的前半叶，这种来往加快了速度。一批又一批的希腊人和腓尼基人向西航行，人数越来越多，在西地中海沿岸建立了数以百计的定居点。那不勒斯湾伊斯基亚岛（Ischia）上的皮塞库萨殖民地是他们在西地中海最早的前哨之一，其历史可以追溯到公元前770年前后。皮塞库萨位于距离希腊本土沿海不远处的一个小岛上，这样的位置在希腊人和腓尼基人在西地中海的早期殖民地中很具代表性，比如位于撒丁岛沿海附近圣安蒂奥科岛（Sant'Antioco）的苏尔奇斯（Sulcis）殖民地的位置就与其非常相似。这种近岸的地理位置表明了西地中海早期殖民地的主要职能是贸易港口，他们在这里和内陆的原住民进行贸易。

在西地中海殖民活动的最早阶段，希腊人的活动和腓尼基人的活动之间并非泾渭分明。皮塞库萨虽然主要是来自优卑亚岛的希腊人的殖民地，但这里也居住着很多科林斯人、腓尼基人和本地的意大利人。毫无疑问，由于其多文化特征，像皮塞库萨这样的地方经常是新发展的最前沿，比如在书写方面。但是很快希腊人和腓尼基人在西地中海的殖民活动就开始走上截然不同的道路。希腊人在西地中海的殖民地绝大多数集中在意大利半岛南部和西西里东部，而腓尼基人则将其注意力转向了西班牙和北非。更加值得注意的是，在外观和功能方面，这些新殖民地有了明显的不同。有几个具体的例子可以说明这一点。

腓尼基人和西地中海的最早接触似乎可以追溯到公元前10世纪和公元前9世纪，但是直到公元前8世纪早期，腓尼基商人才开始在遥远的西部永久定居。腓尼基人在西地中海的移民社区出现得非常迅速。在公元前9世纪后期和公元前8世纪，腓尼基人已经在突尼斯、西西里岛西部、马耳他、撒丁岛、伊维萨岛（Ibiza）和西班牙的安达卢西亚沿海建立了殖民地。在突尼斯建立的殖民地有迦太基和乌提卡（Utica），而西西里岛西部的殖民地有莫提亚（Motya）、巴勒莫和索伦托（Solunto）。无一例外，腓尼基人在西地中海的根据地都能很方便地利用原有的贸易路线和生产过剩的区域。要想知道腓尼基人想在西地中海得到什么，加迪尔（Gadir）殖民地是一个很好的例证。加迪尔后来被罗马人称为加迪兹（Gades），现代的加的斯（Cadiz）就得名于此。这个殖民地位于直布罗陀海峡外侧安达卢西亚南部沿海的一个岛屿之上。安达卢西亚大陆地区被希腊人称为塔尔提索斯，基本上由瓜达尔基维尔河谷（Guadalquivir valley）和韦尔瓦地区组成。在这里，腓尼基人遇到了一个处于青铜时代晚期的民族，他们此前和更广阔的地中海世界的接触最多算是试探性的。然而，塔尔提索斯的本地居民控制着地中海一个主要的贵金属来源，即韦尔瓦的里奥廷托（Rio Tinto）矿山，这里有丰富的铜、银、金、铅和铁。在公元前10世纪和公元前9世纪，当地对这些矿山的开采似乎规模很小，基本上仅限于铜的开采。公元前8世纪在加迪尔定居的腓尼基人带来了新的白银冶炼技术，大大优于当地伊比利亚人的冶炼技术。最重要的是，他们还可以在其地中海东部的家乡为这些贵金属找到现成的市场。从公元前8世纪中叶开始，塔尔提索斯的精英意识到，通过新的贸易伙伴腓尼基人出口银和其他金属能够带来巨大利润，于是，韦尔瓦矿山和瓜达尔基维尔河流域的开采活动迅速增加。

对于加迪尔没有发生的事情，我们同样应该重视。虽然腓尼基殖民地毫无疑问是繁荣的，但它依然是一个离岸交易站，没有办法对安达卢西亚南部进行任何政治支配。我们看不到腓尼基人有任何企图直接强占塔尔提索斯资源的迹象，甚至也看不到他们要在大陆上占领并耕种属于自己的土地的迹象。加迪尔的经济扩张反倒迅速催生了一连串海上子殖民地，沿着葡萄牙和摩洛哥的大西洋沿岸遍布南北。通过这些子殖民地，腓尼基人可以利用另外一个已有的商业系统，那就是东大西洋的锡贸易。腓尼基人在西地中海的殖民活动被准确地描述为"海上城市化"。虽然西地中海的殖民地最终的确变得独立了，但是像加迪尔这样的地方基本上依赖于商船航线，这些航线像脐带一样把这些殖民地和东地中海东部的腓尼基母城联系起来。

希腊人在西西里岛和意大利半岛南部的经历大不相同。麦塔庞顿（Metapontum）殖民地位于意大利半岛南端塔林敦（Tarentum）海湾，是一个极端但是又很具有代表性的例子。最初生活在意大利半岛南部沿海的是一个土著意大利民族，希腊人称他们为奥诺特利亚人（Oenotrians）。公元前7世纪上半叶，这一地区最重要的殖民地位于一个小山丘上，名为因科罗纳塔（Incoronata），距海约8千米，这里居住着土著奥诺特利亚人和少量前殖民时代过来的希腊移民。公元前630年左右，一大群来自伯罗奔尼撒半岛东北部的亚该亚人在麦塔庞顿沿海定居。因科罗纳塔很快就被遗弃，一代人之后，当它被再次占领时，已经不再有土著意大利人的任何痕迹。希腊人来到麦塔庞顿殖民地后不久，在这个新的中心城市西北部约7千米处的圣比亚焦（San Biagio），在前不久被遗弃的因科罗纳塔附近，修建了一座新的希腊神庙。根据对希腊本土那些偏远的宗教中心如派拉霍拉的了解，很容易理解这座神庙一定程度上是为了宣示这些新殖民者对麦塔庞顿和圣比亚焦之间所有土地的所有权。这个地区很快就被分割成长方形的农田，随着作物轮作制和新式希腊农耕技术的引进，农业生产率大幅提高。在麦塔庞顿殖民地的早期历史上，意大利原住民似乎被驱逐了，大片的农田被强占，然后被分割成同样面积的地块，分给新来的希腊殖民者耕种。从一开始，这些殖民者显然就急于自给自足，他们对于和意大利原住民维持邻里关系并不感兴趣。这种情况和腓尼基人在安达卢西亚的殖民地完全不同。

然而，并非西地中海所有的希腊殖民活动都是受了领土扩张热情的驱使。希腊殖民地中也有通过和非希腊人的邻居进行贸易而繁荣起来的，这方面最明显的例子就是马西利亚（今天的马赛），这个殖民地位于罗讷河入海口附近一个天然良港，是来自小亚细亚西部的希腊人在公元前600年前后建立的。法国南部是西地中海最后受到东方影响的区域。公元前7世纪，伊特鲁里亚人已经在里昂湾建立了几处交易站。通过这些交易站，伊特鲁里亚葡萄酒被出口到了普罗旺斯、朗格多克和罗讷河谷，但是在马西利亚殖民地建立之前，在这一地区没有出现过希腊人或腓尼基人的定居点。在定居马西利亚的最初50年左右，希腊殖民者似乎满足于充当伊特鲁里亚和普罗旺斯-朗格多克之间现有贸易路线的中间人。然而，与此同时，马西利亚人也忙着在定居点周围的沿海平原上发展农业，首次把葡萄种植引入这一地区。一旦当地的葡萄酒生产达到足够的水平，马西利亚人就可以毫不费力地减少从伊特鲁里亚的进口了。公元前540年前后，法国南部突然停止从伊特鲁里亚进口酒罐，取而代之的是在马西利亚当地生产的新型酒桶，酒桶几乎完全垄断了当时的市场。马西利亚的葡萄酒很快就穿过中央高地和阿尔卑斯山之间的罗讷河走廊，向北输入先前很少接触到地中海文化的地区。

*

到目前为止，我们一直在关注腓尼基人和希腊人在西地中海殖民活动的差异。现在我们把注意力转向这种西部殖民活动对于欧洲历史进程的总体影响。我们已经看到，在公元前8世纪和公元前7世纪，在埃及和近东艺术和技术的影响下，希腊社会是如何被改变的。同样，通过和东地中海的东方化文化进行融合，西欧本土精英的文化也发生了深刻的变化。在腓尼基人的影响范围内，韦尔瓦地区和瓜达尔基维尔河谷的塔尔提索斯精英从腓尼基出口的贵金属资源中获得巨大的利润。可想而知，这些地方君王十分崇尚腓尼基文化的装饰特征。在瓜达尔基维尔河谷，宏伟的墓冢很快就显示出腓尼基人丧葬习俗的强烈影响，墓穴中来自腓尼基的珍贵奢侈品（青铜、象牙和黄金饰品）也越来越多。到了公元前 5 世纪，在腓尼基和希腊文化的影响之下，在西班牙的地中海沿岸，出现了一种十分复杂的新型城市文化。在本书的第六章，我们还会讲到公元前 5 世纪和公元前 4 世纪伊比利亚人不断变化的世界。

在法国南部希腊人的影响范围之内，从马西利亚到罗讷河谷的商业路线的开辟产生了更加强大的影响。在骨灰瓮时代（见前文，第 68—72 页）后期的阿尔卑斯山以北地区，从西部的勃艮第到东部的捷克，有一个稳定的、相对同质的铁器时代文化群体，考古学家称之为哈尔施塔特（Hallstatt）文化（得名于奥地利的一个盐矿小镇）。公元前 6 世纪，当地中海制造的名贵商品越来越多地沿着罗讷河走廊来到北方时，哈尔施塔特地区的西半部经历了一次非同寻常的转变。一个新的精英阶层产生了，他们居住在希腊风格、有城墙的山顶城镇里。他们对希腊奢侈品的炫耀性消费让他们不同于同时代的其他人。在哈尔施塔特的王室住宅中，发掘最彻底的一个位于多瑙河畔现代乌尔姆镇附近的霍恩堡（Heuneburg）。在公元前 6 世纪早期，霍恩堡被重建，这里的房屋被重新规划布局，周围建起了土砖城墙（见图 12）。在阿尔卑斯山以北的欧洲，这种城墙是独一无二的，似乎出自希腊或伊特鲁里亚的建筑师之手。

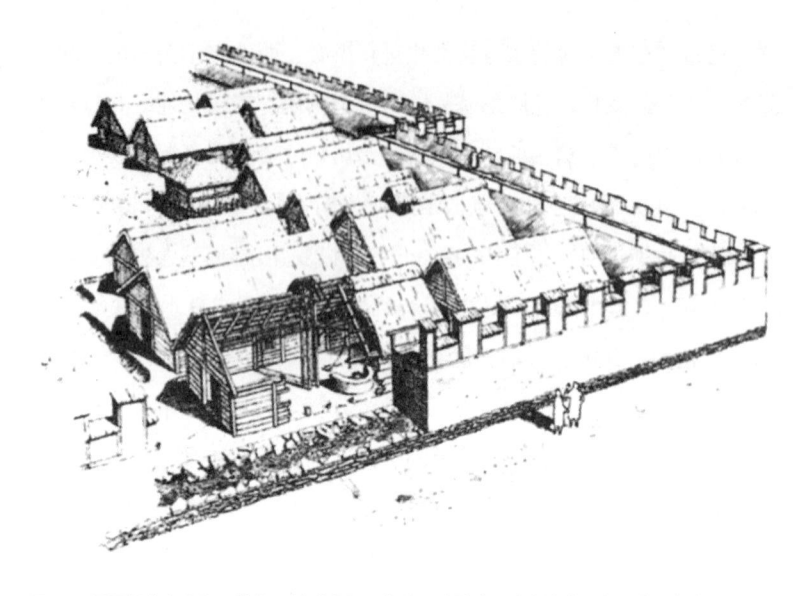

图12 霍恩堡的东南角,带有"希腊式"风格的土砖城墙。注意城墙圈内的建筑密度

　　理所当然,这些马西利亚葡萄酒的热情消费者也非常热衷于购买希腊的酒具。哈尔施塔特的精英对希腊人的饮酒习惯加以调整,使其适应他们的需求。有时,希腊的酒器似乎被用来饮用蜂蜜酒,而不是葡萄酒。在哈尔施塔特的王室住宅中,最西边的一个位于塞纳河畔沙蒂永(Châtillon-sur-Seine)附近的维克斯(Vix),在霍恩堡以西约300千米。大约在公元前500年,哈尔施塔特的一位王后被埋葬在维克斯一个巨大的墓冢里。按照传统的哈尔施塔特做法,去世的王后被放在一个四轮马车里,戴着一个精致的、本地制作的金项圈。但是这个坟墓中最显眼的是一个巨型酒器或者调酒缸,或许是意大利半岛南部一个希腊城市生产的。与它在一起的还有几件精美的阿提卡地区生产的酒器。

和同时代人相比，哈尔施塔特西部这些希腊化首领的特点在于他们有意识地学习希腊文化，但是他们的全盛时期非常短暂。在维克斯的王后葬礼之后不超过两代人的时间，她的坟墓附近出现了边长25米的方形围墙，里面是另外一对王室夫妇的坟墓。在墓穴的入口处有一对石像，其中一位是男性武士，另外一位是坐着的妇女，戴着一个项圈。在立起来之后不久，这两尊雕像就被斩首，墓穴的入口也被暴力破坏。这是维克斯最后一个王室墓葬。就像我们在第五章会看到的那样，哈尔施塔特西部王国的兴起在中欧和北欧的凯尔特社会点燃了革命之火，对公元前4世纪和公元前3世纪地中海世界的历史产生了深远的影响。

对意大利半岛的原住民来说，希腊人来到西地中海也产生了与此类似的巨大而深远的影响。在公元前9世纪和公元前8世纪，意大利半岛中部和北部的殖民地规模急剧扩大（见前文，第72—73页）。在伊特鲁里亚南部，这一变化尤其明显。公元前9世纪末，这里已经形成了5个巨大的中心城市，每个城市的面积在100公顷到200公顷之间，它们分别是开雷（Caere）、塔奎尼（Tarquinii）、维爱、沃尔西尼（Volsinii）和武尔奇（Vulci）。那不勒斯湾北部的意大利半岛西部沿海没有一个希腊人或腓尼基人的殖民地，是西地中海没有受到希腊和腓尼基殖民活动影响的最长一段海岸线，这是很让人吃惊的。人们倾向于认为，伊特鲁里亚异常早熟的城市发展让希腊和腓尼基殖民者没能插足此地。

在公元前8世纪中期那不勒斯湾最早的希腊殖民地（皮塞库萨和库迈）建立之后，伊特鲁里亚人和希腊世界之间的联系加强了。公元前750年之后，伊特鲁里亚的坟墓里精美的希腊陶器越来越多；到了公元前8世纪晚期，伊特鲁里亚的当地陶工已能模仿科林斯几何花纹，生产出高质量的陶罐。塔奎尼有一处非常奢华的伊特鲁里亚墓穴，可以追溯到公元前700年至前675年之间，其中有各种埃及进口的奢侈品，包括一只精美的彩陶花瓶，上面有法老博肯兰夫（Bokenranf，公元前717—前712年在位）的名字。伊特鲁里亚人显然很快就开始利用东地中海巨大的贸易网络。他们迅速采用了新的希腊-腓尼基字母来书写他们自己的语言。最早的伊特鲁里亚铭文可以追溯到公元前700年，在希腊最早的幸存涂鸦之后只有两代人的时间。

公元前600年前后，伊特鲁里亚社会进入了一个新的阶段。在塔奎尼，石头第一次被用于城市建设，出现了宏伟的纪念性建筑，其中包括一段长8千米的城墙、一座巨大的神庙以及一个巧妙的供水系统。与此同时，塔奎尼沿海还建立了一个新的港口城市格拉维斯卡（Gravisca），作为来自东方的希腊商船的交易站。公元前6世纪，出现了从希腊本土进口陶器的新高潮。从公元前580年到前475年，伊特鲁里亚人进口了大量精美的雅典黑绘花瓶和红绘花瓶，其中有些是专门为伊特鲁里亚市场生产的，其中很大一部分在伊特鲁里亚精英的墓穴里完好无损地保存下来。公元前6世纪的伊特鲁里亚坟墓和同一时期希腊本土的坟墓有很大的差别，由巨大的石头墓室构成，通常有精心绘制的内饰。在沃尔西尼（现代的奥维托），墓地呈整齐的格子状分布，统一的石头墓室组成了"街道"，每个墓室上都标着主人的名字。这种炫耀式的平等主义墓葬似乎是伊特鲁里亚所特有的。

"伊特鲁里亚"陶瓶

18世纪早期,古代的彩陶开始引起意大利和英国文物研究者和收藏家的兴趣。早期收藏家购买的大部分花瓶都来自伊特鲁里亚和意大利半岛南部的坟墓,于是就很自然地被认为是在伊特鲁里亚生产的。影响力最大的英国收藏家是威廉·汉密尔顿爵士(Sir William Hamilton,1730—1803),从1764年开始,他出任英国驻那不勒斯宫廷特使。1766年,汉密尔顿让人编纂了一部极其奢华的四卷本《伊特鲁里亚、希腊和罗马古物藏品目录》(Collection of Etruscan, Greek and Roman Antiquities),他宣称此书"既补充了已广为人知的图像和图案收藏,又可以装点饱学之士高品位的书架,不仅美观,而且很有教益"。汉密尔顿的"伊特鲁里亚"藏品对18世纪的英国品位产生了巨大的影响,特别是深受汉密尔顿喜爱的简洁构图和静穆主题,对英国早期新古典主义运动的形成产生了很大的影响。1769年,约西亚·韦奇伍德在斯塔福德郡开办了一家陶瓷厂,他给这个工厂取名为"伊特鲁里亚",灵感就来自汉密尔顿藏品中品位无可挑剔的"伊特鲁里亚"陶瓶。新厂开业第一天生产的六个陶瓶就模仿了汉密尔顿藏品中的红绘陶瓶,描绘的是赫拉克勒斯在赫斯帕里得斯的金苹果园的故事。陶瓶上还有一句豪壮的铭文:"伊特鲁里亚的艺术重生。"

在18世纪,"伊特鲁里亚"陶瓶原产自伊特鲁里亚这样的认识就已经受到质疑。如果它们真的是伊特鲁里亚当地的产品,为什么上面所有的铭文都是希腊语呢?现在人们认为在伊特鲁里亚发现的大部分陶瓶都产自雅典凯拉米克斯（Kerameikos）的陶工区。但是18世纪关于"伊特鲁里亚"陶瓶艺术价值的观点影响更加深远。汉密尔顿的奢华目录主要是为了拉高他所收藏的陶瓶的市场价值，后来他以天价将这些陶瓶卖给了大英博物馆。因此，他声称"伊特鲁里亚"陶瓶在古代就是极其贵重的艺术品。这样的论断其实是很可疑的。在古代，人们已知的雅典彩色陶瓶的最高价格是3个德拉克马，还不到同一时期一个旧梯子（8个德拉克马）的价格的一半，绘有人物的花瓶的价格仅仅比普通的黑色陶瓶贵三分之一左右。虽然如此，很多私人收藏家依然认为公元前6世纪和公元前5世纪的彩陶有很高的艺术和经济价值。1993年12月，在苏富比拍卖行，一个公元前6世纪的伊特鲁里亚陶瓶的成交价超过了200万英镑。

对于希腊人的到来，伊特鲁里亚人的反应与伊比利亚半岛和阿尔卑斯山北部西哈尔施塔特地区的当地居民大不相同。虽然伊特鲁里亚人借鉴了希腊物质文化的许多方面，但是他们对这种文化的使用非常有创造性和创新性。公元前6世纪是伊特鲁里亚城市发展的伟大时期，这虽然离不开从希腊世界涌入的新财富和新技术，最终却完全独立于希腊的城邦模式。通过成为由希腊和腓尼基的商人联系到一起的广阔地中海世界的一部分，伊特鲁里亚人获得了巨大的经济和社会效益，却没有丧失当地独特的城市文化。

无论是从格拉维斯卡或维克斯来考察，还是从因科罗纳塔或塔尔提索斯来考察，从公元前8世纪到公元前6世纪这段时期都毋庸置疑地标志着欧洲发展的一个关键阶段。各地文化持续繁荣，有时蔚为壮观,比如在伊特鲁里亚;但是这一时期的总趋势是这些文化之间的联系不断加强。希腊人和腓尼基人在西地中海的殖民活动将整个地中海连接成一个宏观经济系统,从推罗到加迪尔,从马西利亚到优卑亚,物质文化变得日益同质化,埃及的费昂斯不仅在尼尼微和迦太基受到珍视,在塔奎尼和派拉霍拉也受到青睐。到了公元前 500 年,我们终于可以把整个地中海世界当作一个文化单位来看待了。

*

公元前 8 世纪早期,希腊人已经开始使用字母书写。留存下来的最早文本并不能给我们提供多少信息,但是透过公元前 8 世纪晚期陶瓶上的一小段题词,我们能够很好地管窥最早的西部希腊人是怎样看待其历史的。这段文字来自希腊人在西地中海最早的殖民地,即位于那不勒斯湾的优卑亚岛贸易中心皮塞库萨。公元前 730 年前后,一名大约 12 岁的男孩在这里被埋葬,一起入土的还有一整套希腊的酒具,包括一个来自东部希腊(可能是罗得岛)的小酒杯。酒杯上用优卑亚文字题写了三行诗(见图 13):"我是涅斯托耳(Nestor)的酒杯,喝酒很好用 / 无论是谁,若用此杯喝酒,就会马上 / 对头戴皇冠的阿佛洛狄忒产生欲望。"这首小诗很好地将葡萄酒、诗歌和性混合在一起,而这正是早期希腊贵族宴饮的特征,也是关于特洛伊战争的口头诗歌传统存在的最早间接证据。根据这一传统,有一位名叫涅斯托耳的英雄,他是皮洛斯的国王,随着亚该亚人的军队去了特洛伊。涅斯托耳随身携带一个著名的酒杯,上面饰有黄金浮雕,酒杯把手的基座上有黄金鸽子。这个杯子又大又重,当里面装满酒的时候,普通人几乎无

图13 "涅斯托耳的酒杯"上的希腊语诗句铭文（皮塞库萨，约公元前730年）。三行诗句都是从右向左写的

法将其从桌子上拿起来。在皮塞库萨发现的那个黏土做成的小酒杯自称是神话中涅斯托耳的酒杯，这实际上是个玩笑。这个玩笑要想有效，我们就必须假定，皮塞库萨的文明饮酒圈子熟知关于特洛伊战争的口头史诗这一共同传统。在一代人之后，这一口头史诗最终被书写下来，成为人们所知的《伊利亚特》和《奥德赛》。

《伊利亚特》和《奥德赛》是关于青铜时代历史的叙事史诗（见前文，第一章），是用新的希腊字母书写下来的。《伊利亚特》长约1.6万行，讲述了亚该亚人围攻特洛伊城的第十年最具戏剧性的几周，以特洛伊英雄赫克托耳的死亡和被埋葬告终。《奥德赛》长1.2万行，部分是对《伊利亚特》的模仿，描述了特洛伊战争的英雄之一奥德修斯经过10年流浪之后返回故乡伊萨基岛的经历。虽然表面看来这两部史诗的关注范围很狭窄，《伊利亚特》第一行宣称其主题是"阿喀琉斯的愤怒"，而且这部史诗超过四分之一的篇幅讲述的是发生在一天之内的战事，但是通过长长的明喻、倒叙和英雄本人所讲述的故事，

《伊利亚特》和《奥德赛》实际上为我们提供了整个英雄时代波澜壮阔的全景。

无论是就社会结构还是物质文化而言，《伊利亚特》和《奥德赛》所描述的世界都是由不同时期社会组成的复合体。有时，青铜时代的情况得到了准确的描绘，而有时，诗歌所反映的显然是公元前9世纪和公元前8世纪时的状况。因此诗歌常常会提到人们用香油处理羊毛和亚麻衣服，使其闻起来很香，看起来很亮——这样的做法在铁器时代的希腊是没有的，但是在迈锡尼的线形文字B的文本中却有充分的证据。有时我们可以看到来自不同时期的事物被编织在一起。在《伊利亚特》的第二十三卷，佩琉斯的儿子阿喀琉斯为他阵亡的同伴帕特罗克洛斯举行葬礼竞技会，并拿出一连串的奢侈品作为各种运动比赛的奖品，其中包括一大块没有加工的铁。

> 佩琉斯之子又取出一个没有加工的铁块，
> 力大无穷的埃埃提昂曾把它当作投掷的铁饼，
> 但是神一样的捷足阿喀琉斯把他杀掉，
> 把铁块和其他财物一起装运到自己的船上。
> 他站在那里，对阿尔戈斯人宣布：
> "谁想赢得这件奖品，请站起来！
> 即使获胜者的肥沃良田远离任何城镇，
> 这块铁也够他用上五年了。
> 他的牧人和耕夫需要铁时，
> 不必再进城购买，
> 因为这块铁就可以满足他们的需求。"

在这一段的叙述中，这个铁块本身就是一件名贵物品，作为贵金属有其内在的价值。但是到了最后，它已经被变成一种实用物品的来源：获胜者可以将铁块熔化，冶铸或锤炼成各种工具。在希腊，生产这种铁器工具的技术直到公元前 1000 年前后（"铁器时代"的开端）才出现。这一段的前四行似乎反映了青铜时代后期（前 1600—前 1070）人们对铁的典型态度，最后四行则反映了铁器时代早期（前 1070—前 900）的技术革新。

德里克·沃尔科特的《奥美罗斯》

1990 年 9 月，来自加勒比地区的诺贝尔文学奖得主德里克·沃尔科特（Derek Walcott）出版了《奥美罗斯》（Omeros），这是一首史诗长度的叙事诗，以他的故乡圣卢西亚岛为背景。没有一部作品可以比它更加清楚地表明《荷马史诗》作为灵感来源的持续生命力。主要人物是阿基利（Achille）、赫克托耳、海伦和菲洛克忒特（Philoctete），在加勒比海的渔船上和咖啡馆里，他们演绎着荷马史诗中的故事。由于胫部被一只生锈的锚弄伤，一直无法愈合，因此渔民菲洛克忒特无法出海。漂亮的女服务员海伦离开了他的情人阿基利，投入他的朋友赫克托耳的怀抱。赫克托耳曾经当过渔民，现在是出租车司机。赫克托耳死于一场交通事故，而此时的海伦已经怀有身孕，孩子要么是赫克托耳的，要么是阿基利的。她回到了阿基利的身边。最终，菲洛克忒特的伤口被一位智慧的妇女马吉尔曼（Ma Kilman）治愈，她是无痛咖啡馆的经理。

虽然这些人物的名字、特征和行动都源自荷马史诗——往往经过了十分巧妙而优雅的加工，但是沃尔科特却拒绝向荷马史诗中的原型致敬。

> 为什么不把海伦
> 看作太阳看到她的样子，没有荷马史诗的影子，
> 独自在沙滩上挥动着她的塑料凉鞋，
> 像海风一样清新？

在关键性的一幕中，阿基利中暑了，他想象着自己回到了刚果，在那里他遇到了父亲阿弗拉比（Afolabe）和他的祖先所在村庄里的人。在某个层面，这一段情节是对荷马的《奥德赛》的模仿，奥德修斯游历阴间，遇到了母亲安提克勒娅（Anticleia）和在特洛伊战争中阵亡的战友们的鬼魂。然而，在阿基利和非洲的祖先交谈时，他意识到他自己就是一个鬼魂，他的父亲不但不记得儿子的真实姓名，而且也无法理解他"荷马式"的名字阿基利。

> 他慢慢陷入悲伤，他回家了
> 这是鬼魂对于其坟墓的悲伤，
> 因为在他身上，未来发生了逆转。

这一幻觉以村庄被突袭而告终，阿基利看着他的祖先锁链加身被带走，要横渡大西洋，被运到加勒比地区，成为奴隶。阿基利被永远地和他的非洲过去切断，但是就像沃尔科特所暗示的那

样,在荷马所代表的欧洲文化传统里,他永远不会感到自在。在这首诗的最后,讲述者看着海浪在"这一文本的两边"汹涌,一边是他的荷马史诗中的文学原型,另一边是圣卢西亚岛上这个无所依托的渔民的真实世界。

> 她的翅膀拍打着,将这些岛屿带到非洲,
> 她用一根针缝补上大西洋的裂痕,
> 这是灵魂中的裂痕。

正是"灵魂中的裂痕"这一表达,让沃尔科特对荷马史诗的解读如此有力,如此出人意料。

  这种多层叠加意味着我们所看到的《伊利亚特》和《奥德赛》是历经很多个世纪演变的产物。在这些诗歌之前,肯定有漫长的口头诗歌的传统,可以一直追溯到公元前第二千年。可以推测,在这么多个世纪里,已经有一代又一代的吟游诗人歌唱过特洛伊战争和奥德修斯的流浪。他们所表演的诗歌既不是逐字记下来的,也不是现场即兴创作的,而是建立在大量灵活的格式化元素之上,其中既有单一的描述词,比如"有着灰色眼睛的雅典娜",也有整个诗句,比如"聪明的奥德修斯回答道:……"还有格式化的场景,比如宴会、武装和死亡。我们应该将其想象为一个格式化因素随着时间的推移而逐渐积累的过程,而在此过程中,早期社会物质文化和价值观的印迹得以保留,就像树干内部的年轮一样。

  显然,在公元前7世纪后期和公元前6世纪,希腊人就只知道

每一首诗的一种标准形态了。因此,在公元前700年到前650年之间的某一个时间,这种灵活的、不断演变的口头传说获得了固定不变的形态。简而言之,这些诗被记录了下来,而这些最终版本肯定出自个人之手,而不是集体。这些诗的感染力和诗意之美是毋庸置疑的,其中究竟有多少归功于最终的"校订者",又有多少归功于他所借鉴的匿名的口头传统,对这一问题的追问直击艺术灵感之本质的核心。一代又一代口头诗人逐步修订和扩充前人的成果,《伊利亚特》中对于阿喀琉斯优美动人的描写是否应归功于他们全体呢?或者我们是否必须把功劳归给某一位天才主创者,认为他整理了口头传统的格式化元素,将这些青铜和铁转变成黄金呢?

公元前6世纪后期,《伊利亚特》和《奥德赛》的作者身份问题引起了人们的浓厚兴趣。最有力的说法是,它们是来自希俄斯岛(Chios)的吟游诗人(rhapsodes)集体创作的成果,这些人被称为"荷马里德"(Homeridae)。最初,这个称呼可能仅仅意味着"集会歌手",源自希腊语中表示"集会"的"*homaris*"。到了公元前6世纪,他们开始自称是来自希俄斯岛的盲诗人"荷马"的后人,说这位荷马就是《伊里亚特》《奥德赛》和其他几首短一点的希腊神灵颂诗的作者。虽然很快就有十几个城市对于这位诗人来自希俄斯岛的说法提出异议,但是这个名字却沿用至今。

因此,我们现在就使用荷马这个称呼。就是在这一时期,荷马在希腊文化中取得了权威的地位。公元前6世纪末,哲学家克洛丰的色诺芬尼(Xenophanes of Colophon)埋怨说荷马关于神灵的虚假观念已经被普遍接受,因为《伊利亚特》和《奥德赛》已经成为每个人所受教育的基础。公元前520年前后,在雅典的大泛雅典娜节

（Greater Panathenaea）上朗诵荷马的诗已经成为一种常规。遗憾的是，当时的荷马史诗中关于雅典人的内容少得让人尴尬，只在《伊利亚特》的第二卷中列举希腊舰队时将其一笔带过。通过对荷马的文本进行几处明智的补充，这一疏忽被雅典人纠正了。补充的内容描绘了雅典卫城上的厄瑞克透斯（Erechtheus）祭仪，颂扬了雅典人的领袖墨涅斯透斯（Menestheus），还声称来自萨拉米斯岛的队伍曾和雅典人的军队并肩作战。最后一个补充尤其能够说明问题。在公元前8世纪和公元前7世纪，萨拉米斯先是隶属于更大的岛屿国家埃伊纳（Aegina），后来又隶属于雅典的邻邦墨伽拉。直到公元前6世纪中叶，萨拉米斯才被并入雅典。雅典人对萨拉米斯岛的所有权主张曾一度极具争议，因此最好能够表明萨拉米斯人在特洛伊战争中曾经和雅典人并肩作战。

把荷马史诗用来为民族主义目的服务，这是希腊本土正在形成的城邦为自己创造一个共同过去的重要一步。在本章的开头，我们考察了希腊本土城邦形成的最早阶段。我们看到，在公元前7世纪早期，埃雷特里亚新生城邦出现的标志之一就是从奢华的私人墓葬群到公共敬拜点的转变。埃雷特里亚黑暗时代的国王已经成为历史，埃雷特里亚人却煞费苦心地保存对这些过去统治者的记忆，作为他们共同的公民认同的一部分。在这一时期希腊世界的其他很多地方，也可以看到类似的公共"记忆"过程。公元前8世纪后期，迈锡尼墓和圆顶墓的祭品数量急剧增加，尤其是在阿提卡地区和伯罗奔尼撒半岛的南部和东部。有些情况下，我们可以肯定，选择崇拜祖先安息之地的不是单独的个体，而是整个社会。因此（见图14），在公元前625年前后，当人们在科林斯的阿哥拉建造房屋时，发现了一个相当普通的"几何

北

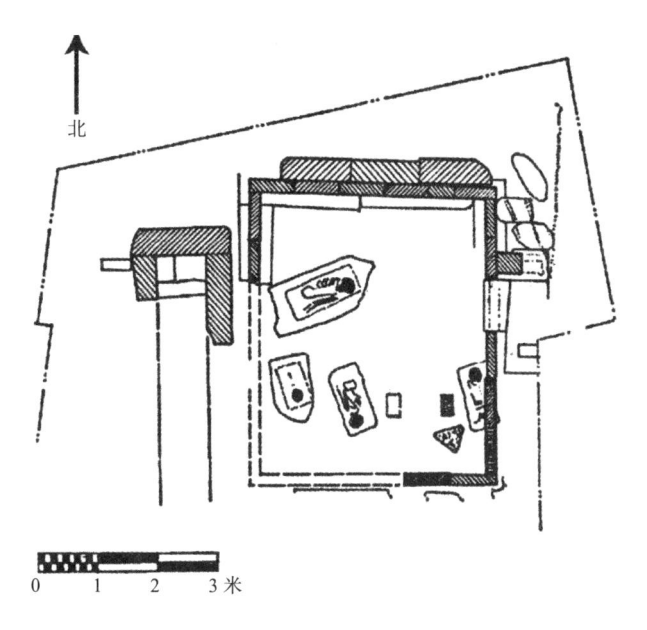

图 14　公元前 625 年前后科林斯阿哥拉的神圣围墙

式"墓群，于是马上在这些坟墓周围建起了一圈神圣的围墙，这里也成为一个崇拜的中心。这种共同英雄崇拜的出现是城邦集体认同意识的早期标志。这些无名的英雄不仅被视为各个精英家族的祖先，而且被视为整个政治共同体的祖先。

少数青铜时代的遗留被和神话时代的某一个人物联系起来。在这方面，位于伯罗奔尼撒半岛遥远南部的斯巴达就是一个特别有趣的例子。公元前 8 世纪后期，在被遗弃了近 500 年之后，斯巴达附近的迈锡尼宫殿遗址特拉波涅（Therapne）开始吸引少量的献祭，起初，祭品被直接放在遗迹之上和遗迹中间。公元前 7 世纪中叶，斯巴达人在这里为海伦和墨涅拉俄斯夫妻建造了一座纪念性的石砌神庙——正是这对夫妻的分离引发了特洛伊战争。公元前8世纪和公元前7世纪的斯巴达人显然把迈锡尼的特拉波涅遗址当成了英雄墨涅拉俄斯的宫殿。

乍一看来，斯巴达人竟然会如此急于将自己与墨涅拉俄斯和海伦联系起来，这似乎相当矛盾。墨涅拉俄斯是神话英雄珀罗普斯（Pelops）之孙，伯罗奔尼撒半岛就得名于这位英雄，"Peloponnese"一词字面上的意思就是"珀罗普斯之岛"，而通常认为推翻珀罗普斯王朝的就是斯巴达人。根据斯巴达人自己的讲述，正如公元前7世纪的斯巴达诗人提尔泰奥斯（Tyrtaeus）所记录的那样，斯巴达人来自希腊中部多里斯（Doris）地区北部很偏远的一个城市埃里尼奥斯（Erineos）。在特洛伊战争之后的那一代，赫拉克勒斯的后裔据说曾向多利安人求助，想要恢复他们作为伯罗奔尼撒统治者的合法地位。根据这个故事，多利安人成功入侵伯罗奔尼撒半岛，杀死或驱逐了斯巴达最后一位珀罗普斯王朝的国王、俄瑞斯忒斯（Orestes）之子提萨墨诺斯（Tisamenus），将赫拉克勒斯的后人扶上王位。斯巴达的国王被认为直接源自赫拉克勒斯的后人，而其他的斯巴达人则被认为是他们的多利安人支持者的后裔。

无论这个故事是否反映了历史上青铜时代后期的"多利安人迁徙"（见前文，第63—67页），有一点是明确的，即斯巴达人集体将自己视为特洛伊战争之后的移民。然而，斯巴达人也积极与伯罗奔尼撒半岛上多利安人到来之前的古老王朝建立联系。公元前6世纪中叶，在伯罗奔尼撒半岛中部的城市特基亚（Tegea），一个斯巴达人偶然发现了他认为是阿伽门农之子俄瑞斯忒斯的坟墓，于是里面的遗骨被立即运回斯巴达。公元前6世纪，在伯罗奔尼撒半岛北部的赫利刻（Helice），斯巴达的考古学家又发现了俄瑞斯忒斯之子提萨墨诺斯的遗骨。通过将神话祖先的遗骨运回其斯巴达故土，斯巴达人显然在彰显多利安人到来之前的珀罗普斯王朝和他们自己的政治共同体之间的延续性。

有趣的是，我们可以看到，斯巴达人以两种方式来定义他们的集体认同。在一种情况下，他们可以选择强调他们特殊的斯巴达身份，斯巴达人是一个植根于伯罗奔尼撒半岛特定区域的共同体。作为斯巴达的居民，他们是英雄时代珀罗普斯王朝的继承者，向当地参与特洛伊战争的英雄如墨涅拉俄斯和俄瑞斯忒斯献祭。在另外一种情况下，他们又可以强调他们的多利安人身份，他们属于伯罗奔尼撒半岛之外更广大的种族群体。他们和希腊中部多利安人之间的血缘关系反映到了政治现实中：公元前457年，斯巴达人派兵远征多里斯，保护他们的亲族不受其邻居福基斯人（Phocian）的侵略。种族和地域上的认同并不相互排斥。

然而，十分出人意料的是，所有这些都缺少集体认同的一个重要方面：斯巴达人作为斯巴达人和多利安人的意识并不伴有作为希腊人的意识。同样，在荷马史诗中，也没有多少内容可以体现希腊人这一确定身份。对于荷马来说，"希腊"（Hellas）这个地理术语指代的是希腊半岛中部斯派尔希奥斯河（Spercheios）流域的一小片区域；在种族和语言方面，《伊利亚特》中的亚该亚人和特洛伊人之间并没有很大的差异。直到公元前6世纪早期，我们才看到关于较广泛的希腊自我意识的最早迹象。根据公元前6世纪早期的一首匿名诗《名媛录》（*Catalogue of Women*），生活在希腊的各个种族群体都是神话中一位名叫赫楞（Hellen）的国王之后，其中包括多利安人、伊奥利亚人、爱奥尼亚人和亚该亚人。然而，关于这种正在形成的"泛希腊"认同，最明确的证据来自国际性的竞技比赛。

希腊世界最重要的地区间圣地是位于伯罗奔尼撒半岛西部奥林匹亚的宙斯神庙。奥林匹亚的发展很缓慢，因为这处圣地不归任何城邦管辖，没有人愿意在这里投资修建纪念性的建筑。从公元前8世纪开始，奥林匹亚就开始定期举行竞技比赛。在奥林匹亚献祭的青铜三脚鼎的数量急剧增加，从这里可以看到这种比赛的起源（如果可以将这些三脚鼎视为胜利之后的还愿祭品的话）。起初，这些比赛的参加者似乎都是当地的贵族，但是很快就有了从更远的地方赶来的竞争对手。到了公元前6世纪，三个重大的发展几乎同期出现。

第一，从公元前582年到前573年，创立了三个新的国际性竞技会，分别是德尔斐的皮提亚竞技会（Pythian games）、克利奥尼（Cleonae）的尼米亚竞技会（Nemean games）和科林斯地峡的地峡竞技会（Isthmian games），还正式确定了为期四年的庆典周期：第一年举行奥林匹亚竞技会，第三年举行皮提亚竞技会，第二年和第四年分别举行地峡竞技会和尼米亚竞技会。在这一时期，奥林匹亚竞技会可能也被重组，变得更加正式。第二，参与奥林匹亚竞技会的性质也发生了微妙的变化。以前的运动员都是为了个人获得本城邦和邻近城邦其他贵族眼中的荣耀和声望而参赛，公元前6世纪早期，我们开始看到运动员为了自己的城邦而参赛，在奥林匹亚竞技会上，整个政治共同体开始对自己城邦的命运感兴趣。到了公元前5世纪早期，或许更早，只有希腊人能获得参赛资格。第三，公元前6世纪早期标志着奥林匹亚纪念性建筑的开端。这里第一个石砌神庙是献祭给女神赫拉的，此后就是一连串奢华的石头宝库，由锡巴里斯（Sybaris）、麦塔庞顿、杰拉（Gela）、西锡安（Sicyon）、埃皮达姆努斯（Epidamnus）、塞利努斯、昔兰尼和墨伽拉等城邦出资，其功能是存放这些城邦的各种献祭品。几个希腊城邦同时做出决定,开始大力在奥林匹亚投资,这表明这些城邦越来越意识到自己属于更加广大的希腊共同体,该共同体的范围从西西里岛一直延伸到小亚细亚的西海岸。

在希腊世界的东部,出现了一个强大的新威胁,很难说日益增强的希腊共同体意识究竟在多大程度上受到了这一影响。在公元前7世纪后期和公元前6世纪,近东的政治秩序发生了革命性的变化。公元前616年至前608年,巴比伦人和来自伊朗西北部的半游牧民族米底人联合起来,击败了亚述帝国。巴比伦继承了亚述帝国在新月沃地的领土,而米底人则在伊朗西部和安纳托利亚东部建立了脆弱的霸权。波斯是米底人统辖之下的伊朗西部部落之一,原本是一个默默无闻的游牧民族,居住在今天伊朗西南部的法尔斯省。公元前550年,波斯国王居鲁士成功推翻米底人的统治,并在同年夺取了米底人的首都埃克巴坦那(Ecbatana)。波斯以惊人的速度大肆扩张。公元前547年,他们征服了安纳托利亚半岛,包括小亚细亚西部沿海的希腊城邦。公元前539年,短命的新巴比伦王国灭亡。到了公元前6世纪30年代后期,波斯人的统治已经延伸到了今伊朗东部和阿富汗。居鲁士在和中亚草原的游牧部落作战时阵亡,其子冈比西斯(Cambyses)同时通过陆路和海路对埃及发动入侵。到了公元前525年,波斯人已经拥有一个庞大的帝国,从尼罗河一直延伸到兴都库什山。在冈比西斯之后,最终坐上王位的是来自另外一个贵族世家的篡位者,即阿契美尼德家族的大流士。新的阿契美尼德王朝一直延续到公元前330年波斯帝国崩溃的时候。在其统治期间(前522—前486),大流士进一步扩展了帝国的东西边界,征服了印度河流域和现代保加利亚的大部分地区(古色雷斯)。

大国王的名号是"各族人民之王"。波斯人一直认为他们的国家是由不同文化群体组成的灿烂万花筒。他们也没有试图把统一的文化和政府体制强加给他们的臣属。整个帝国被分成多个行省，由波斯总督进行统治，这些总督通常是大国王的亲属或附庸。行政和统治的日常事务被下放给以前就存在的地方精英，通过相互的礼物交换，这些地方精英和总督的官邸保持着联系。只要这些精英能够确保按期上缴贡品，总督就不会对地方事务做过多干涉。在爱奥尼亚的希腊城邦，这些地方精英成为僭主家族。

文化多元主义是波斯人帝国观念中所固有的，其最引人注意的形象来自大流士在波斯波利斯的皇宫。波斯波利斯位于伊朗西南部现代的设拉子（Shiraz）附近。波斯波利斯宫殿群的核心建筑是一个巨大的圆柱大厅，被称为阿帕达纳（Apadana），通常翻译为"觐见厅"，大国王在这里接见外国使团。长长的矮楼梯通往阿帕达纳北部和东部的走廊，这里装饰有浮雕板，上面描绘的是来自帝国 24 个不同附属民族的使团。每个使团的成员都穿着当地特有的服装，带着能够代表当地物产的贡品。因此，帕提亚使节带来的是一头巴克特里亚双峰驼（中亚大草原的主要役畜），而印度人带来的是小小的容器，里面可能是香料或金粉（见图 15）。在阿帕达纳四个角落的地下，埋着题字的金银板，上面是大流士帝国四个角落的名称：从中亚大草原的斯基泰人地区到埃塞俄比亚，从印度到小亚细亚西部的吕底亚人地区。这些金银板旁边象征性地放置着分别来自这四个角落的奢侈品。但是，只有来自帝国西北部的那些奢侈品保存了下来，是一把来自吕底亚和爱奥尼亚的金银币。

波斯波利斯的阿帕达纳呈现的是一幅普遍的波斯联邦的景象，一

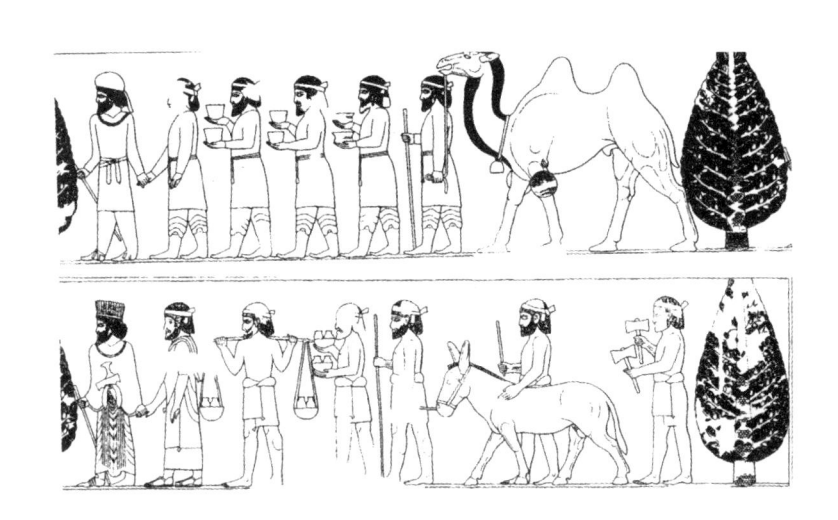

图 15 波斯波利斯的阿帕达纳浮雕上的外交使团。上：帕提亚使节带来器皿和双峰驼。下：印度人带来战斧、骡子和装有香料或金粉的容器

个由不同文化和习俗的人群团结在大国王周围而组成的世界。即使在帝国的心脏伊朗与美索不达米亚，波斯的艺术和建筑也有意识地反映这种多样性。皇宫本身就是各种建筑风格的混搭，结合了来自不同附属文化的风格和技巧。在美索不达米亚南部的苏萨（Susa）发现了一段长长的建筑铭文，上面自豪地强调了各种工匠来自全国各地这一事实，是他们共同建造了大流士在苏萨的宫殿。铭文写道："石匠是爱奥尼亚人和吕底亚人，金匠是米底人和埃及人，砖瓦匠是巴比伦人。"

并非大国王所有的臣民都赞赏他这种倡导多元文化的愿望。在波斯人的统治之下，小亚细亚西部的爱奥尼亚人城邦不但没有受到帝国的经济剥削，反而欣欣向荣。从公元前 7 世纪开始，爱奥尼亚人一直

享受着和埃及的塞特（Saïte）王朝贸易所带来的丰厚利润，这多亏在尼罗河三角洲的瑙克拉提斯（Naucratis）有一个爱奥尼亚人共用的交易站。公元前525年之后，随着埃及被并入波斯帝国，这种贸易得到了很大的推动。然而，虽然有这些经济上的利益，波斯人在爱奥尼亚所支持的僭主政权非常不受欢迎，尤其是因为在被波斯征服之前，爱奥尼亚的几个城邦曾经享受过民主制。公元前499年，在希腊本土两个城邦（雅典和埃雷特里亚）的支持下，爱奥尼亚的希腊人发动叛乱，要脱离波斯。叛乱很快就蔓延到了塞浦路斯岛。在叛乱发生的第一年，波斯在西部的行省首府萨迪斯被攻占，但是一旦大流士动用了他的腓尼基舰队，希腊人就再无胜算了。公元前494年，爱奥尼亚的叛乱被镇压下去，参与叛乱的城邦受到了残忍的报复。米利都曾经是爱奥尼亚人口最多的城邦，是东部希腊世界的骄傲，它被从地图上抹掉了：这里的妇女和儿童沦为奴隶，幸存下来的男人被驱逐到波斯湾。

现在该轮到爱奥尼亚人在希腊本土的同盟者了。公元前490年的惩罚性海上突袭使埃雷特里亚被焚毁。虽然雅典人在马拉松的沿海平原上成功击退了波斯人的登陆，但希腊人这个小小的胜利不过是让不可避免的结果晚一点到来。在后来的几年里，波斯人沿着爱琴海的北部海岸修筑了一条宽阔的军用道路，从归波斯人所有的色雷斯向西一直延伸到希腊本土的边界。最后，在公元前481年，大流士的继承者薛西斯命令波斯大军在小亚细亚东部集结。

公元前6世纪中叶，当他得意地回顾早已灰飞烟灭的亚述帝国时，米利都诗人福西里德（Phocylides）写道："只要治理有方，一个坐落于岩石之上的小城邦就能比毫无意义的尼尼微城更伟大。"现在，这句充满挑衅意味的格言要首次接受考验了。

第四章

希腊、欧洲与亚洲：
公元前 480 年—前 334 年

在爱琴海与马尔马拉海之间有一条狭窄的海峡，有些地方宽度不超过一千米。这片狭长的水域将加里波利半岛和土耳其的欧洲大陆部分分隔开来，希腊人称其为赫勒斯滂海峡。在这条海峡最狭窄的地方，有两座希腊城邦隔海相望，分别是塞斯托斯（Sestos）和阿拜多斯（Abydos）。在希腊传说中，阿拜多斯青年利安得（Leander）爱上了塞斯托斯的阿佛洛狄忒女祭司希罗（Hero）。每天夜晚，希罗都会在塔楼上点燃灯火，而利安得会在灯光的指引下，横渡海峡与自己的心上人相会。一日，狂风大作，希罗的灯火被吹灭，利安得在大海里迷失了方向，最终葬身大海，据说希罗得知消息后悲痛欲绝，从塔楼上纵身一跃，殉情而死。

拜伦在赫勒斯滂海峡

1810 年 5 月 3 日，22 岁的拜伦勋爵有意模仿利安得，横渡塞斯托斯和阿拜多斯之间的海峡。他花了一个小时十分钟才终于游到了对岸,人已经疲惫不堪,他不禁想:"利安得在游到对岸后,是否还有精力与情人缠绵?"此时,正是他为期17个月的希腊土耳其之旅的第7个月。在长诗《唐璜》中,拜伦对奥斯曼帝国统治下的希腊展开沉思,并回顾了这对年轻时的他产生的影响:

高山俯瞰着马拉松,
马拉松俯瞰着大海。
一个小时的沉思逗留,
我梦想希腊依旧自由。

对于拜伦来说,马拉松是缅怀希腊曾经的自由的绝佳地点。公元前490年,雅典人正是在马拉松成功地击退了波斯人对雅典的第一次进攻,这预示了希腊人后来取得的两次更加伟大的胜利,即公元前480年的萨拉米斯(Salamis)战役和公元前479年的普拉提亚(Plataea)战役。约翰·斯图尔特·密尔甚至认为:"即使对于英国历史而言,马拉松战役也比黑斯廷斯战役更加重要。"1821年希腊独立战争爆发后,拜伦立即投身于希腊人的事业。1824年1月,他亲自前往希腊人反抗奥斯曼帝国的中心地区,即位于亚得里亚海的迈索隆吉翁(Missolonghi)。

乍看之下,拜伦对希腊独立战争胜利的贡献并不特别显著。1824年,他在迈索隆吉翁一共待了三个半月,在此期间一次也没有参与战斗。唯一一次担任军事指挥是要征募一支私人军队,准备攻占奥斯曼帝国在科林斯湾的勒班陀(Lepanto)要塞,却以失败告终。这一计划充满了浪漫主义的联想，因为在 1571 年，就是在勒班陀，一支由西班牙人、威尼斯人和热那亚人组成的舰队打败了奥斯曼帝国的海军，取得了一次决定性的胜利。尽管如此，拜伦在希腊是一种守护神式的存在，其重要性是怎么强调也不过分的。他是当时欧洲最著名的诗人，1824 年 4 月他在迈索隆吉翁因发烧而死亡，这比奥斯曼帝国的任何暴行都更能吸引欧洲人对希腊独立事业的关注。时至今日，拜伦依然是希腊的英雄，几乎每一个希腊城镇都有以他的名字命名的街道。

公元前 479 年的冬天，在赫勒斯滂海峡靠近欧洲的一侧，一个波斯人被钉死在十字架上。下方的海域停满了凯旋的希腊舰船，它们刚刚帮助塞斯托斯摆脱波斯人的统治。对于波斯人来说，这里曾是他们在这一地区主要的军队驻地。这位不幸被钉死的波斯人就是总督阿泰克特斯（Artayctes），他的死亡非常具有象征意义。两年之前，为了征服整个希腊半岛，波斯帝国的国王薛西斯率领一支大军跨越海峡。为了运送他的军队渡过赫勒斯滂海峡，薛西斯把船只首尾相连，组成浮桥，把海峡两岸连接起来。在薛西斯的大军进入欧洲之际，阿泰克特斯向希腊人展示了波斯帝国的威力，毁掉了当地一位希腊英雄的墓地，因为他曾经胆敢向大国王的领土发起进攻。这位希腊英雄名叫普罗忒西拉俄斯（Protesilaus），他的坟墓就位于加里波利半岛顶端的埃拉乌斯（Elaeus）。据荷马史诗记载，他刚登陆特洛阿德（Troad）的海岸就牺牲了，是特洛伊战争中第一个战死的希腊人。

薛西斯对希腊的侵略遭遇了耻辱性的失败。公元前 480 年夏末，在萨拉米斯岛附近海域，雅典人率领 310 只舰船组成的舰队重创了规模两倍于自己的波斯海军。在次年的普拉提亚战役中，薛西斯率领的陆军在希腊联盟的大军（大约40 000名步兵）手中遭遇了决定性的失败。事实上，在薛西斯的军队在希腊战场上失利之前，一支希腊联盟舰队就已经驶向东方，对波斯帝国在小亚细亚西部的领土发起了进攻。就在普拉提亚战役爆发的当天，在米利都北面密卡尔山（Mt. Mycale）的山脚下，受制于波斯人的爱奥尼亚希腊人与波斯军队交战，取得了压倒性的胜利，赢得了独立。爱奥尼亚解放之后，希腊舰队沿着赫勒斯滂海峡北上，意图摧毁薛西斯搭建的浮桥，却发现它已经解体。夺回塞斯托斯并将波斯总督处以极刑之后，在海峡附近的一处田野里，他们发现了翻倒在地的大国王本人的战车。从此以后，再也没有任何一位波斯国王敢于发动如此大规模的西征。

波斯对希腊的战争以阿泰克特斯的死亡而黯然告终。钉死他的十字架俯视着当年浮桥所在的海峡，无声地嘲弄着大国王企图统一两个大陆的狂妄。这是众多希腊城邦有史以来第一次团结起来对抗共同的敌人，当希腊人回顾他们对抗波斯所取得的巨大胜利时，这场战争和特洛伊战争之间的相似性愈发显著：两场战争都是希腊人团结起来对抗外部势力，一次发生在特洛伊，另一次则是在希腊腹地，且两者都以希腊人的胜利而告终。

*

希腊人开始认为世界自古以来就是由互相敌对的两部分组成，这也许并不奇怪。公元前5世纪早期，米利都的赫卡塔埃乌斯（Hecataeus）撰写了第一部世界地理著作《周游世界》（*Journey Round the World*），全书分为上下两卷，即欧洲卷和亚洲卷。赫卡塔埃乌斯将有人居住的世界描绘为一个巨大的圆盘，四周被海洋所环绕。它被地中海和黑海平分为欧洲和亚洲两部分，而这两个海洋由赫勒斯滂海峡相连接。公元前449年，雅典人在塞浦路斯岛上又一次大败波斯海军和陆军，他们立碑纪念，称其为"自从海洋将亚欧大陆分隔开来之后"最伟大的胜利。两年后，雅典人开始着手在卫城为雅典娜女神修建一座新的神庙，这就是我们所熟知的帕特农神庙。神庙四周的雕刻石板（陇间板）有十四块现收藏于大英博物馆，上面分别描绘的是希腊人对阿马宗部族（Amazons）和特洛伊人的战斗、奥林匹斯众神对巨人族的战斗，以及希腊拉皮泰人（Lapiths）对人马怪的战斗。它们所传递的信息一目了然。在秩序与混乱、文明与野蛮、男性与女性、西方与东方之间，有一条巨大的文化鸿沟，而希腊就位于这条鸿沟的一边。公元前5世纪后期出现的匿名医学专著《论空气、水和空间》（*Airs, Waters, Places*）后来被认为出自名医希波克拉底之手，书中明确指出欧洲人和亚洲人之间存在生物学上的差异。由于亚洲的气候比欧洲温和，鲜有极端天气，因此亚洲人的性格自然比欧洲人温顺软弱。在亚洲这样的地区生活，致使他们性格更加软弱，缺乏勇气，更易屈服于专制的政府。希腊人将所有那些不幸生活在劣等的亚洲地区的人统称为"蛮族"（*barbaroi*）。

可想而知，对于这种粗糙的种族二元论，最为持久的抨击来自居住在小亚细亚沿海的希腊人。"这里所发表的，是哈利卡那索斯（Halicarnassus）的希罗多德的研究成果，其目的是让前人的事迹不会随着时光的流逝而被人们所遗忘，让希腊人和蛮族人的丰功伟绩不会湮灭无闻，尤其是说明他们之间为什么会发生战争。"希罗多德对于波斯战争原因的探究（希腊语中"*historiē*"就是"探究"的意思）就是这样开头的。公元前5世纪中期，希罗多德在整个地中海世界及波斯帝国的西部进行了广泛的游历。通过将人们口口相传的历史与自己亲眼所见的历史遗迹、自然现象及当地习俗相结合，他用散文式的叙述，写出了一本极具思想深度和说服力的历史巨著，其长度是史无前例的。希罗多德的《历史》最终成书于公元前5世纪20年代，他的雄心壮志绝不仅仅是讲述希腊世界和波斯之间的战争那么简单。的确，此书最后以激动人心的笔触详细讲述了薛西斯对希腊的入侵，但是前半部分主要是关于居住在希腊世界外围的各个"蛮族"的民族志长文，讲述的是这些民族的历史和风俗，其中包括吕底亚人、波斯人、巴比伦人、埃及人、斯基泰人及利比亚人。在现代读者看来，这些文字似乎偏离了希罗多德撰写此书的主旨，但其实，这些才是本书的核心。在对埃及的长篇记述中，希罗多德偶然提到，埃及人用"蛮族"一词来称呼所有不使用他们语言的人。与同时代的大部分人不同，希罗多德清楚地意识到"蛮族"是一个相对的概念，他撰写此书的主要目的之一就是反对将所有非希腊民族归于蛮族的、粗糙的欧洲中心主义。在这一点上，希罗多德可谓后继无人。在他之后，没有一个希腊或罗马作家会以如此的同理心与洞察力书写非欧洲民族的情况。

希罗多德和易洛魁人

1724年，来自波尔多的耶稣会传教士约瑟夫-弗朗索瓦·拉菲托（Joseph-François Lafitau）出版了两大卷的《美洲野蛮人风俗与远古风俗之比较》(*Customs of the American Savages, Compared* with the Customs of the Earliest Times）。该书建立在他对卡纳瓦加（Caughnawaga）的易洛魁人为期 6 年的观察基础之上，此地就在圣劳伦斯河畔蒙特利尔附近，从 1712 年至 1717 年，他曾在此传教。拉菲托绝不是尝试对新大陆上的"野蛮人"进行民族学描述的第一人，但是在一定程度上，他有资格被称为现代民族学之父，而这在很大程度上要归功于希罗多德的影响。

在他对小亚细亚南部沿海的吕基亚人习俗的记述中，希罗多德指出吕基亚人的生活方式与克里特岛上的居民类似，他认为吕基亚人可能就起源于克里特岛。"然而，他们有一种世界上其他地方所没有的独特习俗，那就是他们随母姓，而不是父姓。如果有人询问自己邻居的身份，邻居通常会用母亲这边的祖辈来介绍自己，也就是他会将母亲这边所有的先辈列举出来。此外，如果女性公民与男性奴隶结成夫妻，她的孩子会被认为是合法的，可以享有公民权，而即使是最高等级的男性公民，他和来自其他国家的妻子或妾侍所生的孩子也没有公民权。"拉菲托准确地观察到易洛魁社会也是母系社会：继承顺序取决于母系一方，并且在决策过程中，女性拥有非常重要的地位。因此，拉菲托推测，易洛魁人和吕基亚人一样，其祖先都是希腊人定居爱琴海地区之前的所谓原始居民，和古典时期的希腊人不同，这些人的社会实行的是母权制。

虽然这种观点后来被证明是错误的，但拉菲托正是以此赢得了比较人类学之父的名声。早期的人种志学者们简单地认为美洲印第安人是古老而优秀的欧洲人种的后裔。在他们看来，新世界野蛮人的习俗只不过是原始犹太-基督教宗教习俗的混乱和退化状态。然而，拉菲托拒绝认同那种不假思索地认为基督教欧洲社会或其文化更加优越的观点。他用易洛魁社会自身的特点去描述其社会结构，并且将其文化与他所知的爱琴海世界最早的欧洲社会进行比较，从而推导出那些我们现在称为史前社会的习俗。没有希罗多德对非希腊种族富有洞察力及同理心的描述，就不会有这一民族学研究方法（"相互观照"）的重要进步。

面对薛西斯的侵略，希腊各个城邦做出的选择都具有长远的影响。在普拉提亚战役中，底比斯人选择站在了波斯一方，结果他们被打上"投靠波斯者"（Medizers）的烙印，永远没能洗刷这种耻辱。"Medizer"一词源自"Medes"（米底人），因为希腊人根本就懒得区分波斯人和米底人。公元前479年，希腊城邦之一的爱奥尼亚获得解放后，伯罗奔尼撒人提议要在希腊本土和亚洲之间进行一次大规模的人口交换。爱奥尼亚人将迁往希腊本土，占领那些在公元前480年到前479年的波斯战争中站在错误一方的城邦，而那些屈服于波斯的希腊人将被送往亚洲，生活在大国王的统治之下。然而，雅典人强烈反对放弃爱奥尼亚城邦，按照希罗多德的说法，他们"觉得伯罗奔尼撒人无权决定雅典殖民地的命运"。诚如我们所见，对于爱奥尼亚人起源的这种说法，其动机并不单纯。

对波斯的战争还在继续，负责此事的是雅典人领导的新海军联盟——提洛同盟。这个同盟的原始成员是那些最害怕遭到波斯帝国报复的城邦，其中包括位于小亚细亚西部和赫勒斯滂海峡沿岸的希腊城邦，还有爱琴海中部和东部岛屿上的希腊城邦。结盟的城邦必须为战争做出自己的贡献，可以提供船只，或者如果他们愿意的话，也可以提供金钱。这个同盟在成立之初有两个目的。一方面是从波斯手中解放爱奥尼亚，各城邦捐献的白银表面上是为了资助爱琴海东部的反波斯战争。但这个同盟的成立还有另外一个目的，那就是要修复雅典与爱奥尼亚人之间历史悠久的关系。爱奥尼亚人被认为是从阿提卡地区迁移到爱琴海东部的（见前文，第63—67页），所以从古代神话的角度来看，雅典人和爱奥尼亚人可以说是同宗。意味深长的是，这个同盟的金库就位于神圣的提洛岛上。提洛岛被认为是早期所有爱奥尼亚人举行大型节日庆典的地点，公元前6世纪的《荷马阿波罗颂诗》(*Homeric Hymn to Apollo*) 对这一节日进行了描绘。同时，这座岛屿也是神话中爱奥尼亚人的祖先阿波罗的诞生地。从一开始，共同的爱奥尼亚人身份就是这个同盟意识形态的一部分。

如果同盟成员曾经以为提洛同盟是一个自愿的组织，现实很快就会让他们醒悟过来。第一个试图脱离同盟的盟邦纳克索斯岛很快就被雅典的舰队团团包围，用雅典历史学家修昔底德的话来说，是"被奴役"。随着波斯大军被从爱琴海沿岸稳步驱赶回去，越来越多的城邦加入提洛同盟，其中包括卡里亚（Caria）、吕基亚和色雷斯这些非希腊人的城邦，更不要说爱奥尼亚人的城邦了。最迟到了公元前454年，同盟的金库就从提洛岛迁到了雅典。在公元前449年雅典人与大国王正式签署和平条约之前，希波战争实际上已经结束了。然而雅典人还像从前那样每年征收盟金，并且在同一时期开始将那些结盟的城邦称作"雅典统治下的城邦"。

就这样，提洛同盟很快变成了雅典帝国，在其长达75年的历史中，雅典人形成了一套复杂的意识形态框架，为他们在希腊世界大部分地区的支配地位辩护。雅典悲剧作家欧里庇得斯在《厄瑞克透斯》

(*Erechtheus*)中写道:"我们是土生土长的雅典人,而其他城邦的人散居各地,是来自其他地方的移民。"雅典人声称自己是"从土壤里长出"的希腊人,自古以来一直扎根于此。雅典人和新近来自希腊中部的多利安移民伯罗奔尼撒人之间的这种对比,是深思熟虑、有所指向的。雅典人认为,最初是一个雅典的女人为太阳神阿波罗生下了伊翁(Ion)。因为伊翁是爱奥尼亚人的祖先,所以所有的爱奥尼亚人城邦都可以被看作雅典的殖民地,这合情合理。

雅典人对这个古老的雅典殖民神话加以利用。作为整个东部希腊世界的母邦,雅典要求它所谓的殖民地定期缴纳宗教供品。在四年一度的泛雅典娜节时,每个附属城邦都必须献上一头母牛和一套盔甲,以示感谢。在公元前5世纪20年代,雅典人向希腊世界的各个城邦派遣传令官,提醒他们,正是雅典人特里普托勒摩斯(Triptolemus)最早将粮食带给了人类。进贡的城邦必须向雅典上缴其每年粮食收成的十分之一,而剩下的希腊城邦也被鼓励这样做,但并不强制。不过这样的鼓励对斯巴达不大可能行得通。

雅典的帝国意识形态建立在所有的附属城邦都是雅典的殖民地这一理解之上。当然,绝大多数城邦并不属于此列。诚如我们所见,色雷斯和小亚细亚西南海岸的几个进贡城邦的居民甚至不是希腊人。关于雅典殖民的神话,值得注意的是雅典人认为需要利用遥远的过去为他们的帝国辩护。这一时期,在希腊世界的其他地方,也开始出现这种用过去的神话为如今的领土所有权辩护的做法。公元前5世纪早期,伯罗奔尼撒东部的阿尔戈斯(Argos)平原至少分属于四个不同的城邦,分别是西边的阿尔戈斯,以及东边的迈锡尼、梯林斯和米堤亚(Midea)。后面三个城邦在同一个供奉赫拉的圣所举行祭仪，这座赫拉神庙位于阿尔戈斯平原的东部，经由一条圣道与迈锡尼相连。公元前5世纪60年代初，大肆扩张的阿尔戈斯消灭了三个邻近的城邦，建造了一条新的圣道，直接将阿尔戈斯和赫拉神庙连接起来，从而将整个阿尔戈斯平原并入自己的领土。为了给自己的行为辩护，阿尔戈斯人对赫拉克勒斯后裔回到伯罗奔尼撒的故事进行了修改（见前文，第114—115页）。按照他们的说法，在赫拉克勒斯后裔夺回伯罗奔尼撒半岛之后，四个幸存的后人以抽签的方式将其瓜分：克瑞斯丰忒斯（Kresphontes）得到了美塞尼亚（Messenia），斯巴达则落入阿里斯托德莫斯（Aristodemos）的两个儿子之手，而阿尔戈斯被分给了忒墨诺斯（Temenos）。在消灭东阿尔戈斯平原上的城邦时，阿尔戈斯人所做的仅仅是拿回本来属于忒墨诺斯的东西。赫拉神庙本来就是他们的祖产。

  公元前5世纪中期，爱琴海实质上变成了雅典的内湖。这个事实急需一个解释，帝国的建立并非偶然。多亏了波斯入侵十年前蓬勃开展的造船工程，雅典人建立了一支由300艘三列桨战舰组成的舰队，其他任何一个希腊城邦都无法望其项背。但雅典的发展还有更深层次的有利因素。只需扫一眼地中海的地图，就可以看出，爱琴海地区的地貌是整个欧洲最支离破碎的，该地区有为数众多的小岛和多岩石的半岛。这种特殊的地理条件造成了其在政治上的分裂状态。据统计，在公元前400年，整个希腊世界包括至少862个独立的城邦，其中绝大多数坐落于爱琴海盆地及其周围。这些城邦大多非常小，人口超过万人的城邦已属少见。位于基克拉泽斯群岛北部的凯阿岛就是一个典型的例子，据估计当时的总人口在4 000到6 700之间，分布在多达四个城邦之中（见图16）。

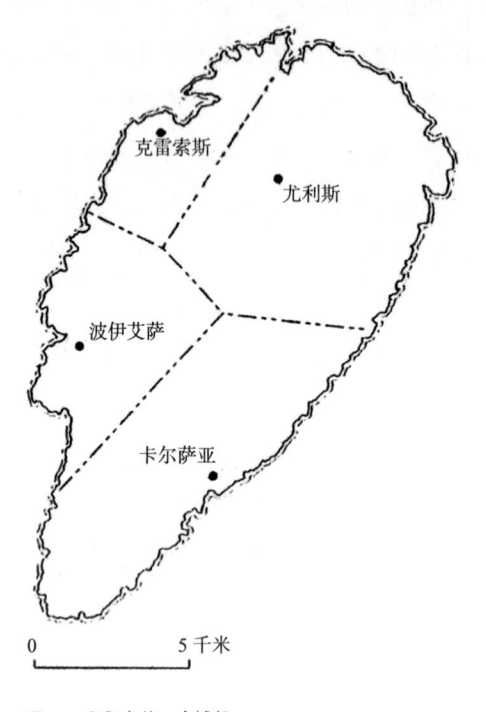

图 16 凯阿岛的四个城邦

　　典型的爱琴海小岛和它最近的邻岛之间不过几千米之隔。在这些密集的海上城邦之间，联系和交易都极其容易，政治上的分散并不意味着相互孤立。爱琴海群岛蜂窝状的地貌为每个城邦内部的经济专门化创造了理想的条件。只要岛上的作物能够自给自足，像凯阿岛这样的小岛就能集中精力专门从事橡子或者是红赭石的生产，因为居民们知道诸如橄榄油和浮石之类的东西总是能够从邻近的岛屿进口。斯波拉提群岛北部的小岛佩帕瑞托斯（Peparethos）和伊科斯（Ikos）盛产优质的葡萄酒，足以供应远到黑海地区的广大市场。到了公元前5世纪，爱琴海地区的总人口可能超过了其在20世纪之前的任何一个时期，但这些当地的专门化生产和交易网络已经十分复杂，足以满足其需求。如果做一个比较的话，现代凯阿岛上人口最高纪录只有4 900人，这个数据来自1896年的人口普查，而今天该岛上的常住人口约为2 400人。

这个繁荣的网络非常脆弱，而雅典人无情地利用了这一点。只要一个大城邦掌握了爱琴海的海上控制权，较小城邦的极度分裂就会变成灾难性的不利因素。据悉，在公元前5世纪，至少有248个城邦曾经向雅典纳贡，其中的大多数是像凯阿岛上的四个城邦那样永远不可能抵抗雅典海军力量的小城邦。因此，雅典人能直接利用这个现成的商品和自然资源的生产与分配系统。公元前4世纪雅典对凯阿红赭石的强势垄断体现了雅典帝国的复兴。与此相似，我们还看到雅典逐渐垄断了爱琴海北部沿岸的木材进口。公元前5世纪二三十年代雅典和马其顿国王佩尔狄卡斯（Perdiccas）的盟约规定，马其顿的桨柄只能出口到雅典。

就复杂性而言，公元前5世纪的雅典帝国不同于迄今为止欧洲出现过的任何一个国家。据说，雅典公派到海外的常驻官员多达700名，是后来的罗马帝国派到各行省的官员数量的四倍。一条在帝国内部每一个附属城邦都统一度量衡的法令有很多副本流传下来。帝国行政的一个方面尤其值得强调。从公元前454年起，雅典人开始定期在石碑上铭刻他们的财政记录。每年各盟邦所缴纳贡物的1/60要献给雅典娜女神，每年的缴纳记录都被刻在纪念性的石碑上，保留在卫城;今天这些石碑被称为雅典贡物清单,其实有点误导。与此同时,雅典人还开始在石碑上铭刻庙产、建筑和不动产出售的记录和人员伤亡的情况。像这样的记录事无巨细,雅典是希腊世界第一个养成"记录习惯"的城邦。这对现代的历史学家而言意义重大。多亏了这些为数众多的书面证据,古典时期雅典的经济史才能得到如此细致的研究,对于其他任何一个城邦来说,这都是难以想象的。相比之下,同一时期的其他城邦在这方面的发展迟缓得可笑。希腊世界的另一个强国斯巴达留给我们的,只有公元前5世纪屈指可数的几段铭文。根据其中一段铭文,自愿的盟邦给斯巴达的战争支持竟然是葡萄干;看来斯巴达人原始的记录习惯也反映了同样原始的当地经济。

到了公元前5世纪50年代后期,雅典帝国从"雅典统治下的城邦"收取的贡金被公然用于雅典自己的各项工程。对雅典卫城的庞大修葺工程始于公元前5世纪40年代(见图17)。可能最让现代游客印象深刻的是帕特农神庙,雅典娜女神这座壮观的金库实际上相当于雅典帝国的中央银行。对雅典人而言,真正的奇迹是卫城的前门(Propylaea),这里是通向卫城的纪念性大门。和帕特农神庙不同,卫城前门是世俗建筑,并不具有特定的功能。在区区入口上不惜重金,将大门建造得宏伟而壮观,这本身便是雅典财富与权力的体现。

最重要的是,涌入雅典的大量财富为雅典城邦内部的一场政治变革创造了条件。公元前6世纪的雅典是一个松散的联邦共和国,阿提卡半岛的大部分地区几乎独立于城市中心。阿提卡将近四分之三的人口居住在城外的村社,这些村社被称为"德莫"(deme)。许多德莫很

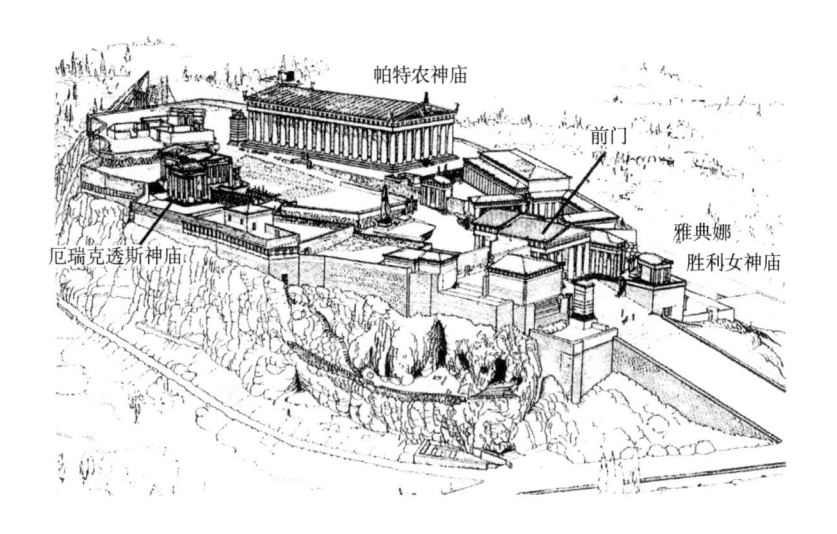

图 17　雅典卫城

大，本身就足以成为小型的城邦，例如阿提卡北部烧炭的小镇阿卡奈（Acharnae）。在公元前 6 世纪的最后十年里，雅典的政治体制经历了重大的变革，主要目的是给予那些地处边远的德莫在城邦的中央政府发声的一席之地。在贵族政治家克里斯提尼（Cleisthenes）建立的新体制之下，所有的重大决策权都掌握在公民大会手中，而公民大会向全体雅典成年男性公民（包括边远德莫的居民）开放。公民大会每月只召开一两次，其议程由新建立的全职五百人议事会（*boulē*）制定。每个德莫的议事会成员按照固定的配额选举产生，数量和其人口成正比，每年一选。最大的德莫阿卡奈每年选派 22 名议员，而最小的村落每两年选派一名议员。

雅典卫城

今天的雅典卫城拥有四处伟大的历史遗迹，引人注目地伫立在一片裸岩之中：帕特农神庙、厄瑞克透斯神庙、卫城前门和雅典娜胜利女神庙，它们都建于公元前447年到前407年之间。人们很容易会认为，现代的卫城完整无缺、丝毫未变地保留了其公元前5世纪后期的景象。但我们今天所看到的雅典卫城其实是在19世纪30年代改造之后的模样。18世纪早期的雅典卫城里驻扎了大批军队，它古老的遗迹之上覆盖了中世纪及近代建筑：帕特农神庙曾被改造成一座拜占庭教堂，在15世纪60年代又被改建成一座清真寺，18世纪时，人们在其内部，在之前清真寺的废墟之上又修建了一座小清真寺。希腊从奥斯曼帝国的统治下独立出来之后的几年里，人们决定将卫城"复原"到古典时期的最初模样，作为刚复兴的希腊民族认同的象征。在此后的50年中，人们开展了系统性的复原工程，抹掉其上公元前5世纪之后的所有痕迹：山顶上的村庄、帕特农清真寺的遗迹和14世纪在前门角落建造的佛罗伦萨塔都被一一拆除。到了19世纪90年代，发掘者可以说已经成功"把雅典卫城还给了文明世界，清除了所有蛮族留下的痕迹，使其成为希腊精神的宏伟纪念碑"。从另一个角度来看，可以将现代的雅典卫城看作一种非比寻常的文化遗忘行为的结果：为了将现代希腊与古典希腊联系起来，19世纪的希腊人粗暴地抹去了其间两千年的历史，而在这两千年里，希腊先后经历了马其顿、罗马、拜占庭、法兰克－佛罗伦萨和土耳其的统治。

所有这些都与公元前 5 世纪的雅典人的行为形成了鲜明的对比。在建造之时，雅典卫城的建筑被精心设计，以和更加古老的建筑相适应。雅典卫城西侧有短短的一段迈锡尼时期的防御城墙（见图 18），为了不影响它，卫城前门的一角被截断：尽管卫城前门遮挡住了这段城墙，但是公元前 5 世纪的雅典人依然不忍心拆除这个不起眼的建筑，因为这是他们英雄时代的历史遗迹。雅典娜胜利女神庙建于公元前 5 世纪 40 年代，它矗立在宏伟的高台之上，四面是雕凿规整的光滑白色大理石。在卫城的中心，公元前 6 世纪给同一位女神建造的祭坛依然完好地埋藏在原来的位置。

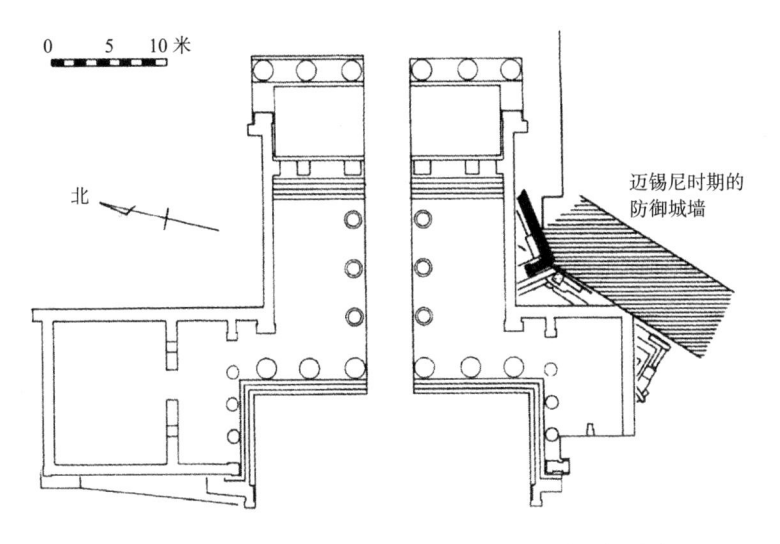

图 18　卫城前门的平面图，西南侧的一角被截断，以保留一段迈锡尼时期的防御城墙

克里斯提尼推行的体制让雅典的政治活动有了真正具有代表性的框架。然而，在这个新体制实行之初的50年里，由于政府不能向官员支付薪水，贫困的雅典人对政治的参与很有限。毕竟，对于大多数雅典人来说，在没有薪水的情况下，全年担任议事会成员是不现实的。因此，和以前一样，雅典的政治依然掌握在少数富有家族手中。大约在公元前5世纪中期，雅典帝国的部分收入才开始被用于支付议事会成员和公职人员的薪水，后来出席公民大会者也可以领到津贴。与此同时，克里斯提尼做出一项极其大胆的尝试，公职人员的选举被废除，公职人员和议事会成员的任命开始采用在所有雅典公民中抽签选举的方式，任期为一年。这样一来，年龄超过30岁的男性雅典公民可能有近一半被要求轮流参加城邦议事会。

在雅典的激进民主制度之下，政治参与的广度在整个世界历史上都是独一无二的。然而相较于现代欧洲的民主体制，雅典的体制在很多方面都很有限。妇女不享有任何政治权利，虽然她们被视为雅典公民，但这仅仅是为了方便婚姻和生育（只有父母双方都是雅典公民的人才能获得公民权）。在法律上，女性永远相当于未成年人，不能拥有自己的财产，也不能在法庭上为自己辩护。法律规定，如果一个男人去世时没有男性后嗣，他的女儿就要尽快嫁给与他们血缘关系最近的男性亲戚，以确保父亲的财产能够保留在父亲这边的大家庭。当然，对于大多数雅典家庭来说，让妇女完全与世隔绝是不现实的，因为她们是额外的劳动力，就像公元前4世纪的哲学家亚里士多德在其《政治学》中所言，要阻止穷人家的妻子出门是不现实的，但这正揭示了雅典人的理想。从雅典的文学和瓶画中可以清楚地了解到，理想的雅典女性是安静而顺从的，她们擅长针线活儿，由于长期足不出户而脸色苍白。美狄亚、安提戈涅和克吕泰涅斯特拉，雅典悲剧中这些坚定自信的女主角形象都极具冲击性且令人印象深刻，正是因为她们背离了这些规范。

乍看之下，雅典公民的宗教世界多少是个例外。雅典的主神雅典娜是女性，因此，按照正常的希腊宗教习俗，她的祭司和侍从也是女性。和其他希腊城邦一样，雅典也会举办每年一度的仅限于女性参加的宗教节日，即地母节（Thesmophoria）。这个节日交由专门的女性官员负责，虽然妇女并没有被正式视作德莫成员，但来自各个雅典村社的已婚女性都会来参加。妇女们似乎还会聚集在雅典的得墨忒尔圣所，召开公民大会，就像是男性公民大会的翻版。然而，或许地母节更应该被看作典型的"角色颠倒"的节日，就像古罗马的农神节一样，在农神节这一天，奴隶们可以扮演主人的角色。与此相类似，在地母节上，妇女们获得了特殊的许可，在节日举办的这三天里能够扮演男性角色，但是节日一结束，就必须恢复原来的性别角色。令人吃惊的是，和希腊世界其他大部分地方相比，古代雅典女性的地位要低得多。例如，公元前5世纪，克里特岛上的戈耳提恩（Gortyn）颁布了一部法典，规定戈耳提恩的女性有权拥有和继承财产，在结婚和离婚事宜上也享有相对自主权，甚至与男性奴隶生下的孩子也可以享有自由人的身份。斯巴达的妇女也享有类似的合法权利，并且拥有一定程度的社会自由，而这让雅典的观察者深恶痛绝。公元前4世纪后期时，据说斯巴达的土地有五分之二掌握在妇女手中。

矛盾出现了：希腊世界里最崇尚平等的城邦同时却是对妇女压制最为严重的城邦之一。要想解释这一点，关键或许在于激进的民主制度中受到高度重视的公民权。和公元前6世纪的雅典及历史上大部分其他社会一样，在大多数希腊城邦，社会地位由财富决定。随着政治活动向全体男性成年公民开放，公民与非公民之间的区别成为唯一重要的地位区别。随着贫富差距的缩小（主要是通过公职的分配），公民和非公民之间的差距加大了。女性等社会阶层没有公民权，他们生活在民主社会，情况反倒更糟糕。在公元前5世纪，雅典奴隶人口的数量似乎大幅增加，原因是为了薪酬而为他人劳动被认为有辱公民身份。

虽然如此，作为一种全新而先进的政治制度，雅典的民主政治依然给我们带来很大的震撼。本来雅典人也会发现这是一种十分令人担忧的观念。在几乎所有的情况下，雅典人都相信自己是按照"祖制"（*kata ta patria*）在行事。在雅典人的思想里，抵制改革是一项原则。克里斯提尼本人很快就从大众的记忆中消失了，而矛盾的是，这一事实却表明了他的改革是多么成功。克里斯提尼的新体制刚一开始落实，雅典人就高兴地声称这根本就不是改革，只是沿袭了那些由来已久的祖制。最迟到公元前5世纪中期，农村的德莫被并入雅典，而这被归功于英雄提秀斯（Theseus）。是他杀死了弥诺陶洛斯，而"统一节"（Synoikia）就是为了纪念他征服阿提卡而设立的。

像这样把新的体制追溯到遥远的过去，还有一个更加显著的例子，那就是用十位英雄的名字为部落命名。作为克里斯提尼改革的一部分，雅典人被分为十个新的部落，每个部落用一位远古时期雅典民族英雄的名字命名，其中包括刻克洛普斯（Cecrops）、阿卡玛斯（Acamas）、埃阿斯等。这些部落都是人为划分的，并且在组成上都是一样的，即每个部落由三个村社组成，分别来自海岸、内陆和雅典城市的周边。尽管如此，这些部落和他们的部落英雄很快占据了雅典宗教生活的中心。十位英雄的雕像伫立在雅典的城市广场（阿哥拉）上，他们作为神话中的创立者和各自部落的祖先定期接受供奉。在把这些彻头彻尾的现代政治单位当作最古老的亲属团体时，雅典人显然不觉得有任何不协调之处。相反，任何可能被形容为"祖制"的做法都完全免受民主改革的冲击。当设立新的祭司职位时，比如公元前5世纪40年代主持雅典娜胜利女神祭仪的祭司，祭司也是按照民主的原则（从所有雅典公民中抽签）正式任命的。然而，我们找不到任何将这样的原则强加于已有的祭仪之上的案例。在雅典，最重要的神职人员是守护神雅典娜的女祭司，她是古代雅典城邦中最突出、最权威的女性形象，直到公元2世纪，这一职务一直由贵族埃提奥波塔达家族（Eteoboutadae）的成员担任。

也许最能说明问题的是，在雅典民众的思维模式中，公元前6世纪后期庇西特拉图家族僭主政治的倒台以及克里斯提尼民主制的建设过程都被省略了。公元前6世纪以来，雅典的政治生活一直掌握在庇西特拉图家族手中，他们主宰着公共事务，确保主要的行政官员每年都由他们的亲友来担任。公元前514年，由于私人争吵，雅典的一对恋人哈尔摩狄乌斯（Harmodius）和阿里斯托革顿（Aristogeiton）杀死了庇西特拉图家族的希帕库斯（Hipparchus），他是僭主希庇亚斯（Hippias）的弟弟。到了四年后的公元前510年，由于斯巴达入侵阿提卡，希庇亚斯的僭政最终被推翻。直到公元前508年或前507年，克里斯提尼的政制改革才开始。对于公元前5世纪的雅典人来说，僭主制倒台和代议制政府建立的过程一点儿也不值得骄傲：僭主被斯巴达人驱逐出去，而新的政制或者说雅典人所认为的对"祖制"的恢复，出自一个不起眼的贵族政治家之手。于是，哈尔摩狄乌斯和阿里斯托革顿这对恋人很快就被塑造为诛杀僭主的革命者。结束雅典的僭主统治并重建传统雅典民主是他们，而不是斯巴达人。两人受到了英雄般的崇拜，他们获得了独一无二的荣誉：在雅典的市政广场，为他们立了一对青铜雕像。在雅典的整个古典时期，这是唯一一次在市政广场立雕像。正如公元前5世纪一首广为传诵的饮酒歌所唱的那样："我要像哈尔摩狄乌斯和阿里斯托革顿那样，把我的剑藏在一条香桃木树枝里，是他们杀死了僭主，使得雅典人在法律面前一律平等。"公元前5世纪后期，修昔底德就揭穿了这个关于"诛杀僭主者"的民间神话，但是在后来很长一段时间里，它一直发挥着强大的影响力（见后文，第260—261页）。

公元前5世纪，雅典人与他们在希腊大陆上的邻邦之间关系日益紧张。公元前462年，雅典与斯巴达的关系因一场奇怪的外交事件而遭到不可挽回的破坏。早在公元前8世纪，斯巴达人就征服了伯罗奔尼撒半岛西南部泰格图斯山（Mt. Taygetus）以西的美塞尼亚。美塞尼亚的原住民沦为集体奴隶，被称为"黑劳士"（Helots），意为"俘虏"。斯巴达的繁荣就建立在对黑劳士的无情剥削之上，斯巴达人每年都仪式性地对他们宣战。公元前5世纪60年代初，斯巴达发生了一场毁灭性的地震之后，黑劳士发动叛乱，在这十年里，斯巴达人不得不花大量时间来和他们以前的奴隶进行持久的游击战。公元前462年，斯巴达人向雅典求助，以镇压叛乱。雅典人派遣了一支大军到美塞尼亚，但是在他们到达后，斯巴达人改变了主意，连一个解释也不给就解散了雅典的军队，显然是担心雅典人可能会站在黑劳士一边。受此侮辱，雅典人马上与斯巴达断绝关系，并与斯巴达人在伯罗奔尼撒半岛的主要敌人阿尔戈斯（我们马上就会讲到）结盟。当黑劳士起义被最终镇压时，雅典人接收了幸存的黑劳士，将他们安置在科林斯海湾北岸的雅典附属地瑙帕克托斯（Naupaktos）。瑙帕克托斯的定居点是斯巴达的眼中钉，也是在这一世纪余下的时间里对雅典的怨恨之源。

列奥尼达在斯大林格勒

对于两次世界大战之间的德国国家社会主义者而言，古典时期的斯巴达的民族精神有一种特殊的吸引力。斯巴达人将有生理缺陷的后代遗弃，从而保留他们纯粹而基本的种族特征，希特勒对此非常钦佩。据他所言，区区6 000名斯巴达人统治了35万多名黑劳士（顺便说一句，这些数字完全是信口开河），而德意志民族注定也要这样。

公元前480年，当薛西斯的军队向南横扫希腊中部时，在列奥尼达（Leonidas）国王率领下的300名斯巴达士兵英勇奋战，扼守温泉关，最终全军覆没。1943年1月30日，德国第六集团军被围困在斯大林格勒。在一篇激动人心的演讲中，戈林（Goering）明确地将温泉关的防御与斯大林格勒的防御相比较，这篇演讲在德国广为流传，其中引用西莫尼德斯为战死温泉关的300名斯巴达勇士所写的名言："路人啊，请告诉斯巴达人，我们遵守了他们的法律，长眠于此。"戈林自信地预言，后人也会以类似的话语纪念德国人在斯大林格勒此时已不可避免的失败。西莫尼德斯的名言被改写为："如果你到德国，请告诉他们你看到我们在斯大林格勒战斗，服从为德国人民的安全而制定的法律。"遗憾的是,德国"三百勇士"在斯大林格勒的反应令人失望,2月1日,陆军元帅保卢斯(Paulus)不愿意像列奥尼达那样英勇牺牲,而是选择率领冻得半死的第六集团军残部向苏军投降。

对于纳粹对斯巴达意识形态的利用,海因里希·伯尔(Heinrich Böll)的短篇小说《陌生人,你若到斯巴……》(*Wanderer, kommst du nach Spa...*)做出了极有力的回应。这篇小说首次发表于1950年。在"二战"的最后几个月里,一名身受重伤的年轻德国士兵被送到本多夫(Benndorf)前线附近的一个临时医院。男孩逐渐意识到,这个医院是他本人以前的学校,他三个月前才离开这里。躺在手术室里,他看到墙上挂着一块黑板,上面写着西莫尼德斯那句名言残缺不全的开头"陌生人,你若到斯巴……"。这些文字是他自己的笔迹,是他在几个月前的写作课上用粉笔写在黑板上的。过了一会儿,垂死的男孩意识到自己在战斗中失去了双臂和右腿。此时,他自己残缺不全的身体具有讽刺意味地体现了那句纳粹口号:"斯巴达"一词被从中间切断。

公元前431年,雅典和斯巴达之间爆发了全面战争。当时的普遍看法是,战争是由雅典人对他们弱小的邻居墨伽拉施加贸易封锁而引发的。然而,战争爆发的真正原因是斯巴达和科林斯对雅典势力日益增长的恐惧,尤其是后者。公元前5世纪30年代,雅典将其影响范围扩大到了亚得里亚海和意大利半岛南部,而这个地区历来被科林斯所支配。雅典与克基拉(Corcyra,今天的科孚岛)、阿卡纳尼亚（Akarnania，在科林斯湾的入海口处）、意大利半岛南部的利基翁（Rhegium）和西西里岛上的莱昂蒂尼（Leontini）结盟，显然对科林斯在西部的利益构成了威胁。当雅典围攻北爱琴海的科林斯殖民地波提狄亚（Potitoea）这个小城邦时，这成为引发战争的最后一根稻草。

伯罗奔尼撒战争（前431—前404）在多条战线上展开，从西西里岛一直到赫勒斯滂海峡。战争的转折点是雅典人灾难性的西西里远征（前415—前413）。大量的士兵和船只被投入这场西方的冒险，最后以雅典彻底失败而告终。此后，雅典人又坚持了将近十年，但是当西小亚细亚的波斯总督站到斯巴达一方进行干预时，失败便只是早晚的问题了。公元前404年，雅典被迫投降。

斯巴达人宣称其战争目标是争取"希腊人的自由"，这实际上意味着摧毁雅典帝国。在伯罗奔尼撒战争的早期，这给他们带来了广泛的善意。到了公元前404年，这个口号显得越来越空洞。波斯人对斯巴达的支持建立在这样一种明确的共识之上，即自波斯战争以来雅典人控制下的小亚细亚的希腊小城将重新回到波斯手中。然而，在击败雅典之后，斯巴达人撕毁了与波斯的协议，开始在小亚细亚策动一场大战，以恢复爱奥尼亚人城邦解放者的名声。显然，讨伐蛮族的意识形态依然与以往一样强大。公元前396年，在踏上亚洲的土地之前不久，斯巴达国王阿格西劳斯（Agesilaus）在奥利斯（Aulis）举行献祭仪式，这是在模仿阿伽门农在希腊舰队为特洛伊战争集结时所做的献祭。然而，在有限的成功之后，斯巴达在尼多斯（Knidos）海战中被波斯海军全面击溃。让斯巴达深以为耻的是，波斯舰队的指挥官是为波斯人服务的雅典流亡者科农（Conon）。公元前386年，斯巴达与大国王签署和平条约，大国王对西小亚细亚各个城邦的宗主权首次得到了明确的承认，这标志着斯巴达在亚洲的野心彻底失败。

公元前386年王国的和平保障了希腊本土和爱琴海地区所有希腊城邦的自治。在这一时期，底比斯是希腊中部的大国，斯巴达人无端对其发动战争，破坏了希腊本土本来就不稳定的和平。在青铜时代，底比斯就是迈锡尼人的主要定居点（见前文，第14—16页）。公元前4世纪时，在底比斯的卫城依然可以看到迈锡尼宫殿的遗迹；这处遗迹被认为是传说中底比斯的建立者腓尼基王子卡德摩斯的宫殿，这个卫城因此被命名为卡德米亚（Kadmeia）。古典时期底比斯的主要定居点位于卡德米亚下方的波奥提亚平原上。作为城市的神圣中心，卡德米亚的大部分地方被用来建造圣所和行政建筑，其中许多建筑都特意参照卡德摩斯的宫殿遗址而建。公元前382年，在底比斯人庆祝地母节（此时卡德米亚正好没有男人）之际，斯巴达的将军腓比达斯（Phoebidas）趁机攻占了卡德米亚，建立了一个亲斯巴达的傀儡政府，就这样把底比斯变成了斯巴达的附属国。腓比达斯的行为在整个希腊掀起轩然大波，彻底摧毁了斯巴达仅存的一点道德权威。斯巴达人对卡德米亚的攻击不仅仅是乘机占领设防要塞，违背了停战协议，也是对一个神圣区域的无端侵犯。更严重的是，腓比达斯肯定知道当时正逢地母节。这一宗教节日为斯巴达人提供了一个完美的偷袭机会，但是也让他们的不虔诚更加昭然。

在公元前371年的留克特拉（Leuctra）战役中，一支斯巴达军队被伊巴密浓达（Epaminondas）率领下的底比斯人打败，斯巴达人从此失去了在希腊本土的支配地位。在留克特拉战役中击败斯巴达之后，底比斯人开始从斯巴达人手中将黑劳士的故乡美塞尼亚解放出来。在底比斯的支持下，一个新的城邦美塞尼（Messene）在伊托姆山（Ithome）上建立起来，而这里曾经是公元前5世纪60年代那次失败的黑劳士起义的中心。这个新的城邦被一道9千米长的巨大城墙环绕，这是希腊本土最壮观的城墙之一；显然，他们知道斯巴达不会善罢甘休。在美塞尼亚地区的考古研究显示这一时期人口显著增加，这表明这个新城邦有很多外来移民。其中有些可能是公元前5世纪中期被雅典人安置在瑙帕克托斯的黑劳士后裔；更具争议性的是，还有人自称是最初流散到西西里岛和意大利半岛南部的美塞尼亚人后裔，他们在公元前8世纪斯巴达人征服美塞尼亚时逃离了伯罗奔尼撒半岛。

这个新的美塞尼亚城邦为我们提供了一个关于族群创造的有趣例子，族群创造是指一个社会积极创造自己的共同记忆和历史。公元前370年到前369年被底比斯人解放，以及自称是美塞尼亚人移民社群的回归，被说成是对被征服之前的美塞尼亚国家的恢复。然而，没有任何真实的理由可以让人确认这样的国家曾经存在过。的确，斯巴达人在公元前8世纪征服了美塞尼亚；但是并没有迹象表明公元前8世纪时的"美塞尼亚人"是一个有着共同的美塞尼亚身份的民族，更不用说有一个独立的城邦。当公元前4世纪美塞尼城邦建立时，其斯巴达征服之前的历史几乎完全是想象出来的，但是它塑造了这个新城邦的传统和传说。

这个新生的美塞尼亚国家被分为五个部落，它们都得名于赫拉克勒斯的后裔，分别是许罗斯（Hyllos）、克里奥洛斯（Kleolaios）、阿里斯托马库斯（Aristomachos）、克瑞斯丰忒斯（Kresphoutes）和戴丰提斯（Daiphontes）。这种对美塞尼亚人源自赫拉克勒斯后裔的强调，和公元前5世纪早期阿尔戈斯人为自己对东伯罗奔尼撒的征服进行辩护时,利用的是相同的神话传统。和一个世纪之前的阿尔戈斯人所做的一样,美塞尼亚人把自己说成赫拉克勒斯在伯罗奔尼撒半岛的后裔,以此使他们的新国家合法化。有人发现了这个遥远过去的所谓遗迹,正好证实了这个说法。公元前4世纪中叶,在美塞尼亚西部的皮洛斯地区,人们对青铜时代迈锡尼坟墓的供奉数量大幅增加。迈锡尼坟墓被认为显然是斯巴达人征服之前的,由此推理,它们可以被理解为属于最初的美塞尼亚人。英勇抵抗斯巴达统治的故事开始出现,这些故事围绕早期的游击英雄美塞尼的阿里斯托美尼斯(Aristomenes)展开,他甚至成为李雅努斯(Rhianus)的史诗《美塞尼亚纪》(Messeniaka)的主角。

当然,这一切都遭到了斯巴达人的坚决否认,他们一直拒绝承认美塞尼城邦的合法性。他们认为美塞尼亚是斯巴达的土地,是祖先遗留给他们的,只是暂时被奴隶占领而已。但此时的斯巴达已经无法影响当地的形势。和在留克特拉战役中被伊巴密浓达打败相比,失去美塞尼亚更明确地显示了斯巴达大国地位的终结。雪上加霜的是,在公元前4世纪60年代早期,伯罗奔尼撒半岛中部顽强而落后的阿卡迪亚人(Arcadians)团结了起来,在斯巴达的北部边境建立了一个首都,名为"迈加波利斯"(Megalepolis),意思是"大城市",而他们也得到了底比斯的支持。现在的斯巴达被敌对势力所包围。底比斯人帮助解放美塞尼,支持建立迈加波利斯,这些都是恢复希腊人自由的总计划的一部分。底比斯的伊巴密浓达雕像底座上刻有这样一段铭文:"在我的建议之下,斯巴达被剥夺了荣耀,神圣的美塞尼最终接回了她的子民;在底比斯人的帮助下,迈加波利斯的四周围起了城墙,整个希腊自由自治。"

透过公元前4世纪中叶自治的新美塞尼亚的历史，我们可以对公元前5世纪和公元前4世纪希腊人的历史观有很多了解。美塞尼亚人关于自己神话起源的故事并不新鲜。在整个希腊对于过去的心理地图上，赫拉克勒斯后裔回到伯罗奔尼撒半岛的故事是几个重要坐标之一。我们所说的青铜时代英雄的共同谱系和故事被美塞尼这样的城邦利用，以证明它们在希腊世界的地位，描述、解释它们与邻邦之间的关系。这些故事有足够的灵活性，能适应新的政治形势，如美塞尼城邦的建立。就如我们看到的，在公元前5世纪的政治史上，一个重要的转折点是公元前461年雅典人决定断绝与斯巴达的同盟关系，转而与伯罗奔尼撒半岛东部的阿尔戈斯结盟。3年后，也就是公元前458年，在雅典的酒神节上，悲剧作家埃斯库罗斯推出了他的《俄瑞斯提亚》（*Oresteia*）三部曲。三部曲讲的是特洛伊战争的英雄阿伽门农回到他的祖国阿尔戈斯，被他的妻子克吕泰涅斯特拉谋杀，而她本人则死于儿子俄瑞斯忒斯之手。这个故事被每一个希腊人所熟知，但其中有一个细节或许是例外，那就是阿伽门农的宫殿竟然在阿尔戈斯（大多数人都会认为它位于迈锡尼）。在这一点上，埃斯库罗斯标新立异。他声称俄瑞斯忒斯逃到了雅典，在战神山议事会的凶杀案法庭受到了审判。被宣告无罪之后，俄瑞斯忒斯发誓雅典和他的家乡阿尔戈斯之间要永远交好。这里是用一个老故事的新版本来解释和支持两个城邦之间新的政治联盟。

自希罗多德以来历史书写的发展，应被置于这种利用过去的语境之中。希罗多德知道早期史前希腊和史书上的过去之间的差异，却苦于无法表达这一差异究竟是什么。他告诉我们，公元前535年到前522年之间萨摩斯岛上的僭主波利克拉特斯（Polykrates）是"我们所知道的第一个打算统治大海的希腊人，除了克诺索斯的米诺斯和其他在他之前可能统治过大海的人之外。但是，就所谓的人类而言，波利克拉特斯在这方面是第一人"。希罗多德承认米诺斯不能算数，但无法解释为什么。波利克拉特斯和米诺斯之间的区别是否仅仅是有没有可靠证据的问题呢？给希罗多德提供信息的人之一是一个斯巴达人，他的祖父参加过和波利克拉特斯之间的战斗。或者有什么其他的原因让米诺斯从本质上不同于像波利克拉特斯这样的人呢？希罗多德的困惑是非常有启发性的。对我们来说，这个问题很容易解决：我们称波利克拉特斯为"历史"人物，称米诺斯为"神话"或"传奇"人物。但是对于公元前5世纪或前4世纪的希腊人来说，这种区别是没有意义的。神话和历史存在于一个连续的统一体之中；关于米诺斯的事实很难确定，因为他生活在很久以前，但从来没有人真的怀疑过他的存在。

  部分问题在于，希腊人没有一种简单的方法来确定某一事件是在多久以前发生的。每个城邦都有属于自己的历法，并没有公认的方法可以将不同年份区别开来。雅典人用主要执政官的名字来为每一年命名，他们会说某某人担任执政官的那一年，但是就连雅典人也很少用这种方式来记录某一过去事件的时间。毕竟，能够记住全部执政官名称的雅典人很少。为过去创造一个通用年表的第一次尝试出现在公元前5世纪。公元前5世纪20年代，莱斯沃斯的赫兰尼库斯（Hellanicus of Lesbos）编撰了第一部严格按照时间顺序展开的通史，他所依据的是赫拉在阿尔戈斯的女祭司的顺序。借助赫拉的女祭司建立希腊历史的时间轴并非最好的选择；和雅典的执政官一样，在阿尔戈斯之外，阿尔戈斯的女祭司无足轻重。或许赫兰尼库斯认为阿尔戈斯女祭司的名单能回溯到更久远的过去，而且比其他任何城邦的官员名单都可靠一些。赫兰尼库斯的体系并没有被广泛采用，他的方法遭到了修昔底德的严厉批评。直到公元前3世纪，才有了一种用来表示过去事件日期的通用方法（根据奥林匹亚竞技会的时间）。

通常记录过去事件的方法是参照一些重大事件，如波斯战争之前的一代，赫拉克勒斯后裔回到伯罗奔尼撒半岛后的三代。作为最早的通用参照点，特洛伊战争的故事起到了至关重要的作用。很少有希腊人会在乎特洛伊战争到底是多久之前发生的，这并不重要。特洛伊战争被用作一个固定点，其他的早期事件都可以参照它来确定时间。这样一来，雅典人就能够将他们与阿尔戈斯人之间的联盟追溯到特洛伊沦陷后的那一代，而美塞尼亚人就能够声称，他们的历史可以一直追溯到特洛伊沦陷后第二代时赫拉克勒斯后裔的回归。美塞尼城邦的神话起源并不像现代的童话故事那样简单地以"从前"开头，其早期历史是参照特洛伊战争所提供的通用时间参照点而牢牢确定的。

*

在之前的两章，我们追溯了希腊城邦从公元前8世纪的起源到公元前4世纪中期的发展。希腊城邦的文化不同于欧洲以前任何时代。首先，这是在欧洲半岛上出现的第一个真正的城市文化。在凯阿岛上的小城邦克雷索斯（Koressos），总人口（约1 200人）的40%～90%生活在城邦的城墙之内。据估计，古典时期波奥提亚的总人口大概在165 000～200 000人之间，其中约100 000人（占50%以上）生活在城市中心。这个比例是非常高的。在公元1700年，整个欧洲的城市人口仅占总人口的12%左右，在欧洲大陆城市化程度最高的地区之一荷兰，城市人口的比例可能才达到了40%。虽然这种比较并不完全科学，因为对于一个定居点应该有多大才能被称为"城市"，历史学家的意见并不统一，但是一个基本的事实是，公元前5世纪和公元前4世纪的希腊人是城市居民，这是没有争议的。

在这一时期，更能代表广大欧洲世界特征的是希腊人的北方邻邦，他们是伊利里亚人、色雷斯人和马其顿人。伊利里亚人居住在巴尔干西部的一大块区域，大致相当于现代的阿尔巴尼亚、波斯尼亚和克罗地亚。在古典时期，希腊人对上亚得里亚海所知甚少；例如当时人们普遍认为，多瑙河的一条支流流入其中，只要沿它航行就能到达黑海。在这一时期，伊利里亚是欧洲为数不多的希腊影响力似乎有所下降的地区之一。公元前6世纪中期到公元前5世纪中期，在上层伊利里亚人的坟墓里，希腊的陶器和珠宝很常见，但之后就消失了。公元前5世纪，粗糙的山顶堡垒开始出现，这里可能是低地村庄的避难场所，但是直到希腊化时代早期（公元前4世纪末和公元前3世纪初），这里还找不到真正的城市居民区的迹象。伊利里亚人似乎根本没有受到向南仅几百千米处的新发展的影响。

在巴尔干东部毗邻黑海的大片区域色雷斯，完全是另外一种情况。公元前5世纪早期，一个奥德利西亚人（Odrysians）王朝统一了色雷斯南部大致相当于现代保加利亚的区域。奥德利西亚色雷斯人热情地和他们的希腊邻居合作。在王室的保护下，人们在色雷斯境内的心脏地带建立了希腊人的贸易站，如马里查河［Maritsa，即古代的赫布罗斯河（Hebros）］上游的皮斯提罗斯（Pistiros），今天这里已经得到很好的考古发掘。根据修昔底德的说法，在和色雷斯人打交道时，"必须先献上礼品，否则什么也谈不成"。从公元前5世纪中期开始，希腊的名贵商品大量流入色雷斯，特别是珍贵的金属制品。色雷斯人自己模仿和改造了希腊人的艺术风格，将其与斯基泰人和波斯人的元素相结合，创造了一种极具独创性的新地方文化。不过，如果因此说这一时期的色雷斯被"希腊化"了，那就完全错了。虽然奥德利西亚色雷斯人进口希腊的奢侈品并对其进行创造性的模仿，但是他们的社会结构似乎并没有受到希腊人的影响。和在伊利里亚的情况一样，直到希腊化时代早期，这里都很少有城市化的迹象。根据希腊历史学家色诺芬的描述，在公元前400年前后，一个典型的色雷斯人村庄包括一些分散的木屋，木屋周围是养牛用的围栏。色雷斯贵族能从希腊人那里得到他们想要的东西，却没有被吸收到希腊文化圈之内。

在色雷斯西边，希腊与巴尔干半岛的连接处，坐落着马其顿王国。这个地区被分为两部分：下马其顿是一个巨大的沿海平原，在爱琴海西北部遥远的塞尔迈湾（Thermaic gulf）附近；上马其顿是连绵不断的崎岖高原，向西一直延伸到巴尔干山脉，和伊利里亚接壤。古代马其顿人的文化显然与其南边的希腊邻居不同。马其顿人没有希腊人那种建造宏伟神庙的激情，贵族的财富被用于极其奢华的葬礼。在马其顿的大地上，到处点缀着公元前5世纪和公元前4世纪的巨大坟墓。这些坟墓里通常有大量珍贵的金属器皿和珠宝。在马其顿，从公元前7世纪起就未见于希腊的一种"武士葬礼"一直到希腊化时期都还可以见到。在这种葬礼上，逝者的武器和盔甲与他一起被埋葬。这更容易让人想起欧洲中部和北部的凯尔特精英文化（见后文，第183—185页），而不是这一时期的希腊。

关于马其顿人在人种上是不是希腊人的争论由来已久。正如我们在上一章所看到的那样，在公元前7世纪和公元前6世纪，参加奥林匹亚和其他地方的泛希腊竞技会成了希腊身份的重要标志。波斯战争爆发前不久，当马其顿的亚历山大一世试图参加奥林匹亚竞技会时，他的竞争对手们表示反对，理由是他不是希腊人。在这一事件中，亚历山大成功地主张说马其顿王室（值得注意的是，不是全体的马其顿人）是阿尔戈斯人的后裔，被允许参赛。最终，他在200米比赛中取得了并列第一的好成绩。但是这个故事的总体倾向是很明显的。一般的希腊人认为马其顿人即使不是蛮族，也绝对不是文明世界的成员。亚历山大本人后来被赋予有点双关味道的"希腊人之友"的称号。

从语言学角度来说，现在几乎可以肯定的是，马其顿人说的大致是希腊语的一种北部方言，对于非马其顿人来说很难理解。根据这种方言，"腓力"（Philip）这个名字应该读成"比利普"（Bilip）才对。但是在公元前5世纪和公元前4世纪，"希腊人"的身份与其说以共同语言为基础，不如说以共同的文化为基础。像希腊人一样行事比说希腊语更重要。与此相似，即使在今天，在文化上，英国人在许多方面都更接近于他们的欧洲近邻荷兰人或德国人，而不是使用同一种语言的北美人。正如我们所看到的，马其顿人的文化与他们的希腊邻邦有很大的不同。马其顿人受国王统治；他们被组织成部落而不是城邦；财富被展示在奢华的葬礼上，而不是宏伟的宗教圣所。面对如此鲜明的文化差异，马其顿人和希腊人都选择认为他们分别属不同的民族，这一点儿也不奇怪。

前南斯拉夫马其顿共和国

古代马其顿人的种族问题与现代巴尔干政治有着千丝万缕的联系。在奥斯曼帝国统治下（从14世纪到20世纪初），古代马其顿所在地区居住着多得令人眼花缭乱的种族群体：希腊人、土耳其人、阿尔巴尼亚人、斯拉夫人，更不用说大量的犹太人和吉卜赛人。1913年，这片区域被分给希腊、保加利亚和塞尔维亚（后来的南斯拉夫）。保加利亚和希腊都迅速采取了强制性的种族和语言统一政策。希腊人全然否认任何单独的马其顿族群的存在，无论是在古代还是在今天；古代和现代的马其顿人都是希腊人，仅此而已。在南斯拉夫，情况有所不同。1944年，铁托在南斯拉夫联邦内部建立了一个单独的马其顿共和国，有其独特的马其顿语言（与斯拉夫语系的其他语言有关，但又与之不同）和马其顿教会。对于希腊人来说，这个南斯拉夫的"马其顿"本身就是一个矛盾的说法，因为这里居住的是斯拉夫人，而他们根本不可能被算作"马其顿人"。

随着1991年南斯拉夫的解体，"马其顿问题"进入了一个新的、越来越激烈的阶段。1991年11月17日，马其顿共和国宣布从南斯拉夫独立。就在欧共体和联合国要承认马其顿为独立国家之际，希腊强烈反对该国的名称，加以阻挠。希腊人成功地主张，欧共体不应该承认名字"暗示对邻国有领土要求"的前南斯拉夫共和国。一些极端的马其顿民族主义者宣称要"解放"被希腊"暂时占领"的马其顿地区，这不啻火上浇油。1993年，各方达成妥协，马其顿共和国将被所有各方（包括欧共体和联合国）暂时称为"前南斯拉夫马其顿共和国"（the former Yugoslav Republic of Macedonia）。令人困惑的是，各方一致同意，这不应该被理解为该国的正式名称，而仅仅是作为在争端解决之前指代该国的一种方式（因此，这个名称里表示"前"的"former"一词首字母没有大写）。不方便的是，在联合国会议大厅，大会成员的座次是按照字母顺序排列的。希腊反对前南斯拉夫马其顿共和国的代表坐在"M"之下，因为这就暗示着该国"真正的"名称是"Macedonia"（马其顿）。而马其顿的代表也同样反对其代表坐在"F"或"Y"之下。因此，今天马其顿的代表坐在"The"的首字母"T"之下，在泰国（Thailand）和东帝汶（Timor）之间。*

公元前359年，腓力二世继承了下马其顿的王位。他的主要成就是永久性地将上马其顿那些半独立的诸侯国合并到他的低地王国中。腓力的儿子亚历山大大帝后来提醒这些高地人，他们以前是"无助的游牧民，身披动物的毛皮，在山上放牧"，是腓力让他们穿上了衣服，而不再是皮毛；是腓力把他们带到平原，而且开始了把他们变成希腊式的城市居民的过程。最后这一点是很能说明问题的。通过联姻或军事征服，巴尔干中西部的相邻部落很快就被纳入马其顿的势力范围，其中包括伊庇鲁斯人（Epirots）、伊利里亚人和潘奥尼亚人（Paeonians）。腓力接着把注意力转向东方，转向哈尔基季基半岛（Chalcidice peninsula）和色雷斯沿海的希腊城邦，那里有丰富的农

---

* 2018年，马其顿政府与希腊政府达成协议，马其顿的正式国名将更改为"北马其顿共和国"。——编者注

业和矿产资源。从公元前357年至前348年，这些城市要么被并入腓力的王国，如安菲波利斯（Amphipolis）、皮德纳（Pydna）和波提狄亚（Potidaea），要么被消灭，如奥林索斯（Olynthus）。与此同时，腓力利用南方希腊各邦之间的不和扩大势力范围。从公元前355年到前346年，福基斯和底比斯为了争夺对希腊中部的支配权而两败俱伤，腓力则巧妙地坐收渔翁之利。公元前353年，色萨利人向腓力求助，以对抗福基斯，这实际上将色萨利的支配权交给了他。到了公元前346年，随着福基斯的崩溃，腓力成为希腊大陆中部的主导者。最后，公元前338年夏末，在喀罗尼亚（Chaeronea）战役中，腓力粉碎了雅典和底比斯的联合部队。希腊本土各个城邦的政治独立就此宣告结束。此时，巴尔干半岛南部的整个地区实际上在马其顿的支配之下。在短短二十年的时间里，马其顿已经从希腊世界北部的一个小国成长为东地中海盆地最强大的国家。

对马其顿的政治屈服对希腊城市的影响并没有人们想象的那么大。腓力和他的先祖亚历山大一世一样，选择淡化希腊人和马其顿人之间（或者至少是希腊人和马其顿王室之间）的文化差异。意味深长的是，他在银币和金币上的形象分别纪念他在奥林匹亚竞技会上的两次胜利，一次是公元前356年的赛马，另外一次是公元前348年的双马战车比赛。和亚历山大一世一样，对于腓力来说，参加奥林匹亚竞技会是表达他在文化上归属于希腊世界的一种方式。腓力并没有将马其顿的统治直接强加于希腊各邦，而是签署同盟条约，条约通过定期在科林斯召开会议的希腊城邦同盟执行。当然，科林斯同盟的统帅之位是为腓力和他的后代保留的。只有马其顿的领导才能保证希腊世界的统一。在其公元前346年的小册子《致腓力》（*Philippus*）中，雅典演说家伊索克拉底（Isocrates）强调了腓力的王国的欧洲本质，他称腓力是"欧洲最伟大的国王"，以此来表明腓力的利益和希腊人的利益是一致的，这样实际上就避开了腓力是不是希腊人的问题。腓力最小的女儿生于喀罗尼亚战役获胜后不久，她被取名为"欧罗巴"，这并非巧合。[腓力很清楚一个精心挑选的名字在宣传上的价值：早在公元前 351 年，在将色萨利纳入马其顿势力范围之后不久，他给另一个女儿取名塞萨洛尼克（Thessalonike），意为"在色萨利的胜利"。]

公元前 336 年，腓力在一场宫廷阴谋中被暗杀，他的长子亚历山大三世（亚历山大大帝）继位。亚历山大延续了他父亲在文化上的希腊化政策。公元前 335 年，底比斯起兵反抗马其顿的统治，亚历山大洗劫了这座城市，把这里的居民卖身为奴，他把这种行为当作对底比斯人迟到的报复，因为他们在波斯战争中站到了波斯一方。泛希腊诗人品达（Pindar）写过一首诗，歌颂亚历山大的祖上"希腊人之友"亚历山大一世，品达的房子被大张旗鼓地保留下来。几乎在同一时间，亚历山大重建了普拉提亚，公元前 479 年对薛西斯大军的决定性战役就发生在这里，公元前 379 年，这个地方被底比斯人破坏。这位年轻国王的意图很明显。腓力在世时就一直在考虑发动一场举全欧洲之力对波斯帝国的远征，实际上，在他去世的时候，在泛希腊的科林斯同盟的支持之下，马其顿和希腊同盟的一支先遣部队已经在蹂躏小亚细亚西部的波斯领土。

在《伯罗奔尼撒战争史》的第一章，修昔底德就说，荷马一次也没有用过"蛮族"这个词，"因为在我看来，当时的希腊人还没有一个共同的名字可以与蛮族人区分开来"。这是一个非常敏锐的观察。《伊利亚特》对亚该亚人和特洛伊人之间的种族或文化差异似乎没有兴趣。

修昔底德抓住了关键的一点，即"蛮族"的概念与"希腊人"的概念密不可分，只有当希腊人开始把自己看作具有共同特征（共同的圣所、共同的语言、共同的祖先）的单一民族时，他们才学会把非希腊人视为一个单一的群体。同样，荷马也没有把世界分成两个大洲的意识。直到公元前6世纪的《荷马阿波罗颂诗》，"欧洲"都还仅仅是指代科林斯地峡以北的希腊本土的方便表达，并没有公元前5世纪和公元前4世纪发展起来的更广泛的地理和政治内涵。在普拉提亚战役和喀罗尼亚战役之间的一百多年里，一个共同的希腊身份在与波斯蛮族的暴力冲突中形成了。欧洲和亚洲的边界因此具有了巨大的文化意义。最后，随着马其顿作为希腊世界主导力量的崛起，和作为希腊人相比，作为欧洲人必然意味着更多的东西。腓力和亚历山大试图把希腊文化和马其顿文化联系起来，因此可以称其为第一批自觉的欧洲人。

公元前334年，亚历山大从马其顿向东进发。在渡过狭窄的赫勒斯滂海峡之前不久，他专门去了一趟埃拉乌斯，到普罗忒西拉俄斯的墓前献祭。和普罗忒西拉俄斯一样，当他的船在特洛阿德靠岸的时候，亚历山大第一个跳上了亚洲的土地。这两大洲即将被拉到一起，比以前任何时候都更加紧密。

第五章

亚历山大大帝与希腊化世界：
公元前334年—前146年

《古兰经》第十八章中提到了一个名叫左勒盖尔奈英（Dhūl Qarnayn，意为"长着双角的人"）的神秘人物。据说真主安拉赐予左勒盖尔奈英对世界的统治权，使他能够到达世界的东西两端。后世大部分伊斯兰学者认为左勒盖尔奈英的形象其实就是伊斯坎达尔（Al-Iskandar），即亚历山大大帝，而双角则意味着亚历山大对世界的两半的统治，即欧洲和波斯。伊斯坎达尔古老的征服被认为预示了公元7世纪和8世纪阿拉伯人的征服大业，他们创造的阿拉伯帝国从大西洋一直延伸到印度。在直布罗陀海峡西侧的加的斯，在地中海与大西洋的交汇处，伊斯坎达尔建造了一座灯塔，指明哪些地方是船只难以航行的危险海域；在遥远的北方，在中亚大草原的边缘，他建造了一道铜墙铁壁，将歌革和玛各（Gog and Magog）这些不洁种族阻挡在外。正是亚历山大一劳永逸地为文明世界划定了边界。

亚历山大征服的地理范围着实惊人。从公元前334年到前330年，亚历山大征服了小亚细亚半岛、叙利亚、埃及以及波斯的腹地美索不达米亚和西伊朗。阿契美尼德王朝最后一位国王大流士三世两次被击败,一次是伊苏斯(Issos)战役,另外一次是高加米亚(Gaugamela)战役;公元前331年到前330年的冬天,薛西斯位于波斯波利斯的宫殿被付之一炬,正式宣告波斯领导下的世界秩序的终结。在攻占了波斯的四个都城——美索不达米亚南部的巴比伦和苏萨、伊朗西部的波斯波利斯和的埃克巴坦那——之后,亚历山大解散了他军队中的希腊分遣队,这很能说明问题。表面上代表科林斯同盟的希腊对波斯入侵的复仇行动就此告终,但是亚历山大穿过伊朗北部,继续向东推进,追击逃亡的大流士三世。在大流士被他自己的侍臣暗杀之后,在中亚的巴克特里亚(Bactria)和索格底亚那(Sogdiana,现代的阿富汗、乌兹别克斯坦和塔吉克斯坦)行省,波斯的王位觊觎者贝苏斯(Bessus)将亚历山大拖入了一场漫长而艰苦的游击战。宫廷的深度隔离,在漫无边际的中亚大草原上追逐幽灵般的波斯叛军,这些让亚历山大变得越来越偏执与妄自尊大。那些暗地里对国王图谋不轨的阴谋者被就地正法,而亚历山大也开始让他的廷臣和子民把他当作神来崇拜。

亚历山大大帝与奥斯曼人的征服

1453年,君士坦丁堡陷落于征服者穆罕默德(穆罕默德二世)麾下的奥斯曼军队之手,就此结束了"新罗马"拜占庭帝国的千年历史。从几位曾见证君士坦丁堡之围或是其后不久接触过穆罕默德二世的拉丁作家那里,我们得知这位征服者对亚历山大大帝的历史非常感兴趣。"他希望自己能被看成全世界的主人,也就是说,他想成为第二个亚历山大;因此他曾去读阿里安(Arrian)的作品,其中详细记录了亚历山大几乎每一天的活动。"

一位15世纪的土耳其苏丹阅读阿里安的《亚历山大远征记》(现存最长的希腊语亚历山大帝国史,成书于公元2世纪),听上去似乎不太可能。但是,在伊斯坦布尔的托普卡帕宫皇家图书馆里,至今依然保存着阿里安的《亚历山大远征记》和荷马的《伊利亚特》,它们是穆罕默德二世在攻陷君士坦丁堡之后专门让人抄写的。宫廷史官伊姆布罗斯的克立托波洛斯(Kritoboulos of Imbros)是希腊人,他于15世纪60年代中期完成了穆罕默德二世的传记,声称自己为他的希腊同胞描述了一段"毫不逊色于马其顿的亚历山大"的生涯。毫无疑问,受穆罕默德二世对亚历山大的钦佩之情的影响,克立托波洛斯将穆罕默德二世描写成了第二个亚历山大:通过征服君士坦丁堡,他再度成功地把欧洲和亚洲连接到一起。穆罕默德二世本人也很愿意这样认为,即他从相反的方向重现了亚历山大当年的战绩。

根据克立托波洛斯的讲述,在1462年远征莱斯沃斯岛(Lesbos)的过程中,穆罕默德二世经过特洛伊城的遗址,就像公元前334年夏天亚历山大所做的那样,他让人将阿喀琉斯、埃阿斯以及其他英雄的坟冢指给他看,并对他们赞颂有加,不仅仅因为他们的事迹,还因为他们有荷马那样优秀的作家来纪念他们。穆罕默德二世低头沉思:许多代人过去了,神明终于让他来为特洛伊所受的劫掠复仇了,他惩罚了特洛伊城的敌人。随着君士坦丁堡的陷落,希腊人终于为几个世纪以来"我们亚洲人"受到的不公待遇付出了代价。

公元前327年春，亚历山大转向了南方，这一年晚些时候，他率领军队翻越兴都库什山，进入印度。公元前6世纪晚期，大流士一世曾宣称印度是波斯帝国的一部分，但他的征服很可能并不长久：实际上，过了开伯尔山口（Khyber Pass），我们几乎找不到能够表明波斯人来过的考古学证据。这是亚历山大第一次将他的征服拓展到波斯帝国边界之外的地方。但是，他对印度的入侵可能并不像表面那样是对未知领域的探索。印度洋曾被认为是印度的内陆湖，由于这个不幸的地理学误解，亚历山大以为印度河和尼罗河的上游是相通的。他以为在到达旁遮普后，只要顺流而下，就可以来到地中海。起初，这个想法被印度河里的莲花和鳄鱼证实了：自公元前5世纪起，希腊的植物学家们就一直认为某一种特定的动植物只会在世界上某一特定地区出现；而当时众所周知的是，莲花和鳄鱼只有尼罗河里才有。所以当这个地区真正的地理位置最终揭晓时，亚历山大的马其顿士兵发动了兵变，断然拒绝继续向东行军。沿着印度河，横跨杰德罗西亚沙漠（Gedrosian desert，现代的俾路支地区），在返回西方的漫长旅程中，他们越发不顾一切地无端屠杀沿途居民。公元前323年夏天，在准备对阿拉伯半岛发起海上攻击时，与他的马其顿同胞一阵暴饮之后，世界之王亚历山大在巴比伦溘然离世。

亚历山大英年早逝，我们很难判断他原来的计划究竟有多么宏大。现存最完整的马其顿人征服史的作者阿里安认为，亚历山大宏图中的帝国是没有地理界限的，即使将欧洲并入亚洲，将不列颠诸岛并入欧洲，他也不会满足。但事实上，亚历山大的远东之征显然驳斥了这一观点。除了印度之外，亚历山大并未试图扩展波斯帝国原有的边界。即便是印度，也在不到一代人的时间里便被抛弃。在东北方向，亚历山大的足迹也仅仅到达居鲁士当年所到之处，即位于今天塔吉克斯坦的锡尔河（Syr Darya）。那里有一个被称为"绝域亚历山大里亚"（Alexandria Eschatē，可能是今天的苦盏地区）的新城市的地基，表明当时继续向北扩张的计划确实被放弃了。实际上，在很多方面，亚历山大留下的庞大帝国与他最初的征服蓝图惊人地相似。原有的波斯行省被保留下来，只是担任总督的波斯人被换成了马其顿人。波斯人认为他们的帝国已经涵盖了整个可以居住的世界，向南向北分别一直延伸到因为过于炎热或寒冷而无法居住的地区；而亚历山大也似乎接受了这种世界地理的观点。亚历山大的帝国就像他的波斯前辈所定义的那样，就是整个"有人居住的世界"（oikoumenē），不多也不少。

马其顿人从未认为自己是在走向未知世界，他们的征服全都发生在远古时期希腊英雄探索过的世界之内。公元前332年到前331年的冬天，亚历山大效仿他所认为的两位祖先赫拉克勒斯与珀尔修斯，深入利比亚沙漠去向"宙斯阿蒙"（Zeus Ammon）寻求神谕——传说中这两位英雄都这样做过。当现存的希腊传说无法为亚历山大扩大征服提供先例时，马其顿人就发明出合适的先例。高山要塞奥尔诺斯（Aornos）位于今天巴基斯坦的部落地区，被当地人认为坚不可摧，连神都无法攻克，而在亚历山大将其一举攻占之后，很快就有了这样一个传奇，说赫拉克勒斯也曾试图攻克这座要塞，却未能成功。在开伯尔山口北部的山上，人们发现了常春藤，这种植物被认为与狄俄尼索斯有密切的联系，这让亚历山大坚信自己正在追随狄俄尼索斯的脚步。由于以前并未有过任何将狄俄尼索斯与印度联系起来的神话，因此这些马其顿人不得不发挥他们的想象力，将一段全新的故事插入酒神的生平中去：在遥远的过去，狄俄尼索斯曾征服这片次大陆，为这些野蛮的印度人带来文明与法治。根据这种说法，亚历山大只不过是恢复了希腊-马其顿人对这里的统治，而这个社会最初的形成要归功于狄俄尼索斯的征服。公元前325年晚些时候，马其顿人终于成功横跨杰德罗西亚沙漠，为了庆祝对印度的再次成功征服，他们举行了长达一周的畅饮，以表达对酒神的敬意，亚历山大本人则在其中扮演狄俄尼索斯的角色。亚历山大对印度的征服是古代将领所能进行的最大胆、最遥远的远征，印度也被牢牢植入了希腊人和马其顿人所熟悉的神话地理体系之中。

亚历山大的继承者是与他同父异母、有智力缺陷的弟弟阿里达乌斯（Arrhidaeus），以及他未出世的孩子，即后来的亚历山大四世。两人都不能亲自统治亚历山大的帝国，所以从一开始就需要设置一位摄政；然而不幸的是，由于亚历山大向来喜欢大权独揽，一时很难找到能够胜任这一职位的人选。因此，在亚历山大去世后的十年里，那些自封的摄政之间冲突不断，谁也没有足够的权威让这个广阔的帝国保持统一。公元前317年，阿里达乌斯被亚历山大强势的母亲奥林匹娅斯（Olympias）暗杀，她本人似乎觊觎马其顿的王位；公元前310年，年少的亚历山大四世被悄无声息地除掉了。

至此，我们可以清楚地看到，权力其实掌管在那些接管了旧波斯行省的马其顿总督手中：这些人大多是亚历山大队伍里的老兵，他们能够利用波斯前任所积累下的丰富财政与军事资源。这些总督中最活跃的是和腓力同辈的独眼安提柯（Antigonus the One-Eyed），他是小亚细亚中部弗里吉亚的总督。于公元前306年自立为王时，安提柯已经为自己赢得了小亚细亚和叙利亚的大片区域，其周围环绕着四支强大的势力，分别是埃及的托勒密、远东及巴比伦的塞琉古、色雷斯的利西马科斯（Lysimachus）和马其顿的卡山德（Cassander）。公元前301年，安提柯阵亡，他短命的帝国被其他的统治者瓜分；然而他的儿子围城者德米特里（Demetrius the City-Besieger）在马其顿和希腊本土重建了一个了不起的王国。公元前281年，利西马科斯的色雷斯王国被77岁的塞琉古征服。此时，下一个世纪的几大力量基本上已经清晰：埃及和黎凡特的托勒密王朝、亚洲的塞琉古王朝和马其顿的安提柯的后裔。

这些新王国的合法性至少可以说是成问题的：在继承者战争中最终胜出的这三个家族与亚历山大本人没有任何血缘联系。因此，他们必须找到其他的途径来为自己分享亚历山大的王位做出辩护。对托勒密来说，这并不困难，因为他曾是亚历山大的童年玩伴，于是他愉快地默许了那种说他其实是腓力二世私生子的流言，这样一来，他就成了亚历山大同父异母的兄弟。托勒密还拥有一样最为有利的王家遗物，那就是亚历山大的遗体。亚历山大的遗体在被送回马其顿的路上被托勒密的手下无耻地劫持；经过防腐处理之后，国王的遗体被展示在托勒密王朝首都亚历山大里亚的一个玻璃棺里。其他的王朝尽管无法证明自己与亚历山大之间有如此密切的关系，但国王们至少可以模仿他的形象。几个世纪以来，在原亚历山大帝国的每一个角落，国王们的肖像都高度一致：胡须刮得干干净净，眼睛向上凝视，头发野性而飘逸，此外还有一缕额发以及某种神圣的象征，和亚历山大一模一样。亚历山大是理想王者的模型，他所有的继承者都会被以这个标准来评判。

如果把这些继承者的王国也视为古典欧洲历史的一部分，那么这似乎是对"欧洲"的定义做了一点延伸。毕竟，亚历山大的帝国大部分都植根于亚洲；塞琉古王朝的首都位于今天的叙利亚与伊拉克，其东部的边境和中国接壤。塞琉古王朝和托勒密王朝之所以能在欧洲历史上取得一席之地，主要原因是它们将希腊文化传播到了原波斯帝国那些非希腊民族那里。从19世纪后期，人们用这种"希腊化"的过程给整个这一历史时期命名，今天通常称亚历山大死后的3个世纪为"希腊化时代"，这个时代不仅具有希腊特征，而且还在不断接受希腊文化。

东部的希腊化早在波斯帝国覆灭之前就开始了。在公元前5世纪和公元前4世纪，小亚细亚西部和南部的非希腊民族都受到了其希腊邻邦文化的深刻影响。例如，吕基亚当地的统治者肯定雇用了希腊的雕刻家来为他们奢华的陵墓雕刻纪念碑。现藏于大英博物馆的涅瑞伊德纪念碑（Nereid Monument，约前400—前380）就很具有代表性。它可能出自吕基亚一个名叫阿尔比纳斯（Arbinas）的统治者的坟墓，他是一个亲波斯的家族的成员，控制着吕基亚西部桑托斯（Xanthos）河谷的一小片领地。尽管阿尔比纳斯在政治上倾向于波斯，但是涅瑞伊德纪念碑的建筑与雕塑都是彻头彻尾的希腊风格。在用冗长的碑文来讲述他自己的战功时，阿尔比纳斯选择同时用吕基亚语与希腊语两种语言。连这位亲波斯的统治者都希望能在其臣民面前表现出一副热爱希腊文化的样子。

被亚历山大征服之后，亚洲的希腊化进程急剧加速。公元前332年，亚历山大在埃及的地中海沿岸建立亚历山大里亚，从那时直到公元前3世纪中期，在从埃及到阿富汗的整个"有人居住的世界"，数百座希腊城市拔地而起。其中最著名的是位于阿伊哈努姆（Ai Khanoum）的一个希腊殖民地，它靠近今天的阿富汗和塔吉克斯坦边境的马扎里沙里夫（Mazar-i Sharif），在20世纪六七十年代，法国考古学家对这里进行了发掘（见图19）。在这个古老的巴克特里亚的中心，希腊化的定居者可以享受从地中海进口的橄榄油，尽情地在希腊风格的体育场里锻炼。在这里还出土了一些莎草纸碎片，上面是亚里士多德一部不为人知的哲学著作。在巴克特里亚的艳阳之下，由雅典剧作家索福克勒斯创作的悲剧在希腊式的剧场上演。在位于城市中心的建城者凯尼亚斯（Kineas）的英雄祠里，镌刻着增进希腊殖民者道德水平的德尔斐箴言："儿童时乖巧有礼，青年时严以自律，中年时处事公正，老年时充满睿智，辞世时安详泰然。"阿伊哈努姆十分有效地模仿了古典时期希腊城邦的外在形式，你很容易把它误认为公元前4世纪的雅典或美塞尼那样的独立公民国家，而实际上，对于从爱琴海延伸到坎大哈的马其顿帝国来说，它仅仅是这个巨型机器上的一个小小齿轮。在阿伊哈努姆周围的农村，耕作者不是自由的希腊公民，而是一些作为附庸的巴克特里亚农奴，他们被称为奥克西博克（Oxyboakes）或阿特罗索克（Atrosokes）；波斯风格的宫殿占据了城市整个中心区域，负责对税赋进行征收和处理，然后再向西送往叙利亚和美索不达米亚，提供给庞大的塞琉古军队。无论希腊化的具体内容是什么，它肯定不包括给予奥克西博克投票权。

在亚历山大原来的帝国，希腊马其顿人统治者与其非希腊民族附庸之间的阶级隔离几乎是绝对的。在最好的情况下，一些掌握双语的埃及人、波斯人和叙利亚人能谋得书记员、会计师或收税员这样的职务。在托勒密与塞琉古王国数千名王室官员、朝臣和高级军官中，只有不到3%的人不是希腊人或马其顿人。公元前3世纪50年代中期，在埃及的希腊骆驼贸易商人芝诺（Zeno）收到了一封来自他的埃及代

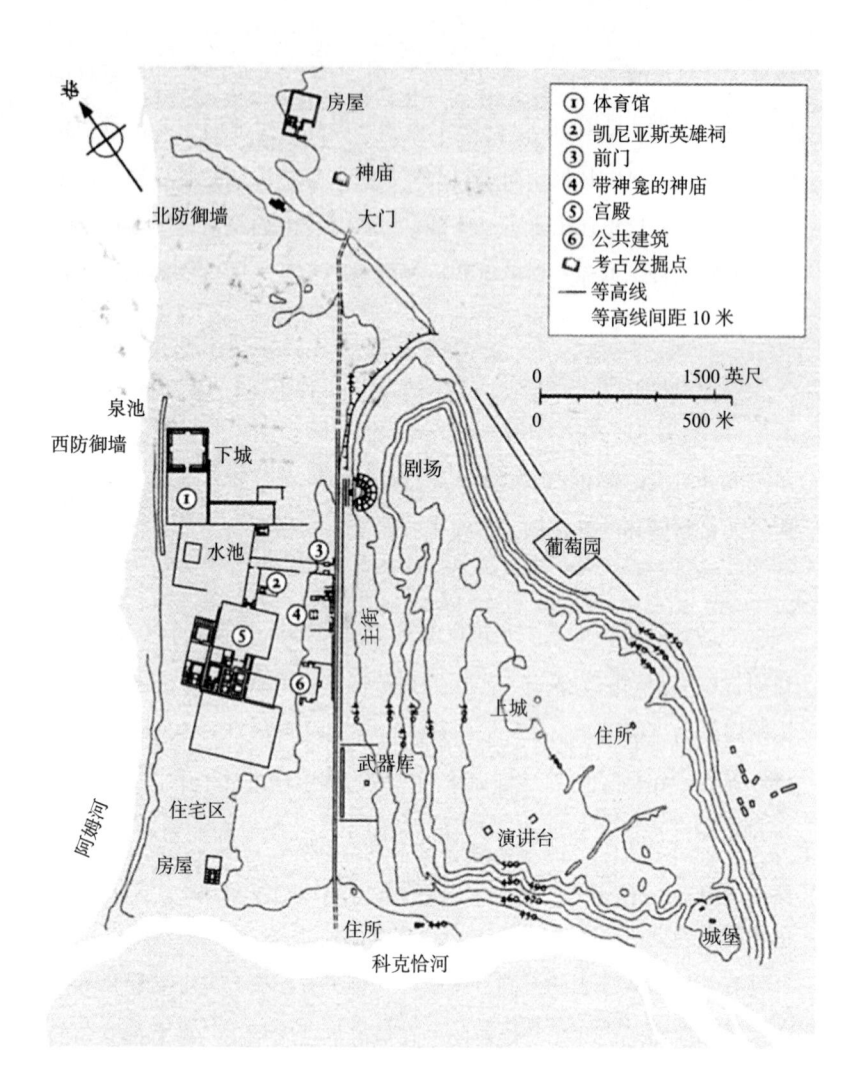

图 19　阿伊哈努姆平面图

理人的信，信中抱怨说他的顶头上司曾虐待他，让他饿肚子，还拒绝支付他的工资，就"因为我不会说希腊语"。

在整个"有人居住的世界"里，非希腊人的希腊化过程实际上并非王室政策的结果；正相反，当地文化的转变往往是自下而上驱动的。在一个"希腊的"就意味着权力的世界里，人们总是有着强烈的动机来尽可能地向希腊文化靠拢。在上一章，我们看到，在美塞尼亚国家形成的过程中，对希腊遥远过去的传说的创造性操纵发挥了重要的作用；现在，这种操纵变得更加紧迫。在早期的征服中，亚历山大就对小亚细亚的希腊城邦宣扬一条"新政"：它们在税收和政治上享有自治权（尽管是有限的）。公元前333年夏末，亚历山大来到小亚细亚半岛南部沿海奇里乞亚（Cilicia）默默无闻的小镇马洛斯（Mallos）时，马洛斯人已经准备好了他们的故事。就文化方面来说，马洛斯和希腊一点儿关系也没有。但是，他们声称奇里乞亚当地有一位神明就是神话英雄阿尔戈斯的安菲洛克斯（Amphilochos），是他在遥远的过去建立了马洛斯。因此，无论马洛斯人看上去有多像奇里乞亚人，他们实际上都是阿尔戈斯人的后裔。这样做的巧妙之处在于马其顿的国王也自称有阿尔戈斯血统，而这条血统可以向上一直追溯到阿尔戈斯的英雄赫拉克勒斯那里。亚历山大被他们要和马其顿人认亲的诉求打动了，于是他立即赋予马洛斯希腊城邦的地位，并准许他们完全免税。这明白无误地传递了一条信息：希腊血统意味着优惠待遇。

在公元前4世纪晚期和公元前3世纪，从吕底亚到叙利亚的数百个西亚城邦突然都找到了希腊神祇和英雄作为自己的祖先，这并不奇怪。有些城邦非常幸运：根据一个希腊版的欧罗巴和公牛的神话故事，欧罗巴和卡德摩斯是腓尼基城邦西顿国王阿格诺尔（Agenor）的孩子。在欧罗巴被宙斯拐走后，卡德摩斯便从腓尼基出发去寻找他的妹妹；他最后在希腊定居，在波奥提亚建立了底比斯城。在公元前3世纪以前，很少有腓尼基人知道这个故事：欧罗巴、卡德摩斯和阿格诺尔都纯粹是希腊人物，在腓尼基的本土神话中并不存在。但是当西顿人意识到他们在希腊的传说中已经占有一席之地时，他们马上欣然接受了这个故事。自公元前2世纪早期起，欧罗巴和公牛的形象就出现在西顿的硬币上。公元前200年左右，一位在尼米亚竞技会上获胜的西顿运动员——这本身就是一个意义重大的事件，因为以前只有希腊人才被允许参加泛希腊的竞技会——称西顿为"阿格诺尔的子孙之乡"，还提到底比斯人对腓尼基母邦在竞技会中获胜的喜悦之情，他称底比斯为"卡德摩斯的神圣之城"。西顿人学得很快：在庆祝这次胜利的纪念碑上，他们使用的是无可挑剔的希腊语挽诗体对句，而这也是已知的西顿最早的希腊语铭文。在重塑历史方面，其他非希腊城邦就要困难得多：小亚细亚西北部的小镇哈尔帕基恩（Harpagion）得名于波斯将军哈尔帕格（Harpagus），这里的居民愤怒地否认他们与波斯人有任何联系。他们声称自己的城镇得名于宙斯"抓走"（希腊语为"*harpagē*"）伽倪墨得斯一事，这件事就发生在哈尔帕基恩。

小亚细亚的希腊文化

19世纪时，约有100万名希腊人生活在奥斯曼统治下的小亚细亚，占总人口的8%。大多数希腊人口集中在半岛的西部，其余一些小群体生活在卡帕多西亚（Cappadocia）和黑海沿岸。在19世纪早期，小亚细亚的希腊人都生活在小型"社区"

（*koinotites*）里，各自孤立，没有什么集体认同感。19世纪30年代，当爱琴海的另一侧出现一个独立的希腊国家时，这种局面开始迅速变化：在小亚细亚的省级城镇里，越来越多的希腊学校和文学团体建立起来，形成了一种以新兴的希腊国家为蓝本的教育体系。在卡帕多西亚农村腹地的塞纳索斯（Sinasos），学校的课程里包括希腊史、教会史、色诺芬、伊索克拉底、德摩斯梯尼和柏拉图，引人注目的是，与奥斯曼相关的课程却不在其中。在小亚细亚希腊人中培养一种新的希腊民族认同感时，对古希腊文化的重视至关重要。

与此同时，小亚细亚的古希腊城市对当地历史也越来越感兴趣。19世纪七八十年代，两本士麦那的学术期刊《缪斯神庙》（*Mouseion*）和《新士麦那》（*Nea Smyrnē*）刊登了数百种古希腊铭文，这些铭文是被小亚细亚西部各个小镇的医生和教师们发现并抄录下来的。对我们来说，当地这些希腊古文物研究者不过是一些名字而已，如阿塔齐（Artaki）的N. 利姆尼奥斯（N. Limnaios）博士和阿拉谢希尔（Alaşehir）的G. 萨兰提底斯（G. Sarantidis）。在阿拉谢希尔圣约翰教堂的废墟里，依然可以看到萨兰提底斯为他1岁的女儿爱芙塔利亚（Efthalia）撰写的碑文。碑文最后是"生于1878年5月24日，亡于1879年6月18日，于菲拉德尔斐亚（Philadelpheia）"。我们对萨兰提底斯的几乎所有了解，除了他抄下来的铭文之外，就是他选择用古希腊名称"菲拉德尔斐亚"来称呼自己的故乡阿拉谢希尔；这个名字已经有400年没有被使用过了。

小亚细亚的希腊人民族认同感的复苏最终带来了悲剧性的

结果。随着奥斯曼帝国在第一次世界大战结束时瓦解，在英国首相戴维·劳合·乔治（David Lloyd George）的鼓励下，希腊军队先是占领了士麦那周边地区，后来又占领了小亚细亚半岛西半部的大部分地区。希腊人的目的——所谓的"伟大理想"（megalēidea）——其实是要建立一个更大的希腊国家，而这个国家将涵盖爱琴海周边所有"历史上属于希腊"的地区。在两年的血腥战争（1920—1922）之后，希腊人被赶出了小亚细亚半岛。1923年，希腊与土耳其签订了关于人口交换的条约：超过100万名奥斯曼帝国的希腊东正教居民——其中大多数来自西小亚细亚——被迁移到希腊，结束了他们在那里长达3 500年的历史。

在"再次发掘"其希腊起源的同时，腓尼基与小亚细亚西部的非希腊城邦还热情仿效希腊公民生活的方方面面。典型的希腊机构和公共设施在近东地区广为人所接受，其中包括剧场和市政厅、银币和铜币的使用、竞技和体育馆文化。一些敢于尝试的本土历史学家用希腊语来书写他们本国的历史，如巴比伦的贝罗索斯（Berossos）和埃及的曼尼托（Manetho）。现存的曼尼托作品片段中有各种来自埃及历史传统（帝王年表、预言和僧侣自传）的因素，这些因素被巧妙地融入了希腊风格的叙事体历史之中。在希腊历史学家希罗多德的《历史》中，对埃及的讲述有对有错，而曼尼托的一个主要目标是纠正其中的错误。其他人则以一种更利己的方式对希罗多德的著作做出了回应。公元前3世纪20年代中期，阿契美尼德帝国吕底亚行省的旧都萨迪斯曾向德尔斐派遣使团，以求得对它希腊城邦身份的承认。萨迪斯人提起德尔斐曾经对他们的城市表现出善意，他们所依据的似乎是希罗多德《历史》的第一卷，其中长篇叙述了公元前6世纪吕底亚国王克洛伊索斯（Croesus）与德尔斐神谕处之间的友好关系。萨迪斯人之所以能够加入希腊特权阵营，很显然多亏了他们在希罗多德作品中的突出地位。

然而，并不是近东所有民族都能如此简单地将其文化融入统治者所青睐的文化。公元前2世纪70年代晚期，耶路撒冷一群主张文化希腊化的人向塞琉古国王"神选者"安条克四世（Antiochus IV Epiphanes）请愿，要将耶路撒冷改为希腊城邦，并在市中心建立一个体育场。没有真实的证据表明这群人有任何意图改革犹太教或使其"希腊化"。然而，在几年之后的公元前167年，安条克四世决定用武力镇压犹太教。法律明文禁止犹太教的宗教仪式，实行割礼者将被处以死刑；在耶路撒冷圣殿举行燔祭的大祭坛上，建起了一座祭祀宙斯奥林匹奥斯（Zeus Olympios）的异教祭坛。安条克四世试图推行这一政策来促进希腊化的原因仍是一个谜；就像我们看到的那样，大多数希腊化君主并不介意他们的非希腊子民保持"非希腊"的状态。事实上，犹太地后来所发生的事件清楚地表明了，为什么安条克四世的前辈们没有把欧洲的文化规范强加给他们的子民。犹太人的反抗广泛、猛烈、果断：不到3年，圣殿敬拜被恢复，到了公元前2世纪40年代，犹太地已经实际上从塞琉古王朝独立出来。

《但以理书》成书于公元前2世纪60年代中叶犹太人发动反抗的早期，从中我们可以了解到，犹太人是怎样用犹太历史为其反抗安条克四世的斗争辩护的。《但以理书》据称是公元前6世纪的先知书，记录了先知但以理在犹太人被掳至巴比伦的最后岁月里所看见的异象，以及波斯帝国的早期历史。在但以理描述的一个异象中，一头公绵羊

(米底与波斯之王大流士三世）被一头来自西方的公山羊（希腊之王亚历山大大帝）击败，公山羊的角折断了，取而代之的是四个新的角（四个希腊化王朝：塞琉古王朝、托勒密王朝和安提柯王朝，另外一个可能是帕加马的阿塔罗斯王朝）。四角之中有一角长出一个小角（安条克四世），它将摧毁圣殿，除掉常献的燔祭，设立那"行毁坏可憎之物"（耶路撒冷的异教祭坛）。但以理预言说，这位国王的统治将持续到最后审判和上帝之国来临之日，由此可见《但以理书》写于安条克四世的统治结束之前。公元前2世纪的犹太人试图将希腊化王国的历史和安条克四世的迫害编入更广泛的犹太史，这是很值得注意的事情。公元前6世纪流亡巴比伦的犹太先知预言了这一切，这一"发现"赋予了公元前2世纪60年代的宗教危机以意义，使其变得意味深长。

在同一时期的埃及，类似的作品肯定也在流传。公元前2世纪后期有一段非常值得注意的文本，它就是"陶工预言"，据说记录了一位埃及陶工对法老阿蒙霍特普（Amenhotep）所做的预言，这位法老是公元前第二千年四位同名法老中的一位。这个预言称亚历山大里亚的守护神将会遗弃这座城市，来到下埃及的古老首都孟斐斯，"而外乡人建立的城市将被废弃"。对亚历山大里亚的遗弃预示着"外邦人如落叶般涌至埃及的邪恶时代"的终结。但是，这名陶工过于乐观了：希腊人并未被逐出埃及，亚历山大里亚繁华依旧。尽管如此，陶工预言仍旧在埃及流传，一直到公元3世纪，这代表了本土文化反抗马其顿以及后来罗马统治的暗流。

一个惊人的事实就是，在整个希腊化世界中，取得胜利的实际上是希腊城邦的文化和制度，而不是亚历山大的马其顿部族国家模式。在希腊化时期，就连希腊语的马其顿方言也像其他大部分地区性的希腊方言那样消亡了,取而代之的是一种通用的标准希腊语,即所谓的"通用语"(koinē),它建立在雅典与爱奥尼亚古老的当地方言基础上。在希腊化时代,虽然世界政治中心转移到了美索不达米亚、埃及和马其顿,但是希腊本土那些古老城邦在文化上的重要性显然丝毫没有减少。爱琴海盆地一直以来都是希腊化各国矛盾冲突的主战场,因此三个主要王朝不遗余力地要把自己呈现为希腊文化的爱好者,这或许没有什么好奇怪的。

在所有这些希腊化王朝中,埃及的托勒密王朝最喜欢公开夸耀自己和希腊文化之间的关系。公元前279年到前278年的冬季,托勒密王朝的首都亚历山大里亚首次庆祝四年一度的节日"托勒密节"(Ptolemaieia),以纪念托勒密王朝的创立者托勒密一世(Ptolemy I Soter,前305—前282年在位)。幸运的是,关于早期托勒密节的盛大游行,有一篇较长的描述留存下来。游行的主体部分重现了狄俄尼索斯从印度归来的景象:一座狄俄尼索斯躺卧在一头大象上的6米高的雕塑,后面跟随着一群东方来的动物:大象、骆驼、花豹、猎豹和鸵鸟等等;埃塞俄比亚进贡者——可能是因为找不到真正的印度人——带来了600根象牙与2 000根乌木。据说总计57 000名骑兵和23 000名步兵一起参与了游行。游行队伍的最后是一座亚历山大的黄金雕像,放置在一辆由四头大象拉动的战车上。

这种庞大奢华而不免俗气的游行不仅向我们展示了托勒密王朝惊人的财富,也表明了他们希望在自己的臣民面前树立什么样的形象。奇怪的是,埃及本土的文化没有在庆典中出现。游行的一辆彩车上载着亚历山大大帝和托勒密的雕像,亚历山大的雕像旁是科林斯城的拟人化形象,托勒密身边则站着"美德"(aretē)的化身。在他们之后是一辆载满了女子的马车，她们身着奢华的长袍，浑身都是珠宝，代表着亚历山大从波斯人手中解放出来的那些爱奥尼亚希腊城邦和岛屿。这里的象征有点让人意外。科林斯的拟人化形象很显然是指科林斯同盟，即希腊本土的城邦同盟。公元前334年，亚历山大以其名义入侵了亚洲。如果不是更早的话，最迟到了公元前323年亚历山大去世时，这个同盟已经名存实亡，而到了公元前3世纪70年代，它已经成为古老历史的一部分。尽管如此，通过将托勒密的雕像置于亚历山大的希腊同盟与小亚细亚的自由希腊城邦的拟人化形象身边，托勒密王朝实际上是在宣示它将延续亚历山大的希腊自由自治政策，这与托勒密王朝在公元前3世纪早期更宏大的政治抱负不谋而合。托勒密王朝不遗余力地将自己表现为希腊自由的捍卫者：公元前287年，在托勒密王朝的协助下，雅典成功推翻了马其顿安提柯王朝的统治；在长达25年的时间里，托勒密王朝一直积极支持独立的雅典民主政体。

托勒密王朝的希腊化行为有一点非常独特，影响也很大，那就是他们在亚历山大里亚建立了一个大图书馆和学术社团，这些都是为了服务于缪斯女神，因此被称为"缪斯神庙"（Mouseion）或"博物馆"（Museum）。博物馆第一代学者中最重要的人物是来自昔兰尼（位于今天的利比亚）的卡利马科斯（Callimachus），他对当时存有的所有希腊著作进行了鉴别编目，共计120卷，在一定程度上也起到了庞大的图书馆目录的作用。根据不同的体裁，这些著作被分门别类；很多著作是首次被明确地分类和定义。公元前3世纪后期，博物馆的另一位学者埃拉托色尼（Eratosthenes）编制了第一份重要的希腊历史年表，他所依据的是奥林匹亚竞技会获胜者的名单。埃拉托色尼所知道的第一位获胜者是埃利斯的克罗博斯（Koroibos of Elis），他将时间确定为公元前776年。有一个事实可以说明埃拉托色尼著作的影响力有多大：2007年，牛津大学学生研习的希腊史还以公元前776年为起点。对于奥林匹亚竞技会之前的历史，埃拉托色尼参考了斯巴达的列王表，这使他能够将赫拉克勒斯后裔回到伯罗奔尼撒半岛的时间确定在公元前1104年或前1103年，并将特洛伊陷落的时间确定在那之前80年的公元前1184年或前1183年。埃拉托色尼确定的时间与特洛伊第七层第一阶段大约公元前1200年的毁灭似乎很"吻合"，一些现代学者对此颇感惊奇。但是，这种"吻合"即使真的存在，也只不过是一个巧合。对于他所确定的公元前1184年或前1183年这个时间，埃拉托色尼没有任何证据，可以让他将年表追溯到第一届奥林匹亚竞技会之前的证据根本就不存在。

显然，埃拉托色尼所确定的许多时间仅仅是猜测，例如他认为荷马生活在公元前11世纪。但是，其著作的重要性和独创性在于他所使用的方法。这是第一次有人尝试完全依据文献记录来编制希腊史早期可信的纪年框架。这些文献包括列王表、奥林匹亚竞技会的获胜者名单、祭司和行政长官的名单。像词典、手册和百科全书这类作品的编纂一样，这反映了一种思考过去的新方式。博物馆的学者们第一次尝试对他们的文化遗产进行分类和整理，这种学术活动热潮的一个副产品就是确定了哪些希腊诗人和演说家的著作是正典，他们的作品被认为特别具有研究与模仿的价值。这种确定正典的做法首次出现于亚历山大大帝统治时期，雅典政治家莱克格斯（Lycurgus）将埃斯库罗斯、索福克勒斯和欧里庇得斯悲剧的权威版本收藏在雅典的城邦档案馆中，并制定法律要求演员遵循这些官方版本。公元前2世纪早期，亚历山大里亚王家图书馆馆长拜占庭的阿里斯托芬（Aristophanes of Byzantium）起草了一份一流作者的名单，其中包括三位悲剧诗人、九位抒情诗人和十位演说家等。阿里斯托芬的正典作家名单具有巨大的影响力，在很大程度上决定了哪些希腊作者的作品会被传抄并流传至今。埃拉托色尼将他的纪年表止于亚历山大去世时，阿里斯托芬的名单上也没有一位希腊化时期的诗人、演说家或是历史学家。就连希腊化时期最成功的诗人菲勒塔斯（Philitas）、忒奥克里托斯（Theocritus）和阿拉托斯（Aratus）都没能跻身"正典"作家之列。罗马人习惯上称埃拉托色尼选出的这些作者为"*classici*"，意为"一流的"。因此，我们今天的"经典"（classical）这一概念最终要归功于托勒密王朝亚历山大里亚的学者。

在科学与数学领域，这个博物馆的成果有着同样重要的历史意义，甚至更为重要。一言以蔽之，亚历山大里亚学者们做出了惊人的成就。公元前300年左右，欧几里得的《几何原本》在亚历山大里亚面世，直到19世纪后期，此书在英国仍被用作教科书。叙拉古的阿基米德是古代的伟大天才人物之一，今天人们最熟悉的可能就是以固体排开的水的重量来测量固体密度的方法["我知道了！"，这就是表示灵光一闪的"尤里卡时刻"（*eureka* moment）的由来］。然而，阿基米德最重要、最富有创造性的成就在几何学领域：他证明了 π 的值在 $3^1/_7$ 和 $3^{10}/_{71}$ 之间，仅此一点就足以确立他一流数学家的地位。博学的埃拉托色尼还用数学方法来解决地理学问题。在《地球大小的修正》中，他使用一种简单而优雅的方法估算出地球的圆周长约为 39 689 千米，这与实际数字 40 011 千米惊人地接近。

巴格达的希腊数学与科学

公元8世纪中叶，在阿拉伯的阿拔斯（Abbāsid）王朝掌权之后，哈里发曼苏尔（Al-Mansūr，754—775年在位）发起了一场伟大的希腊数学和科学著作翻译运动。这场运动由国家资助，在学术上非常严谨，在整个9世纪和10世纪一直持续。最早被翻译的作品中有欧几里得的《几何原本》和克劳狄乌斯·托勒密（Claudius Ptolemaeus）关于数理天文学的巨著，时至今日它仍以阿拉伯语名称"Almagest"（《天文学大成》）为人所知。最伟大的阿拉伯语翻译家是侯奈伊·伊本–伊沙克（Hunayn ibn-Ishāq，808—873），据说他能够背诵荷马史诗。他曾这样描述他为了寻觅优秀的希腊语手稿所做的努力："还没有一个人发现盖伦《论证明》一书的完整手稿……为了找到它，我四处奔波，足迹遍及美索不达米亚北部、整个叙利亚、巴勒斯坦和埃及，最后到了亚历山大里亚。我只在大马士革找到了该书的大约一半，而且还七零八落、残缺不全。"

阿拔斯巴格达的学者们使用并发展了古希腊的数学，为伊斯兰国家的实际需要服务。在欧几里得的《几何原本》被译为阿拉伯语约半个世纪之后，9世纪的数学家花剌子米（Al-Khwārizmī）写道，哈里发马蒙（Al-Ma'mūn）"鼓励我撰写一部关于代数的简明著作，内容仅限于其中精细而重要的计算部分，因为这些是人们在处理继承、遗产、财产分割、法律诉讼和交易方面的问题时所需要的"。对地球周长的精确测量是一个特别重要的问题，因为只有确定了从地球表面任何一点到麦加的距离和方位，才能确定礼拜的方向。在这方面，埃拉托色尼的方法一直被沿用到公元11世纪早期，才被伟大的波斯科学家比鲁尼（Al-Birūni）发明的一种更加先进的方法所取代。

　　阿拉伯翻译家们的功劳无法估量。公元11和12世纪，中亚和安达卢西亚出现了一次阿拉伯哲学的大繁荣，前者的代表人物是阿维森纳（Avicenna），后者的代表人物是阿威罗伊（Averroes），但是如果没有翻译亚里士多德哲学著作带来的动力，这种繁荣是难以想象的。12世纪，在很大程度上是通过阿拉伯语作品的拉丁语译本，希腊的哲学和科学思想才被重新引入西欧。直到今天，仍有几部重要的希腊数学和医学著作只有阿拉伯语译本存世，其中包括亚历山大里亚的希罗（Hero of Alexandria）的《力学》、佩尔格的阿波罗尼斯（Apollonius of Perge）的《圆锥曲线论》和盖伦的《论解剖》。

　　探索亚历山大征服所打开的广阔新天地的时机已经成熟了。地理学、植物学和民族学繁荣发展。麦加斯梯尼（Megasthenes）是塞琉古王朝派往印度国王旃陀罗笈多（Chandragupta）宫廷的大使，他全面描述了印度的历史和地理，其中包括目前已知的对于印度种姓制度的最早描述。通往红海和波斯湾的航道被打开，托勒密王朝的猎象人深入埃塞俄比亚和苏丹内部。这些探索之旅中最了不起的，也许是公元前320年左右马西利亚的皮西亚斯（Pytheas of Massilia）的那次航行。穿过直布罗陀海峡，皮西亚斯从加的斯沿着大西洋海岸一路向北驶去。他从康沃尔的兰兹角（Land's End）出发，顺时针绕不列颠航行一周；最终他到达了一个被他称为"极北之地"（Thule）的地方，"这里的夜晚很短，只有2到3个小时，因此日落和日出的间隔很短"。"极北之地"的确切位置仍有争议，但皮西亚斯的登陆地点极有可能是设得兰群岛（Shetlands）或冰岛。在返航穿越北海时，皮西亚斯可能向东航行到了丹麦。历史学家波利比乌斯（Polybius，约前200—前118）对皮西亚斯在遥远北部的发现抱有怀疑和蔑视，这是很能说明问题的。皮西亚斯后继乏人，直到公元前1世纪罗马人征服之后，阿尔卑斯山以北的欧洲才不再是一片未知之地。

*

就在皮西亚斯绕着欧洲北部海岸航行时，温带欧洲正经历一段剧烈的社会动荡时期。正如我们前面看到的那样（见前文，第99—101页），公元前6世纪后期，在与地中海沿岸的希腊贸易城市接触的过程中，铁器时代欧洲中部的哈尔施塔特文化（从罗讷河谷一直延伸到今天的捷克共和国）发生了深刻的变化。公元前5世纪中叶，西哈尔施塔特酋邦的主要中心发生了剧烈的崩溃。和霍恩堡的首领豪宅一样，有的定居点被暴力破坏。在那些保留下来的定居点，无论是王室墓葬的数量，还是从地中海世界进口的名贵物品的数量，都大幅减少。在一代人的时间里，一种生活方式销声匿迹了。

西哈尔施塔特的精英阶层处于一个富裕的农业社会的上层，他们聚集在行政中心和制造业城镇，这些地方大多位于向南的贸易路线上。西哈尔施塔特文化的物质繁荣建立在他们与北方邻国之间的关系上，而这种关系是很不稳定的。这些精英阶层购买地中海奢侈品时，用的是奴隶和毛皮、琥珀、金属这样的原材料，而这些主要是从哈尔施塔特地区北边好战的凯尔特民族那里获得的。公元前5世纪中叶前后，这个获取渠道不复存在。来自马恩河谷（Marne valley）、摩泽尔（Moselle）和波希米亚的凯尔特武士占领了古老的西哈尔施塔特酋邦，接手了他们与希腊人和伊特鲁里亚人的贸易系统。

北方的这些战士今天通常被称为拉坦诺凯尔特人（La Tène Celts），得名于瑞士纳沙泰尔湖（Neuchâtel）东端的拉坦诺。在欧洲西北部拉坦诺的中心区域，几乎没有发现过大型的设防住所，拉坦诺贵族的墓葬反映了这个社会压倒性的尚武思想：战车和武器才是常规物品，而不是酒器。首领以成功的劫掠来证明和巩固他们的地位，劫掠的目标离拉坦诺北方的家乡越来越远。这些凯尔特社会与地中海世界的关系迥异于霍恩堡或维克斯的首领们。奢侈品依然从南方进口（特别是从意大利半岛的伊特鲁里亚人地区），但我们发现它们被新主人加以修改和调整：来自意大利半岛的青铜壶经常被当地的铁匠重塑，并重新刻上凯尔特风格的装饰。到了公元前4世纪，地中海的进口商品已经十分罕见。凯尔特人已经开发出了属于他们自己的、当地生产的名贵商品，饰以植物图案，特别是棕叶饰，以及由曲折线条组成的人类和动物的程式化形象。

公元前4世纪，以独特的拉坦诺风格装饰的随葬品开始出现在一个个墓葬群中，这种墓葬群在整个中欧和南欧都扩散开来。拉坦诺物质文化南至意大利半岛北部、东至巴尔干半岛的急剧扩张，可以用几种不同方法来解释。传统的观点认为，拉坦诺文化的扩散表明整个民族都在迁徙：从公元前400年左右开始，凯尔特人开始了大规模的迁徙和征服行为，最终可能有多达30万名男女老幼在地中海世界的外围地区定居。然而，一些考古学家最近声称，这种大规模的移民只是一个幻觉。凯尔特艺术和葬俗在公元前4世纪和公元前3世纪广泛扩散，也许反映了非凯尔特文化群体对拉坦诺文化的热情接纳。通过贸易，他们渐渐熟悉了其北欧邻国的物品和生活方式。

表面看来，现代关于凯尔特人迁徙的争论与阿尔-米那的问题似乎很相似（见前文，第91—93页）。我们看到，阿尔-米那的陶器主要来自优卑亚岛，这被更早一代的考古学家解释为优卑亚人在这里有定居点，但这或许仅仅反映出叙利亚当地人对优卑亚陶器的喜爱。严格意义上说，根本不需要有优卑亚人到过阿尔-米那。对于民族迁徙的问题，仅凭考古证据是无法给出确切答案的。但是实际上，这种凯尔特人迁移的"幻觉"与优卑亚人定居阿尔-米那的"幻觉"有很大区别。关键的一点是，和阿尔-米那的优卑亚人定居点不同，凯尔特人的迁徙是被大量希腊和罗马的历史记录直接证实的，这些记录既有文献记录，又有文学记录。在这种情况下，书面证据（提到了凯尔特人在公元前4世纪初入侵意大利半岛，在公元前3世纪初入侵希腊）和考古证据（表明凯尔特物质文化在同一时期稳定地向意大利半岛北部和巴尔干半岛中部扩散）是完全匹配的。

因此，希腊和罗马历史学家的讲述很可能大体上是正确的。在公元前4世纪的第一个十年，一大群凯尔特人翻越阿尔卑斯山，定居在意大利半岛北部的波河河谷。成群的劫掠者席卷了伊特鲁里亚和意大利半岛中部；在公元前386年左右，罗马也被洗劫。与此同时，另一群人正沿着多瑙河向东扩散着毁灭，到了公元前4世纪中期，凯尔特人已经在匈牙利和特兰西瓦尼亚（Transylvania）牢牢站稳脚跟。年轻的亚历山大大帝在公元前335年，即他进入亚洲的前一年，接见了一个从多瑙河地区来的凯尔特使团，他们想与马其顿王国结盟。亚历山大问这些凯尔特人他们最大的恐惧是什么,他本来以为他们会说自己,不料他们却回答说,他们唯一的恐惧就是天空会落在他们头上。这次短暂的见面异常激动人心,来自北欧森林的凯尔特移民和未来的印度征服者相遇,仿佛历史的两股大潮瞬间接触,又旋即分离。

终于,在公元前279年,多瑙河下游地区的凯尔特人对希腊半岛发起了一场大规模入侵。马其顿人和色雷斯人的低地受到劫掠,尽管匆忙组建的希腊联军英勇奋战,凯尔特人的一支部队成功突破了温泉关,涌入希腊中部。这支庞大的凯尔特军队最终在一场大战役中被消灭,当时适逢暴风雪,战场就在德尔斐的神谕宣示所门前,据说没有一个凯尔特人活着逃走。次年,又一支凯尔特队伍跨过达达尼尔海峡进入小亚细亚。凯尔特战团四处游荡,到处突袭,对于小亚细亚西部的城市来说,这是可怕的十年。最后,在公元前3世纪60年代初期,凯尔特人定居在土耳其内陆深处,即今天安卡拉周围安纳托利亚高原的北部边缘。这些安纳托利亚凯尔特人被希腊人称为加拉太人(Galatian),保留了他们在北欧故土的许多传统和大部分社会结构。公元1世纪早期的地理学家斯特拉波(Strabo)告诉我们,加拉太人生活在炎热而无树的安纳托利亚大草原的中心地区,但是他们仍然使用"drunemetos"这个词来指代他们的议事会(这个词的字面意思是一片神圣的橡树林),仿佛他们仍然聚集在波希米亚和莱茵河地区的浓密森林里。直到公元6世纪,在安纳托利亚腹地的偏远地区还能听到凯尔特语。

对希腊世界来说,凯尔特人的入侵如同一道霹雳。自从两个世纪前薛西斯入侵希腊之后,希腊还从未见识过这样的侵略。这两次入侵之间的相似之处很快就被用来为政治目的服务。公元前279年，捍卫希腊本土的主要力量是埃托利亚人（Aetolian），这是一个人口众多但有些落后的希腊部落，他们来自希腊中西部，以海盗行为著称。

战胜凯尔特人之后，埃托利亚人迅速将被击败的蛮族人的盾牌放置在德尔斐阿波罗神庙西面和南面雕饰带的陇间板上，对面就是雅典人在公元前490年的马拉松战役后放置于北面和东面的波斯盾牌。在埃托利亚人的赞助下，德尔斐设立了一个新节日，这就是"救世节"（Soteria），它最终成为希腊历法中的主要节日之一。埃托利亚同盟一度是规模相对较小的联邦国家，此后迅速成长为希腊化世界的大国之一，将希腊中部的许多较小邻国包围起来。

在小亚细亚，也发生了与此非常类似的情况。在公元前3世纪后期和公元前2世纪，在似乎永无休止的对加拉太人的斗争中，首当其冲的是小亚细亚西北部一个独立的小王国的统治者，即帕加马的阿塔罗斯王朝。阿塔罗斯王朝逐渐扩张，最终控制了整个小亚细亚半岛西半部，这种扩张始于公元前240年前后。这一年，帕加马的阿塔罗斯一世（Attalus Ⅰ，约前240—前197年在位）在一场大会战中击败了加拉太人，战场位于卡伊枯斯河（Caicus river）的源头。阿塔罗斯王朝始终宣称，他们对加拉太人的胜利是希腊人对蛮族人一系列宏大战争的一部分，无论这种战争是神话中的，还是历史上的。公元前200年左右，阿塔罗斯在雅典卫城上修建了宏伟的胜利纪念碑（见图20）。四个大约30米长的基座竖立在帕特农神庙的南面，上面是独立的群雕，刻画的是希腊神祇对巨人的战争、雅典人对阿马宗女战士的战争、希腊人对波斯人的战争，当然还有阿塔罗斯的士兵击败加拉太人

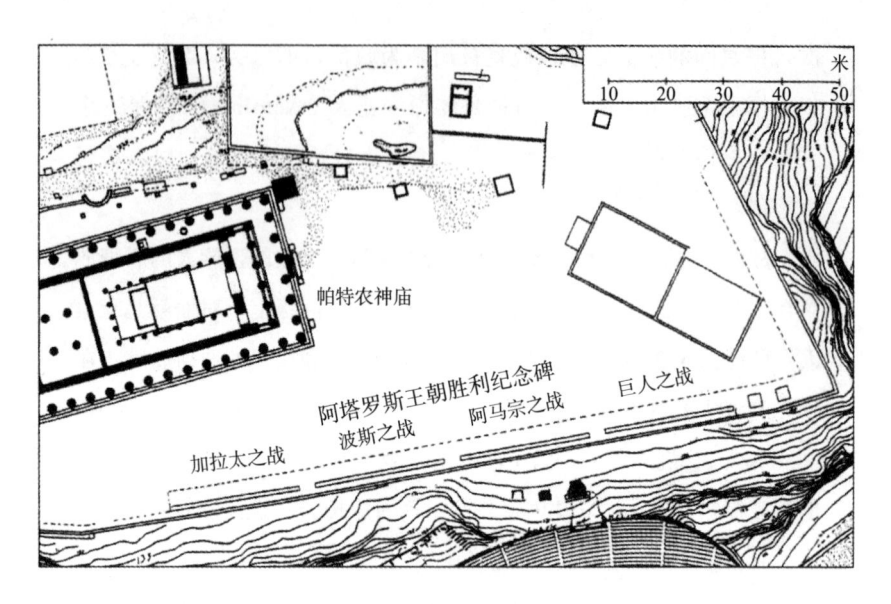

图20 雅典卫城上阿塔罗斯王朝的胜利纪念碑，约公元前200年

的战争。如今纪念碑已经不见踪迹，但仍有几个罗马时期的雕像复制品流传下来。这座纪念碑所刻画的形象，加上它位于帕特农神庙下方这一事实，让人不由得想起公元前5世纪雅典的雕塑作品，特别是帕特农神庙的陇间板；这些陇间板上的雕塑描绘了神祇、拉庇泰人和希腊人从容制服希腊文明的各种野蛮敌人的情景。阿塔罗斯自称是对抗蛮族、捍卫希腊的又一位新英雄，是雅典人在马拉松战役和萨拉米斯战役中的胜利的继承者。

他选择在雅典建立纪念他战胜凯尔特人的纪念碑，这是很能说明问题的。公元前2世纪，雅典的文化声望可能甚至超过了它在古典时期所达到的高度。在公元前5世纪20年代雅典帝国的鼎盛时期，雅典人要求整个希腊世界上缴粮食收成的十分之一，以此表示他们承认雅典人所自封的爱奥尼亚人母邦和希腊文明摇篮的地位。300年后，其他希腊城邦才终于赶了上来。公元前125年，德尔斐近邻同盟（一个负责德尔斐圣所事务的国际机构）授予了雅典人很多荣誉，"因为雅典人是一切有益于人类的事物的源头，他们将人类从野蛮的状态提升到文明的状态"。同时期色雷斯马罗尼亚（Maronea）的一段铭文将雅典描述为"欧洲的装饰"。希腊化君主对雅典的慷慨大方显而易见，在这方面，他们争先恐后。雅典的市中心到处都是巨大的新建公共建筑，它们由亲希腊的国王们出资建造。阿塔罗斯王朝出资建造了两个奢华的市场或柱廊，一个位于雅典的阿哥拉，另一个在卫城的南坡。

公元前2世纪的雅典复兴告诉我们，虽然希腊化世界是区域性超级大国的世界，但它依然是一个富裕而自治的希腊城邦的世界，各个城邦有着当地特有的关切和与众不同的区域文化。在这方面，亚历山大大帝的征服并不像人们有时认为的那样是一个大分水岭。城邦之间依然战事不断，在范围日益扩大的泛希腊节庆中竞逐声望，并建立起巨大的防御工事和奢华的公共建筑——要么自掏腰包，要么由国王出资。在希腊化君主的统治下，城邦不仅存续了下来，而且还欣欣向荣。从现存的大量书面证据来看，国际交往在复杂性和巧妙性上都达到了新高度。公元前3世纪后期，作为保护沿海地区不受克里特海盗蹂躏的长期努力的一部分，雅典人与克里特岛西部的城邦凯多尼亚（Kydonia，今天的干尼亚）签订条约。这个条约所依据的是两个民族之间在神话上的亲属关系：既然雅典人可以宣称自己是阿波罗的儿子伊翁的后裔，凯多尼亚人就声称他们是阿波罗另一个儿子凯顿

(Kydon)的后裔。希腊神话传说十分灵活，只要足够努力，任何一个城邦都可以振振有词地与其他几乎任何一个城邦建立联系。有几个城邦的外交使团中包括专业的历史学家，例如，他们能解释清楚，为什么吕基亚的桑索斯（Xanthos）人民应该出钱帮助希腊中部遥远的开特尼翁（Kythenion）建造新城墙。

这些拐弯抹角的亲属关系或许会显得有点可笑，但希腊城邦对此非常认真。公元前196年，特洛阿德（位于小亚细亚半岛的西北部）的希腊城邦兰普萨卡斯（Lampsacus）似乎一直在遭受小亚细亚中部加拉太部落的袭击。作为回应，兰普萨卡斯人派遣使团到高卢南部的城邦马西利亚，要求得到一封向加拉太人的引见信。这是次非常奇怪的出使：安纳托利亚的凯尔特人生活在小亚细亚内陆深处，他们几乎不可能听说过生活在地中海另一端的马西利亚人。的确，马西利亚一直与罗讷河谷的凯尔特人保持着密切的贸易关系；但是，因此就以为对于加拉太人来说，这种关系可能会有点作用，这种想法实在荒谬，要知道早在200多年前，加拉太人与中欧的故乡之间就没有任何联系了。真正有趣的是，兰普萨卡斯人期望加拉太人能接受在希腊亲情外交中所常用的那种论据："西部的凯尔特人与马西利亚人的祖先有过联盟，因此，作为凯尔特人，你们与马西利亚人有着特殊的关系。我们兰普萨卡斯人是马西利亚人的亲属（兰普萨卡斯和马西利亚最初都曾是爱奥尼亚人城邦福西亚的殖民城市），因此，你们作为马西利亚人的'盟友'，也应该与我们结为同盟（或者至少停止侵袭我们）。"谁也不知道加拉太人是怎样看待这种逻辑的。

造访马西利亚的兰普萨卡斯使团继续去往地中海西部，拜访那里最重要的非希腊城邦。此时，罗马刚刚开始成为希腊本土事务中的主导性力量。从公元前3世纪80年代起,罗马人就一直在稳步扩大他们在亚得里亚海两岸的影响力。公元前214年,当汉尼拔在蹂躏意大利半岛时,马其顿王国充满活力的年轻国王腓力五世(前221—前179年在位)抓住机会,试图重建马其顿在亚得里亚海东岸的控制权。经过两个大国的数年周旋,公元前211年,罗马人与埃托利亚同盟联合起来,共同对抗腓力。这场战争非常残忍血腥;埃托利亚人和罗马人合作,将整个城市的人民卖为奴隶。埃托利亚人被指控勾结蛮族奴役希腊,这不是没有原因的。最终,在公元前197年的色萨利的库诺斯克法莱(Cynoscephalae)战役中,马其顿军队被击败,腓力被逐出希腊本土。从一开始,兰普萨卡斯人就渴望与希腊化世界这个新生的超级大国搞好关系,这是可以理解的。他们又提出了一个基于神话亲属关系的复杂论据:罗马人是特洛伊人的后裔,英雄时代结束时,特洛伊陷落,特洛伊人迁徙到了意大利半岛;作为特洛伊人古老故乡特洛阿德的居民,兰普萨卡斯人与罗马人有亲族关系。

与加拉太人不同,罗马人全盘接受了这种思维方式。早在刚开始与腓力打仗的时候,罗马人就知道了展示自己形象的重要性,他们不是外来的蛮族,而是希腊人的亲族和施恩者。作为库诺斯克法莱战役的胜利者,罗马将军提图斯·弗拉米宁(Titus Flamininus)在德尔斐神殿举行了盛大的献祭,他巧妙地将自己描述为缔造罗马的特洛伊英雄埃涅阿斯的后代。最终,在公元前196年夏季的地峡竞技会上,弗拉米宁宣告整个希腊世界自由了,两年后罗马军队将全部撤出希腊。这件事的象征意义是精心设计的。弗拉米宁选择在科林斯地峡竞技会上公开宣告,这让人想起早在公元前480年,科林斯曾作为希腊联军对抗波斯的集会地点，同时也是公元前4世纪后期腓力二世的科林斯同盟的总部。希腊化君主们经常宣称希腊人是自由的，但从未有人像如今的罗马人一样用具体行动来确保这一点。弗拉米宁本人受到了希腊化君主一样的礼遇：他以自己的名义发行了一套黄金铸币，一面刻有他本人亚历山大风格的英雄肖像，另一面是他的名字，上方是希腊的胜利女神。美塞尼诗人阿尔凯奥斯（Alcaeus）用一种意味深长的对比来赞美罗马的胜利："薛西斯把波斯大军带到了希腊，提图斯从意大利半岛带来了另一支大军；但前者把奴役的枷锁套在了欧洲人的脖子上，后者则把希腊从奴役中解放了出来。"马其顿的命运之轮终于还是形成了一个完整的循环：新的蛮族暴君不是别人，正是马其顿的腓力五世，而罗马人成为希腊自由的真正捍卫者。

罗马人表明自己愿意干涉希腊人的事务后，很少有希腊盟国能够抵御为自身利益向罗马人求援的诱惑。公元前2世纪90年代末，帕加马的阿塔罗斯王朝受到东部邻国叙利亚的塞琉古王朝的猛烈攻击；作为塞琉古王朝最精明强干的君主，安条克三世（前223—前187年在位）试图在整个小亚细亚半岛重建塞琉古王朝的统治。虽然在对抗腓力五世的战争中，阿塔罗斯王朝从一开始就是罗马的盟友，但这并不是罗马人的战争。在罗马元老院，阿塔罗斯王朝的新国王欧迈尼斯二世（Eumenes II）不断对塞琉古王国发起控诉，说他们对欧洲大陆的野心令人恐惧，但是很显然，安条克与腓力不同，并没有直接威胁到罗马的利益。尽管如此，欧迈尼斯依然得到了罗马的武力支持。为了支援帕加马，公元前190年，罗马将军"非洲征服者"西庇阿（Scipio Africanus）越过了达达尼尔海峡；安条克被逐出小亚细亚，半岛西部的大部分地区都被移交到欧迈尼斯的手上。罗马人显然很乐意扮演欧洲警察的角色,他们也同样乐于将东地中海事务暂时交给其希腊盟友来负责。

自亚历山大统治以来,希腊国家常常将那些继承国家的君主当作神明来崇拜。随着罗马成为主导希腊世界的力量,类似的神圣荣誉开始被授予罗马的将军和长官(包括弗拉米宁)。更惊人的是,公元前2世纪90年代,在一些希腊城邦兴起了一种新的女神崇拜,她就是罗马自身力量化身的罗马女神(Roma)。对罗马女神的崇拜并非起源于罗马,而是希腊人自己的发明,使用的纯粹是希腊人的宗教话语。为了理解他们的新"恩人",有几个国家的确更进一步。大约在罗马击败安条克之际,小亚细亚海岸不远处的岛国希俄斯的居民设立了一个新的节日来纪念罗马女神。希俄斯岛对罗马的忠诚还以视觉形象表现出来(目前不清楚是雕像、浮雕还是绘画),视觉形象描绘了罗马的创始人罗慕路斯(Romulus)和他的弟弟雷穆斯(Remus)的诞生。希俄斯人一心取悦罗马人,他们努力地去了解罗马人自己的建城传说。但即使在这里,对罗慕路斯和雷穆斯的罗马式描述,也与完全希腊式的崇拜罗马女神的宗教节日联系在一起。

*

公元前2世纪70年代后期,从表面上看,东部地中海世界跟一个世纪前没有区别。统治马其顿的仍是强大的国王:珀尔修斯(前179—前168年在位)在公元前179年继承了父亲腓力五世的王位,后来,他收复了腓力五世在库诺斯克法莱之战中失去的大部分领土和威望。希腊本土依然保持着岌岌可危的自由;事实上,在一个强大的联邦国家亚该亚同盟的领导下，整个伯罗奔尼撒半岛有史以来第一次统一了起来。尽管小亚细亚落到了帕加马的欧迈尼斯二世手中，但是在安条克四世（前175—前164年在位）的统治下，塞琉古王国依然是亚洲的主导力量，其首都位于奥龙特斯河畔安条克（今天土耳其南部的安塔基亚）。但所有这一切即将发生改变。作为希腊世界的"共同的恩人"，罗马人在每次干预后都从东边小心翼翼地撤回他们的军队；作为回报，他们期望自己在希腊的安排能够得到遵守。珀尔修斯努力要在巴尔干半岛中部重建马其顿势力，特别是他渴望赢得希腊本土国家的善意，这被认为违背了这种安排的精神。珀尔修斯几乎不可能直接挑战罗马，但他的确威胁到了巴尔干半岛南部的势力均衡。针对这种情况，公元前171年，不择手段的欧迈尼斯再次呼吁罗马出兵，罗马人制造了一场与珀尔修斯的争吵，又一次向马其顿宣战。公元前168年，罗马在皮德纳取得压倒性的胜利之后，珀尔修斯的王国土崩瓦解；国王本人也被俘虏，在罗马的大街上游街示众。

与此同时，塞琉古国王安条克四世趁罗马忙于马其顿事务，向托勒密王朝的埃及发动了一场引人瞩目、野心勃勃的入侵。公元前168年夏天，安条克率军队围攻亚历山大里亚，他会见了罗马派来的使节，罗马使节直接命令他立即离开埃及。安条克四世回答说他需要时间来咨询他的谋臣，罗马使团的首领盖乌斯·波皮利乌斯·拉埃纳斯（Gaius Popillius Laenas）在他脚下的沙地上画了一个圈，并告诉安条克，他们需要在他走出这个圈之前就做出答复。考虑到马其顿王国的命运，安条克四世只好屈服，下令塞琉古军队撤回。

到目前为止，罗马人对希腊事务的干预都是相当仁慈的，但已经

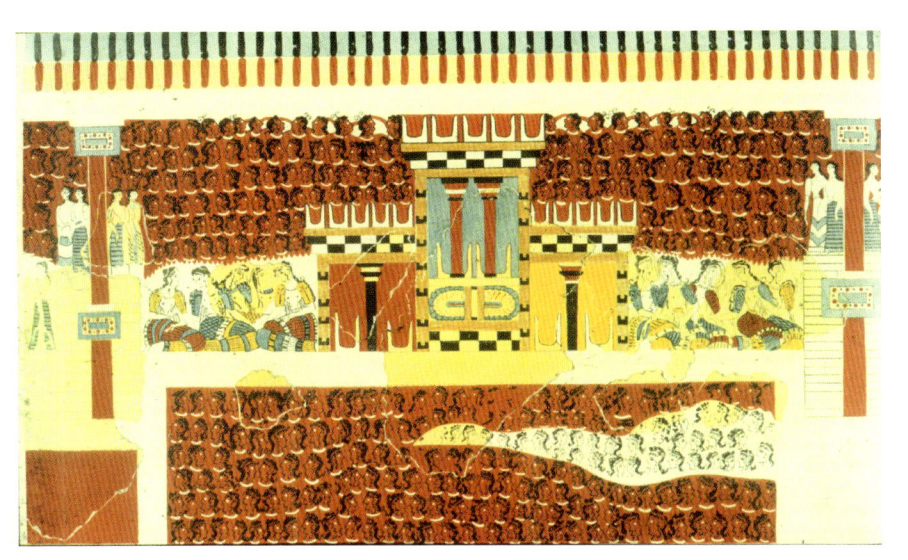

1. 克诺索斯的壁画。高度：0.32 米。出自阿瑟·埃文斯爵士的《米诺斯宫殿》(London: Macmillan, 1921–36)，第 3 卷，彩插 16，第 47 页对页

2. 皮洛斯宫殿的壁画。高度：0.61 米（照片承蒙辛辛那提大学古典系提供）

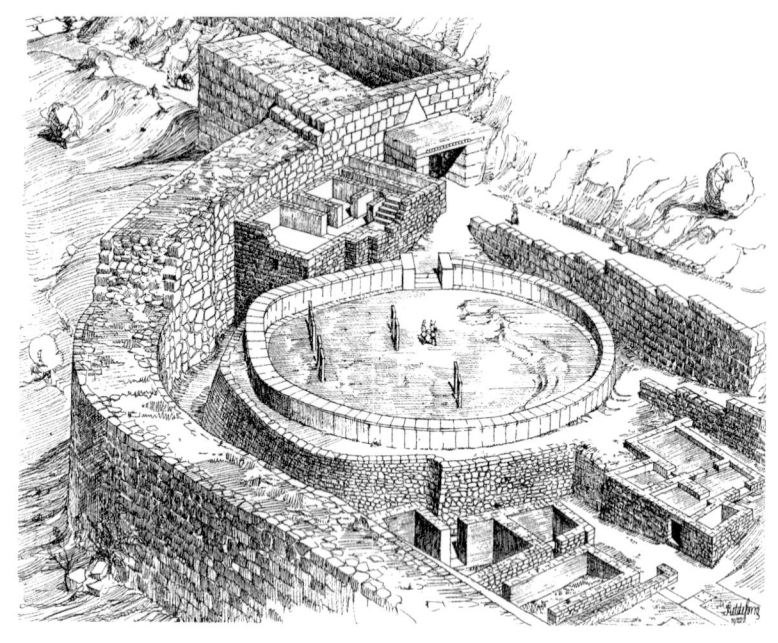

3. 皮特·德荣对迈锡尼墓圈 A 的复原图。出自《英国驻雅典研究院年鉴》(*Annual of the British School at Athens*),第 25 期(1921–3),彩插 18

4. 法老拉美西斯三世击败海上民族的浮雕局部。高度(图示部分):4.22 米。出自 H. H. 纳尔逊(Nelson)编,《拉美西斯三世葬祭殿,卷一:拉美西斯三世早期的历史记录》(*Medinet Habu, vol. 1: Earlier Historical Records of Ramses III*, Chicago: University of Chicago Press, 1930),彩插 37(中部)

5. 考古学家潜水考察乌鲁布伦的沉船。照片来源：航海考古学会（Institute of Nautical Archaeology）

6. 麦克米伦短颈单柄球形瓶（香水瓶），大英博物馆（inv GR 1889.4-18.1）。高度：6.8厘米（照片来源：© The Trustees of the British Museum. All Rights reserved）

7. 勒夫坎第图姆巴遗迹的妇女墓穴中发现的黄金坠饰，圆盘直径约3.5厘米（照片来源：Ian Cartwright. Courtesy of Irene Lemos）

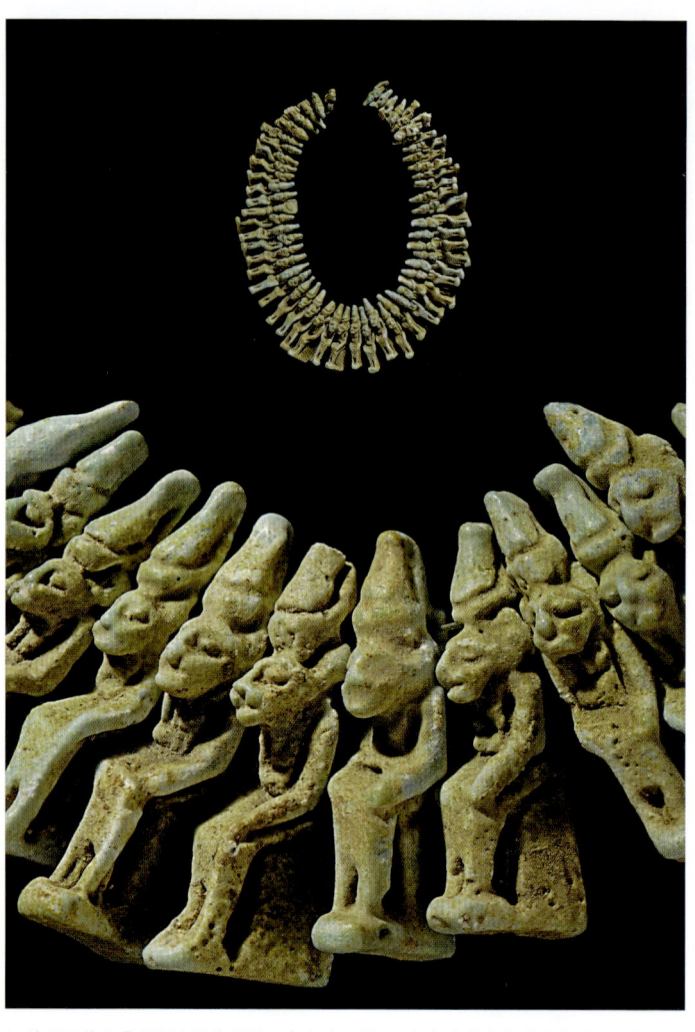

8. 埃及风格的费昂斯小雕像项链，出自公元前 900 年左右勒夫坎第的坟墓，下部为细节图。高度约 14 厘米（照片来源：Ian Cartwright. Courtesy of Irene Lemos）

9. 穿长外衣的少女雕像，雅典卫城博物馆（inv. 679）。高度：1.20 米（照片来源：AICT / Allan T. Kohl）

10. 穿长外衣的少女雕像，剑桥古典考古博物馆（照片来源：剑桥古典考古博物馆）

11. 哈尔摩狄乌斯和阿里斯托革顿的雕像。原件为青铜雕像，该复原雕像依照其罗马时期的大理石复制品而作。高度：1.95 米（照片来源：Deutsches Archäologisches Institut, Rome, Schwanke, Neg. 1984.3297）

12. 帕特农神庙南侧的陇间板第 27 号，伦敦大英博物馆。高度：1.20 米（照片来源：Peter Thonemann）

13. 垂死的高卢人雕像，罗马卡匹托林山博物馆（inv. 747），长度：1.85 米（照片来源：AICT/Allan T. Kohl）

14. 来自泰晤士河巴特西的凯尔特盾，约公元前350—前50年。高度：0.78米，大英博物馆（inv. P & EE 1857.7-15.1）（照片来源：© The Trustees of the British Museum. All Rights reserved）

15. 塞罗德罗斯桑托斯（Cerro de los Santos）妇女雕像。高度：1.35米。藏于马德里国立考古博物馆（Museo Arqueológico Nacional, inv. 3500）（照片来源：马德里国立考古博物馆）

16. 塞纳河畔沙蒂永博物馆的维克斯女王墓复原（照片来源：© MSM 65502 Vic-en-Bigorre）

17. 空中俯瞰比布拉克特（贝弗莱山）（照片来源：© René Goguey / Recherches d'Archéologie Aérienne. Courtesy: Vincent Guichard）

18. 迦太基，军港复原图，水彩，日期不详，彼得·康诺利（Peter Connolly）模仿 H. R. 赫斯特（Hurst）和 S. C. 吉布森（Gibson）的画作（照片来源：© Peter Connolly through akg-images. Photo 5TU–K1–Y3–1–B: akg-images/Peter Connolly）

19. 克里特岛西南部斯法基亚的景观和不断变化的定居点（照片来源：Lucia Nixon）

20. 在迦太基以南 100 千米处的哈德卢密塔姆（Hadrumetum）地区的百户区。来自 André Caillemer and R. Chevallier, "Die tologie Limitation in Tunesien", *Germania*, 35 (1957), pp. 45—54, pl. 8.1（照片来源：Institut géographique national）

21. 从阿拉伯堡（Arab Fort）看帕尔米拉，朝东南方向（照片来源：Lucia Nixon）

22. 公元前 1 世纪的马德拉格德日安沉船水下照片（照片编号 1986d02525，来源：© CNRS Photothèque / Chêne, Antoine）

23. 罗马和平祭坛上的皇家队列。高度：1.55 米（照片来源：AICT / Allan T. Kohl）

24. 托马斯·桑尼克罗夫特的《波阿狄西亚和她的女儿们》，伦敦（照片来源：Peter Thonemann）

25. 叙利亚的圣西面教堂。西面在高高的柱子上生活了 37 年（422—459 年），他去世后，人们在柱子周围建起了宏伟的教堂，照片上是教堂的残余部分（照片来源：Elizabeth Nixon）

26. 特里尔的尼格拉城门（The Porta Nigra）（照片来源：AICT / Allan T. Kohl）

27. 阿佛洛狄西亚的塞巴斯蒂昂（照片来源：Peter Thonemann）

28. 浮雕灯，可能来自公元前 1 世纪 / 公元 1 世纪的埃及，藏于巴黎卢浮宫（inv. Ca 661）。高度：12.5 厘米（照片来源：© 2005 RMN/Hervé Lewandowski）

29. 抄本《梵蒂冈维吉尔》(Vatican lat. 3225, fo. 39v)中描绘埃涅阿斯离开狄多的情景的插图（照片来源：© Biblioteca Apostolica Vaticana）

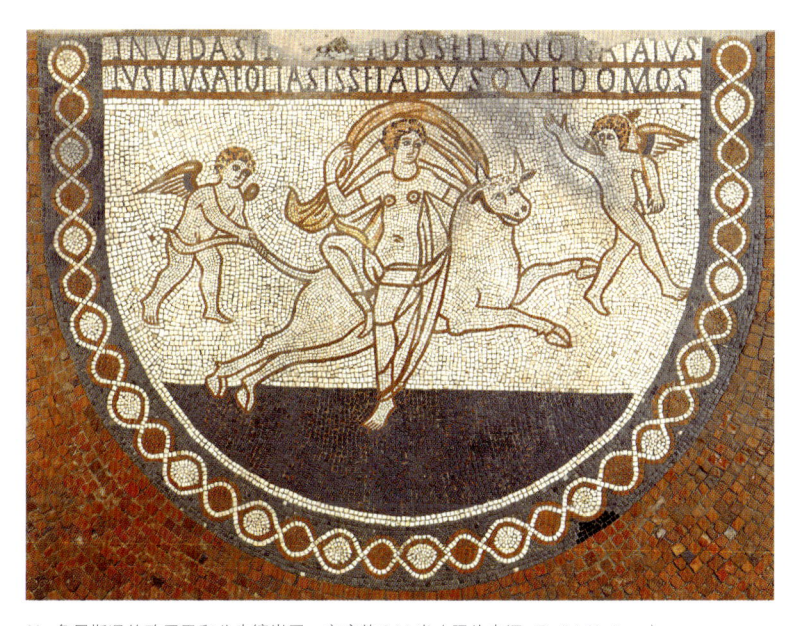

30. 鲁灵斯通的欧罗巴和公牛镶嵌画。宽度约 2.44 米（照片来源：English Heritage）

31. 钱币：

(a) 利西马科斯的银币（约 2.8 厘米）正面上的亚历山大大帝，公元前 297/6—前 282/1。阿什莫林博物馆，HCR7601（= Sylloge Nummorum Graecorum Ashmolean, no. 3723），见 Christopher J. Howgego, *Ancient History from Coins*（London: Rutledge, 1995），pl. 6, no. 56（照片来源：牛津大学阿什莫林博物馆）

(b) 弗拉米宁的金币正面，公元前 196 年。见 M. H. 克劳福德《罗马共和国的钱币》（*Coinage of the Roman Republic*, Cambridge: Cambridge University Press, 1974），第 544 页，548/1a 号。藏于伦敦大英博物馆（照片来源：© The Trustees of the British Museum. All Rights reserved）

(c) 意大利反叛者的银币反面，约公元前 90 年。见 H. A. 格鲁伯（Grueber），《大英博物馆中罗马共和国钱币》（*Coins of the Roman Republic in the British Museum*, London: Longmans, 1910），II.327, no. 18。藏于伦敦大英博物馆（照片来源：© The Trustees of the British Museum. All Rights reserved）

(d) 米特拉达悌的银币（约 2.9 厘米），正面，公元前 89/8 年。阿什莫林博物馆，HCR8002，见 *Ancient History from Coins*, pl.6, no. 57（照片来源：牛津大学阿什莫林博物馆）

(e) 奥古斯都的银币（约 2 厘米），反面，约公元前 19 年。阿什莫林博物馆 HCR7897，见 *Ancient History from Coins*, pl. 13, no. 115（照片来源：牛津大学阿什莫林博物馆）

(f) 犹太反叛者的银币（约 2.8 厘米），正面，公元 134/5 年。阿什莫林博物馆，HCR6354，见 *Ancient History from Coins*, pl. 19, no. 159（照片来源：牛津大学阿什莫林博物馆）

开始变得强硬和不讨人喜欢。到了公元前167年底,在四个超级大国之中,马其顿的安提柯王朝已经不复存在,塞琉古王朝已被降服,剩下的阿塔罗斯王朝和托勒密王朝是靠罗马的支持才延续下来的。罗马的支配地位很快就显露无余。珀尔修斯倒台之后,马其顿处于自由状态,但在公元前148年,在试图恢复安提柯君主制的尝试失败后,该地区沦为罗马总督统治下的一个朝贡省——这也是罗马在亚得里亚海东岸的第一个行省。两年后,在公元前146年,罗马使节试图干预亚该亚同盟的内部纠纷,结果在科林斯的一场集会上遭到了讥讽和嘲笑。罗马人的回应迅速而无情。同年晚些时候,亚该亚同盟的军队覆灭于罗马军团的铁骑下,科林斯城被从地球表面抹去了。要知道,在波斯战争中,这里曾经是希腊自由的摇篮,而就在50年前,弗拉米宁曾在此宣告全体希腊人的自由。

在其《罗马帝国的崛起》一书的开头,波利比乌斯断言亚历山大大帝的征服其实并非历史的转折点。希腊化时代的马其顿帝国(或者更确切地说,那些马其顿帝国)仅仅是短期获得霸主地位的势力之一,在马其顿人之前,波斯人和斯巴达人都当过霸主。从我们的角度来看,这个说法有点奇怪,尤其是它将斯巴达帝国置于雅典之上,然而这是很有道理的。对波利比乌斯来说,关键的一点是,希腊化的君主并没有关注希腊本土以西的地区。马其顿人没有和意大利半岛、西西里岛、利比亚和撒丁岛发生接触,对他们而言,欧洲的蛮族人是未知的存在。因此在他看来,直到公元前2世纪,世界历史都是"分散"的,并不是一个统一的整体。将世界凝聚成一个有机整体的工作被留给了罗马人。

公元前86年初,米特拉达悌六世(Mithradates Eupator)说服希腊本土的大部分国家最后一次反抗罗马的统治,罗马将军科尔内利乌斯·苏拉(Cornelius Sulla)出现在雅典的城墙前。一位雅典使节前来恳请苏拉放过雅典,他诉说了忒修斯的功绩和雅典人在波斯战争中的英雄事迹。苏拉只是回答说,他来此的目的是给雅典一个教训,而不是学习古代历史。没有什么比这可以更清楚地表明,自公元前5世纪起,地中海东部和西部走上了不同的历史道路。现在是时候将我们的注意力转向在意大利半岛发生的事件了。

第六章

罗马、迦太基与西方：
公元前500年—前146年

"在那里，强大的洋流把欧洲和利比亚分隔开来。"这句话引自罗马诗人恩尼乌斯（Ennius）在公元前2世纪七八十年代写的《编年纪》（Annals），它概括了这一卷的内容。《编年纪》讲述了罗马人和迦太基人在西班牙的冲突，尤其是公元前206年在直布罗陀海峡的海战，以及此后罗马人占领加的斯的过程。前面我们已经看到，亚洲和欧洲之间的对立被认为是地中海东部的驱动力量。公元前200年左右，马其顿的腓力五世宣称自己是"欧洲的主宰者"。此后不久，腓力和马其顿就被迫屈服于罗马人。在上面的这句话中，恩尼乌斯可能在暗示对这种古老对立的一种新理解，即现在的斗争发生在欧洲和利比亚（今天的北非）之间。

我们已经看到，公元前480年波斯战争之后，希腊世界发生了巨大的变化：雅典作为新势力的崛起，它与斯巴达之间的斗争，希腊国家之间的战争，马其顿的崛起，亚历山大大帝的征服以及其后继王国。公元前3世纪末期，罗马加入了这个世界。本章我们将探索罗马的故事，从其开端一直到前两章所涵盖的时期。这个故事可以从埃涅阿斯从特洛伊被洗劫后逃亡到意大利半岛，以及罗慕路斯创建罗马城（传统上认为在公元前753年或前751年或前748年）和罗马的历代国王说起。公元前507年，最后一位国王被驱逐，罗马遂成为共和国。罗马的权力掌握在两位执政官、元老院和民众大会手中。在国内，权力斗争发生在贵族和平民之间；在国外，罗马的势力先是扩张到与罗马相邻的拉丁国家，到了公元前3世纪，罗马的势力又延及意大利半岛其余大部分地区。另一个主导这一区域的国家是迦太基，它是公元前9世纪晚期来自推罗的腓尼基人建立的。它变成最强盛的腓尼基人城邦，罗马人通常称这里的居民为"腓尼人"（Poeni），这个词是"腓尼基人"的拉丁文叫法。与此相关的形容词"Punicus"到了英语中就成了"Punic"（布匿）。在公元前6世纪晚期，罗马就与迦太基建立了外交关系，和平地划分了各自的势力范围；但是在公元前3世纪，随着两个国家日益壮大，它们之间开始发生冲突。经过三次布匿战争（前264—前241，前218—前202和前149—前146），最终罗马获胜，控制了北非中部以及伊比利亚（今天的西班牙和葡萄牙）的部分地区。此时，罗马也被卷入希腊世界。公元前146年，迦太基和科林斯被毁灭，这是地中海地区一个重要的历史转折点。

到了公元前1世纪，这个罗马历史的梗概已经被罗马人普遍接受。对于公元前146年甚至更晚之前的大部分时期的历史，我们都缺乏当时留下的史料。关于从公元前220年到前167年罗马的扩张，我们有希腊历史学家波利比乌斯的讲述，但是他只讲到自己所处的时代，而且他的著作也没有完整流传下来。我们的主要史料是李维（Livy）在公元前1世纪末期的著作，以及此后不久哈利卡纳苏斯的狄奥尼修斯（Dionysius of Halicarnassus）的著作。我们的困难在于，李维的著作涵盖了直到他所处时代的事件，但是只有公元前295年之前的内容是完整的，而狄奥尼修斯则只写到第一次布匿战争的爆发，关于公元前447年之后的内容都支离破碎。更严重的是，就像我们会看到的那样，他们所呈现的公认的罗马历史梗概是极其有问题的，后人利用这段历史来为当下的政治目的服务。不过，从好的方面来看，正是这种对历史的利用使得罗马的历史更加有趣。本章并未将埃涅阿斯和罗慕路斯的故事弃置一边——虽然我们从中能够了解到的早期罗马的历史很少，而是探索在这些故事共和时期是怎样被讲述的。

在意大利半岛，重塑历史的一个关键背景是文化和语言的高度多样性。早在青铜时期，希腊人就与这一地区有过接触。他们从公元前8世纪开始和意大利半岛进行贸易，还在那里定居。在公元前5世纪和公元前4世纪，意大利半岛的南部有23个希腊城邦。其中最北部的城邦是尼波利斯（Neapolis，今天的那不勒斯）以及相邻的库迈（Kymē，在拉丁语里是"Cumae"）；其余的城邦位于靴子形状的意大利半岛的"脚尖"、"脚背"以及"脚跟"上，此外在西西里岛还有47个城邦。这些定居者主要来自希腊本土，希腊语是这里的主要语言，在尼波利斯，这种情况一直延续到罗马帝国时期。从公元前8世纪开始，本土的希腊人就与伊特鲁里亚人进行交易，伊特鲁里亚成为希腊陶瓷和其他商品的特别的出口市场。这些进口物品被当地精英用于他们的个人目的，在公元前6世纪伊特鲁里亚社会转型的过程中发挥了重要作用。罗马位于意大利半岛南部的希腊社会和北部的伊特鲁里亚人之间，也很早就与希腊世界有过接触。罗马以及它周围的定居点没有像伊特鲁里亚的城邦那样大规模进口希腊物品，但是其中一些接触绝不仅仅是短暂的行为。公元前6世纪，在罗马市政广场上的伏尔甘（Vulcan）神庙里，一个雅典的陶罐被用作供品。令人惊讶的是，这个罐子上描绘的是一个众所周知的希腊故事，即希腊神祇赫菲斯托斯（Hephaestus）骑在毛驴上升天的情景。这一时期的献祭者肯定已经意识到了赫菲斯托斯与伏尔甘之间的联系，而这在后来成为定论。但是，罗马神祇被认为是罗马的，而不是希腊的，尽管有时他们是按照希腊神话的思路被想象出来的。

意大利半岛的语言分布非常复杂。在公元前8世纪，伊特鲁里亚人就已经借用了希腊人的字母表，以记录他们自己的语言（见前文，第102页）。这是意大利半岛上第一次出现文字。最迟到公元前6世纪，意大利半岛有将近20种语言以及相关方言有了字母表，其中大部分源自伊特鲁里亚的字母表。在意大利半岛的多种语言中，有三个主要的语族，分别是南部沿海地区的希腊语、西北部的伊特鲁里亚语，以及在中部和南部的欧斯干-翁布里亚语（Oscan-Umbrian，即我们今天所说的塞贝里语）。伊特鲁里亚语和其他三个小语种并非源于印欧语系；直到今天，伊特鲁里亚语依然很难懂，某种程度上就是因为这一点。根据语言学家的分类，欧斯干-翁布里亚语是"意大利"语族中最重要的语言。这一语族的其他成员包括威尼斯地区的威尼托语（Venetic），如果它真的属于"意大利"语族的话，还有拉丁语。公元前400年前后，拉丁语仅仅是这个语族中的一个小成员。即使在拉丁姆（Latium），拉丁语也有不同：在公元前200年前后，罗马的普拉尼斯特（Praeneste）就因其语言和罗马不同而闻名。

但丁和意大利半岛的语言

共和时期意大利半岛的语言多样性提醒我们,在这一时期,应该避免使用"意大利"一词,这就是为什么我们使用有点累赘的地理名词"意大利半岛"来代替。意大利半岛的统一并不是天然形成的。它的统一是由罗马人在后面几个世纪里推动的,最终完成于公元前1世纪。语言的统一也是由罗马人在同一时期完成的,但是这种统一并没有一直持续下去。公元1300年前后,在涉猎甚广的《论俗语》(*De vulgari eloquentia*)中,诗人但丁考察了他所处时代意大利半岛上的至少十四种方言,这些方言是区域性的,但是在每个区域内部又有变化。现代学者注意到这些方言是从拉丁口语中一起发展出来的,在南方还有一些使用希腊语和阿尔巴尼亚语的地方。但丁此时正在努力倡导使用一种能够用来创作高雅文学的意大利方言,反对被他认为是矫揉造作的拉丁语,以及当时的普罗旺斯语和法语。然而,有点自相矛盾的是,他这篇论文就是用拉丁语写成的。他为一种跨地区的方言辩护,声称这种方言已经出现在诗歌中。事实上,这种方言与他自己的方言托斯卡纳语有关。几年后,但丁在《神曲》中用的是这种跨区域方言的一个版本,虽然不那么高雅,但是其使用范围较广。但是,14世纪的作家彼特拉克和薄伽丘使用的是书面的托斯卡纳语,在文艺复兴时期,这种语言受到推崇,最终构成了现代意大利语的基础。

最晚到罗马共和时期的中期,有关早期罗马的故事就在流传了。

这些故事的参照点是罗马城及其周围的古老纪念碑和仪式，这些参照点强化了这些故事的意义。厄凡德尔（Evander）是早期一个重要的形象，在维吉尔的《埃涅阿斯纪》中，他扮演着重要的角色，是埃涅阿斯在未来的罗马城址的向导，也是帕拉斯（Pallas）的父亲。据说在特洛伊战争 60 年前，他从伯罗奔尼撒的阿卡迪亚（Arcadia）来到这里，在帕拉蒂诺山上的罗马建立了第一个定居点，据说这座山是以阿卡迪亚的帕拉蒂昂（Pallation）命名的。厄凡德尔被认为创立了赫拉克勒斯崇拜。作为传说中的 12 个任务之一，赫拉克勒斯偷走了革律翁（Geryon）的牛群，据说在完成这一任务后返回希腊的路上，他经过了意大利半岛。牛群被当地一个名叫卡库斯（Cacus）的怪物抢走了，但是赫拉克勒斯打败了他。因此，厄凡德尔在"大祭坛"（Ara Maxima）设立了对赫拉克勒斯的崇拜。公元前 2 世纪，这个祭坛被重建，它可能有一个巨大的底座，长 22 米，宽 32 米，高 4 米。在整个共和时期和帝国时期，都在这里举行仪式；"卡库斯的阶梯"就在帕拉蒂诺山的山坡上。

赫拉克勒斯和戈律翁（Geryon）的牛群的故事似乎很早就广为流传了。在公元前 5 世纪，希腊历史学家莱斯沃斯的赫兰尼库斯告诉我们，一头牛犊逃出牛群，沿着半岛向南游荡，又游过海峡，到了西西里岛。赫拉克勒斯一路追寻那头牛，询问当地每一位居民是否看到过这头"牛犊"（在希腊语里是"*damalis*"）。他们以当地的语言回答他，提到了"维图勒斯"（*vitulus*），即"牛犊"一词的意大利语，因此赫拉克勒斯就将这个地方命名为维图利亚（Vitulia）。从这个起源故事中可以看出，赫兰尼库斯懂得一点意大利语，这可能是早期最好的证据，表明当地人普遍认为意大利半岛是一个整体。在公元前 1 世纪的政治和军事斗争中,这头象征意大利半岛的牛犊或公牛将反复出现。

特洛伊沦陷之后,埃涅阿斯最终逃到了意大利半岛,在那里他遇到了年长的厄凡德尔。周边民族的国王拉丁努斯(Latinus)起初和埃涅阿斯发生战斗,后来与他和解,这种和解因埃涅阿斯和拉丁努斯的女儿拉维妮娅(Lavinia)联姻而得到巩固。为了向她致敬,埃涅阿斯将他在意大利半岛的第一个定居点命名为拉维尼姆(Lavinium)。埃涅阿斯的儿子阿斯卡尼俄斯〔Ascanius,又名尤路斯(Iulus)〕在附近的阿尔巴隆加(Alba Longa)建立了另一个定居点,他的后人在此统治了好几代人。正如后面我们会看到的那样,公元前4世纪时,埃涅阿斯和他的家族与拉维尼姆和阿尔巴隆加之间的联系已经牢牢确立。

罗马本身是何时建立的?希腊作家告诉我们的最古老的说法是,罗马建城紧跟在特洛伊战争之后。例如,根据莱斯沃斯的赫兰尼库斯一丝不苟地按照年代顺序写作的历史中,埃涅阿斯与奥德修斯一起来到意大利半岛,建立了一座城市,并以一位特洛伊妇女罗玛(Romē)的名字为其命名。这些希腊作者是否借鉴并发展了此时已经在意大利半岛流传的故事,我们不得而知,但是这份早期年表将罗马建城与特洛伊的灭亡联系起来,这直到公元前3世纪末都是通行的观点。根据另外一份年表,罗马是在特洛伊战争之后很久才建立的。参照埃拉托色尼记录的特洛伊被洗劫的时间,即公元前1184年,公元前3世纪的一些作家把罗马的建城时间放在公元前8世纪中期。这个时间最终成为标准:英国学校的每个学生学到的都是罗马是在公元前753年建成的。特洛伊灭亡和公元前8世纪之间的缺口被一连串姓名不详的阿尔巴隆加的国王所填充。

阿尔巴隆加最后一位国王是一个杀兄篡位的人，被杀的国王有一个女儿，叫瑞亚·西尔维娅（Rhea Silvia）。她成了维斯塔贞女（Vestal Virgin）并因此誓守贞洁，但是被战神马尔斯引诱。她被囚禁起来，她的双胞胎儿子被放到一个篮子中，丢到河里。篮子被河水冲走，最后停在一棵无花果树下。一匹母狼在附近的洞穴里给他们喂奶，之后一对牧羊人夫妇养育了他们。这两个男孩就是罗慕路斯和雷穆斯，长大后，他们推翻了篡位者，在他们被养育的地方建立了一个新的定居点。罗马建城的这个故事有一个早期的源头。帕拉蒂诺山上有一个名叫卢帕卡尔（Lupercal）的母狼洞穴，人们在那里举行一年一度的古老仪式。山上还有个古老的芦苇小屋，据说是牧羊人的小屋，被精心保存下来，可能一直到公元 4 世纪都还在。后来又有了其他纪念碑：公元前 296 年，在那棵著名的无花果树所处的位置，立起了男孩们吮吸母狼奶头的雕像，在公元前 3 世纪 60 年代罗马铸造的第一批银币上，也有同样的形象。这组雕像没有保存下来，并不是著名的卡匹托林之狼（Capitoline Wolf）——1960 年罗马奥运会会徽和罗马足球俱乐部队徽上的雕像。卡匹托林之狼的形象也许起源于更早的时期（公元前 6 世纪），但科学测试表明现存雕像是公元 13 世纪的产物；这种巨大的年代差异是因为缺乏较好的参照物。公元前 2 世纪早期，希俄斯岛上的希腊城邦就使用过母狼和双胞胎的形象（见前文，第 193 页）。

有一个关于罗慕路斯的故事，说他在新城建立了一个庇护所，到此寻求庇护的人包括政治难民和奴隶，这也成了罗马的显著特征。难民中有奴隶，这与之后罗马的一个重要实践相一致：那些被主人正式释放的奴隶可以获得罗马公民权。公元前 214 年，马其顿的腓力五世曾命令色萨利（希腊北部）的一个城邦，让他们接受居住在那里的色萨利人和其他希腊人为公民。由此可见，无论是罗马的扩张，还是它众多殖民地的建立，都和授予被释奴公民身份有关。没有一个希腊城邦以这种方式对待被释奴。罗马的这种做法是有一个故事作为支撑的：罗马的第六代国王塞尔维乌斯·图里乌斯（Servius Tullius）本人就是奴隶所生，他创立了对命运女神的崇拜，这位女神的易变性使其很受奴隶欢迎。和那些以自己是阿提卡本土人为傲的雅典人不同，罗马人认为自己是由多种源头混合而成的。但是对于这种混合的本质和优点，在不同政治环境中有两种大相径庭的认识。公元前1世纪，政治民粹主义的反对者认为罗马民众是"罗慕路斯的渣滓"。而对于公元1世纪那些欢迎非意大利人进入元老院的人来说，罗慕路斯的庇护所是一个重要的先例（见后文，第295页）。

罗马的创始人似乎有点多，而大多数国家都宣称只有一个创始人。因此，有人可能会认为罗马起初只有一个创始人（罗慕路斯），和埃涅阿斯的关联是之后很久的事情。但是埃涅阿斯、拉丁努斯和罗慕路斯之间有一个共同点，那就是他们都是在死后受到崇拜的（这是共和时期的罗马所特有的），不过，在相关崇拜中，他们用的是另外的名字：埃涅阿斯被称为英帝格斯神（Pater Indiges），拉丁努斯被称为朱庇特·拉提阿里斯（Jupiter Latiaris），罗慕路斯被称为奎里努斯（Quirinus）。这些崇拜很古老，它们与这三个创始者之间的关系得追溯到共和时期。把罗马与埃涅阿斯这位特洛伊人——因此是希腊人的敌人——联系起来，这似乎非常奇怪，即使这种联系是间接的。这个故事是不是在罗马人自认为是希腊人敌人的时候形成的呢？事实上，特洛伊人几乎从未被视为希腊人的敌人，更不用说是"野蛮人"了。希腊本土和特洛伊之间的战争实际上是希腊历史上第一次大规模的战争,许多城邦通过宣称他们是特洛伊难民的后代来与希腊世界联系起来。这种做法的最后一个例子是12世纪历史学家蒙茅斯的杰弗里(Geoffrey of Monmouth)讲的一个故事,他的《不列颠诸王史》沿用了9世纪一部历史汇编中的一个传说:埃涅阿斯的孙子布鲁图(Brutus)因杀害他的父母而被流放,在到处流浪之后,他来到了一个岛屿,后来不列颠岛就是以他的名字命名的,在这里他打败并且杀掉了巨人阿尔比恩(Albion)的后代,建立了英国的君主制。虽然当时有些人对杰弗里的作品持严厉批判的态度,但他试图为早期英国历史创建一个框架,并把一个遥远的岛屿与文明的源头联系起来,这样的做法仍然被一些英国的古文物学家所接受,这种情况一直延续到18世纪。

从罗慕路斯到"傲慢者"塔克文(Tarquinius Superbus),罗马先后由七个国王统治。关于他们的顺序以及各自对罗马发展所做的贡献,后来的传说非常明确:罗慕路斯创建了罗马元老院和罗马的部落制度;第五位国王塔克文·普利斯库(Tarquinius Priscus)把罗马的势力拓展到北方并举行了第一次凯旋仪式;第六位国王塞尔维乌斯·图利乌斯改造了罗马军队以及罗马城的结构。事实上,一个质疑就会让这个说法站不住脚:难以想象七个国王统治了罗马250年,平均每人统治了大约40年。

现代的考古学家试图概括这个时期罗马城的发展。为了从考古学上给这些经典的故事找到证据,有的考古学家说公元前8世纪帕拉蒂诺山上的一堵墙是罗慕路斯建的。有的考古学家正确地指出,使用历史传说来说明后来罗马国家的制度先于罗马城本身的发展,这是错误的；他们认为应该直接从考古证据进行推理，不要受到后来历史传说的干扰。很明显，在公元前 8 世纪和公元前 7 世纪，罗马地区变得非常活跃。公元前 7 世纪末，罗马的城市化程度已经很高：市政广场附近的区域已经被重建过；在几个地方也已经建立起崇拜场所，其中包括卡匹托林山（Capitol）；在帕拉蒂诺山上，石头房屋已经取代了茅草屋。与同时代伊特鲁里亚（如第二章考察过的维爱）和希腊的定居点一样，罗马也在朝着同一个方向发展。公元前 6 世纪，罗马城周围建起了巨大的城墙，通过已经挖掘出来的二十多处遗址可以确定这个年代。城墙长 11 千米，将罗马的七座山全部包围在内，墙内面积约为 425 公顷。这使得罗马要比任何一座伊特鲁里亚城邦都要大两倍还多，与意大利半岛南部和西西里的主要国家不相上下。城墙的建立意味着此时的罗马已经统一，并且拥有自己的军队。在之后的传说中，这堵墙被归功于塞尔维乌斯·图利乌斯，但是使用考古证据来支撑关于这些国王的历史传说的细节，这是错误的。

关于这七位国王的清楚有序的罗马历史传说也与伊特鲁里亚的传说背道而驰。有一个有关塞尔维乌斯·图利乌斯证据值得注意，即伊特鲁里亚武尔奇的墓室壁画，它可以追溯到公元前 4 世纪下半叶，远远早于保存下来的所有罗马史料。壁画上的每个人物都仔细做了标记，一面墙上的壁画描绘的是《伊利亚特》中的一幕：在帕特罗克洛斯的葬礼上，特洛伊的囚犯被献祭。对面的壁画描绘的是武尔奇历史上的一幕，也涉及对手无寸铁的对手的攻击。包含伊特鲁里亚形象元素的场景壁画是一个很好的例子，可以表明伊特鲁里亚是如何借鉴希腊文化并对其加以调整的，而且这幅画可能有意与当地历史相呼应。该壁画描绘的是 200 年前即公元前 6 世纪的事件（见图 21）。埃弗里

图 21　武尔奇弗朗索瓦坟墓（得名于其发现者）的壁画。从左到右：马斯塔那解开凯勒·维比纳斯的束缚，拉尔特·乌尔特斯（Larth Ulthes）挥刀刺向来自沃尔西尼的拉里斯·帕帕特纳斯（Laris Papathnas Velznach），来自索瓦那的佩斯那·阿尔克姆斯纳斯（Pesna Arcmsnas Sveamach=of Sovana）为鲁谢（Rusce）所杀，文迪卡〔Venthical(⋯)plsachs（籍贯不明）〕为埃弗里·维比纳斯所杀，马尔切·卡密特里那斯（Marce Camitlinas）正要杀害卡纳卫·塔丘尼斯·卢玛奇

（Avle）和凯勒·维比纳斯（Caile Vipinas）兄弟（在拉丁语中分别是"Aulus"和"Caeles Vibenna"）和其他武尔奇人正在与来自沃尔西尼、索瓦那（Sovana）和罗马的一群人战斗。在武尔奇人中，有一个名叫马斯塔那（Mastarna），他正在解开凯勒·维比纳斯的束缚；另外一个人正要杀害卡纳卫·塔丘尼斯·卢玛奇（Cneve Tarchunies Rumach），即罗马的格涅乌斯·塔克文（Gnaeus Tarquinius）。武尔奇的维比纳斯兄弟是公元前 6 世纪重要的历史人物。格涅乌斯·塔克文可能与塔克文王朝的国王有关，他们似乎都被称为卢基乌斯（Lucius）。因此，武尔奇壁画描绘的是贵族武士之间的战斗。这一幕也暗示了后来与马斯塔纳的一个事件，马斯塔纳是维比纳斯兄弟的忠诚支持者，壁画上他正在帮助其中一位解开绳索。伊特鲁里亚传说的文字记录至少保存到了公元 1 世纪，后来当上皇帝的克劳狄（Claudius）对其进行了研究，他是一位真正的学者。他说伊特鲁里亚的史料称：

塞尔维乌斯·图利乌斯曾经是凯利乌斯·维文纳（Caelius Vivenna，即上文的凯勒·维比纳斯）最忠实的同伴，参加了他所有的冒险。后来，因为命运的改变，他被驱赶出来，他带着凯利乌斯的剩余人马离开了伊特鲁里亚，占领了凯里安山（Caelian Hill），并以其前首领的名字为这座山命名。塞尔维乌斯改了自己的名字（在伊特鲁里亚语里，他的名字是马斯塔那），这也是我称呼他时所用的名字。他得到了王位，并充分利用这一职位造福国家。

正如克劳狄指出的那样，这个故事与一个罗马传说相矛盾，那个传说称塞尔维乌斯是"战俘欧克勒斯亚（Ocresia）的儿子"。它与另一个罗马传说的矛盾更大，那个传说称塞尔维乌斯是一个女奴的儿子，他母亲被神圣的阳具致孕。这套复杂的故事表明了伊特鲁里亚当地传说的丰富性。武尔奇的墓室壁画对这些传说进行描绘时，这一地区正处于罗马的重压之下。在这一地区被罗马征服之后，这些壁画又被保存了很长时间。这也显示了罗马人关于其王的传说并不可靠，这些国王更像是武尔奇墓室壁画中所描绘的贵族武士的首领，而不是正式的国王。在某种程度上，这也凸显出罗马人要将伊特鲁里亚人从他们自己的历史中摆脱掉的努力。直到最近，这种罗马的视角还使得许多现代学者把早期罗马和伊特鲁里亚的发展割裂开来。

有关罗马第二位国王努马（Numa）的故事揭示了王政时期罗马传说中更为复杂的一面。根据恩尼乌斯的记载，努马建立了罗马基本的宗教机构，并且下令在他死后这些制度还要延续下去。这是一个直白的好故事，只是可能有些枯燥。但是，恩尼乌斯还说，努马和水中仙女伊吉丽亚（Egeria）结合，从她那里获得了宗教灵感。后来的罗马史料的作者对于伊吉丽亚的故事感到尴尬，试图将其合理化，但这的确是关于努马的早期传说。有些人甚至认为努马可以强迫朱庇特来到人间，并通过诡计从他那里获取信息。据说，努马的继承人图路斯·荷提留斯（Tullus Hostilius）发现了如何强迫朱庇特的办法，并在一次危机中试用，但是他和他的儿子们都被雷电劈死。这些故事表明，从源头上讲，人类与神祇之间的关系并不仅仅涉及理性的宗教仪式，还涉及创始国王的权力，这种权力没有传给其继承者。宗教的目的不是寻找神圣真理，更不是操控神力，而是构建一个有限的、以适合凡人的方式和神祇进行联系的系统。这种宗教观似乎在公元前181年就已经很流行了，当时努马的棺材被偶然发现，棺材里有几卷保存完好的莎草纸。一些人声称这些莎草纸中包含希腊哲学家毕达哥拉斯所启发的哲学。在字面意义上，这种说法不可能真实，因为努马比毕达哥拉斯早150年，但是，这些材料的"发现"是社会精英成员试图以传说的名义，在罗马推行新的宗教习俗的努力的一部分。无论其真实性如何，罗马当局都决定将其毁掉。它们太危险了，不能再回到努马的时代。

罗马历法

罗马历法的基本要素可以追溯到王政时期。罗马人认为，在罗慕路斯的统治下，最初一年只有10个月，从3月份开始算起。据说头4个月，即3月到6月，是以神祇的名字命名的，例如，英文中3月和6月的名称分别源自战神马尔斯和神后朱诺。但是，从第5到第10个月，即7月到12月，这些月份的名字源于数字5到10；后来，表示7月的"Quintilis"和8月的"Sextilis"被重新命名，新名字分别源于尤利乌斯·恺撒（Julius Caesar）和奥古斯都（Augustus）。据说由于罗慕路斯历法设计得不好，努马对其进行了重大的改革：他额外创造了两个月份（1月和2月），规定了每个月的长度，使1月1日成为一年的开端。让历法符合地球绕太阳公转的周期（365天5小时49分）是很难的。共和时期对努马历的专门调整没有起到作用，所以到了公元前1世纪中叶，努马历就少了67天。公元前46年，尤利乌斯·恺撒通过增加两个临时月份来弥补缺少的67天，并且进行历法改革，规定每四年增加额外的一天。尤利乌斯的历法即人们常说的儒略历，在西方接下来的1 500年里一直沿用，但是它与太阳年对应得还不够精确，所以公元1582年时，儒略历在日期上就多了10天。在这一年，教皇格列高利十三世（Pope Gregory XIII）颁布敕令，省略掉额外的十天，并且对闰年制做了轻微的修改，修改之后，逢百的年份只有在能被400整除的情况下才是闰年。因为这个改革是教皇颁布的，所以受到了很多抵制，甚至在天主教国家也是如此，在奥格斯堡甚至因此发生了骚乱。在新教的英国，格里历直到1752年才开始实行。对于固定的宗教节日，俄罗斯和其他国家的东正教仍然使用儒略历，所以他们的圣诞节在（格里历的）1月7日。因此，不管是儒略历还是格里历，现代西方的历法都是罗马历法的直接延续。

和王政时期一样，有关共和早期和中期的故事也受到后来事件的很大影响。一个家族如果能够夸大祖先的功绩，就可以获得很多好处。法比乌斯（Fabius）家族是罗马的名门望族之一，在可能属于这个家族的一个坟墓中，有一幅公元前3世纪的壁画，描绘的是战争场景。这幅壁画描绘了未见于其他史料的罗马人和意大利半岛中部的萨谟奈人（Samnites）的战斗，主导战斗的可能是法比乌斯家族的一位成员，他在公元前322年到前295年间曾五次当选执政官。显然，维护或夸大其家族成员的业绩对家族是有利的。

西庇阿家族是公元前3世纪到前2世纪罗马的另一个名门望族，他们的一处坟墓也很重要。这个墓始建于公元前3世纪，模仿的是早期伊特鲁里亚人的家族墓。尽管这一时期通行的是火葬，但是骨灰会被装进石棺土葬，按照地位高低的顺序，家族成员的石棺环绕在家族创始人巴尔巴图斯（Barbatus，公元前298年的执政官）的墓周围，每一个石棺上都有精心创作的诗篇作为铭文。公元前2世纪中叶，这个墓地得到大规模的更新，目的是引起公众更多的注意（见图22）。一个宏伟的新式立面被修建起来，在其显眼的位置展示了该家族成员以及诗人恩尼乌斯的雕像。巴尔巴图斯石棺上的铭文值得引述："科尼利厄斯·卢基乌斯·西庇阿·巴尔巴图斯（Cornelius Lucius Scipio Barbatus），盖乌斯（Gaius）之子，你们的执政官、监察官和市政官，他有勇有谋，仪表堂堂，品德高尚。他从萨谟奈人手中夺得陶里西亚（Taurasia）和奇桑那（Cisauna），征服整个卢卡尼亚（Lucania）并且从那里解救出人质。"这段话之前的两行诗文被抹去了，可能是因为其中包括巴尔巴图斯是这个家族创始人的说法，后人希望将祖先追溯到更加久远的过去，这样的说法

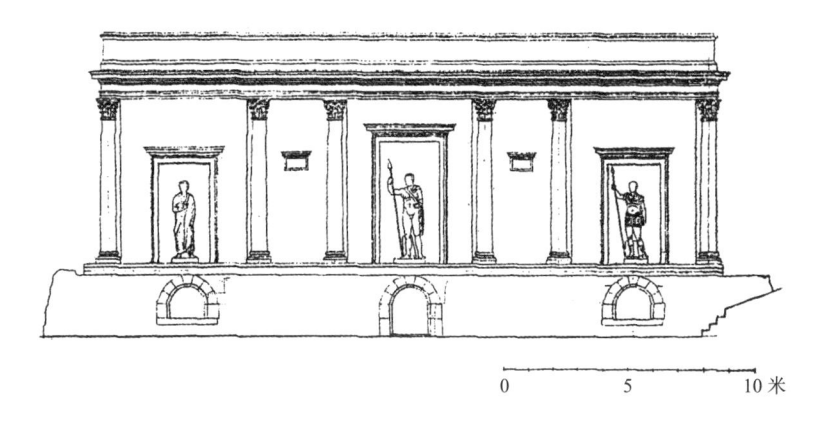

图 22　西庇阿家族墓立面复原图

最好不要留下来。留下的内容是这个罗马显赫家族成员的生动陈述，其中涉及这个家族中男人们的重要性、外貌特征、担任公职的情况和赫赫战绩。从中也可以看出罗马人民的重要性：之所以会提到巴尔巴图斯作为"你们的执政官"，可能是为了呼应在正式的公共演说中所说过的话，在为罗马精英家族成员举行的大型葬礼上，通常都会发表这样的演说。毋庸置疑，精英成员之间相互竞争的压力一定会对所讲述的故事产生影响。铭文对巴尔巴图斯战斗的描述和李维对同一时期事件的描写是矛盾的。

在西庇阿家族这样的贵族世家，女性也有很大的影响力。在宗教领域，罗马的女性精英的作用没有希腊世界女性的那么大，因为罗马主要的祭司是由（男性的）元老院成员担任的。然而，在某些特殊的场合，元老院成员们的妻子可以集体祈求神灵，并且在特定的宗教节日中起到突出作用。元老院成员的女儿也可以被选为维斯塔贞女，这是一个享有声望的职位，在王政时期只有国王的女儿才能担任。从一个现存的西庇阿家族的坟墓可以看出，女性死后可以被埋葬在家族的坟墓里，有属于自己的石棺，上面也会标记她们的名字，只是没有关于她们功绩的颂词。

对于后代来说，父系祖先的功绩至关重要。巴尔巴图斯之子（公元前259年的执政官）石棺上的铭文非常清楚地表明了这一点："几乎所有人都一致认为，卢基乌斯·西庇阿是罗马所有的优秀男人中最出类拔萃者。他是你们的执政官、监察官和市政官巴尔巴图斯之子。他攻克了科西嘉岛和阿莱利亚城（Aleria），给风暴之神建造了一座神殿，以感谢其帮助。"卢基乌斯对自己祖上（他是巴尔巴图斯之子）的强调是很引人注意的，尤其是在前文暗示卢基乌斯为"罗马所有的优秀男人中最出类拔萃者"的说法尚有争议的情况下。诉诸巴尔巴图斯的功绩是卢基乌斯成功的关键，这表明了罗马政治生活中十分重要的一点。从公元前179年到前49年，有超过一半的执政官有做过执政官的父亲或者祖父，如果把远祖也算进来，这个数字将上升至大约80%。这些数字不是为了表明其命运在出生时就已经确定，而是为了表明在竞选公职时，候选人如果诉诸其家族的过去，就更容易成功。在罗马精英中，这种做法是非常典型的，但是在同一时期的希腊世界很少有人这样做，因为他们的政治价值观是贤能政治。

在公元前1世纪西塞罗所生活的世界，罗马共和国的政治结构由元老院、罗马人民和行政官组成。最早清晰地阐述这种三权政治结构的，可能是罗马的希腊观察者，他们见惯了希腊城邦中由议事会、公民大会和行政官组成的体系。在公元前2世纪后期的著作中，波利比乌斯对这种制度做了经典描述,他认为当时罗马的强大来源于这三部分之间的平衡。这一有点恭维罗马的观念被罗马人接受,成为他们对自己国家的认识的一部分。但是,如果像罗马人一样,将这种三权的分析方法追溯到早期的罗马共和国,甚至是王政时期,那就大错特错了。我们的有足够的理由可以认为,早期的政治结构与此大相径庭。

早期的政治张力不在于元老院、罗马人民和行政官之间的权力平衡,而在于祭司与国王或者行政官之间的对立。关于后者,李维和共和国后期的其他作家讲过这样一个故事:国王塔克文·普利斯库想不通过占卜咨询神祇的意志就改变制度,因此与当时最重要的占卜师或者说是官方预言家阿特斯·纳维厄斯(Attus Navius)发生了冲突。为了贬低占卜术,普利斯库让纳维厄斯预言他能否做国王当时心里正在想的事情。纳维厄斯做了占卜,说自己能做到。普利斯库洋洋得意地回答说他刚才在想让纳维厄斯把磨刀石切成两半。但是纳维厄斯马上奇迹般地用剃刀把磨刀石切开了。这件事在罗马市政广场就地得到纪念,那里立了一尊纳维厄斯的青铜雕像,雕像旁边摆放着那块磨刀石。从这个故事中获得的教益就是,从此之后,罗马每做出一个政治或军事上的决策,都要首先通过占卜询问神灵的意志。在共和国时期,我们很少听说有像纳维厄斯这样突出的罗马祭司。祭司群体和行政官之间的冲突依然会发生,但这些冲突没有涉及奇迹。罗马的祭司职位为元老院成员所垄断(他们的女儿则垄断了维斯塔贞女的职位),这和希腊不同,在希腊,祭司是只从政治精英中选择,也常有女性担任祭司。相比之下,纳维厄斯来自一个贫穷的家庭,不是由罗慕路斯建立的元老等级占卜师群体的成员,但他也是共和时期占卜师的原型。他甚至奇迹般地把那棵曾经救了罗慕路斯和雷穆斯的无花果树从台伯河畔移动到罗马市政广场。关于祭司和政治权威之间早期紧张关系的故事在共和时期仍有影响力，在这一时期，祭司是宗教法律方面的最高权威，但是只能在元老院要求他们行动的时候才能这样做。

相对于后来元老院、罗马人民和行政官之间的三权结构，早期罗马政治的另一个不同之处和元老院本身有关。后来的传说很明确，是罗慕路斯建立了元老院。根据李维的叙述，在共和早期，元老院扮演着主要的角色。李维有可能犯了年代上的错误，在谈到罗慕路斯的时代和公元前5世纪到前4世纪这一时期时都是如此。最初，元老院可能只是国王的咨询机构，后来则是两位接管国王政治权力的执政官的咨询机构。新的执政官每年都会挑选一些人进入他们的咨询委员会。一些人无疑会多次任职，但是委员会成员未必总是同一批。直到公元前4世纪30年代奥维尼安法（Ovinian Law）颁布之后，未能被选入元老院才开始意味着耻辱。经过一个缓慢的过程，元老院才成为其共和后期的样子：全部由担任过特定行政长官的人组成，成员终身任职，除非因为不光彩的行为被作为高级行政官的监察官取消资格；这时的元老院是一个有着重要的政治权力的机构。

公元前2世纪，雄心勃勃的罗马男人有希望通过一系列的行政职务不断升迁，从财务官（quaestor）一直到执政官（consul）。无论是文职还是军职，每个职务都有明确的职责和权力。公元前2世纪的罗马共有32位行政官，他们拥有动议权，似乎构成了某种意义上的政府，而事实上，他们只不过是相互竞争的个体的集合，每个人的任期只有一年。他们的权力有两种，一种是占卜权（auspicium），即代表国家咨询神灵的权力,另外一种是治权(*imperium*),即指挥罗马城或战场上的军队的权力。这两种权力都被视为对罗马国王所拥有权力的延续。罗慕路斯在建立罗马城时祈求并且得到了上天的吉兆。如果两位执政官都死于任上,占卜权就会回到元老院手中,元老院可以任命临时执政官,临时执政官将组织选举,以选出新的执政官,确保占卜权的延续性。关于临时执政官的名称"*interrex*"("临时的国王"或"过渡的国王"),有这样一种认识,即这一职位可以追溯到王政时期。罗马人认为治权是当年国王统治罗马并带兵打仗时所凭借的权力,两位执政官继承了这种权力。他们共同掌权,避免权力集中到一人手中,两人也轮流拥有治权的象征。公元前2世纪,级别低一些的行政官也拥有了治权,不过权力比执政官的要小,而且是根据职位界定的。

罗马人民扮演着重要的政治角色。当被拥有治权的行政官召集时,人民可以对演说做出非正式的回应。在主要的民众大会(人民大会,*comitia*)上,人民负责选举行政官、批准法案就一些行动做出决策。人民大会不进行讨论或辩论,只是以正式投票的方式做出决定。据说,两种类型的人民大会可以追溯到王政时期。尽管人民大会很重要,但公元前2世纪的罗马精英心里很清楚,罗马并不是公元前5世纪到前4世纪时的雅典那样的民主政体。一种类型的人民大会的投票结果明确偏向富有阶层。国家的良好运行取决于元老院、罗马人民和行政官之间的适当平衡。这种平衡之所以可能,部分是因为罗马的"共和"制度深深植根于王政时期。

美国革命和罗马

为了推动新的美国宪法通过，詹姆斯·麦迪逊（James Madison）和亚历山大·汉密尔顿（Alexander Hanilton）编写了《联邦党人文集》，他们联合署名为"普布利乌斯"（Publius），这让人想起罗马共和国第一位执政官普布利乌斯·瓦莱利亚·波普利科拉（Publius Valerius Poplicola）。虽然有这样的说法，但一些现代学者认为，对于美国的开国者们来说，罗马只是一种装饰，真正起决定作用的观点来自那之前两个世纪意大利和英国的共和派。事实上，对罗马历史的回顾在美国革命者形成观点时是起了作用的。男子学院里十分强调阅读拉丁语和希腊作家的作品，至少有些学生从中获得了启发。在其1758年到1773年间的摘录簿上，托马斯·杰斐逊（Thomas Jefferson）摘录了不少古典时期作家的语句，约占摘录总量的40%；他后来庞大的图书馆中收藏了很多拉丁文本，他喜欢沉浸其中。女性也在家中阅读古典书籍，她们读的是译本，希望从中获取生活的灵感。阿比盖尔·亚当斯（Abigail Adams）定期写信给她的丈夫约翰·亚当斯（John Adams，杰斐逊的强大对手），她在信中的署名是波西娅（Portia），这是布鲁图妻子的名字，她甚至思考过在这个新的国家中，女性中应该拥有什么权利和责任。

1776年由杰斐逊起草的《独立宣言》意味着从前的英国殖民地现在已经成为共和国，和古代历史对话有助于将作为自由堡垒的新生共和国与欧洲古老的封建君主制度分割开来。马其顿的亚历山大、尤利乌斯·恺撒和后来的皇帝表明了暴政的危险性。

杰斐逊认为帝制的伟大批评家塔西佗是"世界上第一个无可争议的作家"。其他的历史事件也提供了启发。将23个希腊城邦联合起来的吕基亚同盟被尊崇为共和邦联的模范。约翰·亚当斯在他的《为美国政体辩护》(*Defence of the Constitutions of the United States of America*,1787年)中,将西塞罗所描绘的罗马政体当作典范,以表明如何通过制衡机制去保护自由和正义。波利比乌斯对罗马的分析给亚当斯留下了深刻的印象,在亚当斯收集的与共和制度有关的史料中,就有对其作品的翻译和综述,这些材料得到出版,供参加制宪会议的代表们使用。正如杰斐逊在1795年所言,美国"按照诚实而不是武力的原则"进行统治的"实验","在罗马共和时期之后还没有出现过"。

*

共和时期,罗马在意大利半岛内部的势力扩张开启了罗马转型的过程,罗马从希腊、腓尼基和伊特鲁里亚这些大国的外围国家逐渐发展为历史上面积最大的欧洲帝国。在意大利半岛的扩张为罗马的海外扩张奠定了基础,也为它与迦太基人之间的冲突埋下了伏笔,后面我们还会谈到这一点。公元前5世纪到前4世纪是罗马在与其相邻的拉丁姆地区巩固势力的初始时期。公元前507年,罗马作为拉丁姆地区的主要国家,与迦太基签署了条约,但是此后不久,罗马不得不与拉丁姆地区的其他城邦建立一种更正式的关系,这就是人们所熟知的拉丁同盟。

把这个同盟团结在一起的不仅仅是军事力量和自身利益,还有共同的历史感。罗马以南30千米处的拉维尼姆据说是埃涅阿斯在意大利半岛的第一个定居点。在这个定居点的南部有两处重要的圣所。一座在当地罕见的公元前 7 世纪的坟墓从公元前 6 世纪就开始接受供奉，在公元前 4 世纪被重建为圣所，这可能就是后来被认为是埃涅阿斯坟墓的地方。距此不远有另外一处圣所，那里排列着很大的祭坛，从公元前 6 世纪到前 4 世纪，祭坛的数量从 3 个增加到了 12 个。这里供奉的可能是家邦守护神（Penates），是埃涅阿斯从特洛伊带来的，他抵达这里之后，马上对其举行了献祭。这个重要的崇拜中心可能被拉丁同盟的成员用来举行祭祀。拉丁同盟第二个重要的场所是罗马东南方向 25 千米处的阿尔班山（Alban Hill）。据说，埃涅阿斯的儿子阿斯卡尼俄斯在此建立了阿尔巴隆加。这个定居点后来消失了，据说遭到了图路斯·荷提留斯的洗劫。附近阿尔班山上的圣所是拉丁联盟庆祝一年一度的重要节日的场所，这个节日纪念的朱庇特·拉提阿里斯是对拉丁人始祖拉丁努斯的神化。

公元前 5 世纪，罗马本地的力量受到压力；公元前 4 世纪，罗马的拉丁盟友发动叛乱。在一系列战争过后，公元前 338 年，原来的拉丁同盟失去了其军事和政治职能，但相关节日得以延续。从那时起，在罗马控制下的意大利半岛，男性居民被分成四类：享有充分公民权的罗马公民、没有投票权的罗马公民、拉丁人、盟友。各社群有两点共同之处：第一，它们与罗马有联系；第二，它们对罗马的义务是提供军队，而不是交税或者进贡。结果，罗马的支配范围向南一直延伸到那不勒斯湾，还拥有一支庞大的军队。

公元前 5 世纪早期罗马的领土面积大约为 900 平方千米，拉丁姆地区其他的城邦都相形见绌。同一时期拉丁城邦的总面积大约是 2 350 平方千米。同时期科林斯的领土面积也是 900 平方千米，跟罗马一样，雅典的面积大约是 2 400 平方千米，与所有拉丁城邦加起来的面积相当。但是到了公元前 338 年，属于罗马的领土已经猛增到 5 500 平方千米，而新的罗马同盟的总面积大约是 8 500 平方千米。此时的罗马已拥有可以为其军队提供大量人力资源的庞大领土。罗马的领土比当时希腊本土任何一个城邦都大，但仅仅是同时期以叙拉古（Syracuse）为首的同盟的一半。

罗马在拉丁姆地区之外的扩张始于公元前 4 世纪，罗马势力首先向北进入伊特鲁里亚，然后又向南。征服伊特鲁里亚的象征性事件是对维爱的攻击，维爱是罗马最近的北方邻居，距离罗马只有 17 千米。公元前 5 世纪的维爱是一个很大的定居点，周围环绕着巨大的防御城墙。在公元前 5 世纪里，这里发生过两次主要的战役。李维完整而详细地描述了最后一次战役：长达十年的围城最终于公元前 396 年结束，而这多亏了罗马对一个预言的反应；罗马使用计谋，挖了一条通到维爱人堡垒里面的隧道；卡美卢斯（Camillus）洗劫了这座城市；该城主神朱诺的雕像被搬到了罗马。李维对维爱被罗马攻占的讲述是正确的，这很可能发生在公元前 396 年，但是他描述的细节并不可信。李维的故事是对所发生事情史诗式的详细描述，有意突出其与特洛伊城沦陷之间的相似之处：长达十年的围城，神祇的干预，计谋，还有搬走朱诺的雕像——让人想起埃涅阿斯搬走家邦守护神。

《古罗马谣曲集》

现代人对于李维笔下维爱被攻占的细节持怀疑态度，这种怀疑可以追溯到罗马史鉴别研究的创始人 B. G. 尼布尔（B. G.

Niebuhr）。尼布尔《罗马史》的德文版在1811年至1812年首次出版，一炮打响，在1828年被翻译成英文，后多次再版。尼布尔是第一个试图删除李维故事中传说成分的现代学者，他倾向于根据共和时期成书的编年史进行讲述。正如他所说的那样，编年史的"对于维爱之陷落的讲述完全被诗意的讲述所取代，而这种诗意属于和卡美卢斯有关的谣曲或传奇，这是一种史诗式的叙述方法，其特征与历史是不相容的"。

尼布尔所提到的"谣曲"暗指其故事传播理论中的一个重要因素。追随早期的一些学者，他提出，除了编年史之外，在宴会上表演的歌谣或叙事诗歌也讲述了早期罗马的历史。该观点一直到19世纪以后都还有影响力，其最著名的支持者就是托马斯·巴宾顿·麦考莱（Thomas Babington Macaulay）。在为印度国王服务时，他创作了一部由四首诗组成的《古罗马谣曲集》(*Lays of Ancient Rome*)，作为尼布尔提到的逸失歌谣的样本。这本书于1842年首次出版，广受欢迎，在随后约一百年的时间里一直是英国学校里的必读书。直到现在，依然有很多人至少会背诵第一首的开头部分，这首诗讲的是贺雷修斯（Horatius）把守桥头的故事："克鲁休姆（Clusium）的拉斯·波西那（Lars Porsena），他向九位神祇宣誓：塔克文家族将不再遭受伤害。"讽刺的是，麦考莱的《古罗马谣曲集》强调传说的浪漫成分，广受欢迎，尼布尔提出的这些传说并不真实的看法反倒无人理睬了。

公元前386年，在罗马人抵抗高卢人进攻的过程中，维爱的征服者卡美卢斯发挥了关键作用。公元前450年左右，在欧洲中部出现了我们所知道的具有强烈尚武精神的拉坦诺文化。迫于故乡的人口压力，三个新成立的部落翻过了阿尔卑斯山脉，在意大利半岛找寻新的领土和财富。由于早期商人和雇佣兵与意大利半岛的接触，他们早就知道这条路线。他们攻占了肥沃的波河流域原有的伊特鲁里亚定居点，并继续向意大利半岛的东部沿海推进，一直打到安科纳（Ancona）。有些人继续南下，打败罗马人并洗劫了罗马。这件事让罗马人对高卢人一直心存恐惧，但是就像有关征服维爱的讲述一样，李维关于罗马"被洗劫"的讲述几乎完全不可信。当时的英雄人物卡美卢斯被比作罗慕路斯，被视为罗马的第二创始人，但这种比较可能是公元前1世纪的发明，就像我们将在第七章看到的那样，当时很流行把人和罗慕路斯进行对比。那场洗劫后不久，罗马人利用新征服的维爱附近采石场的石头，重建了围绕城市的古城墙，可见他们多么害怕再次遭到那样的攻击。

从高卢人的攻击中恢复过来后，罗马继续向北扩张，公元前3世纪早期时，罗马显然已经支配了伊特鲁里亚。到了公元前3世纪中叶，其征服范围已经向东、向南扩展到了意大利半岛中部大部分地区。罗马的领土再度急剧扩张，其面积几乎增加到原来的五倍，从公元前338年的5 500平方千米增加到了公元前264年的26 000平方千米。罗马的疆域向南延伸到那不勒斯湾，向东则跨越了整个半岛。这是一个广阔的区域，约占意大利半岛的20%，轻易地超过了希腊任何一个城邦，能与东边的希腊王国匹敌。除了自身拥有的土地，罗马还建立了29个拉丁殖民地，殖民地权利和公元前338年正式赋予拉丁同盟老成员的权利一样，其领土共计11 000平方千米。此外，罗马还有至少125个盟友，其面积共计72 000平方千米。因此，由罗马及其盟友所控制的领土面积超过了 108 000 平方千米。罗马所建立的同盟关系不一定有正式的条约，盟友需要对罗马提供军事援助，这保证了罗马的霸主地位。在接下来的 160 年里，除了第二次布匿战争之外，罗马在意大利半岛的统治几乎没有遇到任何挑战。

在下一个世纪，从公元前 264 年至前 146 年，罗马继续在意大利半岛的南部和北部扩张。第二次布匿战争之后，它对站错边的主要国家采取严厉措施。卡普阿（Capua）失去了其统治阶级、包括公民权在内的所有的自治权，以及全部领土。他林敦（Tarentum）被洗劫，并且失去了一部分领土。对于那些站在迦太基一边的国家，主要的惩罚是强化了现有的条约，没收其部分土地。因此，罗马的领土面积增加了，特别是在半岛南部。从公元前 268 年到前 181 年，12 个拉丁殖民被建立起来，但从公元前 184 年起建立的那一批殖民地就都是罗马殖民地了，那里所有的公民都拥有充分的罗马公民权。利用这些殖民地，罗马开始在亚平宁山脉与波河流域之间的地区留下自己的印记。公元前 218 年，罗马第一次从凯尔特人那里夺取了这一地区，后来又在公元前 2 世纪 90 年代和 80 年代通过无情的战争再次将其征服。

到了公元前 3 世纪中叶，在罗马人的想象中，意大利半岛已经成为一个整体。公元前 268 年，在意大利半岛东北部沿海，罗马举行了一次凯旋仪式，以庆祝罗马领土的进一步扩张。这标志罗马完成了对意大利半岛阿尔诺河（Arno）以南地区的征服，凯旋的将军建了一座神庙献给大地女神忒勒斯（Tellus），还绘制了一幅涵盖整个意大利半岛的地图，其中隐含着对罗马巨大的政治期望。一百年后，重要的政治人物老加图（Elder Cato）创作了《罗马历史源流》，把罗马的起源置于意大利半岛几个主要定居点的背景之下，从半岛的最南端到新近征服的亚平宁山脉以北地区。在东北部地区的威尼托人（Veneti）是特洛伊人的后裔，建立定居点的是特洛伊英雄安特诺尔（Antenor），翁布里亚（Umbria）的阿梅利亚（Ameria）位于罗马以北70千米处，是在与珀尔修斯的战争（前171年）爆发之前963年建立的，也就是公元前1134年。公元前2世纪中期的意大利半岛上有很多个社群，他们为自己的过去感到自豪，但是也心甘情愿地服从罗马的领导。

公元前2世纪的罗马也有能力支配意大利半岛。公元前186年，在罗马发生了一桩重大的宗教丑闻，这一丑闻涉及酒神巴克斯（希腊的狄俄尼乎斯）的祭仪。据说这种祭仪中有不当性行为，而这会造成广泛影响，罗马元老院对此十分忧虑。他们担心崇拜巴克斯的群体遍布意大利半岛，会形成一个具有政治颠覆性的地下网络。这种恐惧可能并无根据，我们倒是可以从中看出罗马人的多疑。在他们眼里，意大利半岛并不像我们想的那么安全。罗马采取了果断行动：意大利半岛所有的罗马殖民地和城镇必须服从罗马的决策，地位更低的定居点受罗马执政官直接管辖。在意大利半岛犯下的罪行，凡是影响到罗马国家安全的，例如叛国、阴谋等，都归罗马元老院直接审理。此外，意大利半岛的个人和社群如果寻求仲裁、赔偿或保护等，也都要诉诸元老院。

在扩张罗马领土、传播罗马价值的过程中，遍布整个意大利半岛的拉丁和罗马殖民地也发挥了重要的作用。传统的观点认为这些殖民地是非常整齐划一的，并认为公元前273年在伊特鲁里亚沿海建立的拉丁殖民地科萨（Cosa）是其代表，但事实上这些殖民地并没有统一的建设蓝图。我们不能把后来的做法强加于这一时期，这一点很重要；同样重要的是，也不能把所谓的统一模式强加于来自科萨的考古证据。尽管如此，科萨的确可以表明演进中的拉丁殖民地是什么样子的。公元前280年，伊特鲁里亚地区的重要城邦武尔奇被击败，它三分之一的领土——550平方千米——被没收，并分给新建立的科萨。这片土地被分割成一个个小块，分配给2 500个新来的殖民者。公元前197年，又有1 000名殖民者被分配到科萨，可能此时那些更加遥远的土地上才有了殖民者定居。科萨占地13公顷，坐落于沿海的山顶，此前并无人居住。附近的伊特鲁里亚人定居点完全被边缘化了。科萨殖民地被雄伟的城墙和塔楼保护着，提醒人们这种新的格局是通过武力实现的。城内的设计也遵循直线风格，公共建筑可能仿照了罗马的风格，当地议事会和人民大会的建筑可能仿效了罗马市政广场的设计。这里有一个重要的港口，此外还有陆路相连：可能修筑于公元前241年的奥勒利安大道（Aurelian Road）沿着意大利半岛西海岸，从罗马经科萨一直通往下一个重要的沿海港口比萨。这条大道绕过武尔奇和伊特鲁里亚人的其他古老城镇，使罗马军队能够迅速到达意大利半岛北部。在非军事领域，这条大道也产生了深远的影响，新的道路网奠定了意大利半岛新人文地理的基础。

在语言方面，建立殖民地所产生的一个重要结果是拉丁语的传播。对于科萨来说，拉丁语是从罗马和拉丁姆地区而来的殖民者的母语，但同样重要的是，正如他们在制度上效仿罗马，这些殖民地全部以拉丁语作为官方用语。就这样，拉丁语被传播到意大利半岛其原本使用其他意大利方言或其他语言（伊特鲁里亚语、希腊语和凯尔特语）的地区。反过来，在其他方言或语言环境中长大的人学习拉丁语的过程中，拉丁语也有了一些区域性的变体，但罗马人是看不起乡下人的拉丁语和从其他意大利方言或伊特鲁里亚语借用的拉丁词的。到了公元前2世纪，拉丁语已经成为伊比利亚半岛的高声望语言，广泛使用拉丁语带来的压力是非常大的。希腊城市库迈在公元前5世纪已经落入说欧斯干语者手中，但是在公元前338年才获得罗马公民权。公元前180年，库迈请求元老院允许使用拉丁语进行一些公共活动。这个请求获得批准，但实际上，库迈是可以在不征求元老院意见的情况下直接做出改变的。当地的精英肯定已经很熟悉拉丁语，但是库迈仍然对其希腊过去感到自豪：先知西比尔（Sibyl）掌管着这里的阿波罗神谕，是王政时期罗马《西比尔神谕集》的源头。

公元前3世纪，有些当地语言消亡了，或者至少不再被书写下来，但是一些方言在整个公元前2世纪一直很重要，直到公元前1世纪其书写形式才消亡。在公元前2世纪末或公元前1世纪初，班提亚城（Bantia，在靴子状的意大利半岛的脚背上）用欧斯干语铭刻了自己的宪法。铭文中使用的欧斯干语受拉丁语影响很大，其中描述的公民机构也受罗马影响很大；但是在公共语境中使用欧斯干语，这一事实本身就表明在被罗马支配的情况下，班提亚人想要表明自己的特殊性。

在被罗马征服之后，地域特征的其他表达方式依旧很重要。伊特鲁里亚人继续保持他们自己对于过去的意识，这种情况至少延续到公元1世纪。公元前80年，伊特鲁里亚人发生内战，一些战败的伊特鲁里亚人逃到了北非，到了迦太基西南方向大约50千米的偏远之地。他们的首领可能来自克鲁休姆（今天的丘西），他在此建立了一个新的定居点，立起了界碑，上面镌刻的文字是北方的伊特鲁里亚语。值得注意的是，这里的居民被称为"达尔达诺人"（Dardanii），这个名称源自特洛伊城的创始人达尔达诺斯（Dardanus）。建立这个定居点的初衷是建成另一个特洛伊，但遗憾的是，它现在几乎无迹可寻。和威尼托人当然还有罗马人一样，有些伊特鲁里亚人为他们特洛伊起源而骄傲。就伊特鲁里亚本身而言，历史记忆仍然得以保留，尽管在公元前1世纪大多数精英家族都已经后继无人。公元1世纪，塔奎尼立了一块纪念碑，铭刻的是该城在公元前5世纪，可能还有公元前4世纪时所发挥的作用。铭文详细记录了该城领导者对西西里岛和其他伊特鲁里亚城邦的军事干预，其中包括开雷和阿雷提乌姆（Arretium），他们还参与了对拉丁人的一次战争。碑文是用拉丁语写的，但肯定来自当地的伊特鲁里亚语记录。碑文展示在城中心宏伟的古老神殿附近，表明了当地人对罗马人到来之前该城丰功伟绩的自豪之情。

在罗马人看来，伊特鲁里亚人特别擅长占卜异兆的意义，比如长了两个头的牛犊和雷击之类的。元老院经常先咨询伊特鲁里亚的占卜师（*haruspices*），然后再决定应该对异兆采取什么样的行动。罗马非常重视占卜师这项世袭的技能，对于非罗马人祭司来说，这是独一无二的。罗马人对于伊特鲁里亚人的这些技能极为看重，元老院在公元前2世纪中叶和公元1世纪两次通过法令，鼓励占卜术在伊特鲁里亚大家族中的传承；第二次是皇帝克劳狄本人的提议。罗马和神灵之间关系部分取决于这些人的技能，而这些人的异族人身份被不断加以强调。

罗马人对意大利半岛和海外领土的征服也给罗马城带来了影响，获胜并举行凯旋仪式的将军有权在罗马城建立一座纪念建筑。最常见的胜利纪念建筑是神庙，如大地女神忒勒斯的神庙。事实上，共和时期的大多数神庙都是举行凯旋仪式的将军建的。它们很可能被建在凯旋游行的队伍所经过的道路上，并且建造的时间和罗马军事扩张的时间完全重合，尤其是在公元前 300 年至前 250 年和公元前 200 年至前 160 年。这些神庙建筑非常集中，一个很好的例子就是战神广场（Campus Martius）南部的四座神庙，即所谓的阿真蒂纳圣地遗址（Area Sacra di Largo Argentina，见图 23）。四座神庙并排而立，俯视着凯旋队伍经过的路。它们都建于公元前 3 世纪早期和公元前 2 世纪晚期之间。对于这些神庙是敬献给什么神灵的，我们并不确定，但是 A 神庙可能是一个名叫路塔提乌斯·卡图鲁斯（Lutatius Catulus）的人在公元前 241 年建造的，旁边的 B 神庙是一个与他同名的后人敬献给"当今的命运女神"的，建于公元前 101 年。这是一个很好的例子，从中可

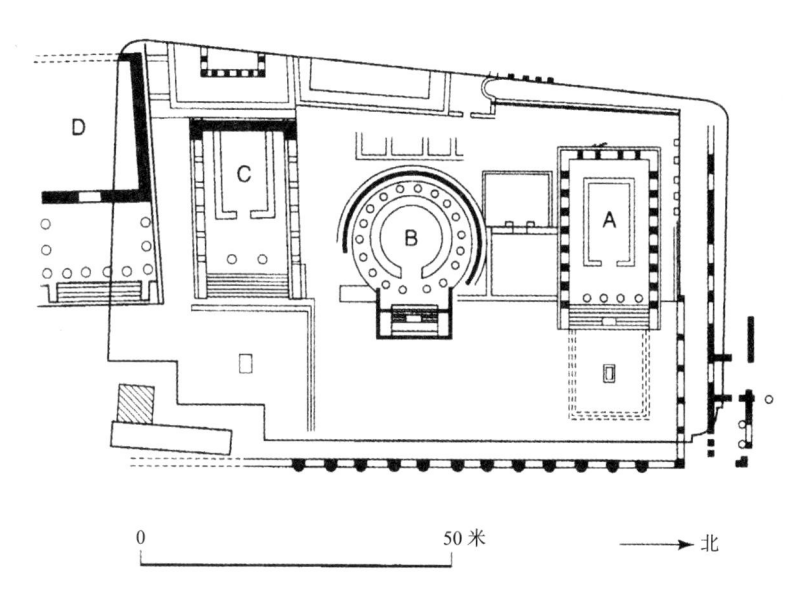

图 23　阿真蒂纳圣地遗址的四座神庙。A 神庙，可能建于公元前 241 年；B 神庙，献给"当今的命运女神"，建于公元前 101 年；C 神庙，建于公元前 3 世纪早期；D 神庙，建于公元前 2 世纪

以看出元老院成员是怎样充分利用祖先成就的。

作为一座城市，公元前2世纪早期的罗马依然很不发达，但是在这个世纪里这种情况会发生变化。根据李维的记载，公元前182年，亲罗马的马其顿王子德米特里（Demetrius）受到了朝中敌视罗马的对手的奚落；他们嘲笑的一点就是罗马城的外表，无论是公共空间，还是私人空间，此时的罗马城都没有得到美化。与同时期的希腊城市相比，此时的罗马很落后，很少能够看到理性规划的迹象，为了纪念胜利而新建的神庙孤零零地耸立在城市里。甚至和周围的拉丁城市相比，罗马也相形见绌。公元前2世纪后期，在罗马以东40千米处的普拉尼斯特（今天的帕莱斯特里纳），新建了一座巨大的神殿，充分地利用了当地的山区地形。这座神殿可以与爱琴海地区最大的神殿相媲美，是由当地精英出资建造的，他们的收益来自罗马的东部征服，而直到公元前1世纪中期，罗马都没有这样宏伟的神殿。但是，在公元前2世纪，罗马城确实出现了更多的纪念性建筑。贵族的坟墓变得更加突出：比如，西庇阿家族的坟墓可能建在一个家庭成员建造的风暴之神的神庙附近，公元前2世纪中叶，坟墓增加了一个新的立面。在这一时期，罗马的城市中心也变得更加宏伟，但并不是凯旋的将军们所为。公元前179年和公元前169年，在罗马市政广场的北面和南面，宏伟的巴西利卡（basilica）取代了私人住宅；这些虽然是公款修建的，但是上面仍然有负责此事的监察官家族的名字。因此，公元前2世纪60年代的市政广场看起来更像同时期希腊的阿哥拉，成为一个由柱廊公共建筑分隔出来的核心公共空间。然而，元老院的精英对可能会给罗马民众太多机会的建筑心存疑虑。人们在用木头临时搭建的剧院里观看演出和表演。公元前2世纪出现了一两座石砌的剧院，但是不久就被拆掉了；直到公元前61年，罗马城才有了第一座永久性的石砌剧院，这落后于意大利半岛其他地方一个世纪，落后于西西里岛和希腊世界其他地方三四个世纪。

到了公元前3世纪中叶，罗马已经成为地中海世界的主要国家之一。罗马国内的冲突已经解决。在罗马精英强有力的领导下，罗马的政治机构十分稳定。罗马开始主导意大利半岛阿尔诺河以南的地区，能够利用这里的人力资源壮大自己的军队。这种扩张使其开始和南方的近邻发生冲突。

*

到目前为止，迦太基在历史上仅仅是一个配角，现在我们给它与罗马对等的待遇，用迦太基人的视角来分析罗马和迦太基之间的关系。我们需要试着摆脱罗马胜利者的观点，因为这种观点不可避免地会从负面去描述迦太基人。大约在公元前9世纪后期，来自推罗的腓尼基人在突出到大海的一块陆地上建立了迦太基。和这一时期其他的腓尼基殖民地一样，这里的地理位置得天独厚，能够充分利用贸易路线。这个古老的定居点占地25公顷，甚至有人估计有45～60公顷，在公元前6世纪的地中海地区，有这样的面积，迦太基就算得上是一座大城市了。据说其城墙长达37千米，是同一时期罗马城墙长度的三倍多。它的港口从一开始就很重要，在地中海中部和西部地区，迦太基拥有重要的贸易利益。迦太基从公元前5世纪开始军事介入西西里岛，从公元前4世纪开始控制东到昔兰尼、西至大西洋的北非沿海地区。沿海的定居点纷纷和迦太基结成同盟，这有点类似于拉丁人和罗马之间的关系。

迦太基把自己视为一个有腓尼基过去和腓尼基现在的城市。根据希腊和罗马作家的记载，推罗内部爆发争夺权力的斗争，失败的一派先是逃到了塞浦路斯，然后到了迦太基所在的地方。这种说法可能源自腓尼基人。在这里，当地利比亚人的国王允许他们的首领埃莉萨（Elissa）公主建立一个新的定居点（"Carthage"一词源自腓尼基语中的"*Qart hadasht*"，意为"新的城市"）。埃莉萨是推罗梅尔卡特神（Melqart，在腓尼基语中是"*milk qart*"，意为"城市之王"）的祭司阿克尔巴斯（Acherbas）的遗孀，她把梅尔卡特神的圣物也带到了迦太基，并在此建立了对他的崇拜。利比亚国王要求埃莉萨嫁给他，忠贞的她选择了投火自焚。起源于推罗的事实也在宗教仪式中有所反映。每年迦太基人都会把供品送到推罗的梅尔卡特神庙。公元前332年，亚历山大大帝包围推罗时碰巧俘获了这一年送供品给梅尔卡特的迦太基使团，他把他们的圣船献祭给了他的赫拉克勒斯神。后来推罗丧失了政治自由，但是这并没有切断它和迦太基的联系，每年一次敬献供品的做法一直持续到公元前2世纪迦太基灭亡。

此外，迦太基的宗教仪式也源自腓尼基人。迦太基人有一个露天的圣所，俯瞰该城的一个海港，那里埋有一些容器，里面装的是新生婴儿和夭折儿童骨灰，有时是动物骨灰。这处圣所今天被称为"陀斐特"（tophet），但是这个词取自《希伯来圣经》，迦太基人可能并不这样说。另一个引起混淆的地方是这处遗址今天被称为"萨朗波"（Salammbô），但这仅仅是1922年法国挖掘者赋予它的浪漫名称，本来是福楼拜小说中女主人公的名字（见后文）。这处圣所能是这个定居点建立之初就有的，到罗马征服时还在。在一片占地6 000平方米的区域，已经发现了超过 20 000 个骨灰瓮和 10 000 块献祭石。石头上的形象代表腓尼基，尤其是在和罗马发生冲突时，很多石头上有腓尼基语文本，其中提到两位腓尼基神灵，分别是巴力哈蒙（Ba'al Hammon）和"巴力的面孔"坦尼特（Tinnit）。西部还有至少十多处腓尼基定居点有类似但并不完全相同的圣所。恩尼乌斯在讲述迦太基风俗时，提到"迦太基人有用他们的小男孩献祭的习俗"。关于这些可怜的小男孩的说法几乎不可能出自中立的民族志观察。有人也许会努力把迦太基人从这种负面观点中拯救出来，认为那些儿童的骨灰并不代表着用儿童献祭，但是这种仪式很奇怪，在我们看来，似乎很令人厌恶。在其他的墓地里，儿童似乎是被土葬的，而不是火葬。根据"萨朗波"圣所的铭文，这些儿童或动物的骨灰是对神灵的献祭。无论如何，这个重要的圣所和迦太基的自我认同有着密切的联系，这不仅关系到其源自推罗的过去，还关系到罗马与日俱增的威胁。

迦太基人一边保持并强化他们的腓尼基人身份，一边从希腊世界寻求借鉴。在公元前 5 世纪和公元前 2 世纪之间，迦太基的宗教建筑使用的是希腊风格的装饰，私人住宅是希腊世界其他地方的那种豪宅。公元前 396 年，由于在叙拉古军事行动中的不敬行为，迦太基人遭遇军事上的失利，他们中间还爆发了严重的瘟疫。因此，他们开始在迦太基崇拜得墨忒耳和珀尔塞福涅（Persephone），仪式是希腊式的，甚至还让城邦里重要的希腊居民参与。迦太基人对希腊世界如此感兴趣，这就是为什么亚里士多德将迦太基作为唯一的非希腊城邦写入其《政治学》，甚至将其和斯巴达与克里特相提并论，认为它们最接近于他心目中的理想城邦。

从公元前 6 世纪开始，迦太基就和意大利半岛有紧密的联系。在这方面，三块刻有铭文的金牌匾特别能够说明问题，其中两块的铭文是伊特鲁里亚语，一块是腓尼基语。这三块牌匾来自伊特鲁里亚城邦开雷的港口皮尔吉（Pyrgi）的一处圣所，其年代可以追溯到公元前500年。上面记录了一位名叫提法瑞（Thefarie）的人对圣所的捐赠，可能是一个雕塑和一座神庙。在两个伊特鲁里亚语文本中，提法瑞被说成是开雷的统治者，他捐赠的目的是对伊特鲁里亚女神乌尼（Uni）致谢。乌尼是这个圣所的主神，也就是罗马人所说的朱诺，乌尼已经帮助他统治了三年。到现在为止，这和前面关于伊特鲁里亚城市的描述相当吻合。事实上，提法瑞可能是来自塔奎尼城的一份文本里提到的一个民族的直接祖先。不寻常的是，第三块牌匾是用腓尼基语写的，也许是塞浦路斯的腓尼基语，其内容和两个伊特鲁里亚文本是一致的。这肯定是因为提法瑞想要用他自己的语言和皮尔吉神灵的语言来表达他的感激。在腓尼基语版本中，这位女神被称为腓尼基神灵阿施塔特，且捐赠的日期是"埋葬神灵的那一天"，这里的神灵是指腓尼基神灵阿多尼斯（Adonis），即阿施塔特的配偶。在与其对应的伊特鲁里亚文本中，乌尼女神也被称为乌尼-阿斯特拉（Uni-Astra），即阿施塔特的伊特鲁里亚语版本。腓尼基对伊特鲁里亚的深远影响可见一斑。乌尼-阿斯特拉之所以会源自腓尼基，是因为对于开雷来说，塞浦路斯的腓尼基人尤其是迦太基的商人十分重要。对他们来说，皮尔吉的圣所可以作为一个中立的会面场所。亚里士多德在其《政治学》中提到迦太基人和伊特鲁里亚人之间的一个贸易协定，在这份协定中，双方异乎寻常地将对方视为同一个城邦的公民。在迦太基出土了一个奢华的象牙"名片"，可以追溯到公元前530年至前500年之间。在名片上，一位商人用伊特鲁里亚语简单地自我介绍为"迦太基的普威奈尔（Puinel）"。我们可以想象，这位伊特鲁里亚语说得并不流利的迦太基商人，在初次遇到伊特鲁里亚商业伙伴时展示其"名片"的情景。

正是在迦太基和伊特鲁里亚这些紧密联系的背景之下，迦太基和罗马发生了第一次正式接触。在共和元年（前507年），迦太基和罗马达成协议，也许还和其他伊特鲁里亚城邦达成协议：双方一致同意成为友邦，互不损害对方的利益。迦太基人承诺不干涉罗马的拉丁结盟，不在拉丁姆地区建立堡垒，不让军队在那里过夜。罗马人则仅仅承诺不会驶过迦太基西北部的"美丽海岬"（the Fair Promontory），并且在和迦太基或撒丁岛贸易时遵守特定的条件，之所以制定这些条件，是因为其腓尼基人的定居点。然而，罗马人可以和其他人一样，在西西里岛西部的迦太基地区自由经商。在这份条约中，地位较低的罗马没有海外的军事野心，被禁止和北非海岸一直到迦太基西部的迦太基殖民地进行贸易，在迦太基核心区域的贸易活动也受到特定的限制。公元前348年，两个国家之间签署了一份新的协议。罗马依然被视为主要是拉丁姆地区的国家，但是迦太基现在需要阻止罗马与撒丁岛和北非之间的贸易，而不仅仅是控制，并且还要阻止罗马在那里殖民。这是罗马海外扩张野心的初步迹象，而这将导致它和迦太基之间的冲突，也让罗马扩张到希腊世界。

从古代以来，人们就一直在寻找罗马势力迅速扩大的原因。希腊爱国者波利比乌斯从内部了解了罗马，并记录了罗马崛起的历史。他主要关注的是，从公元前220年到前167年马其顿君主政体的结束，罗马是怎样在短短53年的时间里征服希腊世界的。这种征服不是"在心不在焉的情况下"实现的——这是人们在谈论大英帝国时的说法。

即使罗马自身没有引发战争，并且事实上还尽力避免"不义之战"，罗马的军事行动也并不仅仅是防御性的。罗马逐渐树立了支配世界的宏伟目标，而支撑这一目标的是政体的独特优势。这是波利比乌斯对于罗马扩张的看法，我们不妨加上其他几条不那么有意为之的原因：首先，元老院成员需要获得军功，以此助推自己的升迁，西庇阿家族就是这样；其次，经济上的考虑刺激着罗马精英和民众从事战争；最后，罗马每年需要征用同盟的人力上战场，如果不这样做，就是在事实上免除了当年的税收，长此以往，罗马将失去与其同盟团结在一起的手段。这些原因在罗马国家结构的深层发挥作用，促使罗马不断发动战争。

从罗马人的主观意识来看，罗马崛起的原因要简单得多。罗马人认为他们非比寻常的成功和繁荣应该归因于他们和神灵之间格外密切的关系。公元前193年的一封信很能说明问题，罗马当局这样答复提欧斯（Teos，小亚细亚半岛西海岸的一个希腊城市）人民的一个请求，说他们同意将提欧斯及其领土宣布为神圣的，也同意提升提欧斯的主神狄俄尼索斯的威望。对于他们的决定，罗马人给出了一个关键的理由："我们确实绝对地、始终如一地崇敬神灵，认为神灵才是最重要的，我们因此从他们那得到的恩惠就可以证明这一点。"罗马人相信这是人人皆知的事实。他们认为自己只进行"正义之战"，认为他们的胜利应该归因于罗马人对神灵始终保持虔诚。那个时代以及后来的人们主张罗马扩张的背后还有更多的原因，但是我们在解释当时的情况时，应该把罗马人的这种自我评价考虑进去。

公元前264年爆发的第一次布匿战争是罗马与迦太基之间的一次

重大冲突。这场战争的导火索微不足道，但斗争却很快升级，获胜者将控制整个西西里岛，而过去这里一直是迦太基人的地盘。在战争早期，西西里岛西部归迦太基所有的城市塞杰斯塔（Segesta）决定屠杀当地的迦太基驻军，投靠罗马。塞杰斯塔人之所以做出这个危险的决定，是因为罗马人与他们有亲属关系：他们都是埃涅阿斯的后裔。根据塞杰斯塔人的说法，他们的城邦是公元前5世纪时来自特洛伊的避难者建立的。在这里，这种说法尤其有效，因为他们知道这将和罗马人关于其来源的说法吻合。在公元前1世纪发行的两种硬币上，塞杰斯塔人重申了这样的主张。

公元前241年，罗马战胜了迦太基与其盟友叙拉古，迦太基被迫屈辱求和，西西里岛也成了罗马的第一个海外行省。我们可以很容易看出，第一次布匿战争是西方两大强国之间的较量，驱动这场较量的是它们自身的当务之急。不过，罗马一方的一位战士却有截然不同的看法。奈维乌斯（Naevius）撰写了第一首讨论罗马问题的拉丁史诗，在这首关于第一次布匿战争的史诗中，他以一种更加广阔的视角来考察了此次战争。这首诗以罗马人在西西里岛的战斗开篇，接着却回到了过去，这可能是因为罗马的指挥官看到了西西里一座神庙中描绘的神话故事。在谈论当下的战争之前，这首诗三分之一的笔墨被用于描述遥远的过去：埃涅阿斯逃离特洛伊；埃涅阿斯到了迦太基并与迦太基的女王相遇；然后埃涅阿斯到达意大利半岛，维吉尔的《埃涅阿斯纪》将会详细讲述这段故事。对这场战争的叙述也因此建立在罗马背负着胜利使命的历史背景之下，但是在此背景下，罗马与迦太基之间的冲突是不可避免的。

福楼拜的《萨朗波》

当福楼拜的小说《萨朗波》在1862年面世时,读者们正在急切地期待他广受欢迎的《包法利夫人》(*Madame Bovary*)之后的下一部著作,这部以古代迦太基为背景的历史小说让他们有些失望。1857年,早就被"东方"吸引的福楼拜开始着魔似的阅读各种古代作家和现代学者的著作,著作涉及范围极广,总数多达一百多本,其中包括一本400页的关于某种柏树的专著,而这仅仅是为了能够更好地描述神庙的庭院。他做了大量的注解,但没能进行下去。1858年他去往迦太基旅行,还去了突尼斯和阿尔及利亚的一些地方,这次旅行让他开始重新构思这部小说。小说出版之后,对于一些对他书中不精确之处的指控,福楼拜都会坚决捍卫自己的观点,同时也承认他有些地方写得过于随意。实际上,尽管《萨朗波》以波利比乌斯的一个故事为基础,却没有像他那样用同情的态度对待迦太基人,而是以十分复杂的方式将他们描绘成狂暴的异族人。福楼拜没将他故事的背景放在与罗马冲突的宏大叙事中,而是将其设定在第一次布匿战争之后,即迦太基雇佣兵的叛乱。驱动叙事的是雇佣军首领和一个迦太基女祭司萨朗波之间的恋情。这部小说看起来也许是西方人眼中"东方主义"的一个直观的例子:西方殖民列强将"东方"描绘成具有异域风情的"他者",通过这种方式来让西方更容易认知和控制东方。实际上,福楼拜刻意避免读者很熟悉的内容,比如高贵的罗马代表或明智的希腊哲学家,而是用读者不熟悉的词汇描绘一个遥远的社会,并且几乎没有直接引语。在读者面前炫耀渊博的学识并没有什么用,法语被证明不是精准描述迦太基异族性质的好工具。

如何描绘迦太基的问题并没有消失。一些现代学者几乎没有试图摆脱罗马胜利者的视角,仍然刻板地给迦太基人扣上臭名昭著的背信弃义的帽子。一些想要同情迦太基人的人对"陀斐特"的证据置之不理。但也有人因为迦太基语是闪族语这一事实,而提出种族主义的说法,恶意地将迦太基文献与另一个闪米特民族——犹太人做比较。直到最近几十年,罗马和迦太基之间的斗争还经常被看作印欧人和闪米特人之间为控制西地中海而展开的种族斗争。福楼拜的小说虽然当时不受欢迎,现在也鲜有人读,却避免了这些明显的陷阱,对我们提出了真正的挑战。

第一次布匿战争后,迦太基试图捍卫其在北非的地位并在伊比利亚半岛创建新的根据地。迦太基的一个名门望族在伊比利亚扎下根来,建立了新迦太基(今天的卡塔赫纳),这里有伊比利亚半岛地中海沿岸最好的港口。在公元前7世纪和公元前6世纪,腓尼基的殖民地曾遍布伊比利亚半岛南部海岸,但在公元前5世纪时已经逐渐消亡。取而代之的是一个土生土长的城市文明,它与希腊人有密切的联系。有一块公元前5世纪后期的铅板,上面的希腊文字记录了一位希腊商人在伊比利亚东北部恩波里翁(Emporion)一个希腊城市的一次船只交易,见证这一交易的是三名使用伊比利亚名字的人。这块铅板此前也被用来记录两个伊特鲁里亚商人在马塔利亚(Matalia,即马西利亚)的一次交易,那次使用的是伊特鲁里亚语,从中可以清楚地看出这个时期经济生活的复杂性。通过这些手段,当地的伊比利亚精英进口了大量的希腊陶器和其他手工艺品。和伊特鲁里亚人一样，伊比利亚人也将希腊进口的物品用于他们自己的目的；他们根据希腊的原型创造出了一种当地的雕塑风格，还根据爱奥尼亚希腊语发明了一套伊比利亚字母。迦太基人企图掌管这片地区，这也为其与罗马的下一次冲突埋下了祸根。

公元前218年，第二次布匿战争爆发，汉尼拔（Hannibal）从新迦太基出发，利用大象翻过阿尔卑斯山，对意大利半岛发起了一次突袭。在接下来的三年里，他三次打败罗马军队；意大利半岛南部的许多地方和西西里岛最大的城市叙拉古都投向迦太基人。但意大利半岛中部和北部仍然忠于罗马，最终罗马人卷土重来。迦太基人在意大利半岛被打败，公元前202年又再次败于北非。结果，迦太基人被限制在北非中部，在接下来的两百年里，罗马继续为控制整个伊比利亚半岛而战斗。在罗马看似势不可当地崛起为地中海世界统治者的过程中，迦太基人成为最大的威胁。这就是为什么波利比乌斯选择这一时间点来描述罗马政体三个要素之间的制衡，并认为这就是支撑他们直到最终胜利的力量来源。

罗马的盟友马西利亚也卷入了这场战争。公元前4世纪和公元前3世纪，拉坦诺凯尔特人的兴起使其北部的贸易路线中断，马西利亚的繁荣受到打击，但是马西利亚商人仍然活跃在其他地方。一份埃及莎草纸文献记录了公元前200年至前150年之间的一次海事贷款，和远航索马里海岸"生产香料的土地"有关，合伙人是希腊的埃及人和一名来自马西利亚的商人，贷款担保人包括另外一个马西利亚人、一个迦太基人和一个来自意大利半岛的人。这里反映出的各国之间的联系甚至比在早期铅板上呈现的还要密切。第二次布匿战争期间，马西利亚人与罗马人合作,在一次海战中打败了迦太基人。马西利亚城邦以真正意义上的希腊方式庆祝了这次胜利,为德尔斐神庙敬献了一尊阿波罗的雕像。

在这次战争期间,面对外敌,罗马人可能仍然在显示自己源于特洛伊的身份。在公元前217年,汉尼拔第二次大败罗马人,元老院试图通过在卡匹托林山上建立两座新的神庙来安抚神灵:一座献给智慧女神敏斯(Mens),另一座献给维纳斯·厄里西那(Venus Erycina,即埃里克斯的维纳斯)。他们为什么要从西西里岛西北角的埃里克斯(Eryx)引入一个神灵呢?这需要解释,尤其是考虑到那里的祭仪包括违背罗马做法的庙妓之风。当然,后来(可能在当时就是如此),这种祭仪和特洛伊是有关系的:埃里克斯的建立者是阿佛洛狄忒(拉丁语中的维纳斯)的儿子埃里克斯,阿佛洛狄忒的另一个儿子埃涅阿斯曾到过此地,特洛伊人建立的塞杰斯塔就在附近。通过在罗马城的中心建立维纳斯厄里西那神庙,罗马人也许希望充分利用这种联系。

公元前3世纪后期和公元前2世纪前期的罗马史学家所做的,无疑是将不远的过去置于久远的历史背景之中。法比乌斯·皮克托(Fabius Pictor)是元老院的重要成员,他在公元前3世纪末编写了一部罗马史,从赫拉克勒斯和厄凡德尔的故事开始讲起,然后讲到了埃涅阿斯和阿尔巴隆加的建立,接着讲到罗慕路斯、雷穆斯和公元前748年罗马城的建立等后来的事件。也就是说,他试图将埃拉托色尼确定的特洛伊战争日期和此后很久的罗马建城日期协调起来;这成了最权威的解决方案,但并非当时就如此。这部历史从王政时期很快就讲到了共和早期,但是最后是对前两次布匿战争的详细讲述。法比乌斯有时被称为第一位罗马历史学家,这对奈维乌斯有点不公平,而且掩盖了法比乌斯用希腊语写作这一事实。就像其他上流社会的罗马人，法比乌斯会拉丁语和希腊语两种语言，但他用希腊语写作并不是为了希腊读者，而是为了罗马读者，因为他们会欣赏他借用希腊精妙的史学书写传统的做法。

来自意大利半岛南部的恩尼乌斯与他有很大的不同。恩尼乌斯自称是当地梅萨布斯人祖先梅萨布斯（Messapus）的后裔，他吹嘘自己有"三个心脏"，因为他会说欧斯干语、希腊语和拉丁语（他写作使用的语言）。尽管他对于罗马人来说是外人，但他的庇护人是罗马的权贵，在西庇阿家族的坟墓外面，就设立了恩尼乌斯的雕像。在他诗歌体的《编年纪》（成书于公元前2世纪七八十年代）中，第一部不出所料地涵盖了埃涅阿斯、罗慕路斯和罗马的其他国王，但和在奈维乌斯的作品中一样，罗慕路斯在这里是埃涅阿斯的外孙，因此这部书没有提到填补特洛伊战争和罗马建城日期之间长时间空缺的阿尔巴隆加诸王。第二部分涵盖了直到公元前3世纪初的共和时期的历史。剩下的三分之二讲述了公元前3世纪直到他所处时代的历史，省略了奈维乌斯描述过的第一次布匿战争。这部作品最后讲述了公元前197年马其顿的战败，公元前187年对希腊西北部埃托利亚人的胜利，以及后来直到公元前2世纪70年代的战争。

尽管受到地理和政治上的限制，但是在第二次布匿战争之后，迦太基一度出现繁荣，被同时代的波利比乌斯描述为"世界上最富有的城市"。但迦太基对其西邻、罗马盟友努米底亚（Numidia）的马西尼萨（Massinissa）发起了攻击，这意味着罗马现在有机会对迦太基发起一场正义之战，这就是公元前149年开始的第三次布匿战争。罗马政治家加图（Cato）极力控诉迦太基的暴行，还写到了埃莉萨创立迦太基的历史。和奈维乌斯一样,他从长远的角度来看待这场冲突。公元前146年,迦太基战败,领导者的妻子自杀,这显示出对埃莉萨公主的记忆在迦太基内部的持久影响。这个城邦的神灵被召唤到罗马,迦太基被"献祭"给下界众神。这种将一个城市奉献给下界的做法,在意大利半岛包括维爱在内的一些城市有遥远的先例,但是在意大利半岛之外就没有先例了。迦太基的城墙和建筑屋顶被拆除,建筑物无法继续使用,人口被卖为奴隶。公元前405年迦太基人从西西里岛的阿克拉加斯(Akragas)掠走的战利品被物归原主。根据一个广为流传的现代故事,这些惩罚还不够,罗马人将盐犁入迦太基的土壤,使其不再适宜种植,但这个故事是一位历史学家在1930年才虚构出来的。公元前125年时,罗马已经开始将迦太基的领土分配给自己的公民。公元前122年,罗马定居者被送往迦太基,但城市的中心在毁灭后被荒废了一个世纪。

与此同时,在东部,本土希腊人于公元前147年起义反抗罗马,但这是徒劳的。在公元前146年的报复行动中,罗马人洗劫了科林斯古城,并让希腊本土的许多城邦臣服于罗马。与迦太基一样,科林斯也被奉献给下界诸神。这里的雕像和绘画被运到罗马、意大利半岛的胜利城市、希腊的泛希腊圣所,甚至一些希腊城市展览,由此将记忆融入新的语境。

*

想象世界的方式也因为迦太基和罗马之间的长期冲突而发生了变化。至少从公元前5世纪开始,世界就被分为三大洲:欧洲、亚洲和利比亚。希罗多德从地理学的角度将利比亚与欧洲相比,对利比亚的面积和重要性嗤之以鼻，欧洲和亚洲之间则存在着长期的政治对立。公元前3世纪和公元前2世纪罗马和迦太基之间的战争弱化了这种古老的对立，利比亚获得了新的重要性，也获得了一个新的名称。公元前146年，罗马人将征服的迦太基地区称为"阿非利加"（Africa），可能采用的是一个当地名称，同时避免提及腓尼人。"阿非利加"成为这个新行省的拉丁名称，也成为指代整个大陆的拉丁名称。

对于欧洲的认知也发生了变化。尽管希腊人与沿海地区有长期的贸易往来，但他们对伊比利亚半岛和中欧内陆地区的居民并没有兴趣。例如，马西利亚并没有成为向其他希腊人传播关于凯尔特人信息的渠道。在皮西亚斯关于他到不列颠和北方长途航行的著作中，有关内陆凯尔特人的事情只字未提。第二次布匿战争之后，罗马的征服开始改变这一点，就像亚历山大大帝的征服扩大了希腊人对亚洲的探索范围一样。与他的罗马庇护人一起，波利比乌斯还两次到达伊比利亚半岛和更远处的海上，至少到达法国南部，并由他的庇护人提供船只去探索北非海岸。因此，他能够以一种先前的作者没有使用过的新方式来描写这些地区，使地理学成为历史的一个内在组成部分。正是罗马的扩张让这种探索成为可能，而由此获得的知识也有助于巩固罗马的势力。大约公元前100年，希腊学者以弗所的阿特米多鲁斯（Artemidorus of Ephesus）在其世界地理著作中，用大量的笔墨描写了伊比利亚半岛的沿海地区，包括大西洋沿岸。大约一百年后，讲述伊比利亚半岛的部分被配上了一副非常详细的地图，上面至少涵盖了伊比利亚半岛的一部分地区，其中包括对内陆定居点的详细描绘（见图24）。在这幅地图上，阿特米多鲁斯因罗马征服而获得的知识得到了罗马新世界的更多细节补充，这些细节包括大城市、道路和较小的定

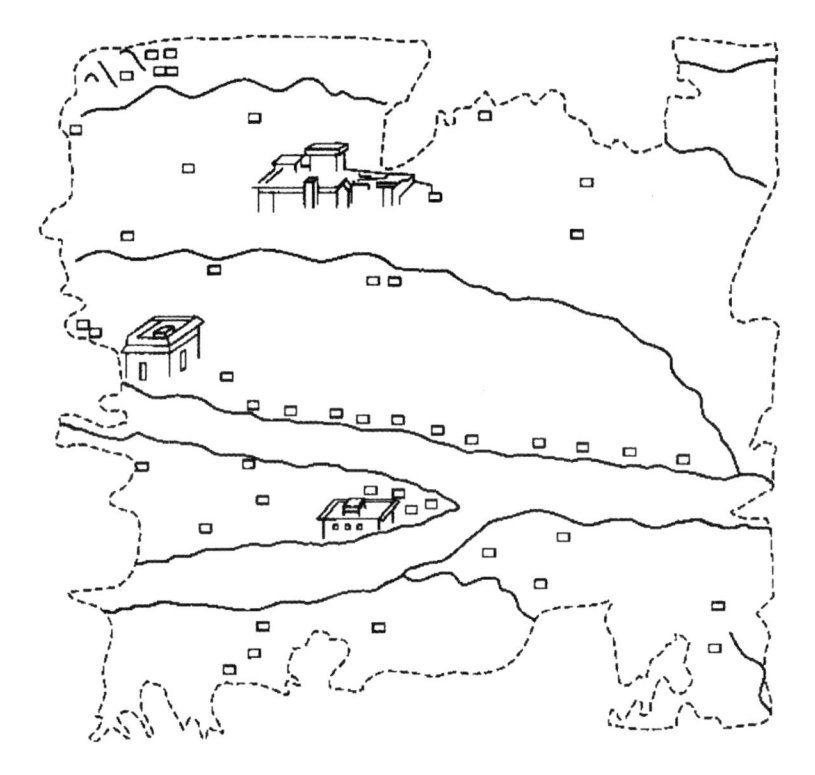

图 24 阿特米多鲁斯莎草纸上的伊比利亚半岛局部图。中间两条线勾勒出一条宽阔的河,与另一条河交汇。两河交汇处是一座有城墙的城镇,上方还有两座带城墙的城镇。单线很可能表示道路而非河流,道路周围是用方框表示的小型定居点

居点。此时的伊比利亚半岛已掌握在罗马手中。正如我们将在下一章看到的那样,公元前1世纪罗马在中欧的扩张对人类知识的发展也产生了类似的影响。

公元前500年至前146年的宏大叙事线是清楚的:公元前264年之前罗马在意大利半岛阿尔诺河以南地区的扩张;罗马与迦太基的战

争；公元前220年至前167年之间，也就是波利比乌斯那个著名的53年，罗马对希腊世界大部分地区的征服。罗马对外扩张的两条叙事线索随着公元前146年迦太基和科林斯的毁灭而交汇，这些事件很好地表明了罗马在地中海世界的霸主地位。此后，幼发拉底河以西没有任何一个国家能够长期抵制罗马的进一步扩张。这种宏大叙事必须放在罗马人、意大利人和迦太基人对过去的看法的背景中来考察。关于早期历史和传说的认识和讨论有助于表明各个国家是如何发展和相互影响的。

第七章

罗马、意大利半岛和帝国：
公元前 146 年—公元 14 年

> 甚至到现在，大多数高卢人依然睡在地上，连饭也是在稻草铺成的床上吃。他们拥有丰富的食物，包括牛奶和各种肉类，特别是猪肉，既有新鲜的，也有腌制过的。这些猪是放养的，因此都特别高大、强壮而敏捷；陌生人如果靠近他们，肯定是一件十分危险的事情，甚至对于狼来说也是如此。高卢人的房子是圆拱形的，面积很大，用木板和柳条建成，上面以茅草覆盖，作为屋顶。

这是公元1世纪的希腊地理学家斯特拉波对中部高卢人的描述。这是一种对原始人群的令人惊奇的描述，他们过着不同于地中海地区民族的生活，他们房子的形状和构造都很奇怪，野猪是他们的主要经济来源，这些野猪甚至能够把狼杀死。斯特拉波明确指出，他对于高卢人的讲述主要来自他们被恺撒征服之前的时代的记录。乍一看，这里描绘的高卢人很像一千年前波兰中北部索别茹切的居民。实际上，斯特拉波很清楚，高卢人所生活的世界已经发生了变化。他们不仅向罗马，还向意大利半岛的其他地方供应绵羊毛织的布匹和腌猪肉。索别茹切的居民和远方的外界根本没有联系，而高卢人和远程贸易系统有着紧密的联系。

本章从公元前2世纪中叶开始讲起，此时的高卢人还独立于罗马，一直讲到公元前1世纪末这里成为罗马的行省。在此期间，无论是在西部还是东部，罗马的统治范围都有了极大的扩张。无论是对于疆域的管理，还是对于认识疆域的方式，罗马的领土扩张都产生了深远的影响。我们从前面提到的罗马统治对意大利半岛的影响开始讲起，随后会讲到罗马内部的政治变迁。在这一时期的开端，元老等级的精英高高在上，从帝国的扩张中获利颇丰。这一时期结束时，这类精英的生活发生了很大的变化，出现了一个个领导者和一系列内战，最后在公元前31年的亚克兴战役中，奥古斯都击败了安东尼和克娄巴特拉的军队，接着奥古斯都成为皇帝，虽然他自称仅仅是一名普通公民。公元14年奥古斯都去世，为这段历史画上了一个句号。在谈论这些政治上的变迁时，人们通常会提到罗马从"共和制"到"帝国"的转变，但其实在"共和"时期，罗马就已经拥有了一个帝国。和其他的政治家一样，奥古斯都把自己表现为一个传统的人，如果发现我们把亚克兴战役当作两个历史时期的分水岭，他会大为震惊的。

*

罗马势力在意大利半岛的扩张开始给罗马造成很大的问题。我们已经看到，公元前3世纪和公元前2世纪，罗马建立了很多殖民地，罗马能够干预同盟和其他国家的事务，拉丁语成为意大利半岛的声望语言。在此过程中，罗马在意大利半岛获得了更多的领土。在第二次迦太基战争中，半岛南部的那些城邦站在了迦太基人一边，因此受到了残酷的惩罚，被剥夺了一些甚至所有的土地。这些新获得的土地成了公有地（ager publicus），归国家所有，由国家租赁给罗马公民。在理论上，每个公民只能租赁 125 公顷的土地，并且要向国家缴纳租金，但实际上这两点常常被忽视。现代的惯用说法是很多上层罗马人获得了巨大的地产，利用奴隶进行耕种，有些地方把农田变成了牧场。上层阶级就是通过这种方式剥夺了当地自由农民，并为自己创造了巨额财富。这种说法所依凭的一些证据并不客观，受到了那些试图改变这种形势的人的观点影响。这种说法需要调整，因为意大利半岛内部各地在土地所有权和农业实践方面差异巨大，还因为人口增长可能是无地穷人增多的部分原因。至于意大利半岛很多地方的考古现场调查是否支持这种传统的观点，还没有定论。但无论是什么原因，我们完全有理由相信，当时土地改革势在必行。

公元前 133 年提比略·格拉古（Tiberius Gracchus）当选为护民官后，这些问题发展到了不得不采取行动的程度。提比略·格拉古家世显赫，祖先有很多丰功伟绩。他是那位赢得了第二次布匿战争的大西庇阿（Scipio Africanus the Elder）的外孙，同时也是在公元前 146 年攻陷迦太基的小西庇阿（Scipio Africanus the Younger）的姻亲。因此，他本来有希望角逐元老等级的最高职位和荣誉，就像刻在西庇阿家族坟墓上的碑文所表明的那样。然而，提比略选择充分利用护民官这一职务，按照波利比乌斯的说法，这一职务关注的是民众的心声。这是一种利用罗马政治体制的新方式，会带来重大的影响。他让民众通过违背元老院意志的法律，建立土地委员会来处理滥用公有地的问题。那些侵占公有地者只能保留原来所规定的那些土地，以及可以保留给两个儿子的土地，多余的部分由土地专员分给无地的穷人。他的立法深受民众的支持，但是遭到了上层人士的憎恨，因为这项立法会让他们损失惨重。此外，他们也有足够的理由反对他的政治策略。

虽然提比略·格拉古被杀害，我们后面还会谈到这件事，但土地委员会依然开始了工作。这个委员会在意大利半岛立了很多界碑，大部分在卡普阿南面，其中 14 个保留了下来。从中可以看出，对于土地面积的记录还是非常详细的。在距离土地委员会所考察的一个区域只有几里的一个地方，另外一个名字没有流传下来的杰出罗马人主持修建了一条道路，从利基翁一直通到卡普阿，横贯整个地区。据称，他还是第一个确保在公有地上牧羊人让位给农民的人。此外，他还在这里建造了一个广场和公共建筑，可能是为新定居的农民而建，这符合提比略有利于无地穷人的改革目标。

公元前 123 年，提比略的弟弟盖乌斯·格拉古（Gaius Gracchus）当选护民官。提比略可能想改善没有土地的罗马公民的境遇，但是盖乌斯·格拉古采取的行动让不是罗马公民的意大利人受益，而这实际上也对罗马有利，因为这样一来，罗马军队就会有源源不断的兵源。他修改了哥哥的土地改革法案，有一种重要类型的土地不再被分给罗马公民，而是租给非罗马人。此外，他后来又提出改变拉丁同盟的地位，赋予他们充分的公民权，并给其他的意大利人一些权利，但是这个提议没能通过。公元前 121 年，为了支持自己的立法，他起兵造反，但这同样也失败了，他和很多支持者一起被杀害。

扩大罗马公民权的问题并没有随着盖乌斯·格拉古之死而解决。根据与罗马之间的盟约，意大利同盟每年都必须向罗马供应士兵，但是罗马给他们的待遇让他们越来越不满。对于一名年轻的罗马使节对拉丁殖民地一个低微公民的卑劣行径，以及一位罗马执政官对同盟城邦一位行政官的可恶行为，盖乌斯·格拉古都曾经提出抗议。和遍布意大利半岛的罗马殖民地相比，意大利同盟者受到的不公待遇尤其突出，因为殖民地的居民都是罗马公民，不用在罗马军队中服役，在原则上可以不受罗马行政官滥用职权之害。此外，意大利同盟者渴望参与罗马的政治和法律决策过程，其中包括关于如何治理帝国的决策。因此，意大利同盟者希望能够结束和罗马之间的不平等关系，拥有罗马公民权。然而，他们的愿望一再落空。罗马政治家李维·德鲁苏斯（Livius Drusus）被刺杀，这成了最后一根稻草，因为他曾经提出要将公民权授予意大利人，但是没能成功。公元前91年，罗马与其意大利同盟者之间爆发战争（在拉丁语中，"同盟"一词是"*socii*"，因此就有了今天的" Social War"，即"同盟战争"）。从北部的费尔莫（Firmum）到南部的格鲁门顿（Grumentum），意大利半岛中部和南部的同盟纷纷揭竿而起。历史学家维莱乌斯·帕特尔库鲁斯（Velleius Paterculus）的祖先曾经参与这场战争，根据他的记载，在为期3年的战争中，约有30万名年轻人丧生。这个数字可能有点夸张，但是这场战争的重要性是毋庸置疑的。

战争爆发时，这些同盟者的愿望已经悄然发生了变化，从最初的要求获得罗马公民权变成了截然不同的东西，那就是建立自己的国家。这些同盟者建立了一个由500人组成的元老院，选出了自己的行政官，首都设在科尔菲涅乌姆（Corfinium），他们将其重新命名为意大利加（Italica）。在对罗马人作战所用的铅弹上，刻有他们行政官的名字和"意大利"（Itali，意大利人）的字样，可见这些士兵作战时将自己视为一支统一的力量。从他们发行的银币可以清楚地看出他们是怎样看自己的。这种银币很大，和10年或20年之前罗马的铸币差不多。它所依据的是罗马的标准，有时使用的是罗马的形象，但是分裂主义的特征很鲜明。银币上的文字有拉丁语和欧斯干语两种，后者是整个意大利半岛中部通用的语言。使用欧斯干语是他们要独立于罗马的第一个迹象，而实际的文字更加明确，因为铸币当局被清楚地以拉丁语和欧斯干语标明"意大利亚"，原文分别是"Italia"和"víteliú"或"vítelliú"。换句话说，反叛者自认为是在建立一个新的意大利国家，在维克多·伊曼纽尔二世（Victor Emmanuel II）国王于1861年建立现代的意大利国家之前，这是第一次也是最后一次此类尝试。银币上的形象所彰显的也是意大利身份。意大利亚女神的头像出现在银币上，然而有趣的是上面的文字"Italia"或"víteliú"和一头公牛形象之间的密切关系。反叛者似乎在利用意大利语中表示牛犊的单词（拉丁语中的"*vitulus*"）和半岛的名字之间的关系（第199页）。尤其生动的是，银币上描绘了一头公牛用角去顶一匹狼的场面。根据维莱乌斯·帕特尔库鲁斯的讲述，在罗马城外，一位率领着4万人马的意大利指挥官这样激励士兵们加入战斗："除非我们砍掉它们藏身的森林，这群蹂躏意大利自由的狼是永远不会消失的。"银币上表现的是意大利公牛正在报复掠夺成性的罗马之狼。

　　罗马赢得了军事上的胜利，先是把公民权赋予那些没有反叛的人，后来又在公元前88年和87年将其赋予波河流域以南的所有民族。公元前70年，罗马发行了一枚表现罗马和意大利握手言和的硬币，同盟者的分裂主义目标被镇压。双方达成一致，叛乱者的目的仅仅是获得罗马公民权，而罗马已经宽宏大量地满足了他们的要求。对于同盟战争的影响以及人们对其的认识，维莱乌斯·帕特尔库鲁斯（约公元前20—公元31）家族的经历很有代表意义。维莱乌斯是在战争结束120年之后写作的，他将自己的祖先全部描写成站在罗马一方的。他声称自己的祖先是德基乌斯·马吉乌斯（Decius Magius），即在第二次布匿战争中一直忠实于罗马的卡普阿人的首领。他高祖父的父亲是卡普阿东部艾克拉努姆（Aeclanum）的米那图斯·马吉乌斯（Minatus Magius），在同盟战争期间，他招募军队为罗马而战，帮助苏拉围攻庞贝。他本人被授予罗马公民权，他的两个儿子跻身元老院，虽然这一时期这个家族分支的名望似乎已经衰落。维莱乌斯的祖父是一位军官，为庞培服务，但是在内战期间，维莱乌斯的叔叔和父亲站在了获胜的尤利乌斯·恺撒一边。维莱乌斯本人也曾在罗马军队中服役，后来进入元老院，并于公元14年担任副执政官（*praetor*）。他创作的罗马史问世于公元30年，体现了忠于意大利的历史观，认为同盟战争的目的仅仅是获得罗马公民权，还列举了地方精英在为罗马服务的过程中能够获得的各种新机遇。

由于同盟战争的影响，罗马公民权先是扩大到了像维莱乌斯的祖先那样的忠诚者那里，后来甚至扩大到了反叛者那里，这就造成意大利半岛罗马公民人数的急剧增加。根据公元前2世纪中期的人口普查，成年男性公民的人数在313 000和337 000之间，考虑到还有海外服役的公民和普查时的疏漏，在这些数字的基础上可能还要加上20%。对于同盟战争结束后不久的人口，最可靠的普查数据是910 000，这可能也要加上20%。换句话说，随着意大利同盟获得公民权，罗马公民的人数增长了两倍，其数量是此前任何一个古代国家都没有过的。这种增长并非没有问题。公元前70年后，负责人口普查的监察官（censores）总是不能完成工作，这可能是因为扩大公民权在本质上是有争议的。

罗马公民住所的扩散也影响到罗马元老院的组成。在同盟战争之前，元老院成员主要来自罗马和拉丁姆地区，但是此后元老院成员的来源地变得更加广泛。有的和维莱乌斯的祖先一样未能成为执政官，但是有些做到了。这方面最著名的例子就是阿尔皮努姆（Arpinum）的马库斯·图利乌斯·西塞罗（Marcus Tullius Cicero）。在此前的几百年里，阿尔皮努姆的居民一直拥有充分的罗马公民权。和维莱乌斯的祖先一样，在同盟战争中，年轻的西塞罗也在苏拉的麾下作战。由于一直忠诚于罗马，并且在司法方面展露出卓越的口才，公元前75年，他当选财务官，由此进入元老院。像他这样的人会受到罗马保守派的强烈反对。西塞罗被奚落为仅仅是"罗马城的移民公民"，但是在公元前63年，他成了执政官。西塞罗充分利用了这样一个事实，即他是一个"新人"（novus homo），祖先中没有元老院成员。作为新人，他还没有受到侵蚀保守派的因素的影响。西塞罗的雄辩以及他在其他方面的声望，不应该让我们忽视这样一个事实，即元老院一直都在接受新成员。同盟战争之后的新情况是，元老院中来自意大利半岛各地的成员比例增加了。这一变化来之不易，他们是逐渐加入元老院的。有一位名叫昆图斯·瓦里乌斯·革米努斯（Quintus Varius Geminus）的人,进入了奥古斯都的元老院(成为裁判官),他骄傲地吹嘘自己"是所有佩利尼人(Paeligni)中第一个跻身元老院者"。考虑到佩利尼人所在地区的科尔菲涅乌姆曾经是反叛者的首都,瓦里乌斯的成就还是很了不起的。

在同盟战争及随后的内战时期之后,凯旋的指挥官苏拉将数量庞大的退役士兵安置在殖民地,特别是在伊特鲁里亚和坎帕尼亚地区。庞贝城就是其中之一,这里安置了至少数千名退役士兵。庞贝城是座古老的城市,其历史可以追溯到公元前6世纪。有人甚至宣称庞贝城的名字来源于赫拉克勒斯的凯旋游行(pompa),他曾经为了追寻失踪的牛犊而穿过意大利半岛。庞贝曾经与萨谟奈人一起反抗罗马,但在公元前3世纪初成为罗马的同盟,虽然依然主要使用欧斯干语。公元前146年,庞贝的军队帮助罗马人攻陷了科林斯。作为回报,庞贝从罗马指挥官穆米乌斯(Mummius)那里收到很多礼物,其中包括一尊雕像和一件奢华的金属制品。从这些捐赠可以看出,在征服东方的过程中,大量的财富流入这座城市。大约公元前2世纪中叶,广场上的阿波罗神庙被重建,穆米乌斯的礼物被嵌入柱廊中,上面刻有欧斯干语的铭文。用于公共行政的巴西利卡建立起来,沿着主要街道的房子正面都用石材进行了重建,这些可能都由国家出资。在参与罗马东方征服的过程中,当地一个家族获得了大量财富。公元前2世纪下半叶,我们今天所知道的"农牧神之家"(House of the Faun)被重建,占据了整个街区的面积。这座房子极其豪华,今天依然可以看出来;房子里面有一幅精致的镶嵌画,描绘的是亚历山大大帝击败波斯国王大流士的场景。通过建造一所可以和希腊化时代的宫殿相媲美的豪宅,通过描绘同时代和亚历山大大帝一样在东方的征服，这个家族努力要把自己抬高到其他人之上，就像同一时期罗马贵族所做的那样。

尽管个人和社会的财富都源源不断地流入庞贝，但在同盟战争期间，这座城市还是选择站在了叛乱者一方，最终在公元前89年被苏拉的大军围困。古老的弩炮将铅弹和石头发射到城墙里，很多一直保留到现在。我们甚至可以读到防御者集合的号令，那是用欧斯干语刷在墙上的。约十年后的公元前80年，苏拉在此安置退役军人，庞贝成为罗马的殖民地，拥有了新的名字和新的机构（就像上一章讨论过的科萨和其他殖民地一样）。然而，在此后一代人的时间里，旧的市政机构和殖民地机构同时发挥作用。在刚开始的一段时间里，原有居民和新来者之间的关系有点紧张。围绕进入公共空间的权利以及选举程序等问题，双方发生不少纠纷，直到公元前1世纪50年代，原有居民中的精英才得以加入殖民地的市议会。拉丁语成为这里的官方语言，欧斯干语逐渐走向消亡。新来的退役军人可能主要生活在城外的庄园里，虽然最富有的新来者在废弃不用的旧城墙上建造了奢华的房子。城东的房子被拆除，就地"为殖民者"建立了一个圆形剧场，这是已知最早的石砌圆形剧场。

从庞贝城在语言和文化方面的变化，可以看出整个意大利半岛所发生的变化。在意大利半岛中部和南部，同盟战争是一个转折点。在意大利半岛北部，公元前49年，尤利乌斯·恺撒授予山南高卢（Gallia Cisalpina，意为"阿尔卑斯山脉这边的高卢"）公民权，此后这里就被称为"意大利亚-特兰斯帕达纳"（Italia Transpadana，意为"波河以北的意大利"）。罗马人在意大利的领土现在涵盖了阿尔卑斯山以南的整个半岛，但是与现代意大利不同，它不包括西西里岛和撒丁岛。在整个半岛，拉丁语和罗马的机构变得越来越普及。

在意大利半岛，并没有任何官方的政策来压制当地的语言或文化多样性。从公元前2世纪开始，拉丁语和罗马的机构占据支配地位，但是两者和双语制度都不矛盾，这种双语制度既是语言上的，也是文化上的。在庞贝城成为罗马殖民地之后，欧斯干语又继续使用了两代人之久。在伊特鲁里亚，拉丁语在同盟战争后才开始占据上风。在公元前1世纪中叶，伊特鲁里亚语和拉丁语的双语铭文很常见，而到公元前1世纪末，伊特鲁里亚语的铭文变得越来越少。在南部的古老城市，希腊语仍然是公共语言，尤其是在尼波利斯和塔林敦；但是在公元前1世纪之后，意大利半岛的其他语言没有一个被用作公共语言的，虽然有些可能继续在私底下被使用。意大利半岛内部是拉丁语的天下。虽然没有推广拉丁语的国家政策，但拉丁语日益突出的支配地位部分是国家行为的结果。罗马军队的种族划分对各地方言具有一定的保护作用，但在同盟战争之后不久，这种划分逐渐消失，拉丁语成了军队的唯一官方用语。在意大利半岛新获得公民权的城市的自治宪章上，有关于当地行政官和当地财务的规定，也都是用拉丁语写成的，甚至在说希腊语的塔林敦也是如此。我们也要将这些变化置于意大利半岛剧烈动荡的背景中来考察，其中包括同盟战争的暴力冲突，以及意大利老兵被安置到意大利半岛之外的殖民地。

对罗马精英而言，他们也要去定义并保护一种纯洁的拉丁语，使其不受涌入罗马的移民的语言影响。从公元前1世纪早期开始，拉丁语法学家就试图确定正确的用法，不是依据当时不断变化的使用情况，而是依据逻辑上的一致性。关注此事的不仅仅是教育理论家，尤利乌斯·恺撒本人也写过一篇这方面的文章，并且得到了西塞罗的认可，他主张应该根据逻辑上的一致性进行定义，对于名词的变格和哪些单词前面应该加上"h"，都应该有明确的规定。在戎马倥偬、征战高卢之际，他竟然能够抽出时间写这篇论文，实在让人惊叹。经过专业的文法学家之手，这种改造后的语言成为整个意大利半岛和西方教育制度的支柱。

在意大利半岛内部，地方和区域认同依然很强劲。公元1世纪，塔奎尼的伊特鲁里亚人为其祖先在罗马势力壮大之前的成就而自豪（第225页）。这一时期，伊特鲁里亚人身份并非一目了然。梅塞纳斯（Maecenas）是奥古斯都统治时期一位很有权势的文化人物，他因其奢华的生活方式而著名，而这被归因于他的祖先是伊特鲁里亚人这一事实。相比之下，罗马东北部的萨宾（Sabine）地区则被视为朴素美德硕果仅存的地方，而腐朽堕落的罗马城丧失了这一美德。根据当地的传说，萨宾人被认为起源于斯巴达人，老加图可能将萨宾人的这种美德和简朴的斯巴达人联系了起来。奥古斯都时期的诗人贺拉斯非常喜欢他在萨宾地区的庄园，对他来说，这象征着远离尘嚣的淳朴。

*

可以说，公元前2世纪的罗马政治制度有三个关键要素：元老院、罗马人民和行政官。根据波利比乌斯的分析（见前文，第214—215页），直到他所处的时代，这三个要素之间都还能保持均衡。但是，防止个人权力过大的价值观和制度已经瓦解。有抱负的政客会使用一切可能的办法来提高他们的地位，其中包括诉诸过去。最晚从公元前4世纪开始，元老院成员就开始宣称自己拥有特洛伊血统，而在公元前1世纪,这种宣称变得特别重要。公元前69年,在其政治生涯的早期,尤利乌斯·恺撒在其姑姑尤利娅(Julia)公共葬礼的悼词中提到,其母系马尔奇乌斯家族可以追溯到国王安库斯·马尔奇乌斯(Ancus Marcius),其父系尤利乌斯可以追溯到神灵。这是因为尤利乌斯家族自称源自维纳斯之子埃涅阿斯的儿子尤路斯。"因此,我们家族既有国王的神圣,他们拥有超越凡人的权力,同时也拥有属于神灵的尊严,就连国王也要听命于他们。"恺撒诉诸过去的做法在当时是很典型的。宣称是特洛伊人之后的做法十分常见,两个学者各写了一本《论特洛伊家族》(On the Trojan Families)。为尤利娅举行公共葬礼,这一事件本身就标志着精英之间的竞争发展到了一个新水平。精英成员之间争夺权力和地位的斗争变得非常激烈,就连家族中的女性成员也被卷入其中。在公元前3世纪和公元前2世纪,西庇阿家族女性成员的个人地位并不突出(见前文,第212—214页)。而到了公元前1世纪,元老院成员家族的女性被认为可以为家族增光添彩。当然,通过引起人们对其姑妈非比寻常的血统的注意,年轻的尤利乌斯·恺撒希望能够获得政治上的好处。

公元前1世纪末,罗马实际上已经被奥古斯都这一个家族统治。领导者一个比一个成功,庞培、恺撒、安东尼和奥古斯都先后脱颖而出,我们从中很容易看到这一转变,也很容易分析他们在赤裸裸的权力政治中成功的原因,那就是野心、贪婪和派系等等。然而,这种观点看似高明而可靠,却未能考虑到其他的问题。如果注意力全部集中到领导者个人身上,就会忽视他们在多大程度上依赖于士兵们的支持。这些士兵大部分来自意大利半岛的农村,他们在服役期满时会要求获得一片土地,并且迫使他们的领导者满足这一要求。这种看似高明的分析并没有考虑到政治家如何证明其行为的正当性，也没有考虑支持或反对他们的条件。关于政治领导者的争论受到过去的影响，其结果就是什么也没有被废除，对于成功的领导者来说，过去的一切依然发挥着决定性的作用。

在提比略·格拉古身上，过去的重要性尤为突出。他在公元前133年当选为职位较低的行政官，即护民官，但是他巧妙地运用了这一职务的潜在权力，不顾元老院的反对，通过了许多激进的措施，要对意大利半岛的土地进行重新分配。当时，提比略·格拉古本人和他的对手都从历史上寻找其行为的先例。他们找到了一百年前的两位斯巴达国王：亚基斯四世（Agis IV）和克里昂米尼三世（Cleomenes III）。他们都实施了大刀阔斧的土地制度改革，因此要么被认为是古老制度的高贵恢复者，要么是民粹主义的僭主。围绕提比略·格拉古本人，也存在相似的两极化观点。他的敌人指控说，他已经接受了来自小亚细亚西部帕加马王国的王家紫袍和王冠，妄图在罗马称王。既然废黜罗马最后一位国王"傲慢者"塔克文是合法的，而这位护民官行为不端，已经丧失了在名义上可以保护他的权威，因此他们认为提比略·格拉古应当被废黜。

一个很有说服力的论点就是提比略妄图成为僭主，关键的一条证据就是他罢免了另外一位反对其立法的护民官，而这是没有先例的。僭主制和君主制或最高行政官的统治相对立，是指一个人非法行使权力。这个词一般在攻击政治对手时使用，没有一位统治者会自称僭主。僭主制是一种现象，或者说是一种指控，在希腊历史上曾经反复出现，而在共和晚期的罗马，这是一种强有力的指控。人们开始讲述公元前1世纪前后共和时期三位民粹主义领导者的故事，他们是斯普利乌斯·卡西乌斯（Spurius Cassius）、斯普利乌斯·迈利乌斯（Spurius Maelius）和马库斯·曼里乌斯（Marcus Manlius），据说他们妄图做僭主，因此被处决。提比略的对手一致认为，应该将有僭主倾向的提比略杀死，但他们犹豫不决。在卡匹托林山上主神殿的台阶上，提比略·格拉古准备召集民众大会，正在这时，罗马主要祭司团体的大祭司（pontifex maximus）西庇阿·纳西卡（Scipio Nasica）出现在他的身后，于是事情发展到了不得不解决的地步。后面发生了什么并不清楚，但可能是这样的：纳西卡认为元老院已经宣判提比略有罪，于是就利用古老的程序，把提比略献祭给朱庇特，理由是他要夺取权力做僭主。提比略就这样被剥夺了护民官人身神圣不可侵犯的权力，被另外一个护民官击倒在地。他和支持者的尸体被扔进了台伯河。并非每一个人都接受纳西卡对于自己杀害护民官所做的辩护。虽然大祭司不应该离开意大利半岛，但是他还是被迫离开罗马，作为使节到了帕加马。然而，建立在过去之上的论点的致命威力显现出来了。对提比略·格拉古的杀害是罗马在350年里的第一次政治杀戮，这本身就开了一个先例。

马基雅弗利和罗马

尼可罗·马基雅弗利（1469—1527）深入借鉴了罗马的历史和政治思想，由此形成了他自己的原创性理论。初看之下，他的两部代表作的观点似乎相互矛盾。写于1513年的《君主论》一书着力刻画了一人统治：君主需要以德行（virtù）来战胜命运；如果形势所迫，他可以不按照道德准则行事，但是他应该假装这样做，这样才能显得品德高尚。这个故意骇人听闻的理论（这使他臭名昭著）是在和古罗马对话的过程中发展而来的：在被迫承认了西庇阿的胜利之后，汉尼拔谈到了命运在人类事务中所发挥的作用；西塞罗错误地认为恐惧并不能让统治者的权力长久；皇帝塞普蒂米乌斯·塞维鲁（Septimius Severus）拥有杰出的德行，他身上兼具"凶猛的狮子和狡猾的狐狸"的品质。长篇巨作《论李维罗马史》(Discourses on the First Ten Books of Livy) 可能写于16世纪的第二个十年，乍看起来完全不同。在这部著作中，马基雅弗利聚焦于早期的罗马共和国，他参考的是他父亲于40年前购买的李维作品。他的兴趣主要是解释为什么罗马能够崛起为霸主，旨在从中为他所处的时代寻找教益。和波利比乌斯一样，他认为发挥决定性作用的是罗马的混合政体，但这并不是因为它所带来的和谐，而是因为其中的张力对派系斗争形成了制约，否则这些派系斗争会变得非常暴力。事实上，这两部作品持同样的观点。《君主论》背后对于人性的深刻认识其实也适用于《论李维罗马史》。在《论李维罗马史》一书中，马基雅弗利否定了西塞罗对罗慕路斯杀死雷穆斯的批评：任何一个明智的人都不应该"谴责任何人为建立王国或共和国而采取的任何不合法行动"。罗马的历史为共和制与个人专制都提供了模板。马基雅弗利对两者都进行了探讨，在意大利在元首制和共和制之间摇摆不定的时局之下，这种探讨显得极为中肯，而这种情况在他的家乡佛罗伦萨尤为突出。由于存在腐败，马基雅弗利认为在他所处的时代，专制是必要的，但是共和主义仍是他的理想。从历史中能够得到的教益，都植根于罗马人围绕如何建立和管理一个国家所进行的争论。马基雅弗利明确指出，在他所处的时代，这些在政治组织方面的教益都被人们忽视了，他想要将其呈现在世人眼前，正如其他人已经阐述了古代对其他知识领域的教益一样。因此，他制定了在原则上具有普遍适用性的规则，而这让他成为史上第一位政治科学家。

*

当提比略·格拉古被指控已经接受了阿塔罗斯王朝的王家紫袍和王冠时，正是公元前133年帕加马王国最后一位国王去世并将王国遗赠给罗马时，后来这里成为亚细亚行省。这次扩张之后，在公元前2世纪后期和公元前1世纪，罗马继续向东扩张领土。罗马的势力以新的亚细亚行省为中心延伸开来：公元前101年，罗马开始对盘踞在小亚细亚南海岸的奇里乞亚的"海盗"采取行动，据说他们妨碍了东地中海地区罗马货物的运输。公元前90年，米特拉达梯六世在亚细亚行省东北方向的扩张行为受到遏制。

米特拉达梯六世的王国以小亚细亚的北部海岸为中心，首都位于西诺佩（Sinope，即今天的锡诺普）和阿米苏斯（Amisus，即今天的萨姆松）。公元前120年，年仅12岁的他登上了王位，逐渐建立起权力基础，这对罗马在东部地区的支配地位构成了重大威胁。米特拉达梯六世与其同时代的意大利反叛者一样，对于罗马的过去和现在持非常消极的观点。据说他曾表示，罗马人吹嘘他们的创立者是吃母狼的奶长大的，因此，整个民族都有狼的精神，那就是对鲜血、权力和财富贪得无厌。公元前89年，他攻占了亚细亚行省。公元前88年,他命令辖下城市的总督和长官杀死居住在当地的所有罗马人和意大利人,不分男女老少,甚至连意大利自由民也无法幸免。仅仅一天,就有至少8万人被赶尽杀绝。随后,他写信给其中一个总督,让他去追杀一位从屠杀中逃出来的重要人物,因为此人仍然与"共同的敌人"罗马人保持着联系。这完全逆转了希腊人对罗马人常见的歌颂,在希腊人那里,罗马人是人类"共同的恩人"(见前文,第194页)。

米特拉达悌不但把自己变成了狼性罗马人的敌人,还突出自己有当地的历史背景。他部分利用了波斯的遗产:在父系一边,他是波斯最后一位国王大流士的第十六代子孙,因此他按照波斯的风格自称是"万王之王"。他同时也自认为有希腊的历史背景:在母系一边,他与亚历山大大帝和塞琉古王朝的第一任国王都有关系。当他决定入侵亚细亚行省时,希腊的形象在他心中占据了主导地位:他是一位古老意义上的解放者,为亚细亚希腊人的自由而战,这个口号可以追溯回公元前4世纪。直到此时,他铸造的硬币背面还是长着翅膀的珀伽索斯(Pegasus)的形象,即波斯王室的祖先珀尔修斯的天马。后来,硬币背面的形象变成了一只牡鹿,在希腊人眼中,这是以弗所的阿尔忒弥斯的圣兽,而以弗所是亚细亚行省最重要的圣所。即使是在有珀伽索斯的那种硬币上,米特拉达悌的肖像也已经具有强烈的希腊特征,即头戴象征王权的王冠。在印有牡鹿图案的硬币上,其肖像变得更加理想化,更加沉着冷静。在一些支持他的城市的铸币上,他的肖像甚至和亚历山大大帝的形象融为一体,这个策略是其他任何一位希腊化国王都未曾采用过的。在亚历山大死后230年后,在罗马建立亚细亚行省40年后,亚历山大的形象在东方依然如此有号召力，这实在令人惊叹。

罗马成功击败了米特拉达梯和海盗。罗马将军格奈乌斯·庞培（Gnaeus Pompeius）一鼓作气，兼并了塞琉古王朝的希腊化王国剩下的部分和犹太地，前者成为叙利亚行省。希腊人用惯用的措辞向胜利归来的将军们表示感谢。奇里乞亚一座城市将庞培敬若神灵，就像其他希腊城市将希腊化的国王们奉若神灵一样，而在罗马，曾经从支持米特拉达梯的派系手中夺过雅典的苏拉，似乎也受到了雅典人的尊敬。雅典阿哥拉的那一组著名雕像被复制，雕像刻画的是公元前6世纪诛杀僭主者哈尔摩狄乌斯和阿里斯托革顿。复制品被献在卡匹托林山的山坡上，就在忠诚女神（Fides Publica）的圣所附近。在对雅典历史上重要时刻的回顾中，罗马因为推翻了米特拉达梯的僭政而受到感谢。

*

与此同时，罗马的势力正在中欧大幅扩张。公元前125年，忠诚于罗马的马西利亚向罗马请求军事援助，罗马做出回应，在十年里征服了法国南部（普罗旺斯和朗格多克地区）的大部分地区，将其转变为罗马的一个省（Gallia Narbonensis，纳尔波高卢行省）。一条罗马道路的修建保证了意大利半岛和伊比利亚半岛之间的陆上交通，而此时的伊比利亚半岛正在被征服的过程中。罗马为这条道路取名为多米蒂亚大道（Via Domitia），直到今天，在与它路径相同的高速公路上，人们依然用沿途的标志来纪念它。

在已经变成新的行省的地方，原来的凯尔特人生活在山顶的核心聚落里。这些定居点面积不大（15~20公顷），周围有石墙保护，其中有网格状的道路和宏伟的石砌神庙。从希腊的马西利亚城及其附属定居点那里，这里的居民似乎学到了很多关于城市生活的知识。这个相对城市化的地区很快适应了罗马的新秩序。公元前118年，在纳尔博（Narbo，现代的纳博讷）建起了一个罗马殖民地，那里原有的大部分聚集定居点一直到罗马统治时期结束都还有。

在纳尔波高卢北边的凯尔特人的生活方式与此大相径庭（见前文，第247页）。从公元前3世纪开始，拉坦诺凯尔特人就在平原上建立定居点，其中散布着一些房子，也有一些工业作坊。从公元前2世纪起，凯尔特人抛弃了开放式的定居点，搬迁到了山上。从高卢到斯洛伐克，已经发现了大约150个这种定居点的遗迹。这些都是大型的遗址，面积最大的达380公顷，在莱茵河以东，甚至有面积达到660公顷的。这种类型的遗址现在被称为"奥皮杜姆"（oppidum），在拉丁语中意为"城镇"，这指明了其城市本质。位于法国中部的比布拉克特［Bibracte，即今天的贝弗莱山（Mont Beuvray）］便是一个典型的奥皮杜姆。这个定居点建于公元前120年前后，坐落在一座高出平原250米到300米的小山上，有两道当地风格的防御城墙守护。较短的城墙是后来建的，包围着大约135公顷的土地（见图27，第303页）。在城墙内部有明确的区域划分，如宗教活动场所、居住区、工业区和市场，但是这些区域不是借助网格状道路形成的。那些有着抹灰篱笆墙和茅草屋顶的房子，使我们想起斯特拉波笔下的非地中海风格的房屋。比布拉克特是埃杜伊人（Aedui）领地的中心，他们是当时60个凯尔特部落中的一个。这一领地面积很大，多达两万平方千米，远大于任何一个普通的希腊城邦，和罗马在公元前264年所拥有领土的面积相差不远。

和中欧其他的奥皮杜姆一样，比布拉克特形成的原因有很多。农业变得更加集约，工业生产也增加了，这些都为其进一步发展创造了条件。公元前3世纪，随着罗马势力在地中海地区的扩张，凯尔特人失去了发动重大突袭和提供雇佣兵服务的可能性。雇佣兵们纷纷回家，用他们积累的财富去建立庞大的私人部队，并且你争我夺。额外的财富来源于当地生产力的提高和与罗马的贸易往来。凯尔特当地的铸币出现，由此可见经济的复杂性。起初，铸币的面额很高（金币和银币），这是模仿马其顿铸币的结果。从公元前2世纪中期开始，由于与罗马之间往来的增加，银币开始模仿罗马的样式，公元前2世纪末出现了面额较小的铜币，这意味着经济活动的水平提升了。城市化席卷中欧和伊比利亚半岛，而这一时期北欧的其他地方还没有什么城市。不列颠岛上也几乎没有城市，在欧洲平原的东北部，即早期的索别茹切遗址所在地，甚至连一座城市也没有。在这些地方，没有出现在形成奥皮杜姆的地区的那些农业和技术上的进步，也没有返乡的雇佣兵在此投资。

奥皮杜姆地区和地中海地区之间的贸易往来是奥皮杜姆成功的重要原因。当然，这样的贸易并不是新起的。正如在前面提到的那样（第97—98页），早在公元前6世纪，当地的首领们就可以从希腊世界进口奢侈品。这种贸易的范围有限，未能渗入首领级别以下的阶层。但是，从大约公元前2世纪二三十年代起，纳尔波高卢行省建立后，北至高卢中央地区的进口剧增，高卢中央地区和地中海地区之间还一度有共生的经济关系。在距离比布拉克特60千米处，有一个重要的内河港口卡比郎努姆（Cabillonum，今天的索恩河畔沙隆），从地中海经罗讷河和索恩河便能轻松地到达这里。在公元前1世纪二三十年代之后的大约一个世纪里,成千上万的酒罐被进口到比布拉克特,其中的葡萄酒在正式的宴会上发挥了重要的作用。

这一时期进口到高卢中央地区的葡萄酒都来自意大利半岛的西边,最远来自坎帕尼亚。西斯提尔斯(Sestius)家族是十分成功的葡萄酒出口商,他们的庄园位于罗马殖民地科萨(见前文,第225—226页)。在一首关于春天回归的诗中,贺拉斯提醒公元前23年被任命为执政官的卢基乌斯·西斯提尔斯(Lucius Sestius),人生苦短,一旦离世,他将无法继续担任酒会的主持人"葡萄酒之王"——这个称号优雅地暗示了这个家族的财富。沿科萨西部海岸一直到伊比利亚半岛,都发现了印有"SEST"等字样的酒罐。沿着罗讷河和索恩河,它们还被运到高卢中央地带,包括比布拉克特,还越过高卢地峡到达图卢兹。在马西利亚附近发现了一艘沉船遗骸,从中可以充分看到贸易的重要性,这艘船可追溯到公元前1世纪早期。这艘船被命名为"大康格卢2号"(Grand-Congloué 2),装载着1 200到1 500个酒罐,这些酒罐大多数都来自西斯提尔斯家族的庄园。在这一时期,运载这种货物的商船比以前所有的船都要大许多,但这在当时很典型,因为只有这样才能满足当时大规模的罗马贸易的需要。

来自比布拉克特的埃杜伊人之所以能够意识到罗马的存在,不仅仅是因为酒的进口,也因为新行省的北部边界距离埃杜伊人领地的南部边界只有大约50千米远。他们很早便意识到罗马势力的扩张给他们提供了一个机会,可以借此巩固他们相对于其他高卢部落的地位,就像同一时期的马西利亚所做的那样。公元前2世纪,埃杜伊人声称他们与罗马人之间有亲属关系,并且使元老院在很多场合都接受了这一说法。虽然我们对其细节不得而知,但这种亲属关系应该是基于这样一个说法：埃杜伊人和罗马人一样源自特洛伊人。后面我们还会谈到这一点（见后文，第 319—320 页）。

随着尤利乌斯·恺撒的到来，高卢人的世界发生了变化。在他姑妈的葬礼上，恺撒曾经声称自己有神灵和王室的双重血统，公元前 59 年他当选执政官，并且通过精心策划获得了为期五年的海外指挥权（公元前 57—前 52），其活动范围包括了伊利里库姆（现代巴尔干半岛的一部分）和高卢。在此期间，他征服了原有行省北部一直到莱茵河的整个高卢，甚至两次入侵不列颠。虽然恺撒没有让不列颠成为附庸国，他的高卢远征却取得了极大的成功。新合并的高卢行省是第一个远离地中海或黑海的罗马行省，标志着罗马帝国的重心发生了根本性的变化，开始向北方转移，在奥古斯都统治时期，这种转移将被延续下去。

公元前 1 世纪，人们对中欧地理和社会的了解迅速增加。早期的罗马作者并没有关注过凯尔特人，而罗马势力的扩张激发了人们对凯尔特人的兴趣。公元前 2 世纪，在描写地中海西部地区的地理方面，波利比乌斯和以弗所的阿特米多鲁斯都取得了很大的进步。来自叙利亚的希腊知识分子波希多尼（Posidonius）继续推进了他们的研究。他的《历史》从波利比乌斯停笔的公元前 146 年讲起，讲述了从罗马扩张到与本都（Pontus）的米特拉达悌发生冲突的历史。遗憾的是，我们只能通过第二手的资料了解这部著作，但很显然，波希多尼这本书中包括对那些与罗马人发生接触的民族的民族志描写。为了写作这部著作，在公元前 1 世纪上半叶，波希多尼进行了广泛的游历，从西边的伊比利亚半岛到北非和黎凡特。在高卢，他不仅去了纳尔波高卢行省，还去了北边的高卢人地区。

以他个人的调查为基础，波希多尼写出了一部详尽的高卢人的民族志。他在书中提到了高卢人有着非地中海建筑风格的房屋（本章开头引用的那段话可能就来自他的作品）。这里有一种广为流传的风俗，那就是将手下败将的头颅钉在自家房屋上。起初，波希多尼对这种做法非常震惊，但是他十分诚实地提到自己逐渐习以为常。他还描写高卢人在宴会上如何表现他们严格的社会等级：战功最大、出身最高、最富有的人坐在一个圆圈的中间位置，他旁边是主人，剩下的人根据身份高低依次坐在两侧。持盾侍从站在他们身后；持矛侍从和他们的主人一样，在对面围坐成另外一个圆圈。酒被装在陶制或银制的有嘴杯里，随身携带。盛放食物的盘子可能是陶制或银质的，也可能是用青铜或木头或柳条制作而成的。富人饮用的是进口自意大利半岛和马西利亚（就像前面提到过的那样）的葡萄酒，通常不进行混合直接喝，这和在希腊不同，希腊人喝酒时总是会先加很多水进行稀释。穷人喝一种小麦制成的酒精饮料，其中添加了蜂蜜，这种饮品被称为"克尔玛"（korma），也就是我们所说的蜂蜜酒。

尤利乌斯·恺撒的作品在相当不同的情形下写就，补充并发展了波希多尼的民族志。恺撒的《高卢战记》大约出版于公元前52年或前51年，其基础是他向元老院所做的年度进展汇报。虽然该书的写作风格看上去很朴实，其简练的语言风格使其一度成为英国学校最喜欢使用的教科书，但其实《高卢战记》巧妙地呈现了恺撒的成就。嵌在文本中的是恺撒对他所遇到的当地人的一系列看法。那句著名的开头"全境分为三部分"既交代了远征的对象，即高卢，也交代了恺撒所要面对的主要势力，即北边的贝尔格人（Belgae）、西边的阿奎坦尼人（Aquitani）和中间的高卢人。这三部分被几条大河分开：高卢人和阿奎坦尼人之间是加龙河（Garonne），高卢人和贝尔格人之间是马恩河和塞纳河。莱茵河构成了与日耳曼人之间的边界，海洋则构成了与更远处民族之间的边界。高卢的每一部分都由很多个部落组成，各部落有不同的语言、制度和法律。然而，尽管有这些差异，高卢依然被视作一个整体，用帝国的标准术语来说，是一个被主要河流清楚划分的地区，一个值得被征服、有稳定人口和明确社会等级的地区。

高卢社会的一个显著特点就是有一个德鲁伊教士（Druids）阶层。恺撒说他们是高卢社会的两个领导阶层之一，另外一个是骑士阶层。这种制度显然起源于不列颠岛，但此时已经在高卢牢牢确立下来。德鲁伊教士负责处理所有的宗教事务，还负责仲裁私人纠纷。他们有一位最高首领。他们将秘密的宗教经文牢记于心，相信灵魂轮回，并且教导年轻人了解天文、自然以及神灵的崇高。恺撒在描写德鲁伊教士时强调了与罗马制度不同的地方：在罗马，大部分祭司职位被元老阶层所垄断，在这一时期也没有宗教首领。不过，他对德鲁伊教士的描述还是带有同理心的。

很难说恺撒对德鲁伊教士的描写有多少是真实的。在高卢的考古挖掘在这方面没有多少帮助，但是在不列颠岛的卡马洛杜纳姆（Camulodunum，今天的科尔切斯特）城外斯坦韦（Stanway）的一片墓地中，却发现了一座耐人寻味的坟墓。这座坟墓的年代可以追溯到公元40年至50年之间。死者很可能是一名男子，和火化后的骨灰一起入土的有精美的陶器、一套医疗工具、一串黑玉珠、一个铜合金的锅和过滤器、一个棋盘和八根套有金属环的金属杆。最终发表的相关论文仅仅给这个坟墓的主人贴上了"医生"的标签。陪葬品中那套医疗设备是当地制作的，但有早期欧洲凯尔特人的风格。在过滤器里，有一簇浸过蜂蜜的蒿属植物（可能是艾蒿或蒿木），有药用价值。但是，坟墓主人的身份绝不仅仅是医生。墓地的风格和陪葬品的种类都表明这是一个相当有地位的人物：从后来凯尔特人的传统可知，那个当地风格的棋盘是较高地位的象征。他不是一名战士，因为他的坟墓与这片墓地中大多数同时代战士的坟墓都不一样。那些战士会有盾和矛作为陪葬品，而他的坟墓中却没有。死者绝不仅仅是一位医生，那些金属环、金属杆以及黑玉珠可能是占卜用的。这座坟墓和医学有关的方面与恺撒形容的德鲁伊教士形象大相径庭，但坟墓主人显然不是战士，这符合恺撒关于存在两个精英阶层的说法。由于其他的证据不足，我们不能直接说他就是一名德鲁伊教士，但是很明显，他属于一个包括德鲁伊教士、占卜师和治愈者在内的高地位群体。

以穿过高卢北部边界的莱茵河为界，恺撒明确指出了高卢人和日耳曼人之间的区别。他为自己是第一个渡过莱茵河的罗马指挥官而感到骄傲，但是他也明确指出日耳曼人不适合罗马征服，因为他们的人口流动性太强，而且他们的政治习惯与那些地中海民族相差太远。此外，就连这里的景物也过于陌生。恺撒详细描绘了莱茵河东广袤无垠、神秘莫测的黑森林（Hercynian forest），需要整整 60 天的时间才能走出来，里面生活着各种稀奇的动物：这里的麋鹿无法弯曲它们的腿，只能靠在树上睡觉，猎人们会提前偷偷把树弄得一触即倒，等到麋鹿倚靠在树上休息时，树就会折断，这样猎人就可以过来捕捉倒地不起的麋鹿了。在恺撒笔下，不列颠岛是北方继高卢和日耳曼之后的第三个部分。他对整个岛屿的面积进行了测量，还通过水钟计时注意到这里的黑夜要比高卢的黑夜短。尽管此前皮西亚斯已经测量了岛屿的周长,也对不列颠的夜晚进行过类似的测量,但是恺撒的作品还涉及当地的民族志。和高卢人一样,不列颠岛上的人在有些方面很野蛮:岛上的民族不事农耕,而是以牛奶和肉为食,他们穿的是动物的毛皮,所有的男人都把自己的皮肤涂成靛蓝色。但是,不列颠岛上有丰富的自然资源,适合罗马人征服,约100年后,皇帝克劳狄征服了不列颠。

征服高卢后,恺撒的政治威望如日中天,他的政敌担心罗马的政治均衡会被打破。公元前49年初,恺撒率领军队越过了阿里米努姆(Ariminum,今天的里米尼)北面的卢比孔河(Rubicon)。这条河被视为山南高卢行省和意大利半岛本土之间的分界线。这不是一次突然的举动,而是一种故意加大赌注的行为。据说当时他说了一句"色子已经掷下",这出自米南德(Menander)的希腊喜剧,他这样说是有原因的:任何一位将领指挥军队进入意大利本土都是不合法的。庞培凭借他征服了东方的声望,宣称支持元老院,反对恺撒的不合法行为,从而占据了道德上的制高点。于是,恺撒发动了针对庞培和其他敌人的内战。公元前48年8月,恺撒在希腊北部法萨罗(Pharsalus)取得了胜利。从这里,恺撒又去了东爱琴海地区。当年秋天,通过与各个希腊城邦签署协议,他巩固了自己的地位。吕基亚城邦同盟已经与罗马友好相处了100多年,在苏拉支配罗马时期和罗马签订了一份正式条约,还在卡匹托林山坡上雅典诛僭主者雕像附近做了献祭。公元前48年,吕基亚人与恺撒谈成另一份有利的协议。公元前46年,在恺撒返回罗马之前,协议得到正式签署。这被说成是罗马人民和吕基亚同盟之间的协议,但是其用词明确表明,最初的决定是恺撒个人依据罗马法律授予他的缔约权而做出的。在罗马，这种至高无上的权力是史无前例的，但是恺撒非常精明，后来利用了元老院法令的批准，并且将他在东方寻求个人支持的行为说成是为了罗马人民的利益。

公元前46年，恺撒终于回到罗马，此时已经没有任何显见的对手可以与其抗衡。因为帝国收益的增加和精英内部竞争的加剧，以往元老院和人民之间权力平衡的旧原则被打破，元老等级内部的轮任制度也消失了。各方都面临如何定义恺撒的位置的问题。公元前46年的内战结束之后，恺撒被任命为独裁官（*dictator*），任期十年。公元前44年2月15日，他接受了终身独裁官的头衔（尽管实际上这只持续了一个月）。一旦被赋予独裁官的名号，就意味着他比其他任何一位罗马行政长官都拥有更大的权力。在苏拉（公元前82—前81年在位）统治之前，独裁官这个头衔最后一次使用是在公元前202年，即第二次布匿战争期间，但那时的任期只有六个月。从某种意义上讲，恺撒对这一职位的拔高是符合现实的，但在另外一个意义上，这也强调了他的个人支配的事实。恺撒要做罗马的国王吗？如果他是，那么对罗马王政时期的记忆是会让人们对恺撒的王权有正面的认识，还是有负面的认识呢？

公元前44年2月15日牧神节上的一出公共表演中，这些问题浮出水面。据说马克·安东尼（Mark Antony）曾三次给恺撒献上王冠，但很多人都不知道这是怎么回事。牧神节是罗马最古老的节日之一，起源于罗慕路斯和雷穆斯以及他们各自的支持者之间的比赛。奇怪的是，获胜的是那个动作较慢的双胞胎弟弟雷穆斯，而不是罗马的建城者。共和时代的后期，两支队伍会从帕拉蒂诺山的卢帕卡尔洞穴开始赛跑，这个洞穴就是母狼为两兄弟哺乳的地方。这是一场祝愿丰饶和群体认同的狂欢节，两队人赤身裸体在罗马的街道上奔跑，用山羊皮鞭抽打群众，尤其是年轻女性。公元前44年的一项革新就是组建了以马克·安东尼为首的第三支队伍——尤利乌斯派。这支队伍是为了纪念尤利乌斯·恺撒而组建的，也隐晦地将他与罗慕路斯和雷穆斯两兄弟相提并论。这是公元前44年初赋予恺撒的一系列非凡荣耀之一。在这个场合，恺撒就坐在比赛终点附近，在市政广场主席台一把金椅子上。安东尼在为这支新队伍赢得了比赛之后，把王冠递给了恺撒。整个事件都事先经过精心策划，其充满争议的高潮部分肯定也在安东尼和恺撒的计划之内。恺撒拒绝接受象征王权的王冠，试图证明虽然他已经接受了终生的最高权力和可以与罗慕路斯和雷穆斯两兄弟媲美的荣誉，但是不能把他视为罗马的国王。然而，这一想要澄清事实的做法并没有发挥作用。同时代的人也不知道那顶王冠下落如何：恺撒究竟有没有把它送到主神殿，并宣称朱庇特是唯一的国王呢？恺撒有没有把它丢进人群，然后安东尼命令把王冠戴在恺撒雕像上呢？他有没有把王冠放在宝座上，以此暗示接受它并带有一点君权神授的意味呢？然而，整个事件很清楚地表明，定义政治权力的行为与有关罗马远古时期的仪式和观念是紧密联系在一起的。

公元前44年3月15日这一天也深受罗马过去的影响。在牧神节的一个月后，恺撒惨遭暗杀。各个哲学流派一致认为杀死僭主是合法的。考虑到僭政有时可以是一种莫须有的罪名，这是一个令人心寒的共识，但是这个共识对罗马产生了重大的影响。布鲁图和卡修斯后来成了莎士比亚戏剧里的主人公，他们同谋对抗恺撒。二人都认真研究哲学。布鲁图主要研究政治化的柏拉图主义，卡修斯则专攻伊壁鸠鲁主义。布鲁图明白杀死一个"不合法的君主"或者说僭主是合法的，卡修斯在公元前48年就退出了反对恺撒的政治斗争，转变为一个伊壁鸠鲁主义者，但此时接受了这样一种观点：时局凌驾于伊壁鸠鲁主义致力于寻求内心安宁的原则之上。恺撒不得不死。然而，恺撒之死和他的一生一样富有争议。当时，关于罗慕路斯之死也起了争论。有些人认为他很安详地死去了，作为一个令人尊敬的罗马国王，他升上了天堂，并且被尊崇为战神奎里努斯；另一些人则称，他变成了一个残忍专制的独裁者，元老院成员将他杀掉并碎尸万段，这才是他尸骨无存的原因，而不是因为升天。这种对罗马历史两极化的观点恰恰呼应了对恺撒的两极化观点：应该说，他是优秀的罗马统治者，公元前44年赋予他的神圣荣誉实至名归？还是说他就是一个只有通过暗杀才能终止其肆意妄为的独裁者？西塞罗持后一种观点，他明确表示恺撒是作为一个独裁者被杀的，是罪有应得。恺撒去世之后，罗马爆发内战。经公元前42年的腓立比（Philippi）一役，安东尼和恺撒年轻的继承人屋大维（也就是后来人们所熟知的奥古斯都）获胜，内战宣告结束。在腓立比战役之前，元老院已经颁布法令，正式授予恺撒神圣的荣誉：此时的他是"神化了的尤利乌斯"（*divus Julius*），他将在市政广场有一座神庙，还有一位专门的祭司。公元14年奥古斯都去世之后，这些神圣的荣誉成了皇帝享有的"标配"。

莎士比亚的罗马剧

本·琼森（Ben Jonson）批评莎士比亚，说他"不太懂拉丁文和希腊文"，但如此贬低一个没有上过大学的人，忽视了莎士比亚超常的求知能力。莎士比亚的知识来源范围很广，包括从古到今的大量作品。在完成《尤利乌斯·恺撒》（创作于 1599 年）几年后，莎士比亚以一部《安东尼和克娄巴特拉》（创作于 1606—1607 年）又回到了公元前 1 世纪。这两个剧本探讨的是伊丽莎白时代后期显而易见的主题。其他三部作品都有异乎寻常的故事背景，包括早期的剧本《泰特斯·安德洛尼克斯》（创作于 1589—1592 年，背景设定在多个时期），后来的《科里奥兰纳斯》（创作于 1608 年，背景设定在共和早期），以及《辛白林》（创作于 1610 年，背景设在罗马统治下的不列颠）。有些主题在这五部戏剧中反复出现：英雄主义个人的悲剧、亲人情感和公共责任之间的矛盾，以及反叛者和独裁者之间模糊的界线。这五部戏剧（甚至包括《辛白林》在内）的一个共同点是故事背景都设在罗马城，这使得这些戏剧拥有了相同政治背景、社会环境和道德主题。

对于莎士比亚来说，罗马的优势在于既算得上是古典，也可以让他在伊丽莎白时代审查者的雷达下探讨共和观点。罗马也不是任何一种美德或恶行的固定象征，莎士比亚因此有更多的自由来探讨政治问题。正如王家莎士比亚剧团《尤利乌斯·恺撒》的导演露西·贝莉在 2009 年所言："这出戏剧所提出的问题显然是困扰着伊丽莎白时代的问题：什么情况下君主制会沦为暴政？是否能不通过暴力压制来实行统治？暗杀是否合理？这样做会产生更好的结果吗？"

莎士比亚描写卡修斯力促布鲁图反抗恺撒，以效仿他那位将最后一个国王赶出罗马的祖先尤尼乌斯·布鲁图（Junius Brutus）。罗马被等同于共和，它是自由的试金石，和一人专制互不相容，但是这种以纯粹男性视角定义的共和政治意识形态在整部剧中被逐渐破坏。政治美德以激烈竞争为基础，因此可能会变得很不道德。布鲁图受到妻子波西娅（Portia）的挑战，她声称自己和男人一样坚定不移。就像安东尼献给恺撒王冠时那样，曾被阴谋者鄙视的人民成了政治上的参与者。恺撒在被杀之前做了一场精彩的演讲，表示自己不为个人利益所动，对共和体制坚贞不渝。他对于其他罗马人的优越感是罗马人所固有的，而这也是导致他被暗杀的原因。莎士比亚很清楚罗马共和晚期的政治矛盾。

安东尼和奥古斯都之间的同盟演变成了一场新的内战，一边是身在罗马的奥古斯都和他的西方军团，另一边是安东尼和他的东方军团。公元前48年，恺撒从东爱琴海去往亚历山大里亚，在此期间埃及托勒密王朝的女王克娄巴特拉不仅给恺撒提供了支持，还献身于他。而在公元前41年，她又投入了安东尼的怀抱。1963年的好莱坞电影《埃及艳后》由伊丽莎白·泰勒和理查德·伯顿领衔主演，生动且正确地把她呈现为马其顿国王的后人，生活在拥有希腊风格公共建筑的亚历山大里亚，统治着以埃及为主的整个国家。对于克娄巴特拉来说，不幸的是，在公元前31年决定性的亚克兴海战中，她和安东尼的军队被打败了。此时的奥古斯都已经没有了对手，成为整个罗马世界最有权力的人。

这场内战让奥古斯都的手上沾满了鲜血，特别是那些被宣告为"全民公敌"的人，奥古斯都为了得到他们的财富，以此为借口将他们除掉。对于随后和平年代的历史学家来说，应该如何看待不久前刚发生的一切呢？公元前39年庆祝凯旋之后，阿西尼乌斯·波利奥（Asinius Pollio）退出了公共生活，投身于文学事业。后来他撰写了一部著名的罗马史，从公元前60年之后开始写起，但是只写到了公元前42年标志着共和希望破灭的腓立比战役。即便如此，据同时代的诗人贺拉斯所言，他写的历史可能会给他本人带来杀身之祸。值得注意的是，李维的历史却并没有止于公元前42年，而是一直写到公元前9年的罗马，写到了奥古斯都一位继承人去世，尽管他可能想一直写下去，直到一个更加明显的终结点。他站在支持共和的庞培一边，不喜欢恺撒，但是这并没有惹怒奥古斯都。不过，他在讲述内战和奥古斯都时期的事件时巧妙地集中描写对抗外敌的战争，而省略了大部分罗马内部的政治史。此外，直到奥古斯都去世之后，李维才将有关奥古斯都掌权并实行专制的章节发表。这是因为有太多内容是不能在奥古斯都在位时公之于众的。

奥古斯都本人并没有废除任何东西。所有共和时期的政治和宗教机构仍然在继续运行，虽然有的被加以改造。奥古斯都避开了恺撒对于独裁官一职的灾难性尝试，而是选择了一种较为谦逊的方式，将执政官和保民官的权力结合起来，以定义他的地位。奥古斯都也第一次将罗马所有的主要祭司职务集于一身，而这种集中逐渐被视为他对罗马宗教生活进行控制的基础。但是奥古斯都回避了"罗慕路斯"这个容易引起歧义的名号，而是仅仅扮演一个公民的角色。扮演这样一个角色，并且充分意识到这仅仅是一个角色而已，这让元老等级和罗马人民都感到很有尊严。奥古斯都掌权45年，在此期间他树立了一个"好皇帝"的榜样形象，而他的继承者如果偏离这一形象，就会惹祸上身。

和元老院的其他主要成员一样，奥古斯都将自己表现得宛如一个家族首领。按照元老院传统，他采用收养制来为家族增添新的男性继承人。他的亲属开始获得显赫的地位，特别是他的妻子利维娅（Livia）。公元前35年，她获得了在没有法定监护人的情况下料理自己事务的权利，还获得了护民官的神圣不可侵犯权。罗马城中还立起了她的雕像。公元前1世纪20年代，利维娅成了第一位拥有个人官方雕像的女性。她的雕像遍布整个帝国，没有佩戴华美的首饰，也没有穿着华丽的衣服，她被描绘为罗马女性的典范。作为第一位以个人名义建造或者修复用于崇拜仪式的圣地的女性，利维娅也成功利用了女性在宗教事务方面的角色，因为传统上女性一直参与那些与女性贞洁美德和家庭和谐有关的节日。在政治上，她总是站在自己的丈夫的一侧，但这也导致了很多猜测，人们认为她为自己的亲属做了一些违法行为，就像罗伯特·格雷夫斯（Robert Graves）在小说《我，克劳狄》中描写的那样。有时，奥古斯都甚至公开承认她的影响力。当他拒绝了萨摩斯人获得某种特权地位的请求时，奥古斯都承认他个人对于萨摩斯人很有好感，后悔拒绝了他们，他很希望可以帮妻子一个忙，因为她一直在为他们说好话。

以他个人或者是家庭成员的名义，奥古斯都在罗马大兴土木，建造公共建筑。由于只有那些庆祝凯旋的人才有资格在罗马这样做，而实际上只有皇帝和皇室成员才有庆祝凯旋的资格，因此其他元老院的成员就失去了在罗马的建造权，只能在意大利半岛和其他地方的家乡建造纪念性的建筑。位于罗马城中心的奥古斯都广场（Forum Augustum，见图25）为奥古斯都所建，它很好地体现了这位皇帝对于过去的认识。广场中心的神庙是献给战神复仇者的，这既指代奥古

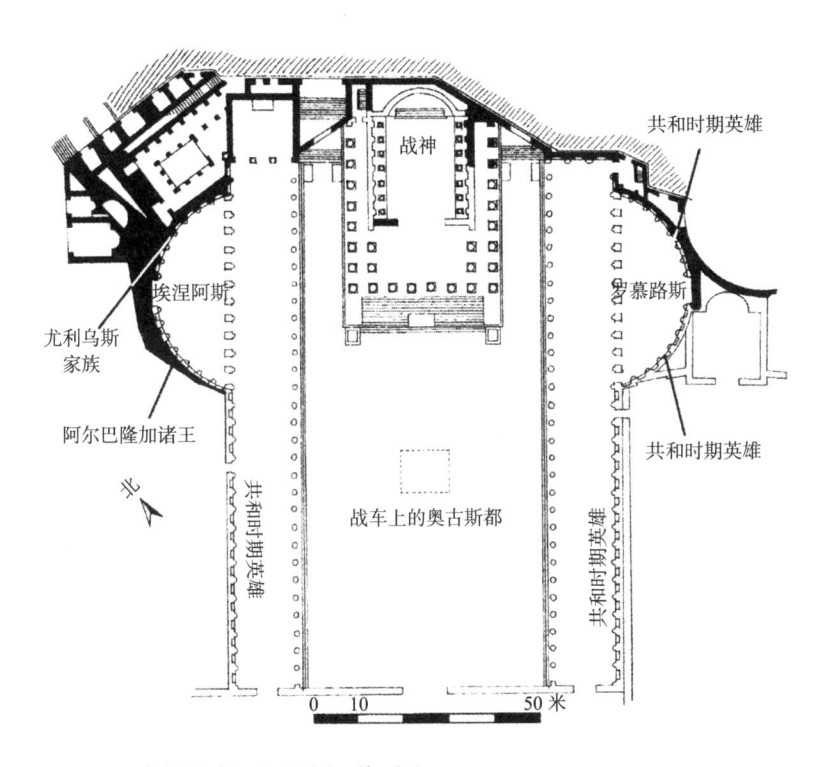

图 25　罗马奥古斯都广场平面图（公元前 2 年）

斯都对幼发拉底河以东帕提亚王国的"复仇行为"——公元前53年，帕提亚王国曾在卡莱战役中击败了罗马——也指代他对谋杀恺撒者的"复仇行为"。在这里，战神还有一层与奥古斯都有关的意义，他是罗慕路斯的父亲，维纳斯是埃涅阿斯的母亲，他们的形象一起出现在神庙的山墙上。神庙两侧的柱廊进一步体现这些意义。柱廊里有一系列共和时期英雄的雕像，每个雕像上都刻有对其伟大成就的简要介绍。在左边的一个半圆区域里，展示的是尤利乌斯家族的雕像，以埃涅阿斯为中心,而在右侧是更多的共和时期英雄的雕像,以罗慕路斯为中心。由于埃涅阿斯和罗慕路斯都被认为是奥古斯都的祖先,因此整个庞大的建筑群旨在表明奥古斯都的统治是罗马历史的巅峰时期。

当时有一种强大的倾向,就是要强调整个意大利半岛的政治统一,淡化两代人之前的同盟战争。在西塞罗的论调基础之上,奥古斯都本人声称在那场内战中,"整个意大利半岛(tota Italia)自发地发誓忠诚于我,并且在我获胜的亚克兴战役中要求我成为他们的领导人"。在执政官和三分之一的元老院成员都加入了安东尼一方的情况下,这样的说法十分有用。亚克兴战役后不久,维吉尔出版了他的《农事诗》,它名义上是一本有关农务的教谕诗。其中有一个章节后来以"意大利颂"之名为人们所知,那是一个当时公认的写作类别。他这样描写:意大利的丰饶和魅力让世界上其他所有的地方都相形见绌;这里有伟大的城市,耸立于悬崖峭壁之上,古老的城墙之下,流淌着潺潺的河流;很多不同民族安居于此。维吉尔对意大利的欣赏植根于最近的历史:原山南高卢行省的科莫湖(Como)和加尔达湖(Garda)被认为是北部的边界;公元前49年,尤利乌斯·恺撒才将这里变成了意大利的一部分。在结尾处,维吉尔大胆地提及他自己,他"在罗马的城市中"吟唱来自希腊的教谕诗,隐晦地将罗马城和意大利的城市结合到了一起。

在接下来的十年里,维吉尔创作了一部名为《埃涅阿斯纪》的史诗。这部史诗也植根于当下:亚克兴战役并没有被描述为内战的一部分,而是被描述为东西方之间的冲突,不仅仅是罗马,而是整个意大利半岛的古老神灵与埃及神灵之间的对抗,后者奇形怪状,长着动物的脑袋。这种对埃及的看法符合当时的政治正统,但《埃涅阿斯纪》

并不是对埃涅阿斯后人奥古斯都的歌颂。维吉尔借鉴包括奈维乌斯（Naevius）的史诗在内的早期罗马史诗，把史诗第一部分的背景设在了迦太基，也讲到埃涅阿斯和狄多之间伟大的爱情故事。埃涅阿斯必须终止这段爱情才能履行他即将前往意大利半岛的历史使命，但是在关于狄多的这部分，他的形象并不伟大。当埃涅阿斯到达意大利半岛时，谦逊的国王厄凡德尔给他讲述了赫拉克勒斯和卡库斯的故事（见前文，第 202 页），然后带着他参观了诸如卢帕卡尔洞和卡匹托林山这些已经拥有了神力的圣地。这段讲述意蕴丰富，因为厄凡德尔是"罗马城的建立者"，而埃涅阿斯是罗马民族的创立者，两人一边观看眼前的遗迹，一边展望未来的罗马。

《埃涅阿斯纪》问世之后，立即被公认为经典。同时代的诗人普罗佩提乌斯（Propertius）甚至在出版之前就为这部史诗而欢呼，称它比荷马的《伊利亚特》还要伟大。这部史诗立刻成为学校教材，取代了奈维乌斯和恩尼乌斯的作品。在帝国使用拉丁语的每一个地区，都讲授维吉尔的作品。庞贝古城中有 36 处涂鸦引自《埃涅阿斯纪》。值得一提的是，因为当时的教育体系重在传授写作和语法，有 26 处涂鸦引自第一、二卷开头的几行。即使是在遥远的不列颠，维吉尔也享有很高的知名度。在哈德良长城附近的罗马军事基地文德兰达（Vindolanda），发现了两块书写板，上面有《埃涅阿斯纪》的诗句，表明这里的司令官雇了一位老师教他的孩子学习这部史诗。除此之外，在埃及和犹太地，军队里的士兵通过抄写《农事诗》和《埃涅阿斯纪》的部分篇章来练习拉丁文。知道维吉尔的不仅限于军人，人们也不是只会死记硬背：在伊比利亚半岛东南部的一个山洞里，有人写了许多经过自由改编的《埃涅阿斯纪》中的句子，这是很让人吃惊的。

在古代之后，维吉尔的作品继续被用作教材，他的作品被传抄了无数次（见后文，第368—369页）。他与荷马被认为是古代最伟大的两位诗人。其作品中似乎预示着基督教的段落使得人们对他更加感兴趣。前面在谈论《神曲》的语言选择时，我们已经讲到了其作者但丁，而他可能是中世纪维吉尔作品的最具有独创性的读者。他一直把维吉尔看成意大利思想的阐释者，称其为"我们最伟大的诗人"。在《神曲》中，维吉尔成为他在地狱中的向导，是一位忧郁的人物，为生活在"一个虚假的、满嘴谎言的神灵的时代"、没能成为基督徒而郁郁寡欢。在意大利流行的传说中，维吉尔则是个与此大相径庭的人物。维吉尔死后被埋在那不勒斯城外，到了公元12世纪，人们开始认为维吉尔曾经做过那不勒斯的地方长官，有几件保护此城免受攻占的圣物与他有关，这些圣物法力无边，甚至可以不让苍蝇进入城市，或者是阻止维苏威火山爆发。这样的故事很快传到了欧洲的其他地区，进而产生了更多的传说。在法国，维吉尔被一些吟游诗人说成是一名巫师，相传拥有一座永不下雨的花园，他还建了一座能准时撞钟的钟楼。16世纪后，这些关于维吉尔的传说从大众意识中逐渐消失，但是直到今天，游人都会被带去参观所谓的"维吉尔之墓"，而实际上那只是一个无名者的纪念碑。

之前厄凡德尔国王曾预测过罗马城未来的伟大，在奥古斯都的统治之下，这种预测基本上实现了。在维吉尔笔下，埃涅阿斯刚到迦太基时，惊讶地看着那里高大的城墙、宏伟的堡垒和剧院被建造起来，取代了原始的小木屋（*magalia*，一个古迦太基词），不由感叹道："那些幸福的人啊，他们的城墙已经拔地而起。"这里的迦太基让埃涅阿斯想起了他最终注定要建立的城市，而奥古斯都对其进行了改进。根据奥古斯都的传记作者苏埃托尼乌斯（Suetonius）在100多年后的记录，奥古斯都完全有资格自夸说自己得到的是一座用砖头建造的城市，留下的是一座大理石的都市。这样的对比是夸大其词的。公元前2世纪初，罗马城的公共建筑相对简陋，到了这个世纪末，就不能再这样了。公元前1世纪早期的领导者们，尤其是庞培和恺撒，持续在罗马城中心开展建设，但是奥古斯都的确更进一步，例如他建造的奥古斯都广场。苏埃托尼乌斯对奥古斯都的理由的陈述十分有趣：他美化罗马城的原因是"要让它和帝国的尊严相匹配"。苏埃托尼乌斯这里提到的这一点，奥古斯都统治时期伟大的建筑师维特鲁威（Vitruvius）也提到过。维特鲁威赞扬奥古斯都结束了内战，带来了和平，开拓了疆土，增加了行省，还赞扬他通过建造公共建筑大大强化了帝国的威严。在公元前1世纪到公元1世纪期间，罗马城不再是一个四处征服的帝国的中心，而是成为一个不同意义上的帝国的首都。这是一个统一的帝国，各个行省不再仅仅是罗马精英剥削的对象，而是成为罗马统治的受益者。罗马城也不再是政治家们肆无忌惮争权夺利的战场，而是一个设计和建筑都配得上这个帝国的首都。

墨索里尼与罗马

罗马精神（*romanità*）是对罗马价值观的一种理想化，在19世纪后半叶新建立的意大利国家深受欢迎，意大利的法西斯主义者也对此产生了极大兴趣。随着时间的推移，对罗马过去的利用也发生了变化。从1922年到1925年，罗马精神一直是所谓革命行动的理想。墨索里尼来自卢比孔河附近的一个村庄，他以将罗马从堕落中拯救出来的尤利乌斯·恺撒为榜样。然而,当他的队伍步行向罗马行进时,他本人却坐上了晚上的卧铺车。从1925年到1936年,罗马为领土扩张主义提供了辩护。正如1925年墨索里尼在奥古斯都陵墓(当时是一个公共会议厅)举行的法西斯大会上所说的那样:"罗马是地中海沿岸唯一一座命中注定要创造一个帝国的城市。"创造稳定帝国体系的奥古斯都成为新的模范。从1936年起,罗马精神被用作种族主义的依据之一,种族主义者认为只有纯种的意大利人才是罗马人真正的后裔。在1937年耗费巨资的电影《女人与海》(*Scipio l'Africano*,字面意为"阿非利加的西庇阿")中,罗马和迦太基之间最后的冲突被描绘成了秩序与权威对混乱与民主的冲突,迦太基人则被视为不文明的闪米特人。

1930年维吉尔的两千年诞辰和1937年奥古斯都的两千年诞辰都是重要的事件。有些诗人指出,维吉尔《农事诗》中有"意大利颂",而当代颂扬诚实的农民、贬抑可鄙的资产阶级,两者之间有诸多相似之处。1934年,墨索里尼亲自参加一个项目的开工仪式,要清除奥古斯都陵墓周围的破旧房屋,并将会议大厅从奥古斯都陵墓移走。陵墓周围的广场上排满了新的建筑,上面装饰有象征着法西斯理想的浮雕。原本坐落在罗马其他地方的奥古斯都和平祭坛也被移了过来。作为罗马城的几个项目之一,这个项目按时完工,正好赶上奥古斯都的两千年诞辰。为了庆祝这一诞辰,人们举行了一个盛大的展览,即"奥古斯都的罗马精神展",接待游客逾百万人。这个展览是学术性的,留下了一个至今仍然有用的目录,不过也有很强的政治色彩。在展览的入口大

> 厅,是一句引自墨索里尼本人的话:"意大利人,务必要让未来的荣耀超越过去的辉煌。"罗马精神和现代性携手并进,为充满活力的法西斯帝国提供辩护。

奥古斯都时代的罗马城是一个巨大的城市。根据一篇据说是西塞罗的弟弟昆图斯(Quintus)所写的讨论竞选的文章,罗马是"一个由全世界各民族汇合而成的国家",这让人想起罗慕路斯的庇护所(见前文,第204—205页)。罗马帝国早期的人口据许多现代估计可能接近100万人。公元前5年,在罗马有法定住所的罗马公民都收到了奥古斯都发放的津贴,其人数不少于32万人。在此基础之上,还要加上公民的妻子和孩子、奴隶和被释奴,以及来自帝国各地、客居罗马的公民与非公民。罗马是一个庞大的城市,帝国和首都之间有很强的流动性,而支撑着罗马城的正是这种流动性。这一时期罗马城的面积很难精确估算。很遗憾,我们并不知道罗马人法定住所的精确地理界限。公元3世纪70年代,当罗马城再次修筑防御工事时,新的城墙所包围的面积至少有1 373公顷,而城墙之外是辽阔的郊区,向外扩展了大约15千米。然而,即使我们不能完全确定其人口数量和面积,帝国早期的罗马依然遥遥领先,是罗马帝国最大的城市,其面积是第二大城市埃及的亚历山大里亚的两倍。它完全可以与其他前工业化国家的首都媲美。帝国时期的罗马和公元8—9世纪唐代的首都长安或17—18世纪日本的首都江户一样大,甚至可能比它们更大,而这取决于是仅仅包括罗马城周围区域的一部分,还是将其全部算进来。

弗洛伊德和罗马城

精神分析学派的创始人西格蒙德·弗洛伊德(1856—1939)在维也纳读书期间热衷于学习拉丁语和希腊语。他在58岁时提到,在那里他"和一个已经湮灭的文明首次接触(我在人生的奋斗过程中,从中获得了极大的慰藉)"。

最早创立其潜意识理论时,他与罗马城有一种奇妙的关系。从1895年到1898年,在意大利度假期间,他曾五次打算到访罗马,但都被内心无法逾越的障碍阻止了。在1900年面世的《梦的解析》一书中,弗洛伊德从其犹太人身份和当时盛行的反犹主义的角度,对这一奇怪的现象做出了解释:当他还是一个小学生时,就已经对闪族人汉尼拔产生了认同,而成年后,他把汉尼拔和罗马之间的冲突看作类似于坚韧的犹太人和天主教会之间的冲突;和汉尼拔一样,他命中注定不能进入罗马。事实上,在《梦的解析》出版之后,弗洛伊德还是设法打破了这种内心障碍,成为一个经常去罗马的思想朝圣者。

在形成他的潜意识理论时,弗洛伊德反复回到考古挖掘中寻找类比。他收集了一批多达3 000件的古物,对它们爱如至宝。这些藏品不是陈列在他的私人住所,而是放在他的咨询室和书房,是他职业形象的重要组成部分。对他来说,雅典娜是智慧和理性的重要标志:1938年,由于担心纳粹当局会没收他的全部收藏,弗洛伊德选择将雅典娜小雕像作为唯一一件从奥地利偷运到英国的藏品。在他75岁时写给一个崇拜者的信中,他说:"尽管我向来以节俭为荣,但还是在希腊、罗马和埃及文物上花了很多钱。实际上我读的考古学书籍多于心理学。"在1930年面世的《文明及其不满》一书中，为了表明记忆永远不会丧失，而是可以被唤醒并重现天日，弗洛伊德提到了罗马这座永恒之城的古代历史。在此过程中，他借鉴的是1928年版的《剑桥古代史》。他写道："在原则上，有足够的游客能够找到每一个时期的痕迹，哪怕这些遗迹已经被部分修复并嵌入这个乱糟糟的现代都市之中。"弗洛伊德对人类意识的挖掘正像罗马城的考古挖掘。

从共和后期到帝国早期，罗马与其行省之间的关系发生了变化。在共和时期，罗马总督负责对附属民族之间的矛盾做出仲裁，这有时会促进一个地区的长治久安。人们希望这些总督及其工作人员诚实守信，有时他们竟然也做到了。然而，在西塞罗于公元前60年写给他弟弟亚细亚行省总督的信中，他认为弟弟在任职于亚细亚行省的三年里，竟然能够做到不受财色诱惑，没有背离严谨廉正、行为检点的轨道，简直难以置信。人性如此，加上政客们要收回在罗马竞选时耗费的开支，总督们往往无法节制自己的行为。此外，他们还会滥用职权。公元前58年兼并的塞浦路斯岛被并入小亚细亚南部的奇里乞亚行省，完全处于罗马官员的支配之下。后来因参加针对恺撒的阴谋而出名的尊贵的布鲁图以高达48%的年利息借款给塞浦路斯岛上的萨拉米斯城。后来，布鲁图从元老院那里获得支持他的法令。为了收回他的钱财，他的一个手下从行省总督那里借来骑兵，把该城的议员围困在市政厅，致使其中五位活活饿死在那里。罗马上层人士的这种剥削行为让人无法容忍。内战的压力有时会让事情变得更糟。公元前49年，马西利亚被尤利乌斯·恺撒围困，因为这个城市曾站在庞培一边，最后作为惩罚，它的大部分土地被剥夺。公元前43年，在一位刚刚和罗马签署正式条约的特使的鼓动之下，吕基亚对布鲁图和卡修斯发起了军事抵抗，此时二人正在集结部队与安东尼和奥古斯都一决胜负。但是，从奥古斯都时期开始，这些行省总体上安宁和平，皇帝们制定合理有效的保障措施，以防止各省罗马官员肆意妄为。

　　罗马的统治也影响了古代城市的内部政治结构。在塞浦路斯岛上的库里安（Kourion），市议会的成员由过去的每年一选变成了终身任职。罗马统治下的所有希腊东部城市基本都出现了这样的变化。市议会也发生了变化，变得更像罗马的元老院。反过来，希腊城市以一种有助于协调希腊世界和罗马世界的方式做出了回应。公元14年，奥古斯都逝世，塞浦路斯宣誓效忠新皇帝提比略。这次宣誓采用了一种新宣誓模式，这种模式将公元前32年整个意大利半岛的宣誓扩展到各个行省。塞浦路斯人对长长的一串"我们的"神灵宣誓，包括出生于塞浦路斯岛的阿佛洛狄忒、科莱（Korē）和阿波罗等"我们岛上所有祖传的男女神灵"。在这一串神灵后面，他们还增加了另外两位，即"阿佛洛狄忒的后裔"神圣的奥古斯都皇帝和永恒的罗马女神。奥古斯都自称是阿佛洛狄忒的后裔（阿佛洛狄忒就是希腊的维纳斯），在这个岛上，这是特别能够说明问题的。塞浦路斯人正确认识到罗马帝国不过是一个家族的天下，他们对这些神灵宣誓，要效忠于并崇拜提比略及其家族，还承诺要为罗马女神、提比略和"他的血脉"建立新的崇拜。"他的血脉"这一用法很值得注意。塞浦路斯人知道奥古斯都自称是阿佛洛狄忒的后裔，但他们并没有意识到，在罗马，领养才是确定男性继承人的一般方式。从这个意义上讲，将崇拜的对象仅限于"他的血脉"在政治上是不可接受的。

到奥古斯都逝世时，不断增多的罗马行省已经形成一个统一的帝国。他留下了一份关于整个帝国的汇总表，其中包括现役士兵的数量和驻地，国库的收支状况以及被拖欠的间接税。遗憾的是，这份汇总表已经逸失。在共和时期，罗马的确有详细的军队和财政信息，但通常情况下，元老院成员并不去掌握这些信息，虽然西塞罗认为最好能够掌握。在奥古斯都之前，没有一个人对罗马的军事和财政有如此深入的了解。

对公民和行省居民进行人口普查的程序得到了改进，奥古斯都从中获取了更多信息。公元前 28 年，在其统治之初，奥古斯都进行了一次人口普查，登记了至少 4 063 000 名罗马公民。然而，这种人口普查系统无法应对意大利半岛所有居民获得公民权的影响，这次普查距离上一次至少已经有 42 年。在公元前 8 年和公元 14 年，他又进行了两次全面的人口普查，得出的公民人口数量分别是 4 233 000 和 4 937 000，都比之前有所增加。这些庞大的数字包括大约 300 000 名原山南高卢行省的成年男性，公元前 49 年，当这里成为意大利的一个地区时，他们被赋予了罗马公民权，数字还包括居住在海外殖民地和其他地方的罗马公民。但是，这个数字如此之大，是公元前 70 年的意大利半岛公民人口的四倍，我们认为奥古斯都的数据可能至少还包括了一些妇女和儿童。奥古斯都还制定了新的省级人口普查方案，不但统计罗马公民和其余人口的数量，还要记录他们的财产状况。在埃及，普查是每 14 年进行一次，在其他省份可能没有这么有规律，但显然要进行多次。所以事实上，在整个帝国都进行了人口普查。这有助于解释《新约》福音书作者路加的说法："当那些日子，恺撒奥古斯都有旨意下来，叫天下人民都报名上册。这是居里扭（Quirinius）做叙利亚巡抚的时候，头一次行报名上册的事。"对整个帝国同时进行的普查肯定没有发生，但是路加写作的时候，已是两三代人之后，他将公元6年居里扭在叙利亚和新增加的犹太地进行的人口普查与各个行省的全面普查混为一谈（见后文，第306页），这是可以理解的。路加还认为，这次普查是希律王当犹太王（公元前37—前4年）时进行的，并且这次普查包括加利利，但是在这两点上，他肯定是错误的。行省普查的新制度让罗马帝国当局第一次获得了关于全国人口和财富的详细信息。

　　奥古斯都统治下的罗马帝国疆域辽阔，从西部的伊比利亚半岛到东部的叙利亚，从南部的非洲到北部的英吉利海峡，都是帝国的领土。管理一个如此广袤的帝国，依靠的不仅仅是行政机构和监察官之类的，还要依靠形象的塑造。奥古斯都的得力助手阿格里帕（Agrippa）收集材料制作了一幅巨大的地图，公元前12年阿格里帕死后，这张地图在罗马的柱廊里公开展示。这张地图把整个世界展现在罗马人面前，还展示了罗马帝国在其中的支配地位。和以前爱奥尼亚人的圆形地图不同，阿格里帕的地图是长方形的，从西方的伊比利亚半岛画到东方的印度。这张地图附有一段简短的文字，给出了各个区域、海洋，可能还有河流的数据。与此类似的地图直到公元300年前后才出现于高卢。在奥古斯都当政期间的罗马，还有另外一个柱廊，展示的是一些被他纳入帝国的民族的形象。在提比略当政时期，小亚细亚西部阿佛洛狄西亚的人民开始为奥古斯都建造一座雄伟的神庙，在设计通向神庙的宏伟通道时，他们借鉴了罗马柱廊的风格。这座神庙被称为"塞巴斯蒂昂"（Sebasteion），即奥古斯都神庙，因为"塞巴斯图斯"（Sebastos）是奥古斯都在希腊语中的名字（见图26）。北边柱廊的中

图 26　阿佛洛狄西亚的塞巴斯蒂昂的入口。两边的柱廊上共有 190 片镶板，展现罗马帝国、希腊世界和皇室成员的形象。右边（南边）柱廊的中层刻有古时希腊的人物（比如丽达与天鹅、天马珀伽索斯与柏勒洛丰、狄俄尼索斯与赫拉克勒斯），上层浮雕刻画罗马帝国的胜利场景，以及罗马皇帝和众神的形象

层由50块高浮雕组成，刻画的是奥古斯都兼并或收复的民族和地区，包括阿拉伯半岛和埃及，以及多瑙河沿岸民族，还有西北部的伊比利亚半岛。以实物的方式呈现罗马帝国疆域的方式有很多，它们都有助于人们更好地把握帝国之辽阔。

在书面上，罗马帝国也更容易理解了。斯特拉波的《地理学》创作于奥古斯都统治后期和提比略统治时期，其中呈现的是一个以罗马为中心的世界。斯特拉波本人来自阿马西亚（Amaseia，今天土耳其的阿马西亚），他遵循的是希腊地理写作的传统，其代表人物是波利比乌斯、阿特米多鲁斯（Artemidorus）和波希多尼。他的著作采用传统的结构，从伊比利亚半岛开始，经过高卢和不列颠岛到意大利半岛、希腊和小亚细亚，再到达东方的波斯和印度，最后到埃及和利比亚，形成一个完整的圆圈。但是，他对世界的认识是新奇的。在描述罗马时，他强调，罗马的宏伟古迹很容易让人马上忘记其他的一切地方，而且在他关于"我们栖居的世界"的作品最后，他总结性地讲述了罗马人是如何征服并组织世界上最好、最著名的地方的。斯特拉波虽然主要关注地理和民族，但也注意到了罗马人所带来的变化。例如，在关于高卢的部分，他谈到了公元前43年罗马在卢格杜努姆（Lugdunum，今天的里昂）建立殖民地的过程，它位于罗讷河和索恩河的交汇处，是这个地区的中心。他说，在公元前1世纪30年代，阿格里帕规划的将整个高卢连成一片的道路网就是从这里辐射开去的。在斯特拉波看来，以罗马为中心的罗马帝国取代了过去将世界划分为欧洲和亚洲或者欧洲、非洲、亚洲的观念。

第八章

罗马帝国：
公元 14 年—284 年

公元 48 年，一个小型代表团从高卢北部遥远的平原来到了罗马。高卢北部行省的显贵们谋求在罗马城担任官职的权利，尤其是进入元老院的权利。意料之中的是，元老院不太喜欢这个主意。皇帝克劳狄对元老院发表了一段冗长的演讲，表示他支持高卢的这个请求，这个问题才得以解决。他是这样说的：

> 不要一想到某种危险的新事物就不寒而栗。想一想，从罗马建城那一刻起，我们的国家已经见证了多少创新，我们的政体已经发生了多少变化。这个城市曾经被国王统治过，但是他们没能把王位传给自己的后人，取而代之的是外族人。继承了罗慕路斯的是努马，他是萨宾地区的人，虽然是邻居，但依然是外邦人。……我的祖父辈、被神化的奥古斯都和我的叔叔提比略都希望让殖民地和自治市的精英进入元老院，不管他们来自什么地方，只要他们足够明智和富有，这也是一个全新的政策。

如前两章所述,非罗马人融入罗马国家的问题由来已久。尽管如此,在这段给元老院的演讲中,克劳狄有意地推翻了几个世纪以来公认的常识。我们在前两章一再强调罗马政治思想深刻的保守性,但是现在克劳狄提出,罗马历史从一开始就不乏政治上的创新。前人留给后世的教诲主要就是政治革新的价值。长期以来,不仅新人物不断被吸纳到罗马政体中来,就连罗马的政体本身也在不断发生变化。罗马历史学家塔西佗对克劳狄的演讲加以提炼,收入了他的《编年史》,并在演讲的最后加上了他本人的点睛之笔:"这个提议同样也会成为旧例,我们今天用先例所支撑的这个提议本身,在今后某一天也会被视为先例。"

此事过去 70 年后,在回顾克劳狄的统治(公元 41—54)时,塔西佗肯定已经领会到历史的讽刺意味。到了塔西佗写作《编年史》时,即图拉真皇帝(Trajan,公元 98—117 年在位)统治的后期,共和时期已经成为历史。《编年史》是这样开篇的:"罗马城从一开始就是由国王统治的。"注意是"从一开始就",而不是"原本",因为在塔西佗看来,由一位"元首"(princeps)实行统治的"元首制"本质上就是君主制。奥古斯都革命性的政治实际上已经成为神圣的先例。

《编年史》记述了儒略-克劳狄王朝统治时期罗马的历史(从提比略到尼禄,公元 14—68)。和塔西佗所处时代不同,在这个王朝初期,精英阶层可能依然在抵制元首制。在《编年史》的开头,塔西佗描述了公元 25 年历史学家克莱穆提乌斯·科尔杜斯(Cremutius Cordus)因为大逆罪而被起诉的经过。他的罪名是在作品中赞美刺杀尤利乌斯·恺撒的布鲁图和卡修斯,特别是还引用了布鲁图的话,形容卡修斯是"最后一位罗马人"。在元老院和皇帝提比略(公元 14—37 年在位)面前为自己辩护时,克莱穆提乌斯争辩说他并没有做任何不正常或煽动性的事情。早期的很多历史学家都歌颂过布鲁图和卡修斯,如李维、阿西尼乌斯·波里奥(Asinius Polio)和麦萨拉·科尔维努斯(Messalla Corvinus)。这些行刺者去世已经那么久,给他们应有的敬重应该没有问题了吧?就像克莱穆提乌斯肯定已经预想到的那样,这样的辩解在提比略面前毫无作用。这位历史学家被迫自杀,他的书也被付之一炬。公元25年,人们对共和末期的情景依然历历在目,因此对恺撒的暗杀绝不是无关痛痒的古代历史。"诛杀僭主者"的形象带有特殊的政治和情感意义。布鲁图的姐姐、卡修斯的妻子优尼雅(Junia)于公元22年去世,距公元25年刚刚3年。按照塔西佗的说法,在送葬队伍里,她的弟弟和丈夫的形象"因为缺席而格外引人注意"。在罗马帝国的集体意识里,布鲁图和卡修斯富有争议的记忆所留下的伤痛还要持续至少一代人的时间。直到公元65年,还有一位律师因为保存的祖先画像里面有卡修斯而被流放。

公元41年,在不得人心的皇帝卡利古拉(Caligula,公元37—41年在位)被刺杀之后,有一段短暂的时间,恢复元老院的统治似乎真的有了可能。关于卡利古拉最后的时日,我们的主要信息来自犹太历史学家约瑟夫斯(Josephus),他把刺杀卡利古拉的人描述为共和派的理想主义者,面对暴政,他们试图重新建立自由体制和祖传的政体。无论如何,情况很快明了,恢复共和制的事业是缺少群众基础的,在皇帝的贴身卫队近卫军的支持下,另一名皇室成员克劳狄很快称帝,诛杀僭主已经过时了。

在斯多葛派哲学家塞涅卡(Seneca)所写的一篇令人胆寒的文章中,元首统治的新意识形态得到了最清晰的表达。公元55年,离卡利古拉去世仅仅14年,塞涅卡发表了一篇短文《论仁慈》,文章是写给他曾经的学生和被保护人、新皇帝尼禄(公元54—68年在位)的。塞涅卡说,皇帝行使绝对权力是正确的,也是必要的。

皇帝是政治体的灵魂,没有了皇帝,国家很快就会陷入动乱之中。尽管当时塞涅卡并没有称尼禄为"王",但是他很清楚,促使布鲁图刺杀恺撒的对独裁统治的恐惧是不应该的。恰恰相反,完美的国家是英明的君王治理有方的国家。这篇文章的主要目的是劝诫新皇帝适度而有节制地行使他无限的权力,就像奥古斯都所做的那样。这是这一时期罗马精英阶层成员所能期望的最好的情况了。

对于新的世界秩序,像塞涅卡和塔西佗这样的人做出了现实而又谨慎的回应。塔西佗的第一部史学著作是公元98年发表的《阿格里科拉传》,是为其岳父尤利乌斯·阿格里科拉(Julius Agricola)所写的传记。在弗拉维王朝统治时期(韦斯巴芗,公元69—79年在位;提图斯,公元79—81年在位;图密善,公元81—96年在位),阿格里科拉是罗马最杰出的将领之一。在遥远的不列颠行省担任总督期间(公元78—84年),他取得了显著的成功,然而在回到罗马之后,他却被很不光彩地赶着提前退休。将军能够为自己赢得的荣誉是受到限制的,无论是谁,无论多么有才能,都不能功高盖主,让皇帝显得黯然失色。塔西佗说:"声名显赫和声名狼藉一样危险。"虽然被解除了职务,但是阿格里科拉不仅展示出好的判断力,甚至还展示出一种英雄气概。"让那些喜欢景仰不被允许的理想的人知道,即使在不好的皇帝手下,也会有伟大的人物;那份责任感和判断力,如果和勤奋与精力相结合,将会给一个人带来巨大的荣耀,这荣耀不会逊色于靠冒险、以死博人眼球取得的于国家无益的荣耀。"

《阿格里科拉传》花了很大篇幅讲述罗马在不列颠的统治,从起初克劳狄在位时对该岛南部的征服(公元43年),讲到阿格里科拉在北英格兰和苏格兰的征伐。不列颠是西欧被并入罗马帝国的最后一块大面积的土地,征服的过程漫长而又血腥。公元60年,在当地女王布狄卡(Boudica)的带领下,不列颠的东南部爆发了一场激烈的叛乱。反叛者成功攻占了罗马在卡马洛杜纳姆(今天的科尔切斯特)的殖民地,还攻占了朗蒂尼亚姆(Londinium)和维鲁拉米恩(Verulamium,今天的圣奥尔本斯)。在西米德兰兹的一个地方,这场叛乱被血腥镇压,据说大约有8万名不列颠人被杀害。后来塔西佗借一位可能是虚构的苏格兰首领卡尔加库斯(Calgacus)之口,发表了一篇充满反抗意味的演说,还是很符合事实的:"他们烧杀抢掠,却美其名曰'统治';他们创造了一片废墟,却称其为和平。"

从布狄卡到波阿狄西亚

很多世纪以来,波阿狄西亚(人们通常这样称呼她)的形象被英国人派上了不同的用场。在16世纪后期和西班牙的战争期间,伊丽莎白一世经常被比作这位不列颠的勇武女王。1588年,就在击败西班牙的无敌舰队之前不久,伊丽莎白一世对蒂尔伯里(Tilbury)的英军发表了演讲,这篇演讲可能就模仿了波阿狄西亚(依据的是塔西佗的记录)。在威廉·柯珀(William Cowper)的《波阿狄西亚颂》(*Boadicea: An Ode*,1782年)中,波阿狄西亚虽然被罗马人击败了,但是她的英勇无畏被视为大英帝国的标志和先声。今天最著名的波阿狄西亚形象也许是托马斯·桑尼克罗夫特(Thomas Thornycroft)的青铜雕像,雕像题为《波阿狄西亚和她的女儿们》,从 1856 年开工,但是直到 1902 年才立起来,如今依然立在伦敦议会大厦的门前,就在威斯敏斯特大桥旁边。阿尔伯特亲王(Prince Albert)对雕像的设计表现出极大的兴趣,他让桑尼克罗夫特尽可能将女王和她的战车雕刻得华贵而诗意,使其成为一个"轮子上的宝座"。波阿狄西亚被雕刻成一名威严的武士,手持长矛,泰然自若地站在一对骏马所拉的战车上。雕像基座前方的铭文称波阿狄西亚为不列颠的爱国者和民族英雄:"波阿狄西亚,布狄卡,爱西尼人(Iceni)的女王,在率领她的人民反抗罗马入侵者之后,于公元 61 年去世。"在基座的东侧,引用了柯珀《波阿狄西亚颂》的一句话:"在恺撒从未听说过的地方,你的子孙将威名远扬。"桑尼科罗夫特的雕像默默地引导参观者将波阿狄西亚视为印度女皇维多利亚最早的祖先。

然而,并不是所有英国人对波阿狄西亚的看法都这么正面。在丁尼生(Tennyson)的《波阿狄西亚》(1859)一诗中,她被描绘成一个嗜爱杀戮的狂热分子:

她口若悬河,言辞激烈,闻者如疯似狂,
不列颠的部落有一半将卡马洛杜纳姆团团围住,
在她两个女儿中间,她对着狂暴的同盟大喊大叫。

丁尼生描绘的是一群疯狂的野蛮人,残忍地屠杀卡马洛杜纳姆手无寸铁的罗马殖民者,这肯定是为了提醒人们在 1857 年的印度起义时英国殖民者所遭受的暴力。

波阿狄西亚的坟墓究竟在哪里,我们不得而知,根据现代的都市传奇,她就埋在国王十字车站的10号站台下方,但这最多也就是一个传闻而已。

这话说得对,但不完全对。这个庞大的帝国建立在压倒性的军事支配之上,这是毫无疑问的。西部的行省是通过大规模的侵略、抢劫、甚至屠杀而建立起来的,到了哈德良统治时期(117—138),罗马的扩张已经基本停止。公元2世纪时罗马帝国的疆域从坎布里亚的山脉延伸到尼罗河流域,从葡萄牙沿海直抵约旦的沙漠平原。罗马实现了长期安定,而仅仅凭借军事上的优势是无法保证长治久安的。从1世纪末期到4世纪,除了一些显著的例外,罗马的行省很少发生内乱,这是值得注意的。塔西佗曾抱怨元首制时期的历史不好写,这是有道理的;表面看来,欧洲的历史确实画上了一个句号。公元后前三个世纪罗马帝国的成功和稳定是历史上的一个问题,迫切需要一个解释。本章的大部分篇幅都会用来尝试探讨这种稳定性背后的原因。

*

首先,我们看看在意大利半岛之外罗马怎样进行统治的。总体说来,罗马帝国并不是全部被罗马人统治的。无论哪一年,中央政府都会派出总计160名左右的官员,去管理至少5 000万人口,这比公元前5世纪雅典派出去管理其爱琴海帝国的官员还要少。这些官员中,最重要的是40多位由元老院或者皇帝任命的行省总督,他们的任期在一到五年之间。总督的职责并不繁重,主要负责管辖行省和解决当地的纠纷。在很大程度上，总督的日常活动似乎平淡得让人难以忍受。我们听说，大约在公元 200 年，亚细亚行省（土耳其西部）总督曾介入处理以弗所面包师的罢工事件。在公元 254 年，同一个行省的总督还要负责确定当地农民一个月中可以集市的日子。帝国的管理大部分是由当地社会自己来完成的。

罗马帝国是一个由城市组成的世界。光是亚细亚行省已知的就有超过 300 个城市。整个帝国里肯定有数以千计的城市。城市——准确说是当地的公民精英——负责税务的评估和征收、城乡治安管理、修路架桥的工程，以及粮食和水的供应。从共和晚期到帝国早期之间，行省管理发生了变化，其中最重大的变化之一就是私人包税人（*publicani*）被逐渐淘汰。在公元前 1 世纪，这些包税人让行省居民怨声载道。通过将征税的任务交给当地的显贵，罗马很巧妙地解决了行省民众不满的主要来源。因此，罗马帝国的城市不仅仅是城市的集合体，还是整个帝国机器正常运转不可缺少的齿轮。

罗马帝国东半部分，尤其是希腊、小亚细亚和黎凡特，有历史悠久的城市生活传统，罗马在很大程度上保留了原有的城市网络。罗马帝国西部被征服时城市比较少，必要的城市枢纽必须从零开始建立。在帝国的早期，罗马的殖民者通常是退伍军人，他们经常被空降到新型的城镇（殖民地），这些定居点要么建立在处女地之上，要么是取代原有的小型定居点。在其他地方，原有的定居点被鼓励根据城市模式进行重组。埃杜伊人是位于今天勃艮第地区的一个庞大的凯尔特人部落，他们的经历非常有代表性。公元前 1 世纪 50 年代恺撒征服高卢之后不久，生活在山顶奥皮杜姆比布拉克特的埃杜伊人开始在贝弗莱山上大兴土木。瓦片取代了茅草屋顶，街道被铺上了石头，城市中间开辟出了一个市场,新式意大利风格的大庭院住宅开始出现。但是城市的基本规划,弯曲的街道和密集的一个个小房子,仍然顽固地保持着非罗马的状态。公元前 15 年左右,征服之后已经过了一代人,埃杜伊人终于认识到这样行不通。痛下决心之后,比布拉克特的居民集体迁到了 20 千米以外的奥古斯托杜努姆(Augustodunum,即今天的欧坦,见图 27)。埃杜伊人从零开始,精心设计他们的新都城,让它看起来尽可能像是意大利半岛上规划整齐的罗马城市:这样的城市呈网格状布局,围绕两条互相垂直的大街展开,有剧院和圆形剧场,也有巨大的石头城墙、广场和神殿。这个工程规模极大。从一开始,奥

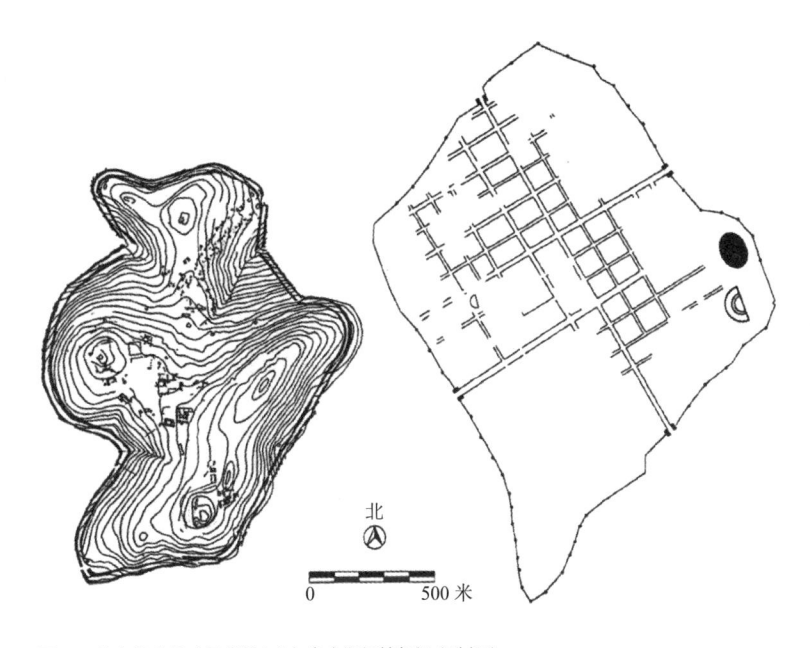

图 27　比布拉克特(贝弗莱山)与奥古斯托杜努姆(欧坦)

古斯托杜努姆的规划占地就有约 200 公顷，周围的城墙长达 6 千米；这里的施工一直在进行，可能还要花两代人的时间才能真正完成。真正了不起的是，这一切都不是罗马总督的命令，而是埃杜伊人自己的决定，他们想要一个属于自己的像样的罗马城市，他们十分热切，宁愿完全放弃他们的第一次尝试，从头开始规划一座全新的城市。

雷恩和霍克斯穆尔的城市规划

1666 年 9 月伦敦大火的一周之内，克里斯托弗·雷恩（Christopher Wren）向查理二世递交了一份关于重建伦敦被毁部分的规划图（见图 28）。雷恩对罗马帝国城市的了解在很大程度上影响了他的城市规划。整个舰队街周围区域的设计，参考的是罗马建筑师维特鲁威对于理想城市的描述。城市和股票交易所仿照的是罗马市政广场，而他所依据的是 16 世纪中期帕拉迪奥（Palladio）对于市政广场充满想象力的重构，还有比灵斯门（Billingsgate）希腊风格的柱廊，俯瞰泰晤士河。主要的民用建筑（当然包括雷恩设计的新圣保罗大教堂）位于长轴向道路末端的显著位置。雷恩要将伦敦"罗马化"的规划有着强烈的政治色彩。在他的第一本《建筑小册子》（Tract on Architecture）中，雷恩写道："建筑有其政治上的用途，公共建筑是国家的装饰，它建立一个国家，并引来人口和贸易，它让人民热爱他们的祖国，而这种热爱是一个国家所有伟大行动的源泉。"奥古斯托杜努姆的建筑师们肯定赞同这一点。

雷恩的新"罗马式"伦敦并没有被建成，但是建筑师们仍

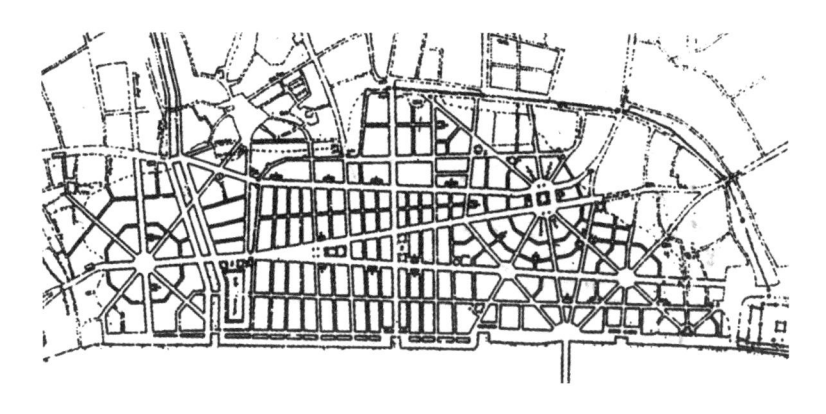

图 28 1666 年克里斯托弗·雷恩重新设计的伦敦市中心平面图

然没有放弃按照罗马的模式重建英国大城市的想法。1712 年前后，雷恩的学生尼古拉斯·霍克斯穆尔（Nicholas Hawksmoor，1661—1736）起草了一个宏伟的规划，要按照罗马时代城市的模式重新设计牛津的中心地带。霍克斯穆尔是一位雄心勃勃、兼容并蓄的建筑师，他所设计的很多伦敦教堂的门楣受到了古波斯首都波斯波利斯建筑风格的影响，他对于牛津的规划至今依然让人叹为观止。在这座新城的东边，有一道壮观的大门，就位于今天的朗沃尔街（Longwall Street）末端；牛津的中心将包括一个公民广场（forum civitatis）和一个大学广场（forum universitatis）。他甚至还勾勒了一个新大学教堂的设计草图，就在大学广场外面，是一个巨大的绕柱式神庙，模仿的是黎巴嫩巴勒贝克的罗马式酒神巴克斯神庙。和雷恩对伦敦的设计一样，也和奥古斯托杜努姆的设计一样，霍克斯穆尔对牛津的设计也是为了发挥特定的政治功能,即通过创造宏伟的新式公共空间——既有公民的,也有学术的——在传统的城市和大学之间的鸿沟之上搭建一座桥梁。霍克斯穆尔的设计只有一个元素被完成,那就是牛津宽街上精致的克拉伦登大楼(Clarendon Building)。

行省城市的规模差别很大。根据公元6年居里扭的人口普查,在帝国最大的城市之一北叙利亚的阿帕米亚(Apamea),共有公民117 000人,城市的占地面积大约有250公顷。在东部各省最大的城市亚历山大里亚,有50多万名居民。在帝国早期,罗马城的人口可能达到了百万人之多。但这些都是特例。罗马城市的平均人口应该以万来计算,而不是十万。那不勒斯湾的庞贝城约有12 000人,居住在周围农村的人数大约是城市人口的两倍。很多城市规模更小,实际上从外表来看,大村庄和小城市之间的差别并不大。意大利半岛上的鲁迪亚(Rudiae)是诗人恩尼乌斯的诞生地,这里的居民人数在2 000至2 500之间。相比之下,约旦西北部的乌姆吉马勒村(Umm el-Jimal,其古代名称不得而知)在历史上大部分时间人口一直在2 500以上,但是一直没有获得城市的地位。鲁迪亚和乌姆吉马勒之间的关键区别不在于它们规模的大小,而在于其行政职能。与此相似,在今天的英国,彭布罗克郡(Pembrokeshire)的圣大卫(人口共1 797人,有大教堂)是一个特许城市,而雷丁(总人口23万,没有大教堂)却不是。

这些小定居点的地位会随着时间的推移而发生变化。公元2世纪中期,伯罗奔尼撒半岛中部的帕拉蒂昂村(Pallantion)向皇帝安东尼·庇护(Antonius Pius,138—161年在位)请愿,成功得到了城市地位。他们提出的理由是，传说中阿卡迪亚英雄厄凡德尔用其故乡帕拉蒂昂的名字为罗马的帕拉蒂诺命名。对于帕拉蒂昂来说，能够成为一座真正的城市显然是一件引以为豪的事情，经济上的好处也很可观，他们说服皇帝免除了他们的所有税赋。

*

正如我们在第五章末尾看到的那样，历史学家波利比乌斯对地中海和近东地区历史的理解就是一个接一个的帝国：波斯帝国、斯巴达帝国和马其顿帝国，最后是罗马帝国。但是和其之前东地中海和近东地区的几个帝国相比，罗马帝国有几个重要的不同之处。不论是好是坏，波斯人虽然统治了两个世纪，但是他们几乎没有给中亚和西亚几百万臣民的文化留下任何影响。公元前331年10月，当亚历山大大帝进入巴比伦时，在管理、物质文化、语言和宗教信仰等方面，他所看到的城市和公元前539年居鲁士攻占时基本上没什么不同。共和晚期的罗马帝国和波斯帝国一样，是由很多不同的文化拼凑起来的拼贴画，把它们统一起来的只不过是在政治上同样被罗马支配这一事实。然而，在仅仅一个世纪的时间里，在罗马的统治之下，组成这幅拼贴画的每一个碎片都发生了变化。西部和东部行省的变化过程大相径庭。我们可以先来看看西部的行省（北非、伊比利亚半岛、阿尔卑斯山以北的欧洲），然后再将目光转向东方的或者说是"希腊"行省，其中包括巴尔干半岛、小亚细亚、黎凡特和埃及。

公元1世纪末期，西部行省的物质世界已经发生了革命性的变化，人们的建筑、衣着、食物和摆设等都有了很大不同。就像在埃杜伊人那里所看到的,在罗马统治之下,一些城市已经变得面目全非。在整个罗马帝国的西半部,几乎生活的方方面面都发生了类似的变化,从语言到宗教,从饮食习惯到命名方式。这个过程通常被称为"罗马化"。

在西部行省,使用"罗马化"这个概念时必须十分小心。有些现代学者希望完全抛弃这个表达;只要我们心里清楚"罗马化"的执行者究竟是谁,这就是不必要的。从塔西佗全部作品中可能被引用得最多的一段话中,我们了解到在阿格里科拉担任不列颠的总督时:

> 他对神庙、广场和别墅的建筑给予了私人的鼓励和官方的帮助。……他用人文科学教导当地头领的子弟,让不久以前还对拉丁语嗤之以鼻的人开始努力掌握这门语言。我们的民族服装托加成为名望和时尚的象征。不列颠人逐渐沉溺于让恶习变为享受的设施,如拱形游廊、浴室和奢华的宴会。毫无戒心的不列颠人称这些东西为文明,而实际上他们不过是加深了自己受奴役的程度。

这是一种典型的塔西佗式结尾。无论是出于诚实的动机,还是出于愤世嫉俗,长期以来,这种有意为之的"教化使命"的概念对"罗马化"的现代研究产生了不良的影响。不可否认,不列颠岛上开始建起越来越多的神庙、广场和别墅,越来越多的人开始讲拉丁语,当地精英的子弟接受的是罗马式的教育。最迟在提比略统治时期,高卢中心地区的罗马城市奥古斯托杜努姆有了一所学校。按照塔西佗的说法,在那里,高卢行省的青年精英可以接受正规的人文教育,也就是希腊语和拉丁语教育。

阿格里科拉和印度

在《阿格里科拉传》中，塔西佗对罗马对当地不列颠精英的影响所做的描述，对 19 世纪英国的帝国概念产生了深刻的影响。19 世纪 30 年代，围绕什么是教育大英帝国印度臣民的最佳方式，爆发了一场大辩论，尤其突出的问题在于是应该继续用印度人的本族语教育他们，还是所有的高等教育都应该用英语来进行。后来创作了《古罗马谣曲集》和《英国史》的托马斯·巴宾顿·麦考莱强烈支持英语教育体制，其理由一定会让阿格里科拉觉得非常熟悉："我们必须努力培养一个可以帮助我们和我们统治之下的几千万人沟通的等级，这个等级的人虽然拥有印度人的血液和肤色，却有着英国人的品味、观点、道德和思想。"在这里，麦考莱直接把塔西佗关于在文化上进行罗马化的观点转移到了印度的语境之中。1838 年，查尔斯·特里威廉（Charles Trevelyan）乐观地预言说，按照英国的方式教育出来的印度人会"变得更像是英国人，而不是印度人，就像各个行省的居民变得更像是罗马人，而不是高卢人或意大利人那样。……我希望，不久后印度人和我们之间的关系就会变得像我们当年和罗马人之间的关系那样"。

到了维多利亚时代晚期和爱德华时代，这种乐观情绪逐渐开始消失。事实证明，将印度各民族同化到大英帝国的任务比想象中更加困难。此外，研究罗马时期不列颠的考古学家已经放弃了这样的观点，即只有少数高度罗马化的本地统治精英成为当地的"帝国伙伴"。爱德华时代杰出的考古学家弗朗西斯·哈弗菲尔德（Francis Haverfield，1860—1919）认为，不列颠本土民族的罗马化非常深入，影响深远，在整个行省，"物质文明和生活的外部结构都是罗马式的，面对外来因素的征服性影响，本土因素几乎完全消亡了"。按照这一标准，印度的"英国化"彻底失败了。

对于古代世界和现代帝国统治的关系，在1884—1888年任印度总督的达弗林勋爵（Lord Dufferin）持一种较为务实的观点。希腊人和罗马人"和我们说的语言不同，而且非常热衷于献祭和仪式，尤其在吃饭的时候，他们的神祇和我们的也不一样，对逝者的处理有严格的规定。你知道，要想统治印度，所有这些都是值得了解的"。

然而，现在大多数历史学家认为，即使阿格里科拉确实采取了积极的"罗马化"政策，那么他也完全是例外。在大多数情况下，征服者没有表现出传教士般的热情，不是非要让西部行省这些粗鲁的臣服者享受罗马文化所带来的喜悦。正相反，在他对日耳曼人进行民族志研究的《日耳曼尼亚志》（*Germania*，写于《阿格里科拉传》之后不久）中，塔西佗对日耳曼社会的很多方面赞叹有加。就像我们看到的，奥古斯托杜努姆出现的新罗马城市是高卢人热衷于城市文明的结果，而不是中央政府自上而下的倡导。简言之，罗马在政治上的支配地位让和罗马有关的一切都变得时尚起来。人们渴望变成罗马人，让自己看起来更像罗马人，因为罗马特征和权力有关。（我们只需要比较一下，作为现代唯一超级大国的美国，其物质文化如牛仔裤、可口可乐和篮球对世界其他地方产生了压倒性的影响，包括衣着、饮食和行为等方方面面。）此外，罗马帝国总是希望吸收一些外表、谈吐和举止都像体面的罗马人的人。因此，对于西部行省的精英来说，他们有强烈的动机来进行"自我罗马化"。

当地精英吸收罗马文化元素的速度是很惊人的。公元1世纪70年代末，在罗马征服不列颠仅仅一代人的时间里，在苏塞克斯沿海奇切斯特附近的菲什伯恩（Fishbourne）出现了一幢宫殿式的别墅（见图29）。这个宏伟的建筑群是用石头建成的，四翼包围着一个巨大的规则式花园。房间里装饰着艳丽的壁画、粉刷的线条以及精美的地面拼贴画。在布局和装饰方面，菲什伯恩的宫殿完全是地中海风格。事实上，劳动力很可能就来自意大利。然而，几乎可以肯定，宫殿的主人是一位罗马化的不列颠人，他的名字叫托蒂杜布努斯（Togidubnus）。在罗马征服之前，此人是一位贵族。在被罗马征服之后的几年里，他成为罗马的藩属王，统治着不列颠南部。在来自奇切斯特的一段铭文中，可以找到他的全名和头衔："提比略·克劳狄·托蒂杜布努斯，不列颠人的大国王"。值得注意的是，这里出现了罗马人的本名（praenomen）和族名（nomen），分别是"提比略"和"克劳狄"。显然，这位当地的首领被授予了罗马公民权，作为对他在当初征服时的顺从的奖赏。托蒂杜布努斯在苏塞克斯沿海建造了一个意大利风格的别墅，这不需要任何来自阿格里科拉的支持或鼓励：对于像托蒂杜布努斯这样的人来说，情况明摆着，在被罗马征服之后的世界里，要想保留自己的精英地位，他们需要尽快成为罗马人，越大张旗鼓越好。

在不这么显赫的语境中，也存在类似的现象。在古代欧洲，再没有比用来储存、加工和消费食物和酒水的陶器更常见的物件了。因

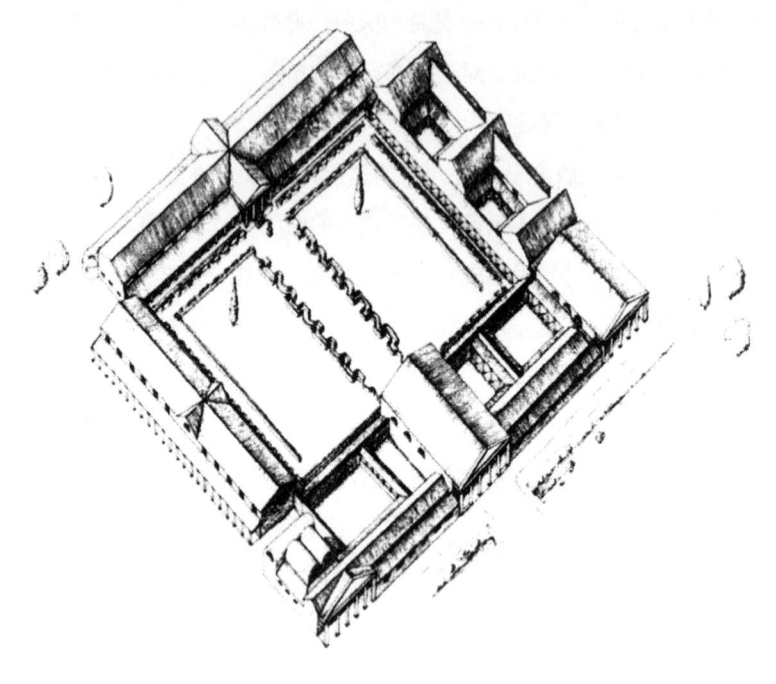

图 29　菲什伯恩的罗马宫殿

此，陶器可以很好地反映文化上的变化。陶器类型的变化有时可以表明消费习惯的变化。例如，在公元前1世纪末和公元1世纪，一种粗糙的意大利风格红陶浅烤盘（"庞贝红器皿"）迅速传遍了从西班牙到不列颠的西部行省。这种新烤盘的广泛应用表明西欧的烹饪习惯发生了影响深远的变化。在罗马征服之前，欧洲西北地区碳水化合物的主要来源是粥，和当地主要的饮料啤酒一起喝下去。然而，任何有自尊心的罗马人都不会想到把谷物煮成粥；文明人吃的是烤炉里出来的面包，而不是锅里煮的粥。因此，整个西北地区突然出现的庞贝风格的烤盘，可能意味着在西班牙、高卢和不列颠，有抱负的精英的碳水化合物主要来源发生了重大变化，从粥变成了面包。饮酒的习惯也改变了。在公元前6世纪和公元前5世纪阿尔卑斯北部的西哈尔施塔特地区，精英通过消费来自地中海的葡萄酒来炫耀自己的精英身份。公元前1世纪早期，希腊历史学家波希多尼已经注意到，富有的欧洲凯尔特人喝的葡萄酒都是从意大利或马西利亚进口的，而穷人喝的要么是掺了蜂蜜的小麦啤酒，要么是什么也没加的大麦啤酒。在整个公元1世纪和2世纪，西欧的啤酒消费量急剧下跌。到了公元1世纪末，在贝桑松（Besançon）地区饮用的葡萄酒有超过一半产于高卢的葡萄园。

新的食物需要新的餐具。从公元前1世纪中叶起，罗马大量生产的餐具是一种精美而光滑的红色陶器，是用模具压成而不是拉坯成型的，上面饰有精致的贝壳浮雕。由于其主要生产中心是阿雷提乌姆（今天托斯卡纳的阿雷佐），因此它们被称为阿雷提乌姆陶器。在整个地中海世界和欧洲西北部，这种样式的陶器都大受欢迎。公元1000年前后，高卢的阿雷提乌姆陶器市场已经十分庞大，在高卢的南部出现了一些独立的作坊，专门仿制阿雷提乌姆陶器来满足当地的需求。这些当地作坊中，最著名的位于法国南部米约（Millau）附近的拉格劳费森科（La Graufesenque）。公元1世纪后半期，这里的生产规模令人震惊，从这一个作坊生产出来的餐具不仅遍布高卢各个行省，甚至在遥远的不列颠南部和北非也出现了它们的身影。在一代人甚至更久的时间里，高卢罗马家庭文明化的标志之一就是，使用拉格劳费森科生产的、罗马风格的廉价阿雷提乌姆陶器作餐具。

对于拉格劳费森科的陶器生产流程，我们有很多了解。当一批陶罐即将被烧制时，负责这批陶器的工匠的名单会被刻在一个盘子上，和陶器成品一起烧制，然后保存在作坊的档案室。有160多份这样的名单流传下来，使用的是令人困惑的拉丁语和当地凯尔特语的混合体，这表明这里的工匠们习惯于在这两种语言之间来回转换。这些名单上的一些工匠仍然拥有传统的凯尔特名字，如森图斯莫斯（Cintusmos）、佩特里克斯（Petrecos）和马图基努斯（Matugenos），而也有些已经采用了不错的罗马名字，如科尔努图斯（Cornutus）、塞古都斯（Secundus）和阿尔比努斯（Albnus）。每一个成品陶罐上都印有其制作者的名字，但是此时情况开始变得奇怪起来。在这些印在陶罐上的制作者名字中，这些名单上的凯尔特名字一个也没有出现。陶罐上制作者的名字都是其凯尔特名字的拉丁版本，森图斯莫斯变成了普里摩斯（Primus），佩特里克斯变成了夸图斯（Quartus），马图基努斯变成了菲利克斯（Felix）。在消费者买到产自拉格劳费森科的餐具时，他在上面只能找到受人尊敬的拉丁文名字"菲利克斯"，他无从知道这个"菲利克斯"其实是一个使用两种语言的凯尔特人，他的真名是马图基努斯。事实上，拉格劳费森科的这些陶工们想要装得比他们实际上更加罗马化一点。

  拉格劳费森科这些冒充罗马人的陶工很好地表明，要想判断在罗马征服之后，帝国东部和西部的各种当地语言在多大程度上幸存下来，这是很困难的。罗马帝国的官方语言只有两种，在西部行省和北非（除了埃及之外）使用的是拉丁语，在埃及和东部行省使用的是希腊语。即使在东部，有关罗马行政的关键文件也必须用拉丁语，至少直到公元3世纪早期都是如此，这些文件包括可以为罗马公民权提供证据的出生证明，以及遗嘱。罗马帝国时期流传下来的书面证据有很多，如刻在石头上的铭文、莎草文书、写字板、陶器上的印章。乍看之下，当时的帝国在语言上高度罗马化，使用的全部是拉丁语和希腊语。仅仅在小亚细亚半岛，我们就找到了成千上万份刻在石头上的铭文，它们可以追溯到公元后的3个世纪。这些铭文绝大多数用的是希腊语，相比之下，用拉丁语的要少很多，但是数量依然很可观。小亚细亚半岛上的各种当地语言完全缺席，如吕基亚语、吕底亚语、加拉太语和卡里亚语。只有在内陆的偏远乡村，在公元3世纪的几十块双语墓碑上，我们才能看到弗里吉亚语。此外，我们还发现了非常稀少的皮西蒂亚语（Pisidian）文本。仅仅从书面证据来判断，我们肯定会得出这样的结论：小亚细亚半岛上的当地语言即便不是在罗马征服之前就已经消亡，也在罗马征服的过程中消亡了。可是，当我们在公元1世纪中叶的《新约·使徒行传》中读到，当使徒保罗和巴拿巴到达罗马的小殖民地路司得（Lystra）时，当地人"用吕高尼的话"将他们呼为神灵时，这简直让人大吃一惊。吕高尼语一个词也没有流传下来。显然，无论是在拉格劳费森科，还是在路司得，官方用语（分别是拉丁语和希腊语）和人们在日常生活中实际使用的语言（分别是凯尔特语和吕高尼语）之间都是有巨大差异的。

拉丁语

今天使用拉丁语的人比以前任何时期都要多。拉丁语是大约7亿人的母语，包括南美和西欧的几乎所有居民。实际上，现在大部分人给他们使用的拉丁语方言取了不同的名称，如意大利语、西班牙语、法语、葡萄牙语和奥克西坦语（Occitan）。在英语里，我们通常称这一语族为罗曼语族。虽然如此，我们依然要意识到这样一个事实,即西班牙语、意大利语和其他语言不过是拉丁语的现代方言而已。称拉丁语为"古西班牙语"是完全有道理的。

这里我们再次引用塔西佗介绍不列颠罗马化的那段话:"我们的民族服装托加成为名望和时尚的象征。不列颠人逐渐沉溺于让恶习变为享受的设施,如拱形游廊、浴室和奢华的宴会。毫无戒心的不列颠人称这些东西为文明,而实际上他们不过是加深了自己受奴役的程度。"

这段话的拉丁语版本如下:

inde etiam habitus nostri honor et frequens toga; paulatimque discessum ad delenimenta vitiorum, porticus et balineas et conviviorum elegantiam. idque apud imperitos humanitas vocabatur, cum pars servitutis esset.

同一段话,在现代墨西哥西班牙语里是这样的:

Desde entonces, también nuestros hábitos fueron un honor, e frecuente la toga; y paulatinamente se cayó en la seducción de los vicios: los pórticos y los balnearios y la elegancia de los banquetes; y eso era llamado humanidad entre los imperitos, cuando era parte de servidumbre.

一个是"habitus nostril",另一个是"nuestros hábitos"(我们的民族服装);一个是"paulatim",另一个是"paulatinamente"(逐渐);一个是"pars servitutis",另一个是"parte de servidumbre"

（他们奴役的一部分）。在过去的两千年里，拼写和语法都发生了一些变化，但是依然可以看出它们是同一种语言。

对于罗马帝国西部行省的文化健忘症，最惊人的例子可能是伊比利亚半岛和北非沿海的迦太基人社会。和铁器时代欧洲那些分散的、文明化之前的社会不同，地中海南部和西部的腓尼基人殖民世界有高度复杂的城邦文化，有着他们自己繁荣的历史和文学传统。在公元前146年迦太基被灭亡时，藏有迦太基人文献的图书馆被瓜分，落入北非的小王公们之手。一位名叫马戈（Mago）的人用迦太基语写了一部28卷的农业专著，被带到了意大利，要被翻译成拉丁语。在罗马帝国，迦太基语事实上显示出了顽强的生命力：用迦太基语写的长篇铭文被发现，可以追溯到公元1世纪末期，更短的文本一直到公元3世纪还在出现。在公元4世纪末期和5世纪初，迦太基语仍然广为使用，不仅仅在北非的乡村，甚至在希波城（Hippo）圣奥古斯丁的宗教集会上。尽管如此，和高卢的情况一样，在迦太基非洲，罗马征服之前的记忆的也被有效地消除了。我们无法写出公元前146年之前腓尼基人的历史；没有人认为罗马到来之前迦太基人的历史值得铭记。

在西部古老的腓尼基世界，一些居民实际上很高兴看到迦太基人历史的终结。在罗马将迦太基夷为平地一个世纪之后，在原迦太基的旧址上，尤利乌斯·恺撒建立了一个新的由罗马公民组成的殖民地，仍然称其为"迦太基"，这里最终发展成为帝国西部最大、最繁荣的城市之一。在公元2世纪或3世纪，一位名叫克拉西奇乌斯·塞肯狄努斯（Classicius Secundinus）的帝国官员声称，他在迦太基找到了一段古老的铭文，上面是罗马将军小西庇阿庆祝公元前146年灭亡迦太基的原文。塞肯狄努斯把铭文重新刻了一遍，仍然按原状立了起来。公元 3 世纪，罗马迦太基的公民仍然可以沉思小西庇阿当年的话，体会他看着迦太基的废墟和那些胆敢反对罗马者的尸体时的志得意满。对于罗马帝国统治下的迦太基居民来说，这是他们可以得到的迦太基历史的唯一"版本"。

罗马统治对于西部行省人民宗教生活的影响尤其难以定论。被罗马征服之前，高卢北部的凯尔特部落似乎都有他们自己崇拜的富有地方色彩的神灵，比如，穆罗神（Mullo）仅仅在卢瓦尔河北部雷恩、南斯（Nantes）和勒芒之间的三角地带受到崇拜。在罗马征服之后，这些当地神祇大部分幸存下来，和数量十分有限的几位罗马神祇合而为一，尤其是马尔斯和墨丘利。例如，法国东北部香槟地区的雷米（Remi）部落所崇拜的主要神灵是卡姆洛斯（Camulus）。到了公元 1 世纪，卡姆洛斯被视为罗马战神在当地的化身。以"战神卡姆洛斯"的新面目，这位神灵继续担任雷米人及其位于兰斯的新城市中心的主要守护神。

乍看之下，我们很容易认为，像卡姆洛斯这样当地神灵的幸存表明了对罗马化过程根深蒂固的抵抗：虽然雷米人现在乖乖地刮掉了胡子，开始吃烤面包，喝葡萄酒，学习拉丁语，但他们在骨子里仍然是崇拜卡姆洛斯的凯尔特人。这种观点的问题是，它没有考虑到这样一个事实，即雷米人在极大的程度上已经将自己的利益和统治者的利益等同起来。在通往兰斯纪念性城市中心的路上有四个凯旋门，其中一个是战神门，保存相对完好。在中间的拱门上，刻画的是战神卡姆洛斯的形象；东边的拱门刻画的是母狼为双胞胎兄弟罗慕路斯和雷穆斯喂奶的情景（见图 30）；西边的拱门刻画的是丽达和天鹅。一眼看上去，这些形象很让人困惑。两侧的拱门上刻画的似乎都是罗马建城神话的情节，而不是凯尔特的雷米人。丽达和天鹅的后代是海伦，特洛伊战争因她而起，因此在间接意义上，她也和埃涅阿斯建立罗马城有关。雷米人和罗马建城神话有什么关系呢？一个似乎合理的说法是，兰斯战神门上这些和罗马有关的形象，是为了表明雷米人是罗慕路斯的弟弟雷穆斯的后人。这样一来，雷米人自然成了罗马人非同一般的亲属，甚至是"兄弟"。在本书中，这样的套路已经多次出现。面对罗

图30 兰斯战神门东边拱门的雕塑装饰：母狼给罗慕路斯和雷穆斯喂奶，周围是饰有盾牌、头盔、盔甲和武器图案的雕饰带

马统治,这是一种极具创造性的反应:在保留传统宗教仪式(卡姆洛斯崇拜)主要元素的同时,雷米人也创造出了他们自己的神话起源故事,而这个故事将他们和罗马帝国联系到了一起。

显然,罗马征服之前当地元素的幸存并不足以作为从文化上对罗马进行积极抵抗的证据。就拿一个例子来说,我们应该怎样理解2002年在伦敦南部索斯沃克(Southwark)发现的这段拉丁语铭文呢?

> 为了皇帝的神圣意志,
> 也为了战神卡姆洛斯,
> 博韦(Beauvais)的公民
> 提波里尼乌斯·凯雷亚努斯(Tiberinius Celerianus)
> 伦敦人里的航海者(*moritix Londiniensium*)。

这段铭文可以追溯到公元2世纪晚期,是献给"皇帝的神圣意志"和战神卡姆洛斯的。献祭者有一个体面的罗马名字,即提波里尼乌斯·凯雷亚努斯,却是高卢北部博韦的当地人。他自称是"伦敦人里的航海者",我们应该可以将其视为在伦敦和高卢北部之间运输货物的航运公司的代理人。让人惊奇的是,他选择用"*moritix*"这个奇怪的词语来描述自己。这个词根本就不是拉丁语,而是一个古老的凯尔特语词汇,意思是"航海者"。拉丁语中的"*nauta*"一词完全可以表达同样的意思。他为什么选择用这个古凯尔特语词呢?这是在有意无意地强调其本地凯尔特人身份吗?对于像凯雷亚努斯这样的人,其真正的文化归属很难确定:他是高卢北部的当地人,却有一个罗马名字;他崇拜的是表面上已经被罗马化的凯尔特当地神灵,以及在位的罗马帝国的皇帝；他本来可以用完美的拉丁语来书写献祭铭文，却选择使用当地凯尔特词语来形容他作为航海者的职业。

*

正如我们看到的那样，在西部行省，对于罗马征服之前的历史几乎没有任何记忆。征服之前当地社会的历史在很大程度上被忘却，取而代之的是一种新的、比较可以接受的"罗马"历史。高卢东北部雷米的当地神话似乎是从罗马照搬过来的，依据的是"雷米"和"雷穆斯"之间偶然的相似性。当地语言急剧衰落，随着"罗马化"餐具和作物（尤其是葡萄）的传播，就连当地的饮食习惯也被完全取代。然而，当我们把目光转向罗马帝国的东半部分时，会发现情况完全不同。在这里，罗马文化产物（别墅、食物、罗马人名和拉丁语）的传播相对有限。不仅希腊语幸存下来，对罗马征服之前的希腊的记忆也依然鲜活，在文化上依然十分强大。因此，对于公元后三个世纪东部行省的发展，"罗马化"一词显然并不合适。尽管如此，在帝国希腊语地区，罗马统治的影响也不容小觑，虽然这种影响不如在西部行省那样直观可见。

公元1世纪，口头和书面的希腊语比起古典希腊世界的语言已经有了很大的不同，几种格和语气（尤其是祈愿语气）几乎已经消失了。希腊语的发音也发生了很大的变化，字母"*beta*"中的"*b*"变成了"*v*"，单词"*kai*"（"和"）通常被读作"*ke*"（和现代希腊语中一样）。然而，在公元1世纪和2世纪，希腊语作家和知识分子开始越来越排斥当时这种"通用"的希腊语（*koinē*），认为它太庸俗，不适合文学创作。他们想使用的是公元前5世纪和公元前4世纪那种"纯洁的"雅典方言。关于古典时期雅典语的大部头词典、语法书和手册被编撰出来，帮助作家和演说家避免不合适的当代用法。对于用过时的雅典语"*rhaphanos*"来指称卷心菜之类的做法，医学家盖伦（129—216）称其为"有害的假博学"，"仿佛在和600年前的雅典人讲话"。在尼科美底亚（Nicomedia）的卢基乌斯·弗拉维乌斯·阿里安（Lucius Flavius Arrian）和盖伦是同时代人，比盖伦年长几岁，他写作了七卷本的亚历山大大帝传，完全按照色诺芬的风格，而在年代上色诺芬和阿里安之间的距离比我们和莎士比亚之间的距离还要大。有一篇演讲，根据中世纪的抄本，其作者是公元2世纪的作家赫罗德斯·阿提库斯（Herodes Atticus），他对古典时期雅典散文的模仿惟妙惟肖，以至于有些现代学者主张这篇演讲就是公元前5世纪时雅典的产物，对于赫罗德斯的模仿能力，这简直是最高的赞扬。

这种"古典至上"的文化最终影响到希腊文化生活的各个领域。希腊公民精英（尤其是那些被授予罗马公民权者）以古典时期雅典著名人物的名字为他们的孩子取名。例如，图拉真皇帝的御医提图斯·斯塔提里乌斯·克里同（Titus Statilius Crito）就和公元前5世纪哲学家苏格拉底的朋友同名，他的孙子提图斯·斯塔提里乌斯·梭伦（Titus Statilius Solon）则得名于公元前6世纪初的雅典立法者。此时的斯巴达是一个盛产橄榄的安静小镇，吸引着越来越多的文化游客。这里的主要看点就是有机会亲眼观看传说中斯巴达的"阿高盖"（*agogē*）教育制度，据说是公元前9世纪或前8世纪来库古（Lycurgus）设立的。我们听说，在公元2世纪斯巴达有一位头衔很独特的文官，即"来库古风俗的解说者"，根据似乎可信的解释，他的工作就是当一个专业的全职导游。希腊和罗马的游客来参观斯巴达青少年的军事演习、摔跤和拳击，看他们玩一种粗暴的"斯法瑞斯提克"（sphairistike，类似于橄榄球）的球类运动，以及在阿尔忒弥斯-奥尔提亚（Artemis Orthia）节上参与一年一度的血腥活动，即"耐力的较量"，在这个活动中，男青年们必须努力到达一个被执鞭者所保护的祭坛，显然经常会有人丧生。事实上，这种暴力活动很多都是1世纪后期的发明，目的是满足那些非斯巴达人关于来库古教育的期待。

正如在罗马高卢本土神灵的幸存一样，希腊人对于遥远过去的迷恋是否反映了一种根深蒂固的对罗马的抵抗呢？这是一个微妙的问题。的确，和西部行省相比，希腊世界城市的本地身份意识要强烈得多。公元3世纪中期，来自黑海地区的哥特人对小亚细亚半岛和巴尔干半岛的罗马行省发动了一系列毁灭性的攻击。在267年和268年之交，雅典被攻陷，自从公元前1世纪初在米特拉达梯战争中被攻陷之后，这还是雅典第一次遭到攻击。尽管如此，在年迈的历史学家和知识分子赫伦尼乌斯·蒂西普斯（Herennius Dexippos）的领导下，雅典人在一个偏远的阿提卡农村地区凑够了2 000人的队伍，成功伏击并消灭了大部分来犯的哥特人。对于雅典人这次了不起的民众抵抗，我们很容易从将他们与其英勇历史联系起来的深层情感和文化纽带来解释。雅典人强烈的公民认同幸存下来，这种认同依然聚焦于马拉松战役和普拉提亚战役的伟大岁月，这很可能就是雅典民众能够有效抵抗哥特人入侵的原因。这和罗马西部的城市形成鲜明的对比，面对公元前3世纪和公元前4世纪日益频繁的蛮族入侵，这些城市很少能够组织如此有力的抵抗。

公元2世纪时的希腊世界让我们想起的，首先是罗马征服之前（实际上是马其顿征服之前）公元前 5 世纪和公元前 4 世纪的希腊世界。希腊化时代是有问题的，在这一时代，和罗马帝国的合作是不稳定的，有时甚至是武力反抗，因此这段历史被悄悄地从希腊历史中抹去，这一点也不令人惊讶。从罗马统治者的角度来看，对于安全的遥远过去，希腊人强烈的怀旧情绪是应该鼓励的。雅典尤其如此，作为东罗马世界的文化中心，罗马的皇帝们炫耀一样地对雅典优待有加，到了公元 2 世纪中期，雅典已经取得了自公元前 5 世纪的雅典帝国之后从未有过的富裕和繁荣。2 世纪 30 年代早期，皇帝哈德良将雅典作为由友好希腊城市组成的新的"泛希腊同盟"（Panhellenion）的中心。泛希腊同盟是一个宗教同盟，在很大程度上是一个仪式性的机构，其实际功能非常模糊。在我们看来，有趣之处是哈德良在审核其可能成员时所使用的"希腊性"的定义。当然，斯巴达人被毫不犹豫地接受。那些声称是古老的希腊本土城邦后人或殖民地的城市也是如此。米安德河畔马格尼西亚（Magnesia on the Maeander）是小亚细亚西部沿海的一个小城，也被纳入其中，因为他们是"色萨利的马格尼西亚人殖民者，是最早进入亚洲并定居于此的希腊人"。公元 135 年，利比亚城市托勒密-巴卡（Ptolemais-Barca）向皇帝哈德良请愿，要加入这个泛希腊俱乐部。巴卡人对成功寄予厚望，因为人们一致认为巴卡是昔兰尼的一个古老殖民地，而昔兰尼已经每年派两名代表参加泛希腊同盟的大会。然而，哈德良指出，巴卡已经被埃及的马其顿国王（可能是托勒密二世，公元前 282—前 246 年在位）改名为"托勒密"了。因此，按照道理，巴卡人不能拥有和他们的邻居昔兰尼人同样的地位，因为"昔兰尼人的血统是纯种希腊人，具体说来是多利安人"。妥协之后，巴卡人被允许每年派出一名代表参加同盟大会。

也有一些奇怪的成员加入了哈德良的泛希腊同盟。位于小亚细亚半岛中部山区的欧迈尼亚(Eumeneia)是一个默默无闻的城市,乍一看来加入泛希腊同盟的可能性不大。这座城市的历史很短,也没有发生过什么重大事件。和托勒密-巴卡一样,这个城市得名于希腊化君主帕加马阿塔罗斯王朝的国王欧迈尼斯二世,他于公元前2世纪60年代建立了欧迈尼亚,作为和加拉太人边界上一系列军事堡垒之一。但是到了公元2世纪,欧迈尼亚人神奇地获得了一个可以和希腊本土任何一个城邦相媲美的过去。他们自称是来自伯罗奔尼撒半岛上阿尔戈斯的殖民者的后人,这些殖民者在英雄时代末期迁徙到了小亚细亚。他们这样说的证据就是这个城市的名字。在赫拉克勒斯的后裔从他们位于伯罗奔尼撒半岛的故土流亡期间,他的一个儿子许罗斯来到了欧迈尼亚,并且"开心地留在这里"(在希腊语中是 *eu menein*)。凭借他们的阿尔戈斯血统,欧迈尼亚人被接纳到泛希腊同盟之中,并从此在铭文和铸币上骄傲地宣称自己是"欧迈尼亚亚该亚人"。这无疑会让托勒密-巴卡的公民十分恼火。

由此我们完全可以这样的结论,无论负责审查泛希腊同盟成员资格的人是谁,他都应该被解雇。虽然如此,这段情节依然很能说明问题。虽然欧迈尼亚人在英雄时代历史上占有一席之地的说法不足为信,但哈德良还是选择支持他们,这背后有很现实的原因:欧迈尼亚是罗马在亚细亚行省主要军事要塞的所在地,因此对于罗马对该行省的管理来说至关重要。在这种情况下,如果罗马青睐的希腊同盟缺少合适的非凡历史,只要发明一段这样的历史就可以了。阿佛洛狄西亚城(Aphrodisias)也坐落于小亚细亚西部,与欧迈尼亚基本上是同时建立的。由于它从公元前1世纪开始就一直忠诚于罗马人的事业，因此这个城市拥有"自由城市"的特殊地位，最终成为后来卡里亚行省的都城（metropolis，字面意义为"母城"）。作为罗马在小亚细亚最坚定的同盟，该城需要一个与之相应的显赫血统。于是，公元1世纪末期，在阿佛洛狄西亚一座新的巴西利卡被饰以这样的浮雕，上面描绘的是这座城市新发现的创立者。最突出的位置是希腊英雄柏勒洛丰（Bellerophon）与其飞马珀伽索斯的形象，他正在咨询德尔斐阿波罗预言，想必是正在接受建立阿佛洛狄西亚城的神意。这样一来，阿佛洛狄西亚城的源头就比特洛伊战争还要早，这一"发现"让罗马皇帝可以继续心安理得地更加优待它，而不是它的邻居。欧迈尼亚和阿佛洛狄西亚为自己发明令人尊敬的早期历史的做法，让人不由得想起公元前4世纪中叶美塞尼城邦建立时为自己发明的历史（见前文，第147—149页）。

显然，罗马帝国东部行省"罗马化"的程度远没有西部行省那么大。在西部，罗马化的过程意味着对当地语言、历史和罗马征服之前生活方式的整体消除。相比之下，在东部行省，占支配地位的文化力量是古典主义，是和同质的、没有威胁的希腊模式的一致。这种古典主义的文化安全地聚焦于遥远的过去，代表着对罗马统治这一现实的另外一种反应方式。

无论是西部的"罗马化"还是东部的"古典主义"，都仅仅是罗马政府在十分有限的程度上有意识地执行的政策。在东部和西部，更重要的都是行省居民自己的需求和愿望。当然，这些过程也遭到了抵制，尤其是在那些行省精英之中。但值得思考的问题并不是为什么这些臣服于帝国的民族会反抗罗马的统治，而是为什么总体上公开的反抗会如此之少。像公元 60 年的布狄卡叛乱这样的地方叛乱很少发生，并且通常在罗马最初征服之后一代人的时间里就逐渐消失。

然而，有一个臣服民族的确多次试图摆脱罗马人的束缚，那就是犹太人。在研究犹太人的历史时，尤其需要对上述问题给出答案。公元 66 年，耶路撒冷的犹太居民公开起事，杀了这里的罗马驻军。整个犹太地很快跟进，整个地区出现了针对非犹太人的种族清洗。公元 66 年秋天，叙利亚总督率领一支罗马军队差点将耶路撒冷从反叛者手中夺回来，后来却被犹太人几乎全部歼灭。罗马人的回应是残忍的。在后来成为皇帝的提图斯的领导下，经过长达 5 个月的围城，公元 70 年 9 月耶路撒冷被攻陷。城里的人要么被杀死，要么沦为奴隶，犹太信仰的中心耶路撒冷圣殿也被付之一炬。公元 132 年，犹太地发生第二次叛乱，导火索似乎是哈德良试图在耶路撒冷原址建立一个新的罗马殖民地，即爱利亚加比多连（Aelia Capitolina），正如公元前 2 世纪，安条克四世试图把耶路撒冷变成希腊殖民地，结果引发了一场针对塞琉古王朝的犹太人大反抗（见前文，第 175 页）。在三年半的时间里，在魅力型领袖希蒙·巴尔·科赫巴（Shimon bar Kokhba）的领导下，犹太人付出了艰苦卓绝的努力，试图重新攻占耶路撒冷。135 年秋天反叛者被最终镇压时，犹太地沦为一片废墟。罗马历史学家卡修斯·狄奥（Cassius Dio）称超过 50 万名犹太人被杀。

为什么犹太地对于罗马统治的反抗会如此激烈呢？我们对于第一次犹太叛乱的了解主要来自约瑟夫斯的著作，他认为，这次叛乱是双方阵营里几个害群之马引起的。在罗马一方，犹太地罗马总督的行为一直十分恶劣，完全无视人民的疾苦。在犹太人一方，和罗马的冲突是由几个邪恶的强盗和宗教狂热分子挑起的。然而，约瑟夫斯也有他自己的动机。他本人是犹太地当地统治阶级的重要成员，在叛乱的第一年，他在犹太人一边作战，后来被罗马军队俘虏。他很快就改变了立场，被授予罗马公民权，并在罗马度过了余生。在某种程度上，他的历史叙述试图为他本人在叛乱期间以及后来的行为进行辩护。作为实际上深深卷入叛乱的犹太地上层阶级的辩护者，将叛乱说成几个极端分子所为对他是有利的。在为罗马听众解释"犹太人处境"时，他巧妙地将引起叛乱的罪责放到个别罗马坏人的头上，而不是罗马统治本身。

这个观点的问题在于，这场叛乱并不仅仅是为了抗议罗马的虐待，而是要建立一个独立自治、以耶路撒冷为中心的犹太国家。在这两次叛乱中，犹太叛乱者都铸造了银币和铜币，上面用希伯来语刻着具有强烈民族主义色彩的文字"耶路撒冷是圣城""耶路撒冷的自由""为了拯救耶路撒冷"。在一组铸造于第二次叛乱早期（132年）的银币上，刻的是62年前被破坏的圣殿，以及充满自豪的铭文"以色列救赎之年"。

犹太人的反抗有着很深的宗教根源，但是约瑟夫斯并没有承认这一点。在第一次叛乱之前，整个帝国的犹太人一直每年自愿缴纳2德拉克马，作为耶路撒冷圣殿的修缮费。公元70年之后，自愿的缴纳被一种特殊的犹太人税所取代，依然是从帝国所有的犹太人中征收，却被用于罗马卡匹托林山上朱庇特神庙的祭仪。这里值得注意的是，作为对犹太地叛乱的回应，罗马选择对整个犹太民族实施集体惩罚。这种屈辱性的"犹太人税"不仅仅强加在犹太地的反叛者头上，还加在埃及、小亚细亚和罗马那些没有参与叛乱的犹太人大型流散社区头上。显而易见，罗马将这次叛乱看成犹太人的问题，而不是犹太地的问题。罗马人这样做是有道理的：和犹太地的犹太人一样，那些流散社区的犹太人也没有很好地融入帝国的体制。116年至117年，埃及、昔兰尼加和塞浦路斯的犹太少数民族地区突然发起暴动，这次针对的不是罗马征服，而是同一个行省里的非犹太人邻居。对此，罗马人的反应依然十分严厉。从此之后，犹太人被禁止踏足塞浦路斯岛，甚至因为遇到糟糕天气到塞浦路斯海港避难的犹太人也要被处死。

最根本的问题是，对于犹太民族来说，那种在帝国其他地方发生的对于罗马统治的宗教同化是不可能的。高卢北部的凯尔特人开心地将他们的本土神灵（如卡姆洛斯和穆罗神）认同为罗马的战神或朱庇特。但是，犹太人的神与其他任何多神崇拜的系统都是无法兼容的。对他们来说，只有一个真正的、全能的神，他与罗马的朱庇特不同。非犹太人和犹太人之间的分界线是无法跨越的。对于摩西律法最基本元素的遵守严格限制了犹太人和非犹太人交往的程度，这些元素包括割礼、饮食上的限制和守安息日。最后，臣服于罗马不仅是一种羞辱，还是一种错误，从根本上违背上帝要保护其选民并帮助他们摆脱压迫的应许。

尽管如此，正如我们看到的那样，罗马帝国在本质上是一个宗教多元化的世界。帝国的行省内部地方崇拜之多令人咋舌，其中大部分受到罗马统治者的宽容。在宗教宽容方面，最惊人的例子可能是对公元2世纪和3世纪密特拉崇拜的宽容。密特拉崇拜的起源笼罩在神秘之中。我们能特别确定的只有，在公元1世纪末和2世纪初，密特拉崇拜的圣址（mithraea）和给密特拉神的献祭突然同时出现在帝国各地，包括犹太地、莱茵河和多瑙河边境、罗马和小亚细亚内陆。公元2世纪和3世纪,这一崇拜变得广为流传,尤其是在罗马军队的前线守军中间。在哈德良长城位于豪塞斯特兹(Housesteads)、拉德切斯特(Rudchester)和卡洛堡(Carrawburgh)的堡垒上,已经发现了三处密特拉崇拜的圣址。密特拉崇拜是一个神秘的宗教,只接纳男性信徒,他们中的每一个人都属于七个等级中的一个,这七个等级分别是"大乌鸦""新娘""士兵""狮子""波斯人""逐日者""父亲",每一个等级都与七个星体之一联系在一起(肉眼可见的五个行星,即水星、金星、火星、木星和土星,再加上太阳和月亮)。被接纳的新成员将依次经历这七个等级,当他从一个星体到另一个星体运动时,由于这些星体距离地球越来越远,他的灵魂也会距离物质世界越来越远,而最终的目标是为了死后的救赎。在一块来自维尔努姆(Virunum,今天奥地利的克拉根福附近)的青铜牌匾上,列举了183年某一密特拉教派全部35名信徒的名字。在接下来的18年里,信众的规模以每年一到八个新成员的速度增加,但是在183年至201年之间,在这一密特拉教派的97人中似乎只有6人达到了最高、最有声望的"父亲"级别。

如果把密特拉崇拜看是一种"地下"宗教,那就大错特错了。密特拉崇拜的大多数信徒是士兵、奴隶或被释奴,但也有一小部分来自军队的高层,包括有些骑士等级和元老等级的人。一些保存最完好的密特拉崇拜圣址就在罗马城。尽管如此,密特拉崇拜却从根本上与其他希腊罗马宗教不同。就像神像所描绘的那样,密特拉神显然不是罗马人的形象,总是被描绘为戴着一顶"弗里吉亚"帽,和罗马帝国最东边的地区以及罗马边境之外的波斯世界联系在一起。密特拉崇拜的仪式也和希腊罗马宗教完全不同。女人被完全排除在外,密特拉崇拜的仪式在隐蔽的室内地点（私人的房子和军营，甚至是山洞）举行。最引人注目的是位于密特拉圣址一端的核心圣像，描绘的是密特拉神正在杀一头公牛。密特拉神亲自献祭动物，这样的观念显然是对希腊罗马崇拜仪式的有意颠覆，因为在希腊罗马的崇拜仪式中，是由崇拜者向神灵献祭动物的。此外，密特拉神的发祥地在罗马帝国的边界之外，在波斯某地的一个神秘洞穴里，在此意义上，他是独一无二的。希腊和罗马的神灵之所以会受到崇拜，几乎都是因为他们作为守护神的能力或者是作为特定地点的居住者，如卡匹托林山上的朱庇特、雅典卫城上的守护神雅典娜、以弗所的阿尔忒弥斯，而密特拉神是一位在地域上游移不定的神明，并不固定于某一个地区或帝国中心。

密特拉崇拜似乎在现役士兵、奴隶和被释奴之中特别受欢迎，正是因为罗马帝国中的这些群体是最隔绝于希腊罗马宗教的公民世界。由于它游移不定的性质，还有意摒弃公民宗教的崇拜仪式，并且内部等级森严，看重个人发展，人们很容易把密特拉崇拜视为对戍边经历做出的反应。对于在边界要塞上服役的士兵来说，在距离他们本土崇拜的神庙几千千米之外的地方，命运将来自帝国各个角落的士兵们聚集在一起，密特拉崇拜也许是一种理解他们共同经历的方式。

罗马帝国的边界是罗马统治下的欧洲最与众不同的新特点之一。在不同的地区，这种边界表现为不同的形式。在东部和南部，在美索不达米亚、阿拉伯半岛和北非地区，在耕地渐变为沙漠的地方，帝国的实际边界和自然边界相重合。在整个公元1世纪和2世纪的欧洲大陆，帝国北部的传统边界是莱茵河和多瑙河，塔西佗曾说这个帝国"被海洋与大河环绕"。在公元2世纪，部分边界仍然由泥土、木头或石头建造的障碍物来明确界定。最有名的例子当然是在不列颠岛北部的哈德良长城,但在多瑙河和莱茵河畔的大部分边界都建有类似的防御工事。

人们往往会认为公元1—3世纪的罗马帝国是一个稳定的非扩张主义的国家,四周环绕着严密防守的线状边界。据说第一任皇帝奥古斯都曾经建议他的继承人提比略"保持帝国的现有边界"。然而,罗马皇帝的实际行为并不支持这一看法:在公元15年,距奥古斯都逝世还不到一年,提比略本人就派遣军队进入日耳曼人地区,几乎每一个皇帝都至少有过要扩张帝国疆域的企图。我们最好将前三个世纪的欧洲格局想象成三块互不相同的地区。第一个是最里面的一块区域,即"帝国的核心",由罗马官员直接统治的省份组成。这里的居民向罗马交税并且服从于罗马的法律和管辖。核心行省之外是第二分区,是罗马附庸地区的"内部外围"(拉丁文是 gentes,"部落")。这里的居民服从罗马的统治,却不受罗马的直接管辖,而是由藩属王和帝国在当地的同盟者进行管理。罗马的皇帝希望能影响藩属王的继承。犹太地的希律王能够不用向奥古斯都请示就选定自己的继承人,这是一种少有的特权。这个内部外围将核心行省和第三个区域即域外之族(gentes externae)分开,这一区域是不受罗马统治的。

因此,当我们谈到罗马帝国的"边界"时,我们实际上说的是整个第二分区,这个区域面积广大,有重兵把守,有些地方纵深有数百千米(在不列颠,从约克延伸到泰恩河畔的纽斯卡尔)。实际的防御工事线可以像哈德良长城一样修在这一区域的外部边缘,也可以像匈牙利的多瑙河边界一样修在其内部边缘。康茂德皇帝(Commodus,180年—192年在位)在阿昆库姆(Aquincum,今天的布达佩斯)南部沿着多瑙河岸修建的防御工事是一个特别值得注意的例子。这些塔楼和堡垒肯定不是用来防范蛮族人进犯边界的,事实上,它们是在与多瑙河远侧的野蛮人的王国签订和约之后立即建立起来的。和约规定,埃阿热格人可以在指定的日子进入罗马行省参加集市。因此,正如一系列建筑铭文所说的那样,康茂德"沿着整个河岸,在适宜的位置,修筑了崭新的塔楼和岗哨,用来防范走私者的偷渡"。多瑙河的防御工事之所以有必要,正是为了管理这个行省和北部友好的蛮族王国之间的贸易。珀汀格尔地图(Peutinger Table,中世纪晚期一份公元4世纪或5世纪地图的复制品)是唯一一份留存下来的罗马帝国全图。在这幅地图上,根本就没有标出任何边界,道路还超出名义上的"边界",一直延伸到不是罗马的地域。这很让人吃惊,但也是适当的。

军队对边界地区社会的影响是巨大的。在公元2世纪的不列颠,在400万左右的居民中驻扎着约6万名罗马士兵,军民比例为1:65。当然,不列颠是一个重兵把守的边界行省,但即使在像埃及那样和平的"核心"行省,其人口和不列颠差不多,在400万和500万人之间,可能也有1万名士兵长期驻守。公元238年,在色雷斯(今天的保加利亚)一个名叫斯卡普托帕拉(Skaptopara)的村庄里,居民向皇帝戈尔迪安三世(Gordian III,238—244年在位)发出了一封迫切的请愿书。他们解释说,他们的村子位置优越,这里的温泉有非常好的治疗效果,而且在距离村子3千米的地方,每年都会举办一次有名的集市。包括总督在内的罗马高级官员经常来到这个村子来享受温泉浴(体质娇弱的意大利人经常发现巴尔干半岛的气候难以忍受,如诗人奥维德在公元8年被流放到黑海的托弥,他在那里饱受消化不良、失眠、发烧和各种疼痛的折磨)。然而,斯卡普托帕拉也恰好位于连接两座军营的道路之上。在两处军营之间往返的路上,士兵们经常会在这个村子落脚,享用这里的温泉。这里的村民需要无偿为他们提供食宿和必需品。士兵们来来往往,这个原本十分繁荣的村子变得一贫如洗。虽然行省总督试图遏制这种滥用职权的现象,却丝毫没有改变现状,所以村民们现在不得不请求皇帝本人介入此事。而皇帝的回应没有任何帮助,他让他们再回去找总督。

在斯卡普托帕拉居民的日常生活中,这些军队显然不受欢迎,而这并不是例外。在哈德良长城南边的军事化区域达勒姆郡和北约克郡,没有城市,乡下别墅也很少,在当地的遗址能够找到的罗马硬币和人工制品很少,大部分当地人口布莱甘特人(Brigantes)依然生活在传统的圆形房屋里,变得日益贫困。显然,在不列颠北部大量驻军像寄生虫一样影响着在边界区域生活的居民,使得当地的经济和文化发展出现停滞。

作家阿普列乌斯(Apuleius)公元 2 世纪的拉丁语小说《金驴记》中有一个故事,生动讲述了士兵和公民之间的关系。在希腊北部的乡下,一位罗马军团的百夫长偶遇一位骑着驴的花匠。军官向那位花匠搭讪,用拉丁语命令花匠说自己要征用他的驴子。花匠完全不懂拉丁语,所以就默不作声继续往前走。军官把他的沉默视为一种侮辱,就用棒子狠狠地打在花匠的头上。在花匠被打倒在地之后,军官又问了同样的问题,但是这次是用的希腊语:"你要把驴子弄到哪里去?"军官会说两种语言,他肯定知道那个人说希腊语。虽然如此,他还是选择用拉丁语对他讲话,完全是为了让花匠做出冒犯行为,这样才有机会痛打他一顿。接下来,我们读到这位军官命令那个花匠把驴子交出来供军队使用,这并不让人惊讶。在公元 1 世纪的犹太地,这种对本地劳动力和家畜的任意征用司空见惯,这在耶

稣的登山宝训中也一目了然:"有人强逼你走一里路,你就同他走二里。"(《马太福音》5: 41)

我们已经看到,罗马的边界"区域"和域外之族之间几乎看不到什么区别。在这些相邻的民族中间,我们可以看到罗马文化影响对他们生活方式和物质文化的"涟漪作用"。在公元后的 3 个世纪里,在东北部莱茵河之外的地方,罗马风格的盔甲和武器变得越来越受欢迎。公元 2 世纪时,在丹麦人用来陪葬的武器、工具和声望物品上,出现了最早的、直接基于拉丁字母的北欧字母。最重要的是,从贵族们使用进口罗马奢侈品的炫耀行为,我们可以看出当地贵族世家开始崭露头角。在丹麦东部的希姆林戈杰(Himlingoje),人们发掘了同一个家族至少 13 人的坟墓,这些坟墓可以追溯到 2 世纪中叶和 3 世纪之间。从这些坟墓中出土的陪葬品既有高质量的罗马进口物品,如青铜的桶和长柄勺、玻璃杯和牛角做成的酒器,也有一些当地的声望物品,如金指环和手镯。通过这种罗马化的矫饰行为,这个家族将自己与地位更低的邻居们区分开来。

*

域外之族里最强大的一部分位于东部的幼发拉底河边界之外。和罗马与北欧蛮族人之间的关系相比,罗马与亚洲内陆伟大文明之间的关系要更加密切和复杂,原因很简单,罗马海外贸易的大部分重要奢侈品都来自帝国东部边界之外,如阿拉伯的香料、非洲的象牙、中国的丝绸和印度的胡椒。罗马最重要的海上贸易往来发生在埃及和印度南部之间。这条海上贸易路线通过埃及在红海沿岸的两个重要的罗马贸易站连接起来，分别是米奥斯贺尔莫斯（Myos Hormos）和波伦尼克（Berenikē）。最近在波伦尼克的挖掘第一次将这种贸易呈现在我们眼前。这里发掘出了数量非常可观的印度黑胡椒，包括7.5公斤仍然装在一个巨大的印度储存罐当中的黑胡椒，不知道为什么，这一罐胡椒并没有被运送到地中海地区。罗马从同印度的贸易中获得了极其丰厚的利润。老普林尼在他的《博物志》中声称，印度每年能拿到大约5 000万赛斯特斯（sesterce，古罗马的货币名），而这些货物在地中海区域的卖价是进价的一百倍。

老普林尼的数据被现代历史学家认为是荒诞不经的夸大其词，因此通常被置之不理，但最近出土的埃及莎草纸为普林尼的说法提供了很好的证明。这份文件可以追溯到公元2世纪中期，记录了一船货物从埃及的红海海岸到尼罗河河谷的陆路运输。我们了解到，这些货物是一艘名为赫尔马博伦（Hermapollon）的罗马商船从印度南部的穆吉利斯（Muziris）运到红海的。我们可以自信地对这艘船的航程加以重现：从红海到亚丁湾，30天；顺季风方向横渡印度洋，20天；在穆吉利斯等待季风转向，3至4个月；之后再用50天的时间回到波伦尼克。可见，完成整个航程需要将近8个月的时间。在从印度回到红海的单程航行中，这艘船上装载的货物包括象牙、华美的织物和产自恒河流域的甘松香油（一种芳香油）等等。根据莎草纸的记录，其价值约为700万赛斯特斯。为了更好地理解700万赛斯特斯到底是多少，我们举一个例子：据估计，900万赛斯特斯足以给和庞贝差不多大的城市配齐所有必需的公共和便利设施。可见，这艘船是一座真正意义上的浮动的宝库。

在这条贸易通道东端的斯里兰卡和印度南部，人们发现了数量多到难以置信的罗马硬币,还有许多运输用的罐子和罗马青铜和玻璃器皿。在珀汀格尔古地图(前文提到的公元4或5世纪的罗马帝国地图)上,在穆吉利斯附近标记了一个"奥古斯都神庙",而这可能意味着印度南部有一个永久的罗马贸易站。罗马和南亚的联系可能扩大到更远的东方。在南越湄公河三角洲的艾奥遗址(Oc Eo)贸易站,发掘出了两枚罗马徽章,一枚上面是安东尼·庇护(138—161年在位),另一枚上是马可·奥勒留(Marcus Aurelius,161—180年在位)。有一些证据表明,公元第一千年早期越南的木船建造者已经知道了罗马造船工人的技术。

和海上贸易相比,罗马与其东部邻国的陆上贸易很少有确凿的证据。例如,毫无疑问,罗马从中国进口了大量的丝绸,这是最奢华的织物了。奥古斯都时代爱情诗中的女主人翁身着半透明的丝绸裙子,光彩夺目。甚至在北方肯特郡的霍尔堡(Holborough),也发掘出了丝绸衣服的碎片。然而,对于这些丝绸是不是通过陆上"丝绸之路"抵达的地中海区域,却是一个很有争议的问题。罗马与中国直接交往的证据非常难得。长期以来,人们一直认为罗马的玻璃大量出口到中国。晚近的研究表明这些玻璃大部分是由中国自己生产的。遗憾的是这样一个十分惊人的例子,有一个雕刻着雅典娜圆形浮雕的玻璃花瓶,据说在河南省的古墓中发现的,然而最近被认定为19世纪波希米亚一家玻璃厂的作品。同样,在山西省灵石县发现了16枚罗马铜币,年代是从提比略(公元14—37年在位)到奥勒良(Aurelian,270—275年在位)之间,最近也被证明是近代西方传教士的私人藏品。关于罗马与中国的外交联系,现在已知的只有非常零星的信息:根据中国的史料记录,公元166年,安敦皇帝(马可·奥勒留)派代表团来到中国,而在公元 266 年,一位名叫秦论的罗马商人抵达了皇帝孙权在南京的朝廷。但这些并不能说明什么问题。罗马帝国和中国的汉朝,古代世界这两个最伟大的帝国基本上是各行其道,几乎没有意识到对方的存在。

幼发拉底河上游地区的几个罗马城市因为和东方的陆上交易而繁荣起来。其中最突出的是伟大的商队城市帕尔米拉。帕尔米拉位于叙利亚沙漠的深处,在安条克和幼发拉底河之间。在这里发现了中国丝绸的碎片。但是,这并不一定意味着有一条陆上"丝绸之路"直接将叙利亚和中国连接起来。公元 18 年或 19 年,提比略皇帝的侄子日耳曼尼库斯(Germanicus)派出一位名叫亚历山德罗斯(Alexandros)的人,作为官方使节从帕尔米拉来到波斯湾的最北端。显然,日耳曼尼库斯试图正式建立一条商队路线,将帕尔米拉和幼发拉底河与底格里斯河入海口处的海港城市连接起来。公元 1 世纪和 2 世纪,在美索不达米亚南部几个地方建立了帕尔米拉的商业殖民地,甚至在南至伊朗波斯湾沿海的哈尔克岛(Kharg),也发现了帕尔米拉商人的坟墓。我们从帕尔米拉发现了一长串的铭文,这些铭文赞扬的是那些帮助驼队从斯帕西努-卡拉克斯(Spasinou Charax,在底格里斯河的入海口)到帕尔米拉去的个人。因此,情况似乎更可能是这样的:中国的丝绸经过普通的南部路线从印度出发,从印度河三角洲经海上运到波斯湾的最北端,在这里装载到帕尔米拉的骆驼背上,开始沿着幼发拉底河流域到叙利亚的陆上旅程。

从帕尔米拉沿着幼发拉底河到波斯湾,这是一条至关重要的商队路线,它完全依赖于罗马与其最近的东部邻国帕提亚帝国之间的稳定关系。帕提亚人本来是游牧民族,在公元前 3 世纪早期,他们从中亚的干草原向南迁徙到了伊朗北部。在公元前3世纪和公元前2世纪，帕提亚人向南、向西扩张到了塞琉古王国的领土。到了帕提亚国王密特拉达提二世（Mithradates II，前124或前123—前188或前187）统治末期，整个今天的伊朗和美索不达米亚大部分地区（包括巴比伦）都落入帕提亚人手中。帕提亚向西的扩张让他们不可避免地和罗马发生冲突。在公元前1世纪期间，罗马多次挑起与帕提亚的战争，结果却是有限的胜利和巨大的人员损失。在公元前53年，罗马将军克拉苏（Crassus）判断失误，发起对美索不达米亚北部的入侵，在卡莱战役中折损了30 000名士兵。最终在公元前20年，奥古斯都皇帝与帕提亚签署条约，规定以幼发拉底河作为两个帝国的边界。作为交易的一部分，帕提亚人同意归还30年前在卡莱战役中夺到的罗马军旗。对罗马来说，和帕提亚的条约基本上是承认了过去50年来在东方的军事失败。然而，奥古斯都却兴高采烈地将这一条约描绘为罗马英勇的胜利。在罗马广场上建了一座凯旋门，同时还在新建的奥古斯都广场上为战神复仇者建了一座神庙（见前文，图25）。硬币上刻的是帕提亚国王双膝跪地、恭顺地交还罗马军旗的形象。

虽然他们和帕提亚人作战的战绩并不太光荣，奥古斯都及其继承者们却一直将其说成欧洲文明和东方蛮族之间永恒斗争的延续。在公元61年或62年，在帕特农神庙东面的墙上，雅典人为尼禄皇帝刻了描金的巨大铭文，以纪念他对帕提亚帝国的藩属王国亚美尼亚并非决定性的战争。这个地点的选择意味深长，因为帕特农神庙本身就是对公元前5世纪初希腊人在波斯战争中获胜的纪念。尼禄的铭文忽略了公元前3世纪阿塔罗斯一世在战胜加拉太人（当时的"新波斯人"，见前文，图20）之后所立的纪念碑。与此类似，在卡里亚地区阿佛洛狄西亚的塞巴斯蒂昂，尼禄被描绘为抓着已经瘫倒在地的人格化的"蛮族人"亚美尼亚，而亚美尼亚则被描绘为东方的阿马宗女战士形象。

公元2世纪，一个又一个的罗马皇帝试图将罗马的东部边界扩大到幼发拉底河之外。在幼发拉底河之外的美索不达米亚北部，塞普蒂米乌斯·塞维鲁（193—211年在位）最终成功为罗马增添了两个行省。在罗马对帕提亚人的斗争中，这还是第一次取得持续性的收获。他的儿子卡拉卡拉（Caracalla，211—217年在位）受到这些胜利的鼓舞，怀抱着宏伟的梦想要仿效亚历山大大帝在东方的征服。公元214年，他征募了一个马其顿士兵方阵，追随亚历山大的足迹，踏上从马其顿到波斯的征途。这场远征闹剧般地开始，最后以灾难告终。和亚历山大一样，他渡过赫勒斯滂海峡从欧洲来到亚洲。不幸的是，他的船在横渡海峡的中途倾覆了，多亏一名军官救了他。在追随亚历山大的踪迹一直到埃及之后，他无端挑起一场与帕提亚的战争（216—218），结果连战连败。公元217年，卡拉卡拉本人在他自己的宫殿里被谋杀，而这场战争以罗马给帕提亚人支付巨额赔偿而告终，罗马连一寸新的领土也没有得到。

最终导致帕提亚人垮台的，可能是美索不达米亚北部被塞普蒂米乌斯·塞维鲁占领。公元3世纪早期，在富有活力的伊朗新王朝萨珊王朝（Sasanians）的领导下，位于古老波斯中心地带伊朗南部揭竿而起，反抗帕提亚人的统治。公元224年，萨珊王朝的国王阿尔达希尔一世（Ardashir I）在战斗中杀死了帕提亚人的最后一位国王。公元226年，整个帕提亚帝国都落入萨珊王朝手中。从一开始，新的萨珊王朝就对西部采取了更加具有攻击性的态度。阿尔达希尔迅速对罗马在上美索不达米亚的堡垒发起一连串的突袭，也许更重要的是，因为他夺取了位于波斯湾最北端的港口，罗马以帕尔米拉为起点、有利可图的陆上商队贸易戛然而止。他的继承者沙普尔一世（Shapur I，240—272年在位）延续了其父在西部毫不妥协的扩张政策。沙普尔将罗马人从美索不达米亚北部横扫出去，甚至还占领了距离地中海岸很近的安条克。公元243年，罗马皇帝戈尔迪安三世（Gordian III）在与沙普尔的战斗中丧生。公元260年，沙普尔成功活捉了罗马皇帝瓦勒良（Valerian）。这些罗马战俘被拉去在伊朗西部扎格罗斯山上建造一座新的皇城比沙普尔（Bishapur）。几乎可以肯定，这座城市精美的彩色镶嵌画出自被俘的罗马工匠之手。

在近500年前罗马与迦太基的战争之后，公元3世纪中期萨珊王朝的胜利是外来势力对罗马取得的最辉煌战绩。阿尔达希尔和沙普尔所选择的纪念胜利的方式尤其值得注意，将他们明确地和伊朗人对公元前6世纪和公元前5世纪阿契美尼德波斯帝国的记忆联系到了一起。波斯帝国留存到萨珊王朝时期的、最引人瞩目的纪念碑是纳什鲁斯塔姆（Naqsh-i Rustam）的皇陵，在今天的设拉子附近。这座巨大的皇陵至今仍然能看到，里面埋葬着阿契美尼德王朝的几位国王，包括大流士一世、薛西斯、阿尔塔薛西斯一世和大流士二世。陵墓是在一块巨大的崖壁上开凿出来的，俯瞰马夫达沙特平原（Marv Dasht plain）。在此基础上，阿尔达希尔和沙普尔增添了属于他们自己的岩石浮雕，整齐地分布在阿契美尼德王朝的陵墓中间，以此纪念阿尔达希尔登上王位（真正的阿契美尼德皇室的重建）和沙普尔击败瓦勒良皇帝（阿契美尼德王朝征服西方的现代版本）。皇陵所在崖壁的前面，有一座被称为卡巴伊扎杜什特（Ka'aba-i Zardusht）的巨大石塔，可能是波斯早期的火神庙。在这个阿契美尼德时代的纪念碑基座上，沙普尔用帕提亚语、中古波斯语和希腊语三种语言镌刻碑文,讲述他在西方的胜利。沙普尔连续战胜三位罗马皇帝,这样的辉煌战绩将他置于与其阿契美尼德祖先同等显赫的位置。人们仍然不清楚沙普尔对阿契美尼德王朝及其帝国到底了解多少,但是有一些证据表明,他们甚至宣称所有的曾被波斯统治的领土都归他们所有。在一封写给罗马皇帝君士坦提乌斯二世(Constantius II, 337—361年在位)的信中,沙普尔二世(Shapur II, 309—379)宣称:"我祖先的帝国疆域一直延伸到斯特里蒙河(Strymon)和马其顿边境,这一点甚至你自己的历史记录都可以证明。因此,我对这些领土的要求是正确的,因为我的伟大甚至在那些古时的国王之上。"与罗马帝国一样,萨珊帝国也深受其历史记忆的影响。

*

在公元337年君士坦提乌斯二世继位时,罗马世界已经经历了大规模的宗教革命,这场革命对直至今天的欧洲历史产生了重大的影响。此时君士坦提乌斯的帝国已经是一个基督教帝国。公元326年,君士坦提乌斯的父亲君士坦丁一世(Constantine I, 306—337年在位)写信给年轻的沙普尔二世,向他推荐基督教,并希望他能够保护生活在他统治之下的基督徒。经过三个世纪的被迫害和牺牲之后,提比略统治时期诞生于加利利湖畔渔民中间的弥赛亚运动从最初的星星之火,发展到了连罗马皇帝本人也公开宣称是其信徒的地步。

基督教起源于犹太教内部的改革运动。耶稣本人在加利利湖和耶路撒冷的活动(约公元28—30)主要是针对犹太人的,而且在他被钉上十字架之后很久,许多犹太人归信者仍旧对"外邦人的基督教"十分敌视。公元48年或49年,在耶路撒冷召开的使徒会议规定,非犹太人如果要成为基督徒,就必须禁止偶像崇拜和不贞行为,还要遵守犹太教主要的饮食规定,但是他们不需要接受割礼,这是一个重要的转折点,从此基督教和其他犹太人的弥赛亚教派分道扬镳。这个决定使得早期的基督教会坚定不移地走上一条开放之道:那些不愿意接受拉比犹太教严格限制的人却被欢迎加入基督教。

公元1世纪下半叶,犹太教徒和基督徒之间的分界线越来越明显。公元112年,行省总督小普林尼写信给图拉真皇帝,汇报他在本都(小亚细亚北部中间)对一群基督徒所做的判决。显然,此时的基督教已被罗马帝国认为是有别于犹太教的教派。值得注意的是,基督教似乎一直被免除犹太人税,这种税是公元70年耶路撒冷沦陷以后对帝国之内所有的犹太人征收的。的确,一些早期的基督徒全然摒弃了犹太教圣经,这并不让人惊讶,其中最著名的是异端的主教马西昂(Marcion,约公元85—160)。马西昂派认为,基督是从前一位不为人们所知的神的儿子,这位神与《旧约》中犹太教的神大不相同。根据这样的说法,基督教是一个全新的宗教,其历史完全始于耶稣。不出所料,这种全然否定基督教的犹太教源头的做法遭到了普通基督徒的强烈反对。大多数基督徒承认犹太教圣经的权威,他们对《旧约》的态度与犹太人之间的差别仅仅在于,他们认为《圣经》中的预言已经在基督的身上实现。早期基督教会内部的一个主要争论是,基督教信仰在多大程度上与罗马世界的秩序相适应。对这一问题,创作于公元1世纪晚期(具体时间不详)的《彼得前书》立场十分鲜明:"你们为主的缘故,要顺服人的一切制度,或是在上的君王,或是君王所派罚恶赏善的臣宰。……敬畏神,尊敬君王。"的确,在基督教会中有一种更加好战的观点，其最佳的代表是拔摩岛的圣约翰（John of St Patmos）的《启示录》。在圣约翰的启示中，罗马是巴比伦的淫妇，很快就要被瘟疫、哀痛和饥荒所毁灭，这么写可不是为了促进基督徒和异教徒之间的友好关系。引发这种好战观点的，是公元2、3世纪帝国当局对基督徒日益加剧的迫害。从112年小普林尼对本都基督徒的起诉中可以看出，当时承认信仰基督教的人会被判死罪。同样也很清楚的是，在执行这一法律时，普林尼和图拉真都很宽松。公元2世纪和3世纪早期，只有最直言不讳的狂热者才会被处以死刑。因此，公元249年，当德基乌斯皇帝（Decius，249—251年在位）颁布敕令，要求帝国的所有居民向异教神灵献祭时，这对帝国的基督徒来说的确是一个打击。随之而来的迫害导致了很多基督徒被处死，其中包括罗马和亚历山大里亚的主教。在3世纪60年代，虽然大规模的审判和殉教事件有所减少，但是由政府所主导的迫害让人们意识到，同时做一个好的基督徒和好的罗马人是多么困难。

对今天的我们来说，公元3世纪基督教会最奇怪、最陌生的做法可能是反对婚姻，倡导永远守贞、殉教和苦行；很大程度上，我们可以认为这是在以尽可能激烈的形式，反抗罗马社会的所有既定规范和价值观。这给基督徒个人造成了很大的内心冲突和痛苦，从流传下来的女基督徒佩尔佩图阿（Perpetua）的殉难故事中可见一斑。她于公元203年在迦太基被执行了死刑。她是罗马公民，又是当地的迦太基贵族，已婚，育有一子，在很多方面，她都是行省罗马社会的模范成员。在她去世前的那天晚上，佩尔佩图阿梦见自己在迦太基的圆形剧场中和一个埃及黑人摔跤，主持摔跤的是一位穿着紫袍的人，他拿着一个有金苹果的树枝，作为给获胜者的奖励。当她醒来的时候，她意识到她的埃及对手代表着恶魔，而穿着紫袍的主持人代表着基督。佩尔佩图阿的梦境给我们提供了珍贵的洞见，让我们进入早期基督教殉教者的潜意识。在我们看来，值得注意的是她在潜意识中完全用罗马公民和异教徒的表达方式来诠释她的受难：圆形剧场、比赛、主持人和作为奖品的金苹果（公元3世纪早期迦太基异教徒的皮提亚节上的主要奖品）。虽然早期的基督徒声称已经将罗马世界放在一边，但是他们不得不借助罗马世界的表达来思考他们的信仰。就在她死去的那一刻，佩尔佩图阿"拉下她一边已经被撕下来的束腰外衣，去盖住她的大腿，她想的更多的是她的端庄而不是痛苦"，她最后的举动之一是要来一个发夹以夹紧她松散的头发。在迦太基圆形剧场中的人群面前，佩尔佩图阿的本能仍是努力表现得像一位端庄得体的罗马妻子。

到了公元3世纪，基督教会已经成为罗马帝国内部高度组织化的、全国性的国中之国。经过一番和像马西昂派那样的异端教派的斗争，基督教会已经形成了严格的内部等级制度、教会自己的法律体系和通过普通的大公会议决定教义问题的程序。基督徒在处理与非基督徒邻居之间的关系时也越发老练和开放。除了基督教会对犹太人过去的利用（特别对《旧约》的解释）之外，基督徒们也开始与罗马行省的当地崇拜和意识形态达成和解，并对其加以利用。从塞普蒂米乌斯·塞维鲁统治时期（193—211）开始，弗里吉亚的阿帕米亚城铸造了大量的铜币，上面描绘的是犹太教和基督教挪亚方舟的故事。在很长一段时间里，阿帕米亚都被非正式地称为阿帕米亚"金库"（Kibotos），这是因为它是罗马在小亚细亚内陆的主要贸易站。然而，在希腊语中，"*kibotos*"也有"方舟"的意思。显然，阿帕米亚那些刻有挪亚方舟的硬币，是阿帕米亚的基督教社会和异教徒社会之间十分微妙而有效的和解行为的结果。阿帕米亚的基督徒们成功争辩说阿帕米亚之所以会有这样的绰号，是因为它是大洪水之后挪亚方舟停下的城市，而此时人们并不知道亚拉腊山（Mt. Ararat）的真实位置。在本章中，我们已经看到，小亚细亚内陆的城市非常急切地要将自己说成非常古老的社会，在特洛伊战争之前的传说时代就已经建立了。他们声称阿帕米亚是在《圣经》中的洪水过后最早建立的城市，对于这里的异教徒来说，这样的说法恰到好处，而这里基督教社会也找到了使他们的宗教合法化并对其进行宣传的完美方式，那就是使用非基督徒容易理解和领会的语句。

公元后三个世纪罗马帝国的基督徒有多少，我们无从知晓。更大的可能是，在不同的地区，基督教社会的规模差别很大。根据可靠的史料（优西比乌的《教会史》），在公元251年，罗马城中有155名基督教神职人员。此时罗马城的基督徒人数肯定多以千计。关于基督教的扩散，只有一个地方能够提供真实的证据，依然是小亚细亚内陆弗里吉亚的高原地区。基督教很早就在弗里吉亚深深扎下了根。从希腊化时期开始，这个与世隔绝的农村地区就有大量的犹太人。在基督教会出现之前，弗里吉亚的异教徒们就有了强烈的一神论倾向。到了230年，在弗里吉亚北部偏远的泰姆布雷斯河（Tembris）上游流域，大约有20%的人口在他们的墓碑上公开宣称自己是基督徒。到了3世纪末，这个比例上升到了80%以上。根据埃及莎草纸上的记录，在3世纪晚期和4世纪早期，带有强烈基督教色彩的名字突然大幅增多，如大卫、马太和约翰。在埃及，可以看出是基督教名字的比例从公元280年的大约10%~15%上升到君士坦丁逝世时（337年）的大约

50%。又过了一个世纪，到了公元425年，这个比例达到了80%。至少在东部的省份，公元3世纪晚期和4世纪早期标志着一个重大的转折点。到了君士坦丁统治末期，基督教会胜局已定。公元4世纪时的这个新的基督教帝国将成为本书最后一章的主题。

第九章

罗马帝国晚期：
公元 284 年—425 年

公元4世纪中叶，在英格兰东南部肯特郡的鲁灵斯通（Lullingstone），一座普通乡间别墅的拥有者决定用一种新的镶嵌画地板装饰接待室。在镶嵌画的中心，描绘的是古希腊英雄柏勒洛丰，他正在骑着飞马，攻击狮头、羊身、蛇尾的怪物奇美拉（Chimaera）。在接待室一侧的半圆形餐厅的地板上，有一幅更引人注目的镶嵌画。画的中央是欧罗巴，正骑在朱庇特变成的公牛背上。此时这两个故事都已经很古老，柏勒洛丰故事的一个版本出现在一千多年以前荷马的《伊利亚特》中，在罗马帝国的受教育阶层中广为流传。但是对于这幅欧罗巴镶嵌画而言，要想理解其上方的拉丁语诗文，对观者的教育程度要求就高多了。诗文写道："如果嫉妒的朱诺看到了游泳的公牛，她肯定会去风神埃俄罗斯（Aeolus）的大厅。"这里提到的是朱诺对埃涅阿斯的暗算，而这部分是为了报复他不忠的丈夫朱庇特。要想理解这个典故，就需要熟悉维吉尔的《埃涅阿斯纪》，其中专门提到朱诺让风神埃俄罗斯摧毁埃涅阿斯的船。以一种巧妙而幽默的方式,这幅镶嵌画把古代传统的视觉形象和维吉尔的经典文本结合起来。这幅镶嵌画完成的10年或20年后,别墅的一个房间变成了基督教小礼拜堂,并被装饰以人物画,画上有六位祈祷者,可能代表这个家庭的成员,还有三组大写的花押字XP,是希腊语中"基督"一词的前两个字母。

对鲁灵斯通这幅镶嵌画的简介涵括了本章的主题:希腊和拉丁文化的非凡稳定性和成功,熟悉希腊、拉丁文化仍然是在罗马帝国西部取得成功的途径;还有就是这种文化和新兴的基督教之间的关系。公元312年,皇帝君士坦丁改信基督教。从此,原本饱受迫害的基督徒群体开始受到皇帝君士坦丁及其继承者的支持。至于基督教在多大程度上可以与过去的文化兼容,这仍然是一个有争议的问题。我们首先看看中央政府是如何积极干预的,这给公民生活带来了巨大的变化。

公元284年的罗马帝国地图看起来和200年前的帝国地图差不多。从不列颠到幼发拉底河,从莱茵河和多瑙河到北非的沙漠,都在罗马的统治之下。但在公元3世纪中期,帝国同时面临着一系列的问题:东部和北部的边界很不安全,分别受到萨珊人和"蛮族"的威胁;通货膨胀非常严重;中央领导衰弱,从235年至284年,共出现了22位皇帝,其中大部分死于非命。284年,戴克里先(Diocletian)成为皇帝,在前几任皇帝所取得的成就基础上,他成功创建了一个新的、相对比较长久的帝国制度。但是到了我们所讲述的这个时期结束时,帝国已经开始失去对一些地区的控制权。公元409年,罗马人撤出了不列颠,大约同一时期,鲁灵斯通的这所别墅毁于大火,并被遗弃。

罗马帝国的皇帝们不得不在北部和东部边界开战。国家遭受了一些灾难:公元363年,皇帝尤利安(Julian)率兵入侵萨珊王朝的领土，却阵亡在那里。但是在公元4世纪，罗马的皇帝们确实保住了几乎所有的原有领土。298年前后，有人在奥古斯托杜努姆（今天的欧坦）发表了一篇演讲，提到那里的年轻人借助廊柱里一幅世界地图，来理解帝国在从不列颠到幼发拉底河的广袤疆域所取得的成功。皇帝们终日忙于南征北战，并一如既往地所向披靡。军队被重组，由许多更小的单位组成，虽然服役的人数可能没有发生变化。在公元4世纪，招募新兵的过程发生了变化，大地主需要供应人马，或以支付现金的方式代替。到了4世纪后期，为了补充阵亡的士兵，皇帝招募了大量的日耳曼人在军队中服役，他们甚至跻身军官阶层。在戴克里先统治时期，军事力量都集中在边境，但后来，随着可以灵活反应的部队的发展，许多非现役的部队就驻扎在城镇。他们对当地社会的生活产生了巨大的影响。根据一个基督徒的记述，在驻军城市德罗斯多伦（Durostorum，今天保加利亚的锡利斯特拉），一名基督徒士兵因拒绝在农神节上扮演萨图恩（Saturn）的角色而被杀。这次殉教事件的背景值得注意：在长达30天的农神节上，士兵们常常在城市之中胡作非为，横行霸道。在罗马帝国，士兵滥用职权的现象仍然十分普遍（见前文，第333—335页）。

一定程度上为了满足军事领导的需要，戴克里先正式实行四帝共治，有两位被称为"奥古斯都"的皇帝，两位被称为"恺撒"的副手。这一制度在罗马已经有一些先例，但当时的皇帝颂词仍设法从更久远的过去找到了一个先例，那就是斯巴达独特的双王制。设立这一新制度最初是为了在面对持续不断的威胁时，确保罗马帝国的统一。到了4世纪末，结果是帝国分裂为东、西两部分，各由一个奥古斯都负责。这种政治分裂与希腊语和拉丁语的语言划分相对应，并且强化了这种划分（见前文，第314—315页）：意大利半岛和中欧是拉丁语区；希腊、小亚细亚和黎凡特是希腊语区，这一模式将持续几个世纪。

戴克里先想要解决罗马所面临问题的抱负是很传统的，但他所使用的方法却并不符合传统。他想通过传统的价值观来稳定局势，但是他所采用的方式有很强的干预性。摩尼教是上一代创立于波斯美索不达米亚的一个宗教，由于担心其传播，戴克里先向阿非利加行省总督颁布了一项裁决，规定信奉摩尼教的人将受到严厉的惩罚：神意已经有先见之明地确保正法通过许多智者的判决与审议来确立和维护，但这个新的教派试图破坏古人已经确定下来的东西。随后，他以同样的理由对基督徒采取行动。303年至304年间，他颁布了一系列越来越严厉的措施，最终命令整个帝国的人都向传统的神祇献祭。像他3世纪中叶的前辈德基乌斯和瓦勒良一样，在这样的危急关头，戴克里先希望大家能够齐心协力：只有普天之下一致献祭才能确保传统的神祇支持罗马国家。从过去到未来，宗教都是以国家为中心的。

在其前任一些局部改变的基础上，戴克里先建立了一个新的行政系统。在早期帝国，国家实行的是一种有点放任自由的制度。皇帝和总督都不出去找麻烦。他们想保持良好的秩序，但认为每个城市会自行提供其基本的生活所需。公元3世纪，帝国所面临的问题使原有的系统看起来很脆弱。戴克里先和他的继任者们感到不能袖手旁观，于是就进行了比以前更为广泛的干预。戴克里先采取了各种各样的措施来应对通货膨胀，在此前的一个世纪里，这个问题一直是罗马经济的痼疾。这些措施包括设定整个帝国的最高物价和薪酬，因为他担心他的士兵们会受到高物价之害。在皇帝的所有敕令中，限价敕令是执行最广泛的，但是它彻底失败了，可能在一年内就被废止。然而，通过将征收上来的口粮支付给士兵，以及不定期地给他们金币和银币，戴克里先保护了自己的队伍免受通货膨胀的最坏影响。

戴克里先将行省分成更小的区域，使行省数量翻了一番，从原来的 48 个增加到了 100 多个。例如，原来的色雷斯行省（希腊东北部和保加利亚）被分为四个新的行省，其中包括只有 22 个城市的"欧罗巴"：这个小行省就位于博斯普鲁斯海峡的西侧，它的名字让人想起荷马对这个名字的使用。然后这些行省又被分为 12 个大区，如高卢大区（涵盖了法国中北部、比利时、荷兰和德国的一部分）、阿非利加大区（北非中部）和东方大区（从底格里斯河一直到红海）。此外，各个行省的总督和负责新的区划单位的官员开始拥有很多工作人员，分别为 100 名和 300 名。行省数量和行政人员的增加大大增加了领薪酬的官员数量。考虑到和以前实行自由放任制度时的城市相比，罗马当局现在可以更好地实行管理——至少他们认为如此，所以这种经常性费用被认为是值得的。

面对重重军事压力，帝国需要一个新的中心。在公元 3 世纪期间，主要因为北部和东部的军事问题，皇帝有很长时间不在罗马城，在奥古斯塔-特列维洛路姆（Augusta Treverorum，今天的特里尔）、梅蒂奥拉努（Mediolanum，今天的米兰）、奥龙特斯河畔安条克（今天的安塔基亚）和尼科美底亚（今天的伊兹米特，两者都在土耳其）。这样一来，和皇帝身在罗马时相比，他和他的直属部队能够更快地做出反应。君士坦丁皇帝也希望建立一个新的东部帝国中心，以此纪念他 324 年战胜其竞争对手李锡尼（Licinius）。他曾经想过将这个中心放在伊利昂（Ilium，即特洛伊），但神的启示让他打消了这一念头，那就是他不应该在旧罗马的源头上建立另一个罗马。于是，他选择了博斯普鲁斯海峡的拜占庭,一个古老但不太重要的希腊城市,欧洲和亚洲之间的陆上交通线在此交汇。新的君士坦丁堡(今天的伊斯坦布尔)是要和罗马一争高下的,虽然不能取而代之,但事实上,其面积只有大约430公顷,仅仅是罗马城墙内部面积的三分之一。但是从长远来看,君士坦丁堡的建立是欧洲历史上的一个重大事件,最终使欧洲形成了东西各有一个中心的局面,并使拉丁语和希腊语的语言和文化差异进一步制度化。

君士坦丁堡的建立极具争议性。这是一个新的基督教城市吗?随着君士坦丁改信基督教,基督教的公共地位的确发生了显著的变化。君士坦丁声称,在他和政敌争夺在西部的权力期间,312年那场决定性的胜利得到了基督徒的上帝的帮助。这场战役过后只有一两个月,君士坦丁就和东部的皇帝李锡尼一样,也允许基督徒集会和重建教堂。在公元313年初,他恢复了西部的教会财产,从公共财政中大量捐款给基督教会,并免除了神职人员的公民义务。这些是革命性的举动,相当于公开声明基督教会对罗马国家有利。从此,帝国开始支持基督教而不是传统的祭仪。在君士坦丁堡,君士坦丁对待传统祭仪的方式是有争议的。对于卫城上的古老神庙,君士坦丁是听之任之,还是废除古老的崇拜,建立一座新的基督教城市呢?当然,和这位皇帝同时代的基督徒传记作家优西比乌声称,君士坦丁堡完全是一座基督教城市,城市里以前的异教偶像仅仅是装饰。4世纪30年代帕拉扎斯(Palladas)的讽刺短诗似乎就是在这里写的,诗中提到城中希腊神祇的雕像现在成了基督教的,与其他的神庙物品不同,不会被融化用来制作新的硬币。诗中还称君士坦丁堡为"热爱基督"的城市。至少有些人认为君士坦丁在这座新城市里赋予基督教很高的地位。

君士坦丁在城市里建了一座宫殿和一个跑马场，人们为了赛马和表演聚集在这里，当皇帝亲自出现在这里时，他们会大声欢呼。跑马场的中轴线上装饰着希腊和罗马的历史纪念碑，此时被置于一个新的背景之中。其中包括庆祝公元前 480—前 479 年希腊人战胜波斯人而在德尔斐竖立的铜蛇柱，来自罗马的母猪及猪仔的雕塑，还有母狼为罗慕路斯和雷穆斯喂奶的雕塑，而这让人想起埃涅阿斯和这对双胞胎建立罗马的故事。只有铜蛇柱流传了下来：在古代晚期它被改成了一个喷泉，1204 年，它没有被十字军掠走，开始被视为对抗毒蛇的法宝；至今它依然立在伊斯坦布尔，在其原来的位置。此外，这个新的城市还会庆祝牧神节，而当年就是在这个节日期间，尤利乌斯·恺撒被呈上王冠。赛马比赛并非穿过街道，而是由驾战车者在跑马场里进行。此时它是一个日期不定的节日，就在四旬斋开始之前举行。确切的日期取决于复活节的日期，但仍然会在原来的 2 月 15 日前后举行。

君士坦丁还在君士坦丁堡建立了教堂。他可能启动了第一所圣索菲亚教堂的建造，而他的继承人君士坦提乌斯将其完成，这座教堂最终被保存至今的公元 6 世纪的教堂所取代，但在君士坦丁堡建造的教堂没有巴勒斯坦或罗马那么多。他还建了一座基督徒陵墓，即圣使徒大教堂，他自己也被埋在那里。公元 4 世纪，基督教在君士坦丁堡地位日隆。君士坦提乌斯将三位著名殉教者的圣体迁到了圣使徒大教堂，他们分别是提摩太、路加和安德烈，据说他们在拜占庭最初的基督教化过程中很活跃。这是第一次将圣髑从它们原来在小亚细亚和希腊本土的埋葬地点迁移，后来这种做法变得非常普遍；公元 5 世纪时，君士坦丁堡已获得大量的圣物。这表明君士坦丁堡急需丰富的基督教历史。

帝国的城市总数没有受到行省重组和新区划的影响。在讲希腊语的东罗马帝国，有大约1 000个城市，其中大部分面积很小。相比之下，在尤利乌斯·恺撒征服的高卢地区，只有78个城市，都拥有广大的农村地区，是东罗马帝国城市面积的十倍以上。在这两个地方，城市的历史都可以追溯到早期帝国，甚至更早。一般来说，公元4世纪和5世纪的高卢城市和恺撒征服时所确定的部落相对应。然而，与过去几个世纪相比，个别城市的规模和兴衰发生了变化，出现了一些赢家和一些失败者。例如，罗马晚期的马西利亚恢复了其作为区域间贸易主要港口的地位，也恢复了公元前1世纪所失去的繁荣。当时在庞培和恺撒之间的内战中，它站错了位置。

影响个别城市繁荣的主要因素是罗马政府结构的改变。新的帝国官僚机构从地方征募官员，实行世袭制，官员不用担任地方职务，因此，新机构把当地家族的人才和资源抽调到了中央。这些家族曾经是他们当地城市的中流砥柱。从小亚细亚西南部重要城市阿佛洛狄西亚的公共雕塑，可以清楚地看出这种做法带来的影响。在公元1世纪到3世纪，地方政治一直是当地名门望族成员之间激烈竞争的舞台，他们为自己竖立了数百个身着当地希腊服饰的雕像。但是从4世纪开始，地方要人竞相给城市捐赠的做法停止了。此时的公共雕像大多不是当地公民，而是皇帝和高级官员。在西罗马帝国的广大区域，在伊比利亚半岛、高卢和不列颠，都可以看到公民慷慨捐赠的终结。地方精英将他们的财富从城市转移到农村的豪宅，也会投入教堂建设。在不列颠，城市的出现相对较晚，在4世纪，公共空间和设施普遍被遗弃了。公元1世纪或2世纪，这里建了15个主要公共浴室，到了300年，仍有9个在使用，但是到了400年，就几乎全部关闭了。

那些已经成为行省总督或地区长官所在地的城市则受益于总督的关注和财富。迦太基是阿非利加行省总督的所在地,在5世纪初期达到了其最大规模,占地大约320公顷,众多的建筑物展示着巨大的财富。当地公民不再慷慨捐赠的阿佛洛狄西亚成为新卡里亚行省总督所在地。公元4世纪和5世纪初,行省总督要负责广泛的建筑工程。这些工程的目的是支撑城市的传统形象。城市周围建了一堵防御城墙,可能是为了提高城市的威望。主要公共和民用建筑(浴室、剧院和体育场)被修葺或被重新设计,两个纪念性的门被完全复原。

帝国管理上的这些变化所带来的一个结果是新式精英的出现,其活动范围不再局限于当地,而是进入区域或超区域的层面。那些在朝廷担任官职的人声望最高。有些家族好几代人成功维护他们的地位,还有些家族则会经历大起大落。布狄格拉(今天的波尔多)的奥索尼乌斯(Ausonius of Burdigala)的生涯展示了后一种模式。多年来,他一直在家乡教文学和修辞学,这个地方已经取代了奥古斯托杜努姆,成为西罗马帝国最好的高等教育中心。在花甲之年,他被皇帝瓦伦提尼安(Valentinian)召唤到朝廷,担任他的年轻儿子格拉提安(Gratian)的教师。随着格拉提安于375年继位,奥索尼乌斯一人得道,鸡犬升天,为他本人以及家人谋取了帝国的高级职位,成为西罗马帝国最显赫的家族。383年,格拉提安被谋杀,奥索尼乌斯回到了布狄格拉附近的庄园,他的家族也回到了默默无闻的状态。奥索尼乌斯也因他的诗歌而著名。他对特洛伊战争时期很感兴趣,写诗歌颂那一时期的英雄。但他也写关于当下的诗。他写了20首关于著名城市的诗,按照重要性排序,排在最前面的是罗马和君士坦丁堡,其中有5个来自其故乡布狄格拉的高卢城市。他最成功的诗作《摩泽尔河》(*Mosella*)以维吉尔《农事诗》的措辞来谈论摩泽尔河,做到了古典和当代的统一。像其他受过古典教育的人一样,奥索尼乌斯扎根于古典历史,也扎根于当时的世界。

影响帝国城市的另一个因素是罗马的道路系统。交通要道把整个帝国连为一体,从伊布拉坎(Eburacum,今天的约克),经由梅蒂奥拉努和君士坦丁堡的陆路,一直到埃及的亚历山大里亚。最初,这些交通要道是为了军事和国家目的而开发的,其历史可以追溯到帝国早期,但是它们也被广大公民所使用。公元333年,一位富有的朝圣者沿着这些道路,从布狄格拉前往耶路撒冷,而后又回到了布狄格拉,保留下来的旅程记录给我们提供了这条路线的精确细节。路上有3种类型的歇脚点:城市、过夜的旅馆和换马的地方。这些歇脚点之间最长的距离大约是20罗马里(30千米),并且一般情况下每8到10罗马里就有一个歇脚点。从布狄格拉到耶路撒冷的往返旅程,如果按照每天约20罗马里的速度,大约需要8个月的时间。这么长的旅程并不常见,但是在很大程度上,主要道路确实将罗马内部联系到了一起。由于人员和货物的经过,沿线城市更容易繁荣起来。

可能影响城市的最后一个因素是它们与基督教的关系。325年前后,小亚细亚中部小镇奥色斯图斯(Orcistus,今天安卡拉西南150千米处)的居民请求君士坦丁皇帝恢复他们的公民地位。奥色斯图斯人声称他们的小镇曾经拥有城市的辉煌,有合适的行政官、镇议员和众多的公民;它位于四条道路的交界处,为那些公务旅行的人提供住处;这里水源充分,还有一个广场,上面竖立着过去公民精英的雕像。不过这些都不太有说服力:奥色斯图斯镇只是位于穿越小亚细亚的两条主要道路中较小的那一条上,而且那里并没有任何显著的建筑物。值得注意的是，奥色斯图斯人并没有过分强调其在古代历史中所扮演的角色，比如说该城是由赫拉克勒斯所建立的之类，在过去的700多年里，这样的说法是希腊城市外交辞令的主要依托。奥色斯图斯人没有那么做，而是指出，奥色斯图斯的全体居民都是"最神圣的宗教的追随者"，而这个"最神圣的宗教"就是基督教。君士坦丁接受了这一说辞，这表明基督教作为一种享有盛望的新宗教创造了一个新的世界。

基督教的力量在不断壮大，但它还不是帝国的官方宗教。要想理解4世纪时的社会发展，就要以基督教与传统崇拜之间的关系为途径，它们都代表着对过去的不同看法。在公元4世纪，传统的崇拜依然在继续，在有些地方，一直延续到公元5世纪。君士坦丁本人很少破坏传统的神庙，除了那些与泰亚纳的阿波罗尼乌斯（Apollonius of Tyana）相关联的。阿波罗尼乌斯是公元1世纪的行神迹者，被认为是基督的竞争对手。后来的皇帝颁布法令，对神庙加以保护，虽然在389年之后，它们不再被用作崇拜的场所。在391年和392年，皇帝狄奥多西（Theodosius）禁止所有的献祭活动，并关闭了所有的神庙。不过这些禁令没有一劳永逸地解决问题，因为在392年，狄奥多西已经失去了对帝国西部的支配，而西部的皇帝欧根尼乌斯（Eugenius）恢复了一些传统崇拜的元素。在408—409年，当罗马被哥特人围困时，城市的地方长官向伊特鲁里亚人的占卜者咨询，在卡匹托林山上和元老院一起举行古老的仪式。但是，狂热的主教有时会煽动针对神庙的直接行动。公元392年，在当地主教的挑拨下，埃及亚历山大里亚的塞拉匹斯（Serapis）神庙受到袭击和洗劫。对强硬派的基督徒来说，这次洗劫是一个很大的成功，因为这座神殿是一个十分重要的文化中心。直到5世纪，才有更多的神庙被摧毁，而其他神庙，如雅典的帕特农神庙和阿佛洛狄西亚的阿佛洛狄忒神庙,则被用作基督教的教堂。在罗马,万神殿(Pantheon)于609年被改造成教堂,是第一个遭此命运的神庙。在4世纪期间,形势越来越对古老的宗教不利。420年,基督教教士贝鲁西亚(今天的苏伊士附近)的伊西多尔(Isidore of Pelusium)写道:"多年以来,经历千辛万苦,耗费如此多的资财,借助如此多的武功,希腊人的宗教才占据支配地位,却一下子从世界上消失了。"

在公元4世纪,传统主义者对过去的认识与基督徒大相径庭。对于罗马的历史,传统主义者继续持一种与老加图或维吉尔相似的观点。匿名作者的《论罗马民族的起源》从最早的时期开始讲起,从拉丁姆早期的国王皮库斯(Picus)和福纳斯(Faunus),到埃涅阿斯和阿斯卡尼俄斯、阿尔巴隆加和罗马的国王,然后是罗马的独裁官和一连串的皇帝,一直到李锡尼(324年)。和塔西佗一样,作者认为罗马一直是由专制君主统治的。文中列出了每个统治者的在位时间,例如:埃涅阿斯,30年;罗慕路斯,38年;奥古斯都,56年4个月零1天。但它没有给出总的年表。这里我们可以注意到,罗马人并不太使用19世纪的学者所使用的"罗马建城纪年"(*ab urbe condita*),部分原因是罗马建城的精确时间是有争议的。公元4世纪探讨同一主题的另一篇匿名论文完全聚焦于最早的时期,从拉丁姆国王讲到罗慕路斯建立罗马。它讲到了赫拉克勒斯、卡库斯和大祭坛(Ara Maxima),以及埃涅阿斯在意大利半岛的故事。这种对过去的看法非常常见,但也非常狭隘,因为它仅关注一个城市,虽然这个城市是罗马。

相比之下,基督教对过去的看法视野更广,更具包容性,虽然肯定也一样具有倾向性。优西比乌斯的《编年史》是这一时期最了不起的知识成果之一。它成为从亚伯拉罕的诞生直到当时的世界年表的标准讲述。该书第一版的叙述可能结束于公元311年前后,而最后一版写到了君士坦丁在位的第20年(325或326年)。最初的希腊语文本已经逸失,但是在4世纪80年代,部分内容被耶柔米(Jerome)翻译成了拉丁语,还有一部分被翻译成了叙利亚语,又从叙利亚语翻译成了亚美尼亚语。《编年史》的第一部分是"年代学",讨论了世界历史的证据来源。其目的是根据耶稣诞生的时间来确定摩西和犹太先知的年代,并把这条线索和涉及诸多民族的叙事线索联系起来,其中包括迦勒底人、亚述人、米底人、吕底亚人、波斯人、埃及人、希腊人、马其顿人(包括亚历山大大帝的继承者)和罗马人。毫不奇怪,由于被罗马征服的西方民族的历史被抹杀,西方没有单独的故事线。第二部分是"纪年经典"(*Chronological Canon*),用表格的形式列出了不同的年表,注有各种历史日期和事件。它遵循的是希腊按时间顺序写作的传统,以及后来按照奥林匹亚竞技会纪年的传统,前者可以追溯到莱斯沃斯的赫兰尼库斯,但是它有两个方面的创新。根据早期基督徒作家尤利乌斯·阿非利加努斯(Julius Africanus)的作品,它将犹太教和基督教的历史添加到希腊的纪年传统之上,并且首次在年表中使用表格形式列出不同民族的叙事线索,让读者可以看到同一时期在不同传统中发生了什么。优西比乌用亚伯拉罕的诞生时间作为他年表的起始日期。叙事线索从亚伯拉罕的诞生开始,经摩西和先知,到基督的诞生,所有其他事件都围绕这一主线展开。近东和埃及似乎更早的年表使优西比乌感到困扰,但他使它们符合他以亚伯拉罕为起点的主线。优西比乌把由埃拉托色尼所确定的特洛伊沦陷的时间包括进来,但在优西比乌看来，一些犹太教历史事件比这要早得多。在特洛伊沦陷之前的375年，刻克洛普斯成为雅典的国王，但雅典第一位王产生于摩西35岁时，距离亚伯拉罕的诞生至少有460年。同样，"菲尼克斯的女儿欧罗巴与宙斯结合"是在亚伯拉罕诞生后572年。在一个宗教传统的价值取决于其是否古老的世界里，让《圣经》的叙事线索占据首要地位，显然具有为基督教辩护的意味。对于许多希腊人来说，欧罗巴和宙斯的故事是一个原始事件，但它是在历史开始之后很久才发生的。优西比乌在别处主张，基督教的历史极其悠久，可以追溯到亚伯拉罕时代，因此比摩西所改革的犹太教更加古老。

过去的年表

我们现在称优西比乌所确定的亚伯拉罕的诞生时间为"公元前2016年"，欧罗巴和宙斯结合的时间为"公元前1444年"，但是优西比乌并不采用这种计算方法。从耶稣诞生那一年往前数（公元前）的方法在17世纪才确立，并且在18世纪后期才得到广泛使用。优西比乌是从亚伯拉罕出生的那一年往后数，一直到现在。虽然他注意到了耶稣的诞生，但是他不需要像我们这样从那一年（"公元元年"）开始计算；"公元"纪年法到了近代才被发明出来。在我们现在所说的公元526年，埃及亚历山大里亚的狄奥尼修斯·伊希格斯（Dionysius Exiguus）确定了正确计算复活节日期的新方法。为了回避当地以基督徒"不虔诚的迫害者"戴克里先开始的纪年方式，他从耶稣道成肉身那一年开始算起，将其与罗马纪年联系到一起。但是狄奥尼修斯的作品跟历史无关。从耶稣道成肉身那年算起的一般纪年法（就比现代公元纪年早一年）是从8世纪时比德（Bede）的《英吉利教会史》(*Ecclesiastical History of the English People*) 才开始的。

斯卡利杰尔（Scaliger）是文艺复兴时期的伟大学者之一，他立足于由优西比乌所开创的学术传统。在1583年发表的《年表校正的新成果》(*New Work on the Correction of Chronology*) 一书中，他讨论了古代和现代的主要历法（1—4卷），给出了从创世到近世的关键时间（5—6卷），复制了中世纪犹太、埃塞俄比亚和拜占庭历法论著的文本和翻译（第7卷），并提出了对当代历法改革的启示（第8卷）。该书以前一个世纪相关问题的研究成果为基础，但是非常新颖和深刻。例如，在高加米拉（Gaugamela）战役中，波斯国王大流士三世被亚历山大大帝打败。基于之前发生过的一次月食，斯卡利杰尔认为这场战役发生在公元前331年9月20日的月食之后，而不是优西比乌认为的公元前328年（或者更准确地说，斯凯利格根据他自己复杂的纪年系统，提出了一个时间，对应我们的公元前331年）。时至今日，这个时间仍然有效，是我们的希腊年表的重要基础。1606年，斯卡利杰尔还编辑了优西比乌《纪年经典》的拉丁文译本。依托人文主义思想、希伯来文和数学，斯卡利杰尔证明了优西比乌和他在斯卡利杰尔时代的追随者是错误的，年表不能依据《圣经》的权威，在求真的路上，包括《圣经》和优西比乌在内的所有权威都要接受批评。斯卡利杰尔的方法体现了文艺复兴时期人文主义的伟大成就。

优西比乌还确立了一种新的历史书写方法。约瑟夫斯是我们对公元66年至70年犹太人叛乱的主要信息来源，他后来还写了《犹太古史》(Jewish Antiquities)，该书讲述了犹太民族从创世到叛乱爆发的历史。部分受到约瑟夫斯的启发，优西比乌创作了第一部基督教会史，从耶稣的诞生开始写起——此事发生在奥古斯都统治的第42年，埃及被征服、安东尼和克娄巴特拉去世、埃及托勒密王朝终结后的第28年，一直写到基督徒皇帝君士坦丁统治时期整个帝国的统一。虽然优西比乌的讲述始于我们所说的公元前2年，但是他却声称基督教和这个世界一样古老，在《希伯来圣经》中已有预言，是摩西之前的宗教的恢复。但是这种历史是将基督教当作一种体制的历史，在这个体制中，主要教区主教的先后顺序是既定的，基督教拥有固有的正统性，它战胜了来自各种异端和分裂的挑战。他呈现历史的方式与早期罗马和希腊历史学家的风格大相径庭。他们一般用自己的话来解释史料，就像我们在本书中所做的一样，但是优西比乌的教会史中大段逐字引用早期作者和文献。证据的有效性是判断教会真相的重要依据。

除了尤里安（360—363年在位）之外，君士坦丁以后的皇帝都是基督徒。在尤里安还是王子并对外宣称自己是基督徒时，皇帝君士坦提乌斯命令他离开尼科美底亚，到梅蒂奥拉努和他会合，他却绕道拜访了特洛伊的历史遗迹。他在佩贾修斯（Pegasius）的带领下进行了参观，佩贾修斯是当地基督教的主教，却支持对雅典娜女神以及英雄阿喀琉斯和赫克托耳的崇拜，"就像我们崇拜殉教者一样"。这些基督徒自愿支持基督教之前历史元素的现象持续了下来，但是在尤里安成为皇帝后，他宣称自己是个坚定的异教徒。他提倡传统的崇拜，并对其有所调整，以便更好地抵抗基督教。虽然他没有恢复对基督徒的迫害，但他禁止他们传教。他认为基督徒是自相矛盾的，因为这些人讲授荷马和赫西俄德的作品，却排斥这些作品所歌颂的神灵。基督徒试图吸收古典文学遗产而不接受其宗教价值观，在尤里安看来这是荒谬而不可接受的。在宗教实践方面，尤里安热衷于大型的动物献祭活动，例如在发动对萨珊王朝的远征之前，他在奥龙特斯河畔安条克举行了这样的献祭。他甚至试图重建耶路撒冷圣殿，使犹太人能够重新在那里祭祀，也许是为了离间基督徒和犹太教徒之间的关系，前者不献祭，而后者一有机会就去献祭，并且献祭的方式与希腊和罗马的传统祭祀非常相似。据当时的耶路撒冷主教西里尔（Cyril）的说法，新圣殿的奠基活动因为当地一场灾难性的地震而终止。随着尤里安在东征过程中阵亡，他的复兴异教之梦也灰飞烟灭。此外，犹太人发现自己越来越多地被帝国的立法所限制。

虽然尤里安的政策失败了，但是在公元 4 世纪末期，传统异教信仰的某些方面似乎依然很活跃，如在阿佛洛狄西亚发现的尚未完工的雕像所示。4 世纪末或 5 世纪初，在雕刻家制作这个雕像的过程中，可能发生了地震，将这个城市摧毁。这件欧罗巴和公牛的小雕像正在被雕刻的过程中，工艺精湛，用的是一块两种颜色的大理石，它要刻画的是白色的欧罗巴骑在深蓝色的公牛背上。还有其他正在制作中的常规神话人物的小型雕像，其中包括阿尔忒弥斯、阿斯克勒庇俄斯和阿佛洛狄忒。几个世纪以来，人们一直在制作这样的雕塑，它们被陈列在房屋和公共建筑中，成为东罗马帝国历史记忆的重要元素。在此后的 200 年中，这些古典神话的场面继续出现在黎凡特地区房屋的地板上。

在这一时期，这样的历史记忆在多大程度上构建了特定的宗教身份呢？对于如何认识这一问题，人们有激烈的争论。在讲述以前的时期时，我们回避了"异教信仰"一词，因为直到公元3世纪，随着基督教势力的不断壮大，人们才开始自认为不仅仅是希腊、罗马或其他传统神灵的崇拜者，还是"异教徒"。此时，一些基督教的倡导者看到了基督教与异教信仰之间的冲突。异教信仰和基督教之间存在什么样的冲突呢？在4世纪末期和5世纪早期，那些被称作"最后的异教徒"的人似乎并不敌视基督徒，他们中间有一些实际上是基督徒，他们对古典文化的尊崇并没有使他们接受异教神灵。有些基督徒对异教崇拜有严重的暴力行为，但其他人试图找到两者之间的共同点。也就是说，两者之间既对立又互相同化。

到了4世纪末、5世纪初，在基督徒和异教徒之间，古典历史和文化引发了很多争论。罗马的异教徒元老院成员参与了文本的缮写和校订。例如，我们现有的李维著作可以追溯到4世纪末和5世纪初的一个工程，即编辑李维的整部《罗马史》，承担这一工程的是两个相互关联的家族，即尼科马库斯家族（Nicomachi）和西马库斯家族（Symmachi）。抄本后来的版本上有他们的"签名"："我，尼科马库斯·弗拉维努斯（Nicomachus Flavianus），元老院成员，三度担任（罗马城）行政长官，在恩纳（Enna）对文本进行了编辑。"西西里岛上的恩纳是他们家族庄园的所在地。这样的编辑工作并不是协调一致的宣传行为，即顽固的异教徒为了保护他们的文化并将其传给后人，但也不仅仅是私事。罗马元老院成员因拥有大量藏书而著称。虽然有批评者称，他们中很少有人还在阅读其中的内容，但有些还是会读的。在他们共同的墓碑上，宝琳娜（Paulina）赞颂她公元384年去世的丈夫普拉特克塔图斯（Vettius Agorius Praetextatus），说他学识渊博，能够通过修订希腊文和拉丁文的诗歌和散文手稿，对智者的文本加以改进。接着，宝琳娜将文本的变化和个人通过加入秘仪而获得的个人转变进行对比：后者更伟大，意义更加重大。普拉特克塔图斯是一位著名的异教徒，宝琳娜觉得她已经被她的丈夫所改变，从而得到救赎。也就是说，精英成员花费时间校正古典手稿具有重大的文化意义。而他们选择了什么样的文本，这也具有重大意义。基督徒既读世俗文本，也读基督教文本，但异教徒只读世俗文本，并且可以在自己的宗教框架之内对其加以解释。

在公元5世纪二三十年代，对于古典文化的不同观点之间依然剑拔弩张。此时所有的元老院成员都已经是基督徒，但有关阅读古典著作的问题依然很有争议。马克罗比乌斯（Macrobius）的《农神节》（*Saturnalia*）写于5世纪30年代，其背景设定在公元384年基督徒和异教徒发生斗争期间。这部作品采取了对话的形式，对话发生在农神节上，参与者是当时最著名的异教徒，其中包括普拉特克塔图斯、西马库斯和尼科马库斯·弗拉维努斯。他们讨论的话题或轻佻或严肃，如农神节本身和罗马历法，但大部分时间是在谈论维吉尔。维吉尔被视为哲学和宗教知识的大师，被说成是他们的大祭司，而这个头衔是基督徒皇帝格拉提安刚刚拒绝的称号。他不仅是古典学校课本的作者，也是精确的宗教信息的来源。农神节被视为对逝去岁月的怀念，当时异教信仰或许被视为基督教以外的另一种选择而保留下来。事实上，它比单纯的怀旧更加有趣。作者无疑是一位基督徒，因为如果这部作品被认为是反基督的，作者是不可能让其带着自己的名字流传的，但是作品中一次也没有提到基督教，只有对上一代复兴异教梦想的沉思。

古老文本的流传

我们怎么知道什么古代的作者写了什么呢？我们没有古代作者的手稿。就古希腊作者而言，亚历山大图书馆曾试图确定权威的文本（见前文，第178—180页）。尼科马库斯家族和西马库斯家族为李维也做了同样的事情，并且做得很成功：他们校订过的文本远远优于同一时期（公元5世纪早期）独立流传下来的抄本。但是，我们怎么知道这些文本是什么呢？在某些情况下，或者更为普遍的情况是，古代的文本有一部分保存下来，比如大部分出自希腊作者之手的埃及莎草纸文本，或者来自文德兰达的写字板，其中包括维吉尔的零散诗句。但是，如果我们只依赖于这样的发现，能够拼凑出来的古典著作会非常少。有两部著作的古老抄本基本完整地保存了下来。维吉尔的作品在公元5—7世纪的三份手稿中被保存下来。包括《旧约》和《新约》在内的希腊语《圣经》有公元4世纪的抄本：一份抄本在西奈山上的圣凯瑟琳修道院一直保存到19世纪，被称为"西奈抄本"（Codex Sinaiticus），其中大部分现存于大英图书馆；另外一份抄本存于罗马，被称为"梵蒂冈抄本"（Codex Vaticanus）。两份最伟大的古代经典能够如此完好地保存在古代抄本中，这绝非偶然。奇怪的是，《伊利亚特》和《奥德赛》并没有完整地从古代流传下来。对于其他的文本，我们主要依赖于从古代之后流传下来的内容。有时，流传的过程也就是翻译成其他语言的过程，例如，优西比乌的作品被翻译成叙利亚语和亚美尼亚语，希腊科学著作被翻译成阿拉伯语（见前文，第五章）。大多数情况下，这是一个在大教堂和修道院缮写和再缮写的过程。加洛林王朝（751—987）因其对古典历史的兴趣而闻名，发挥了至关重要的作用：宫廷里有一个不同凡响的古典图书馆，修道院院长和主教可以在里面抄写。这一时期的抄本被保存下来的很少，但是在大约公元1000年后，它们构成了更丰富的流传复本的基础。就李维而言，我们很幸运，尼科马库斯和西马库斯的版本在加洛林时代被誊抄，因此是我们中世纪抄本的源头。但是有时候甚至一些重要作者的作品流传的渠道也很狭窄。塔西佗大多数历史作品都逸失了：《编年史》的7至10章都未流传下来，1至6卷通过公元850年的一份抄本流传下来，而11至16卷通过11世纪中叶的另一份抄本流传下来，《历史》也只有1至5卷通过这份抄本流传下来。

尽管异教信仰给人留下保持稳定的印象，但我们必须强调基督教日益突出的地位。从312年起，帝国开始支持基督教而不是异教，元老院成员受到了改信基督教的压力，并且帝国逐步立法在越来越多的方面对异教信仰加以限制。但宗教节日被延续下来，基督教当局将其重新解读为"娱乐活动"，因此是可以接受的，虽然在389年它们失去了作为"节日"的正式地位。例如，罗马仍然在庆祝农神节，但伴随节日的献祭活动已经被废止，那些从罗马街上裸奔到罗马广场的人不再像恺撒时代那样是元老院成员，而是雇来的地位低的人。从基督徒对抗"属灵的淫乱"的立场出发，罗马主教（492—496）基拉西乌斯（Gelasius）对罗马的头面人物提出批评，因为他们相信这个节日可以给他们带来救赎。另一方面，支持这个节日的基督徒却认为牧神节是一个无伤大碍的狂欢节，是罗马遗产的一部分，可以将当下和厄凡德尔与罗慕路斯的古代连接到一起。

与此同时,基督教节日开始取代传统节日。从321年起,星期日就有了"节日"的地位。389年,异教节日失去了被保护的地位,复活节被增加到节日之中,法庭在节日时不能开庭。基督教节日时间的选定有时也和异教相竞争。4世纪时,12月25日被广泛当作庆祝太阳神诞生的日子,根据希腊历法,这是"光明增加"的时候:在儒略历里,12月25日是冬至日,过了这一天,白天的时间重新变长。4世纪时,12月25日也被罗马教会选为基督诞生日。此前,有多个不同的日子都被当作基督诞生日,但是为了突出基督在神学上的重要性,反对帝国东部基督徒关于基督从属天父的主张,罗马教会把时间定在了12月25日,这个节日从罗马传播到西部的其他教堂,最终传播到东部的大部分教堂。这个日子也有《圣经》的支持:先知玛拉基(Malachi)已经预言了"公义的日头"的到来。此外,这个新的基督教节日还可以对抗流行的异教节日。

此外,基督教还要与差不多同时的另一个异教节日对抗。在整个罗马帝国,人们以极大的热情庆祝元旦(1月1日)。这一天标志着罗马年的开始,人们交换礼品,竞相宴请、喝酒。基督教的主教经常猛烈抨击这个节日。为了使会众的注意力离开教堂外可能会导致堕落的节日活动,奥古斯丁曾连续讲道两个半小时。

和3世纪时相比,在4世纪,基督教得到了迅速的传播,无论是地域范围还是信徒的人数,都有了很大的增加。4世纪时来自萨利斯圣泉(Aquae Sulis,今天的巴斯)的一块咒符向萨利斯·密涅瓦(Salis Minerva)求助,让她帮忙找到从钱包里偷窃六枚银币的小偷,"无论是异教徒还是基督徒,无论是男人还是女人,无论是男孩还是女孩,无论是奴隶还是自由人"。最后三条是早期咒符的标准用语，其目的是涵盖小偷可能属于的各种范畴，而第一条"无论是异教徒还是基督徒"的新颖之处是值得注意的，表明4世纪时基督教在不列颠已经很盛行。

基督教的一个传播途径是活跃的、现在已经合法的福音布道。对于福音布道的效果，图尔（在法国中部）的马丁（Martin of Tours）提供了一个极端的例子。马丁（死于397年）和奥索尼乌斯是同时代人，但是和奥索尼乌斯不同，他是高卢的外来者。他出生于潘诺尼亚（今天的匈牙利），在意大利北部长大，曾在罗马军队中服役。在他还是士兵的时候，在仅有简陋军衣的情况下，还是把他的斗篷分了一半给乞丐。退伍之后，他成为云游四方的基督教修道士，最终成为图尔的主教。他最著名的事迹是奇迹般的疗愈能力，甚至能够把死人救活，还有就是对农村异教崇拜的破坏。例如，在埃杜伊人地区，当他试图摧毁一座异教神庙时，不得不降服愤怒而暴力的人群。由于他对异教偶像的有意破坏，当地一些崇拜的确在他所处时代终结了。后来的当地传说甚至把马丁和埃杜伊人的古老中心比布拉克特遗址联系到了一起。在4世纪末，那里的一座神庙被摧毁，里面的雕像被打碎，在其废墟之上建立了纪念圣马丁的小教堂。他的传记作者苏尔皮奇乌斯·塞维鲁（Sulpicius Severus）在写到马丁人生最后阶段的时候，遇到了一个问题，他不知道如何描述一个如此不同寻常的人。即使荷马再世，也无法形容圣马丁的非凡一生。在他看来，正如基督的神迹和他与魔鬼的对话是真实的，马丁的神迹、他与圣人和魔鬼的谈话也都是真实的。苏尔皮奇乌斯是一位有古典修养的人，但是他认为应该将马丁置于《圣经》中的过去。马丁是又一个使徒，其戏剧性的行为和基督教传播过程中的既有叙事是相符的。

到了公元 400 年，罗马帝国的每一个城市都有了自己的主教和至少一座教堂。大区域的主教理事会不定期开会来决定关于教义的一些事情：325 年的尼西亚会议有 300 多位主要来自帝国东部的主教参加；381 年的君士坦丁堡会议有将近 200 名主教参加；431 年的以弗所会议有 200 多名主教参加。在帝国西部也有类似的会议：314 年的阿莱拉特（Arelate，今天的阿尔勒）会议有 33 名主教参加，但是 359 年的阿里米努姆（今天的里米尼）会议有 400 多名主教参加；在这两次会议上，都有 3 位来自不列颠的主教。主教已经成为所在城市里享有声望的人物，他们越来越多地来自当地贵族。在这方面，高卢最重要的主教利蒙努姆（今天的普瓦捷）的希拉里（Hilary of Limonum）比马丁更具有代表性，他来自一个良好的家庭，受过良好的教育。主教也开始承担代表城市和中央政府交涉的角色。387 年，当奥龙特斯河畔安条克的居民因为骚乱和破坏皇帝的雕像要遭受可怕的惩罚时，成功使该城获得皇帝宽恕的是这个城市的主教和修道士，而不是行政官和市议会。在之后的几个世纪里，这种主教职责广泛而位高权重的情况将一直延续下去。

到了 400 年，修道院也被大量修建。在安东尼（Antony，251—356）和后来的帕科缪（Pachomius）的带领下，隐修运动开始在埃及兴起。帕科缪于 346 年去世时，他的追随者据说多达 3 000 人，在 5 世纪初则达到了 7 000 多人。这一运动从埃及先是传播到了巴勒斯坦，接着又到了小亚细亚内陆，但在其他地方的传播很慢。在帝国西部，马丁是这方面的先驱者。在退伍之后不久，他试图在意大利北部建立一所修道院，但是没能成功。然而，在希拉里所在的城市利蒙努姆外的利居热（Ligugé），他建立了一所修道院，并于372年在图尔城外的马穆蒂尔耶（Marmoutier）建立了另外一所修道院，此时他刚刚成了那里的主教。在马穆蒂尔耶，马丁和80名修士一起过着苦行的生活，穿的衣物不是用当地的羊毛制成的，而是从隐修制度的发源地埃及进口的粗糙骆驼毛制成的。修士们没有个人财产，除了抄写文本外没有其他的工作。虽然当时围绕修士是否应该仅仅做祈祷和抄写文本是有争议的，但是事实证明隐修制度具有非常持久的生命力。

4世纪的基督教共同体通过圣人崇拜来为自己创造基督教的过去。最初，主要崇拜的是那些在君士坦丁之前遭受当局迫害的殉教者。354年，罗马教会的日历上几乎包括所有3世纪时罗马殉教者的纪念日。除了基督在犹太地伯利恒的诞生日和彼得成为罗马的第一任主教的纪念日，所有其他节日都是殉教者纪念日。在一年中有52人被纪念，共计22次。他们全部在罗马殉教并被埋葬在罗马，除了三位北非的殉教者之外，他们是居普良（Cyprian，迦太基主教）和203年殉道的佩尔佩图阿和菲丽希塔斯（Felicitas）。除了彼得和保罗（在258年对他们的崇拜被改革）之外，日历上没有1世纪和2世纪的殉教者。日历中所隐含的过去可以追溯到基督教在罗马的起源，但主要集中于3世纪的事件。

德尔图良（Tertullian）的《护教辞》大概写作于佩尔佩图阿和菲丽希塔斯殉道时的迦太基，在书的末尾，他对当局提出警告：那些殉道者的鲜血是基督教的种子。这种论点是可以商榷的。对于一个少数教派来说，竞技场上血腥死亡的场面不能算是好的宣传。基督徒领袖不赞成人们追求殉教，实际上为那些服从命令而牺牲的基督徒制定了合适的忏悔形式。直到迫害结束之后，这种对殉道者的崇拜才发展起来。第一批基督教圣徒都是殉教者，但是5世纪对圣徒的崇拜扩展到了那些寿终正寝却有超凡魅力的基督徒。

马丁就是这种新式圣徒的早期代表。马丁去世后，苏尔皮奇乌斯·塞维鲁写以书信和对话的形式讲述了马丁的神迹、他的反异教行为和苦行主义理想。在其中一封信中，他声称马丁忍受着无尽的痛苦，而这就是没有血光的殉道。马丁死后不久，利居热的修道院在马丁原来的修道院西侧建了一座新的圣殿。430年，他在图尔的继任者在他的坟墓上建了一个小教堂。但是对马丁的地方崇拜在他死后超过五十年才真正发展起来，即5世纪60年代之后。直到6世纪，对他的崇拜才广泛传播开来，法兰克国王克洛维将马丁当作自己的守护圣徒。

4世纪的教会建筑构成了新的宗教地理风貌，因此也构成了对过去的新解读。到333年那位布狄格拉的匿名朝圣者去巴勒斯坦朝圣时，那个地区已经发生了天翻地覆的变化。在统治东部帝国的9年里，君士坦丁在该地区投入了大量的帝国资源。在哈德良改造雅典仅仅200年后，帝国的兴趣已经转移到了其他地方，尽管在《使徒行传》中，圣保罗在雅典的传教活动令人印象深刻。君士坦丁拆除了哈德良在巴尔·科赫巴叛乱后在耶路撒冷建造的朱庇特神庙，建造了至少四座教堂：一座在基督诞生地伯利恒，一座在基督被钉上十字架并且埋葬的地方各各他（见图31），一座在基督升天的地方橄榄山（Mount of Olives），一座在幔利（Mamre，今天的希伯伦附近），在这里，亚伯拉罕在不知情的情况下款待了三位天使，并且得到了他将成为多国之父的预言。君士坦丁的选址受到了这些地方原有基督教传说的影响。选择幔利，是因为他认为三个天使中有一位是基督，是上帝在世上的一次显

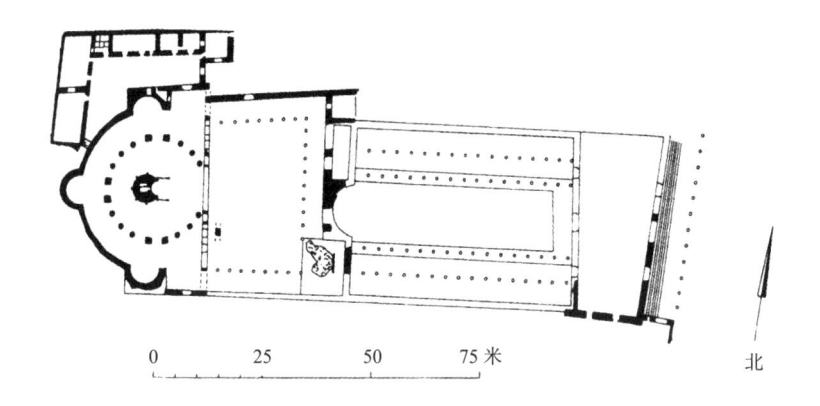

图 31　君士坦丁修建的耶路撒冷圣墓大教堂平面图。左侧是据信在基督坟墓所在地之上建造的祭坛。中间是敞开的院子。右侧是巴西利卡，由于后来的重建，这部分的平面图并不确定

现。他还受到了他的岳母尤特罗皮娅（Eutropia）的警告，说她看到这里被异教的仪式所污染，但他决定在这里建教堂，让我们想起优西比乌将亚伯拉罕的诞生当作世界历史起点的做法。

从布狄格拉的朝圣者所做的记录，可以看出此时人们是怎样看待巴勒斯坦的。他对往返巴勒斯坦的旅途的描述主要是一份补给站的名单，而对巴勒斯坦的描述却非常翔实，详细介绍了他所到之处的历史重要性。这位朝圣者对《圣经》中的整个历史都有兴趣，提到了 32 个与《旧约》有关的地方，以及 21 个与《新约》有关的地方。在耶路撒冷，他的记录中提到了所罗门圣殿旁边的水池、所罗门的宫殿（见前文，第 54 页），以及所罗门圣殿内沾有基督徒撒迦利亚（Zacharias）血迹的祭坛。他还提到，犹太人每年被允许在这里给一个有凹槽的石头涂上膏油，撕破自己的衣服，以示哀悼。在耶利哥，他看到了妓女

喇合的房子，在约书亚关于耶利哥城墙倒塌的故事中，这个房子扮演着重要的角色（见前文，第 52 页）。这位朝圣者还高度赞扬了君士坦丁所建的四座教堂，但他也对那些建筑之外的地标很感兴趣，比如撒该（Zacchaeus）为了看到基督而攀爬的那棵树，还有基督在约旦河受洗的地方，以及先知以利亚（Elijah）升天的地方。作者对当时的犹太人几乎不感兴趣，对该地和《圣经》无关的历史和崇拜则丝毫不感兴趣：对于耶路撒冷的朱庇特神庙，他只字未提。和后来的许多朝圣者一样，布狄格拉的朝圣者感兴趣的过去完全是和《圣经》有关的，但是从基督教的角度来看的。这片犹太人曾经视为圣地的土地现在成了基督教的圣地。

在巴勒斯坦，由于当时的犹太人在政治上非常弱势，关于过去的新建筑迅速出现并没有引起什么问题。在其他地方，围绕历史记忆的斗争却很激烈，例如奥龙特斯河畔安条克城外达芙妮的阿波罗神庙和神谕。关于这座神庙的起源，当地的说法是：塞琉古一世（公元前 308—前 281 年在位）有一天外出打猎，看到了一棵树，他认为这就是当地河神的女儿达芙妮为了逃离阿波罗的魔掌而变成的。在塞琉古的马经过之处，泥土里露出了一个金色的箭头，上面有阿波罗的名字，这使他确信阿波罗后来经常光顾此地。阿波罗和达芙妮的故事闻名于希腊内外，在公元 3 世纪和 4 世纪的安条克仍然在传颂。在这里，这个故事和当地的崇拜联系起来，就像神灵和英雄的其他故事在希腊的情况一样。在公元 3 世纪中期，一位名叫巴比拉（Babylas）的基督徒在安条克殉道，然后就葬在那里。353 年，皇帝君士坦提乌斯的副手加卢斯（Gallus）生活在安条克，他将巴比拉的遗体从安条克转移到了 9 千米之外的达芙妮。在这里，他为巴比拉专门建造了一座陵墓，此处便成为基督徒崇拜的中心。

362年,当时的皇帝、加卢斯的弟弟尤里安对安条克的不虔诚深感震惊,指责该城忽视了阿波罗的节日。他决定在达芙妮重建阿波罗的神庙和雕像,试图恢复阿波罗神谕,疏浚那里早已干涸的圣泉。但是泉水依然没有恢复流淌,当他得知这是因为巴比拉的遗体造成的污染时,他让人将其运回安条克原来的埋葬地点。然而,遗体刚进入该城,神庙的屋顶就神秘起火,烧毁了古老的阿波罗雕像。尤里安勃然大怒。由于法庭没能找出元凶,他对基督徒进行集体惩罚,关闭了他们主要的教堂并没收其财物。

整个事件引起了异教徒和基督徒之间的激烈争论:虽然同为安条克本地居民,异教徒李巴尼乌斯(Libanius)和基督徒约翰·屈梭多模(John Chrysostom)对此事的观点大异其趣。事后不久,对于神庙的破坏以及这对于传统宗教的可怕后果,李巴尼乌斯写了挽歌般的哀悼词。20年后,约翰·屈梭多模认为神庙被焚毁是神灵对尤里安及其亲异教政策的惩罚。他还讲述了巴比拉在达芙妮的出现改善了当地的道德风气,荒淫堕落的人变得收敛起来,就像在老师的注视之下一样。巴比拉和达芙妮的事例很好地表明了有关宗教纪念场所的冲突,那也是强调不同的过去而引发的冲突。

对于公元4世纪宗教上的变化、调整以及冲突,应该从希腊和罗马宗教与基督教之间主要差异的角度来看待。希腊和罗马的宗教没有经文,也没有信众集会的教堂,神祇和祭司则男女皆有。基督教也曾经有过女殉教者和女先知,但是到了公元4世纪,就只有男性神职人员和主教了。这种带有性别色彩的权力倾斜使基督教与作为(男性)圣书宗教的犹太教不谋而合。

对于此前100多年宗教和文化的变革，奥古斯丁在公元4世纪末5世纪初为我们提供了一位基督徒的看法。站在古代和中世纪西方世界的交叉点上，他提出了对古典时代和现代都极具影响力的观点。他的作品可能是此后1000年里西方最为重要的拉丁语文献。本章开头提到的鲁灵斯通的镶嵌画完成之后不久，年轻的奥古斯丁（生于354年）正在北非学习传统的教育课程。和几个世纪以来的学童一样，他受教于语法学家（*grammatici*），并且喜爱阅读维吉尔的作品。他为狄多的死悲伤哭泣，他第一次出名是因为在校时的一篇演讲，内容是嫉妒的朱诺看着埃涅阿斯离开迦太基前往意大利半岛时的心情。他接着学习了修辞学，并且很快就脱颖而出，先是在迦太基和罗马教授修辞学，后来于384年成为梅蒂奥拉努（米兰）的修辞学教授。奥古斯丁对于拉丁文和标准课程的掌握显然是非比寻常的。即使对于最有才能的人来说，这些知识也不容易掌握。在米兰生活两年之后，奥古斯丁发现意大利人仍旧会嘲笑他的非洲口音。公元5世纪早期，北非一些偏远的城镇仍旧以讲迦太基语为主。

在修辞学领域取得巨大成功后，奥古斯丁对基督教有了新的认识，公元391年，他在希波（今天阿尔及利亚的安纳巴）被按立为神父，并在公元395年成为主教。作为主教，他的修辞技巧依然十分重要，他的拉丁语布道开始出名，这就是为什么有几百篇这样的布道流传了下来。不少布道文直到最近才在图书馆中被发现，在1981年到2009年之间才首次印刷出版。他的很多布道都是对已有的信众讲解教义或仪式。最近发现的两篇布道发表于纪念非洲殉道者居普良、佩尔佩图阿和菲丽希塔斯的节日上。在奥古斯丁看来，后面这两位之所以受到人们的尊敬，不仅仅是作为女性，而是作为妻子，就佩尔佩图阿而言，还是作为母亲，她们的这些角色堪称众人的典范。奥古斯丁谈到佩尔佩图阿关于一位埃及黑人的梦境，在这个梦境中她最终战胜了恶魔。尽管佩尔佩图阿和菲丽希塔斯有身为女性的弱点，但她们都取得了胜利。有些布道谈论的是基督教会需要统一的问题，这些是在皇帝颁布法令试图压制长期分裂的教会后发表的。还有些布道是为了吸引异教徒改信基督教。奥古斯丁有时会离开希波到突尼斯北部和阿尔及利亚东北部地区去传道。在他所到的那些区域，基督教刚刚传播到那里。当他在提格尼卡［Tignica，今天突尼斯的艾恩汤噶（Ain Tounga）］传道时，奥古斯丁发现所有会众的父母亲都是异教徒。在别处，他不得不承认他无法转化那些受过教育的异教徒，并且这些异教徒受教育程度越高，就越难转化。在波塞斯［Boseth，在阿尔及利亚-突尼斯的迈杰尔达（Medjerda）流域］，他曾两次向会众道，其中包括一些受过教育的异教徒，可能是特别邀请的。这些异教徒认为人的灵魂需要通过异教仪式达到净化，这种仪式能够安抚传统神灵，让升天成为可能。他们把基督和殉道者当作中介，在他们的日历中，基督和殉道者也占据重要的位置。对此基督徒又怎么能反对呢？奥古斯丁回应道：异教哲学家关于灵魂的观点需要被修正，因为他们所说的灵魂少了些神性，并且他们的净化行为依赖于人类的骄傲。在其他的布道中，他不得不面对那些认为异教是通向上帝的另外一条可接受的渠道的基督徒。这是一些异教徒为罗马的异教信仰辩护时形成的论点，但是奥古斯丁是绝对不会接受这些的。通往真正的上帝的道路只有一条，那就是基督教会。

公元397年,在他成为主教两年后,奥古斯丁决定写一本概括他信仰之路的心灵自传。《忏悔录》的内容十分现代化,至今依然是一部扣人心弦的作品。书中讲述了他的人生经历,一直讲到他改信基督教,最后以他的母亲莫妮卡(Monica)在387年的逝世结尾,当时他们正在等着回家。书中还追溯了他多次转向的过程:读了西塞罗的一部作品之后,他转向了哲学;然后,他又转向了摩尼教,这个宗教部分受到了波斯思想的启发,认为善与恶之间永远在斗争,戴克里先曾试图扑灭这种宗教;最后,他转向了基督教,而他相信的基督教在很大程度上受到了柏拉图思想的影响。但是1至9卷的事件讲述之后,在第10卷,他阐述了其独创的记忆理论。前面的几卷讲述了他对过去生活中的过失的记忆,以及他是怎样一步步靠近上帝的,但是这部作品的旨归是引导读者也踏上通往上帝的道路。一个人怎样才能寻求普通感知之外的上帝并获得人生的幸福呢?奥古斯丁认为是通过回忆他所失去的东西来做到这一点的。对上帝的记忆就像是对喜悦的记忆,在亚当以及人类的堕落之前,人类是知道这种喜悦的。奥古斯丁的记忆理论把他的过去、现在以及将来联系到了一起。作为知识和理解的先决条件,记忆解释了他的过去,揭示了他的完整身份,并且是神与他和读者之间的桥梁。记忆的全部意义只有放在宗教的背景之下才能被理解,这个观点对于奥古斯丁对文化记忆的处理也具有重要意义。

在写作《忏悔录》的同时,奥古斯丁也将注意力转向了古典教育。年轻时的奥古斯丁可能为狄多哭泣过,但他在《忏悔录》中指出他被热情蒙蔽了双眼,无法看到自己真实的属灵状况。因此,他对维吉尔的态度很矛盾,尽管他对维吉尔的作品熟稔于心,并认为其拉丁语比已有的拉丁语《圣经》好很多。在《论基督教教义》这本书中，他详细讨论了基督教与古典文化之间的关系。当然，《圣经》是最重要的。和其他书本一样，它也很复杂，阅读时需要熟练的解析技巧，而不是简单地接受权威解释。理解它也需要拥有希伯来语以及近东历史的广博知识，而这是仅仅受过古典教育的人所不具备的。但奥古斯丁并不认为只有《圣经》才值得学习，也不认为《圣经》之外的教育对于一个优秀的基督徒来说没有必要。相反，他认为文化是一种社会现象，是语言的延伸。即使异教信仰也是一种社会建构，其献祭活动是人类和恶魔之间交流的一种手段。文学作品中的宗教并不是基督教的威胁。和马克罗比乌斯《农神节》中暗示的观点相反，维吉尔对于献祭活动的描述并没有激起异教徒的宗教情感，基督徒对此也无须恐惧。异教神灵不过是"传统的形态，它们由人类所创造，适应了人类社会的需要，我们的人生中离不开它们"，因此可以为基督徒所用。这样一来，维吉尔的作品和其他拉丁语经典一下子就不再具有威胁性，因此在基督教时代，仍可以继续充当欧洲教育的基础。

　　奥古斯丁也开始思考罗马和罗马帝国，以及它与基督教信仰之间的关系。他本可能像拔摩岛的圣约翰一样（见前文，第344页）将罗马视为巴比伦的淫妇，或者也可能像优西比乌那样，把帝国当作神意的杰作，把皇帝视为上帝在人间的代理。事实上，他都没有。在公元410年罗马城被哥特人洗劫时，他已经对上帝之城和人类之城这一《圣经》主题产生了兴趣。历史的讽刺之一是，奥古斯丁可以在安稳的北非观察罗马和意大利半岛的麻烦，这里看起来远离入侵。而另一个讽刺则是，源自波兰的汪达尔人一路打到高卢和伊比利亚半岛，在429年侵入北非，并在439年征服了迦太基。公元410年到411年，奥古斯丁围绕罗马的陷落进行了四次布道，但是他面对的听众是来自罗马的流亡者，他们很难对付，因为他们虽然名义上是基督徒，却忠诚于古典文化。正是为了应对这些摇摆不定者，奥古斯丁写作了《上帝之城》，423年到425年，这本书的几部分陆续面世。

除了叙事性的历史（如李维的作品）和法典之外，《上帝之城》是以拉丁语写成的最长的论说文。这部作品结构复杂，在奥古斯丁随书寄给异教徒朋友费尔摩斯（Firmus）的信中，他对这本书的结构进行了总结。前五卷是为了反对那些认为崇拜神灵（或者说是恶魔）能带来此生幸福的人而写的；接下来的五卷是针对那些相信这样的崇拜能带来来生幸福的人而写的；后面三部分各由四卷组成，分别探讨了上帝之城的起源、发展和未来的终结。这个论题使得奥古斯丁在罗马文化和历史上花费了很多时间。在第一部分，为了否定异教崇拜可以带来此生的幸福，他详细地描写了基督降临之前罗马的弊病。神灵并没有充分的理由让特洛伊毁灭。他们没有惩罚罗慕路斯对他的兄弟雷穆斯的谋杀。在国王的统治之下，虽然以那么多人的流血为代价，罗马的权力欲望却只让罗马的边界从罗马城向外扩张了20罗马里，几乎无法和同时代北非的城市相提并论。在公元前146年迦太基陷落之后那段时期，奥古斯丁强调了从格拉古兄弟到奥古斯都时代罗马的暴力，以及米特拉达悌对亚洲的罗马人的屠杀。这一切的灾难都发生在罗马崇拜异教神灵的时候。随后，奥古斯丁承认，一些古罗马人是拥有美德的，如尤利乌斯·恺撒，当时的异教徒都很坚持这一点，但是他指出，他们的美德无法控制道德腐败的力量，与圣徒的美德相比，这根本就不是真正的美德。

《上帝之城》的下半部分探讨两个城市的起源、历史和终结，根据《圣经》的讲述，他概述了从创世到大卫和所罗门时代的人类历史。然后，这本书转而勾勒和上帝之城相对的人类之城直到基督降临的历史，先后将亚述人和罗马人当作人类之城的主要例子。奥古斯丁采用了优西比乌所建立的时间框架，而这一框架是他从耶柔米的拉丁语译文中了解到的，正如我们所看到的那样，这一框架把其他文明都与《圣经》的叙事线索联系起来。因此，是在以色列人离开埃及之后，对虚假神祇的崇拜才被引入希腊。关于欧罗巴被从腓尼基掠到克里特岛的故事，根据奥古斯丁的说法，当时的异教徒认为她是被一位克里特国王掠走的，而宙斯和公牛的故事只是一个民间寓言。正如优西比乌所做的那样，奥古斯丁认为，埃涅阿斯到达意大利半岛时，雅典的国王是墨涅斯透斯，西锡安的国王是波里菲特斯（Polyphides），亚述的国王是坦塔内斯（Tantanes），以色列的士师是拉布顿（Labdon）。对这两个城市平行历史一丝不苟的写作以基督的降临和基督教会的诞生结尾，此时两个城市混合到一起，直到末日审判的时候再次被分开。非常值得一提的是，奥古斯丁认为罗马完全是另一个人类机构，在原则上，其他的国家可以取而代之。至于这个过程是怎样发生的，这将是"企鹅欧洲史"系列第二卷《罗马帝国的遗产》的主题。

*

本书反复出现的主题是古典古代对过去的记忆。当然，这样的记忆不是自古就有的，就像我们在探讨青铜时代对于过去的记忆时所看到的那样，但是从公元前第一千年初期开始，两套主要的记忆变得重要起来。首先是在希腊人那里，然后是在罗马人那里，占主导地位的记忆把各种不同的现实和特洛伊战争以及更早的时期联系起来。由于希腊世界外围的民族试图在这个世界上为自己找到一个位置,他们将他们的过去与遥远的希腊过去联系起来。埃涅阿斯离开熊熊燃烧的特洛伊,经过迦太基来到意大利半岛,对于整个罗马世界的人来说,他的旅途反复成为参照点。从埃涅阿斯和罗慕路斯开始的对罗马崛起的叙述,构成了传给基督教欧洲的一套新意识形态的一部分。在奥古斯丁那里,罗马是主要的地上之城。另外一套记忆是以色列人的记忆,在公元前 6 世纪,由于被掳至巴比伦的经历,这套记忆得到强化。对于犹太人来说,是这些记忆定义了他们的身份,而他们之所以会对罗马的统治发起反叛,部分也是因为这些记忆。这些记忆一直是犹太人所特有的,直到其部分被基督徒采纳,并构成奥古斯丁上帝之城的历史的一部分。

在古代世界,记忆可以对民族进行定义,可以让他们团结起来,也可以导致他们之间的分裂,但是其他的因素也很重要。语言是关键。希腊语成了地中海东部的主要语言,毫无疑问这就是为什么最早的基督教文本,包括《新约》在内,不是用耶稣的母语阿拉米语,而是用希腊语写成的。同样,拉丁语成为地中海西部的主要语言。在帝国早期,罗马精英以精通拉丁语和希腊语而自豪,但这种双语能力仅限于精英阶层,也不持久。基督教的文本很早就被翻译成拉丁语,甚至像奥古斯丁那样受过很高层次教育的人也没有掌握希腊语。在戴克里先统治期间,帝国首次分为东西两部分,到公元 4 世纪末则彻底分裂,这一分裂就是两种语言之间根深蒂固的分裂的结果。

在东部,直到公元 7 世纪,帝国政府一直掌握着支配权,城市欣欣向荣。萨珊王朝依然是东部的威胁，在 7 世纪初，他们成功控制了帝国东部大部分地区，尽管后来又被驱赶回去。在元气大伤的情况下，萨珊王朝被阿拉伯部落联盟消灭。穆罕默德是阿拉伯人的领袖，从 622 年开始直到他于 632 年去世。阿拉伯人势力的迅速崛起标志着近东和欧洲历史上的一个新阶段。

耶路撒冷圆顶清真寺的建筑囊括了发生在东部的这些变化。从 640 年左右开始，阿拉伯开始控制耶路撒冷。在穆罕默德从麦加迁移到麦地那 72 年后，相当于公元 691 年至 692 年，新的倭马亚王朝哈里发阿卜杜勒·马利克（Abd al-Malik）下令修建了这座清真寺，以此宣告将伊斯兰教作为阿拉伯统治的意识形态基础。这个非凡的建筑并不是真正意义上的清真寺，因为它不是为礼拜而设计的，其本质上是一个围绕圣殿山一块暴露基岩的八角形外壳。布狄格拉的朝圣者所说的犹太人哀悼圣殿被毁的圣石就是这块石头。最晚从公元前 3 世纪开始，犹太人就相信，亚伯拉罕把他的儿子以撒捆绑起来并差点将其献祭的事情就发生在这座山上。这座建筑主导着耶路撒冷的天际线，象征着耶路撒冷新的统治者。但是它对穆斯林也有特殊的意义。从一开始，他们就承认耶路撒冷是一个重要的宗教地点。根据早期的传说，穆罕默德有一天夜里乘飞马从麦加旅行到了耶路撒冷。在这块岩石上，天使吉卜利勒（加百列）告诉他，这是真主在创世之后飞升天界的地方，这里还留有他的脚印。这里也将是最后审判的地方。由于耶路撒冷在犹太人和基督教思想中的地位，整个城市（尤其是那块岩石）对于世界的开始和结束都具有特殊的意义。只是在后来的传说中，这块岩石才成了穆罕默德本人夜游耶路撒冷时升天凝视宇宙的地方，而这里留下的是他本人的足迹。这种传说始于 11 世纪，但时至今日仍一再被重复。

在圆顶清真寺内部八边形拱廊的内外两侧,有两个巨大的镶嵌文本,长达 240 米,其历史可以追溯到公元 691 年至 692 年,它们几乎是可以确定时代的、最早的穆斯林文本。两个文本都是《古兰经》的经文摘取和组合,以彰显这个新宗教的伟大。拱廊内部的文本写道:"以仁慈的真主之名。万物非主,唯有真主。……穆罕默德是真主的使者。"这句话所针对的不仅仅是异教的多神信仰,更是针对基督教。"弥赛亚,马利亚之子耶稣,只是真主的使者,他把他的话传给马利亚,从他传来的灵。所以相信真主和他的使者,不要说三位。"耶稣被当作真主的使者受到尊重,他出生、死亡和复活的日子也受到尊重,但"上帝是不应该有儿子的"。这些都是极具争议性的论断。圆顶清真寺表明,《古兰经》中早期民族犹太人和基督徒的早期传说,是如何被改编并融入伊斯兰教的,但也表明伊斯兰教的说法是非常新颖的。

在西部,帝国统治的分崩离析从公元 425 年就已经开始了。不列颠已经失去,汪达尔人即将征服北非,高卢和伊比利亚有些地区将很快被罗马的蛮族盟友所控制。当路提里乌斯·纳马提亚努斯(Rutilius Namatianus)在 417 年从罗马航行返回故乡高卢时,他写了一首诗赞美罗马的伟大,并祝贺将军君士坦提乌斯击败伊比利亚的哥特人。路提里乌斯是异教徒,他提到多亏了罗马的神庙,他才距离天堂并不遥远。他承认罗马民族有两个源头,分别是维纳斯和马尔斯,埃涅阿斯和罗慕路斯后裔的祖先。当他沿着意大利的西海岸航行时,路提里乌斯欣喜地提到异教的仪式依然在继续,并猛烈抨击修道士和犹太教徒。他有点儿伤感地注意到了所经之处的变化和没落，如皮尔吉或"荒凉的科萨那些古老的、无人防守的遗迹和破败的城墙"，但是遥远的过去依然是一个牢固的参照点。在他曾经在皇宫里服务过的比萨，他动情地回忆着这个城市的历史：作为奥林匹亚竞技会发源地埃利斯的一个殖民地，比萨在埃涅阿斯从特洛伊来到这里之前就已经建立了。路提里乌斯仍然认为自己离开了中心（罗马）回到了外围（高卢）的故乡。也就是说，他仍然认为自己生活在古典欧洲的历史所涵盖的世界。事实上，他正处在新世界的边缘。在这里，外围正在凭着自身的实力成为权力的中心，到了公元5世纪，高卢要比罗马强大得多。

在这个新世界中，对于过去的看法在西部的不同地区各不相同。在高卢南部有一个偏僻的修道院，是由吉扬（Guilhem）伯爵于804年建造的，现在被称为圣-吉扬-勒德塞尔（Saint-Guilhem-le-Désert）。在从高卢驱退阿拉伯人的战役中，他获得了显赫的荣耀，但他决定隐退，成为修道士。他的表弟查理曼皇帝把当年钉死耶稣的十字架的一部分赠送给了这个修道院。在12世纪或13世纪，在对吉扬的崇拜正在形成的时候，一个4世纪的基督教石棺被重启，以保存吉扬的遗体，还有一个6世纪或7世纪的石棺也被重新利用，用来保存他的姐妹阿尔巴纳（Albane）和贝特拉纳（Bertrane）的遗体，此外，在教堂大门的正面，还竖立了他们的罗马式半身像。尽管政治制度发生了巨大变化，这个地区依然将自己与罗马的过去联系起来。在不列颠，情况却很不同。和高卢相比，这里的罗马化在广度和深度上都更加有限。把不列颠人的源头追溯到特洛伊人的说法的确存在，但是罗马统治还没结束，城市就已经在崩溃了。到了公元8世纪，一位用古英语写作的诗人看着眼前的一片废墟（可能位于巴斯），发思古之幽情，写

下了这样一首诗:

> 虽然命运将其摧毁,
> 壁垒依然雄伟。
> 楼台瓦解,只剩下残垣断壁。
> 屋顶塌陷,高塔倒地。
> 历经风吹雨打,岁月侵蚀。
> 灰泥剥落,栅门破败,
> 天花板早已裂开。
> 擅长圆形建筑的能工巧匠,
> 用铁箍连接起房梁。
> 公共大厅宽敞明亮,
> 只因有高高的山墙。
> 浴室众多,到处欢声笑语。
> 宴会厅里,充满人间欢愉。
> 命运无情,横遭变故。
> 瘟疫流行,四处屠戮。
> 勇士已去兮,
> 演武厅被弃。
> 城市成废墟,
> 无人来修葺。
> 各厅皆空,毫无人迹,
> 砖瓦脱落,轰然倒地。
> 遥忆当年,群雄聚首,

金光闪闪,威风凛厉。
畅饮美酒,身着甲胄,
奇宝珍玩,金玉满堂。
石头建筑依然耸立,
温泉之水还在流淌。
泉水流过灰色的石头,
进入圆形的水池,
进入下面的浴场。

插图清单

1. 公元前第二千年中叶克诺索斯宫殿平面图。源自辛西娅·W.谢尔默丁（Cynthia W. Shelmerdine）主编的《爱琴海青铜时期剑桥研究指南》（*The Cambridge Companion to the Aegean Bronze Age*，剑桥：剑桥大学出版社，2008年），第142页，图6.1。

2. 皮特·德荣（Piet de Jong）的克诺索斯宫殿局部复原图，出自阿瑟·埃文斯爵士《米诺斯的宫殿》（*The Palace of Minos*，伦敦：麦克米伦，1921—1936）第2卷第9页，图4。

3. 皮洛斯宫殿的平面图。源自 J. L. 戴维斯（J. L. Davis）主编的《沙地皮洛斯：从涅斯托耳到纳瓦里诺的考古史》（*Sandy Pylos: An Archaeological History from Nestor to Navarino*，得克萨斯州奥斯汀市：得克萨斯大学出版社，1998年），第82页，图41（J. C. 莱特绘）。

4. 来自克诺索斯的线形文字B（Ap 639），源自 J. 查德威克（Chadwick）等的《克诺索斯铭文集》（*Corpus of Mycenaean Inscriptions from Knossos*，剑桥：剑桥大学出版社，1986年），第一卷，第236—237页。

5. 克诺索斯：三重神殿复原图，源自 J. D. S. 彭德尔伯里（Pendlebury）的《克诺索斯的米诺斯宫殿手册》（*A Handbook to the*

Palace of Minos at Knossos，伦敦：麦克米伦，1933 年），插页 8.1。

6. 迈锡尼神殿的等距视图，源自威廉·泰勒勋爵（Lord William Taylour）的《迈锡尼人》（*The Mycenaeans*，第二版，伦敦：泰晤士和哈德逊，1990 年），第 51 页，图 26。

7. 特洛伊第六层的复原图（2009 年修订版），版权归慕尼黑的克里斯托弗·霍斯纳（Christoph Haussner）所有。

8. 勒夫坎第的"英雄祠"平面图。源自 M. R. 波帕姆（Popham）、P. G. 卡里加斯（Calligas）和 L. H. 萨基特（Sackett）主编的《勒夫坎第之二：图姆巴的原几何建筑》（*Lefkandi II: The Protogeometric Building at Toumba*），第二部分"发掘、建筑和发现"（伦敦：雅典的英国考古学院，1993 年），第 5 页。M. R. 波帕姆和 I. S. 莱莫斯（Lemos）的《勒夫坎第之三：图姆巴墓地。1981 年、1984 年、1986 年和 1992—1994 年的发掘》（*Lefkandi III: The Toumba Cemetery. The Excavations of 1981, 1984, 1986 and 1992–4*，伦敦：雅典的英国考古学院，1996 年），插页 4。

9. 来自戈韦林豪森和维爱的青铜骨灰瓮，源自 A. 约肯霍瓦尔（A. Jockenhövel）《日耳曼尼亚》（*Germania*），第 52 期（1974 年），第 20 页，图 2 和第 22 页，图 4。

10. 公元前 700—前 500 年雅典墓地和定居点的变化模式，源自 I. 莫里斯（Morris）的《埋葬和古代社会》（*Burial and Ancient Society*，剑桥：剑桥大学出版社，1987 年），第 66 页。

11. 科摩斯由三根石柱支撑的腓尼基人神龛，源自 J. W. 萧（Shaw）的《科摩斯：克里特岛南部的一个米诺斯人港口城镇和希腊圣所》（*Kommos: A Minoan Harbor Town and Greek Sanctuary in Southern Crete*，雅典：美国古典学院，2006 年），第 42 页，图 31。

12. 霍恩堡的东南角。源自 W. 基米希（Kimmig），《多瑙河畔的霍恩堡》(*Die Heuneburg an der oberen Donau*，斯图加特：Konrad Theiss，1983 年)，第 89 页。

13. "涅斯托耳的酒杯"上的希腊语诗句铭文（皮塞库萨，约公元前 730 年），来自 L. H. 杰弗里（Jeffery），《古风时期希腊的当地文字》(*The Local Scripts of Archaic Greece*)，修订版（牛津：牛津大学出版社，1990 年），插页 47，第一个。承蒙牛津大学古代文献研究中心 L.H. 杰弗里档案馆提供。

14. 公元前 625 年前后科林斯阿哥拉的神圣围墙。源自《西方之国》(*Hesperia*)，第 43 期（1974 年），第 2 页。

15. 波斯波利斯的阿帕达纳浮雕上的外交使团，安·西赖特（Ann Searight）绘，源自约翰·柯蒂斯（John Curtis）和奈杰尔·塔利斯（Nigel Tallis）《被遗忘的帝国：古代波斯的世界》(*Forgotten Empire: The World of Ancient Persia*，伦敦：大英博物馆出版社，2005 年)，第 65 页。图片版权归大英博物馆托管会所有)。

16. 凯阿岛的四个城邦，源自 J. F. 谢里（Cherry）等《作为长时段历史的景观考古：基克拉泽斯群岛的北凯阿，从最早的定居点到现代》(*Landscape Archaeology as Long-Term History: Northern Keos in the Cycladic Islands from Earliest Settlement until Modern Times*，洛杉矶：加利福尼亚大学出版社，1991 年)，第 6 页。

17. 雅典卫城，源自 J. M. 赫尔维特（Hurwit）《雅典卫城》(*The Athenian Acropolis*，剑桥：剑桥大学出版社，1999 年)，第 153 页。

18. 卫城前门的平面图，源自小 W. B. 丁斯莫尔（Dinsmoor）《雅典卫城的前门卷一：前身》(*The Propylaia to the Athenian Acropolis I: The*

Predecessors,普林斯顿:美国雅典古典研究学院,1980 年),插页 6。

19. 阿伊哈努姆,源自 C. 拉潘(Rapin)《阿伊哈努姆的发掘八:阿伊哈努姆的希腊化宫殿的珍宝》(*Fouilles d'Aï Khanoum VIII: La trésorerie du palais hellénistique d'Aï Khanoum*,巴黎:Boccard,1992 年),插页 5。

20. 雅典卫城上阿塔罗斯王朝的胜利纪念碑,源自 A. 斯图尔特(Stewart)《阿塔罗斯王朝、雅典和卫城:帕加马的"小野蛮人"和他们的罗马与文艺复兴遗产》(*Attalos, Athens, and the Akropolis: The Pergamene 'Little Barbarians' and their Roman and Renaissance Legacy*,剑桥:剑桥大学出版社,2004 年),第 196 页。

21. 武尔奇弗朗索瓦坟墓的壁画,源自 T. J. 康奈尔(Cornell)《罗马的起源》(*The Beginnings of Rome*,伦敦:劳特利奇,1995 年),图 16a。

22. 西庇阿家族的坟墓,正面复原图。源自 F. 夸雷利(Coarelli)《考古学对话》(*Dialoghi di archeologia*,6,1972 年),第 64 页,图 E。

23. 阿真蒂纳圣地遗址的四座神庙,源自内森·罗森斯坦(Nathan Rosenstein)和罗伯特·莫施泰因-马克思(Robert Morstein-Marx)主编的《罗马共和国研究指南》(*A Companion to the Roman Republic*,牛津:布莱克威尔,2006 年),图 4.2。

24. 阿特米多鲁斯莎草纸上的伊比利亚半岛局部图。改编自巴尔贝尔·克雷默(Bärbel Kramer)《莎草纸上的西班牙(?)已知最早地图和阿特米多鲁斯的地理》(*The Earliest Known Map of Spain (?) and the Geography of Artemidorus of Ephesus on Papyrus*),《国际地图史杂志》(*Imago Mundi*),第 53 期(2001 年),第 115—120 页,图 2。

25. 罗马奥古斯都广场平面图，源自 M. 比尔德（Beard）、J. 诺斯（North）和 S. 普莱斯（Price）《罗马的宗教》(*Religions of Rome*，剑桥：剑桥大学出版社，1998 年)，第二卷第 81 页。

26. 阿佛洛狄西亚的塞巴斯蒂昂的入口，纽约大学阿佛洛狄西亚考古队绘。

27. 比布拉克特（贝弗莱山）和奥古斯托杜努姆（欧坦）。源自 C. 顾迪诺（Goudineau）和 C. 皮耶尔（Peyre）*Bibracte et les Eduens: A la découverte d'un peuple gaulois*（巴黎：Errance，1993 年)，插页 10，以及 G. 伍尔夫（Woolf）《早期罗马高卢的城市化及其不满》(Urbanization and its Discontents in Early Roman Gaul)，出自 E. 芬特雷斯（Fentress）主编的《罗马化与罗马》(*Romanization and the City*，JRA Supplement 38，朴次茅斯，RI，2000 年)，第 118 页。

28. 1666 年克里斯托弗·雷恩重新设计的伦敦市中心平面图。29. 菲什伯恩的罗马宫殿。源自 B. 坎利夫（Cunliffe）《菲什伯恩的罗马宫殿》(*Fishbourne Roman Palace*，斯特劳德：萨顿，1998 年)，第 99 页。

30. 兰斯战神门的雕塑装饰。纳西斯·布鲁内特（Narcisse Brunette，1808—1895）绘，源自 F. 勒菲弗（Lefèvre）和 R. 勒格罗（Legros）的《兰斯的战神门》(*La Porte Mars de Reims, Bulletin du Groupe d'études archéologiques Champagne-Ardennes*，特刊，兰斯，1985 年)。

31. 耶路撒冷圣墓大教堂平面图，源自马丁·比德尔（Martin Biddle）《基督之墓》(*The Tomb of Christ*，斯特劳德：萨顿，1999 年)，第 67 页，图 63。

延伸阅读

在下文中，我们不会列出支撑本书的各种语言的资料来源或学术著作，而是提供一份相关的英语著作指南，包括一些现代历史小说，希望以此来激发读者的兴趣。同时，指南还包括一些重要的古代文本的翻译，指出一些值得一游的古迹，并尽可能附上在线资源的链接。

前言

很多重要作品探讨过社会对于其历史的理解和利用，如 Paul Connerton, *How Societies Remember* (Cambridge: Cambridge University Press, 1989)，以及 James Fentress 和 Chris Wickham, *Social Memory* (Oxford: Blackwell, 1992)，都是这方面研究的拓荒之作。下列作品则探究了历史遗迹在构建社会记忆过程中所发挥的作用：Susan E. Alcock, *Archaeologies of the Greek Past: Landscape, Monuments and Memory* (Cambridge: Cambridge University Press, 2002); Ruth M. Van Dyke 和 Susan E. Alcock 主编的 *Archaeologies of Memory* (Oxford: Blackwell, 2003); 以及 Lucia F. Nixon, 'Chronologies of Desire and the Uses of Monuments: Eflatunpınar to Çatalhöyük and Beyond'，收在 David Shankland 主编的 *Anthropology, Archaeology and Heritage in the Balkans and Anatolia, or The Life and Times of F. W. Hasluck (1878–1920)* (Istanbul: Isis, 2004; 可以在线免费浏览 http://tinyurl.com/qo87mc)。

下列作品精彩地介绍了晚近对于古典历史的各种利用：Mary Beard 和 John Henderson, *Classics: A Very Short Introduction* (Oxford: Oxford University Press, 1995); Simon Goldhill, *Who Needs Greek? Contests in the Cultural History of Hellenism* (Cambridge: Cambridge University Press, 2002)，及其 *Love, Sex and Tragedy: How the*

Ancient World Shapes our Lives (London: John Murray, 2004). Richard Jenkyns, *The Victorians and Ancient Greece* (Oxford: Blackwell, 1980) 和 *Dignity and Decadence: Victorian Art and the Classical Inheritance* (London: HarperCollins, 1991) 探讨了维多利亚时期的文学和艺术。Anthony Pagden 主编的 *The Idea of Europe from Antiquity to the European Union* (Cambridge: Cambridge University Press, 2002) 考察了从古至今欧洲观念的变化。

第一章 爱琴海地区，米诺斯人、迈锡尼人和特洛伊人：约公元前1750年—前1100年

Barry Cunliffe, *Europe Between the Oceans: 9000 BC–AD 1000* (New Haven and London: Yale University Press, 2008)，在第七章中，非常清楚地概述了从英国到近东的青铜时代。关于希腊青铜时代这段明晰历史的发现，可以参考 William A. MacDonald 和 Carol G. Thomas, *Progress into the Past: The Rediscovery of the Mycenaean Civilisation*, 第二版 (Bloomington: Indiana University Press, 1990); 以及 J. Lesley Fitton, *The Discovery of the Greek Bronze Age* (London: British Museum Press, 1995; Cambridge, Mass: Harvard University Press, 1996)。Cynthia W. Shelmerdine 主编的 *The Cambridge Companion to the Aegean Bronze Age* (Cambridge: Cambridge University Press, 2008)，是关于这一时期克里特岛和希腊本土的最好的单册书籍。

Hervé Duchêne 的 *The Golden Treasures of Troy: The Dream of Heinrich Schliemann* (London: Thames and Hudson, 1996) 描述了海因里希·谢里曼对对特洛伊的挖掘。关于阿瑟·埃文斯爵士的研究，最好参阅 Ann Brown, *Arthur Evans and the Palace of Minos* (Oxford: Ashmolean Museum, 1983)，该书简明扼要，图文并茂。此外，Alexandre Farnoux 的 *Knossos: Unearthing a Legend* (London: Thames and Hudson, 1996) 也很精美。J. A. MacGillivray, *Minotaur: Sir Arthur Evans and the Archaeology of the Minoan Myth* (London: Jonathan Cape, 2000) 则提供了更多的细节。

现代对于克诺索斯的看法可以参考 Pierre Vidal-Naquet, *The Atlantis Story: A Short History of Plato's Myth* (Exeter: University of Exeter Press, 2007)，该书批判性地分析了对柏拉图的亚特兰蒂斯神话的各种反应，以及 Theodore Ziolkowski, *Minos and the Moderns: Cretan Myth in Twentieth-Century Literature and Art* (Oxford: Oxford University Press, 2008)。

两份在线资源提供了对爱琴海地区青铜时代的介绍：Jeremy B. Rutter, *Prehistoric Archaeology of the Aegean*, http://projectsx.dartmouth.edu/history/bronze_age/ (2000) 对整个青铜时代的希腊进行了系统介绍；Lucia Nixon and Simon Price,

Archaeology for Amateurs: The Mysteries of Crete, http://crete.classics.ox.ac.uk/（2002年开创的一个在线课程，不过现在已经可以免费获取）涵盖了克里特从青铜时代到 19 世纪末的整个历史。

关于近东，参阅 Marc Van De Mieroop, *A History of the Ancient Near East, ca. 3000–323 BC*, 第二版 (Malden, Mass., and Oxford: Blackwell, 2007), 第 6—9 章精彩地概述了整个近东的情况。John Baines 和 Jaromir Málek, *Atlas of Ancient Egypt* (Oxford: Phaidon, 1980) 是一本权威的埃及权威历史书，图文并茂。Trevor R. Bryce, *The Kingdom of the Hittites*, 第二版 (Oxford: Oxford University Press, 2005) 是了解小亚细亚赫梯王国最好的切入点。William L. Moran, *The Amarna Letters* (Baltimore and London: Johns Hopkins University Press, 1992) 翻译了埃及法老阿肯那顿和近东各国统治者之间的书信。

围绕一个老生常谈的问题"特洛伊战争真的发生过吗？"，特洛伊遗址发掘主管、已故的 Manfred Korfmann 在 *Archaeology*, 57 (2004) 表达了自己的观点，可以在线浏览：http://www.archaeology.org/0405/etc/troy.html。

有许多绝佳的青铜时代景点值得游览，克里特岛"蓝色指南"是对于岛上青铜时代考古最详细的指南。(第七版, London: A. & C. Black, 2003) 关于斯法基亚，参阅 Lucia Nixon、Jennifer Moody、Simon Price 和 Oliver Rackham 的网站 *The Sphakia Survey: Internet Edition*, http://sphakia.classics.ox.ac.uk (2000)。关于希腊本土，包括迈锡尼、提林斯和皮洛斯，最好的指南是 Christopher Mee 和 Antony Spawforth, *Greece: An Oxford Archaeological Guide* (Oxford: Oxford University Press, 2001)。关于特洛伊，有一个官方的考古发掘网站：http://www.uni-tuebingen.de/troia/eng/index.html。这次发掘的主管和工作人员 Manfred Korfmann 和 Dietrich Mannsperger 著有他们自己的指南：*A Guide to Troia* (Istanbul: Ege Yayınları, 1999)。

第二章 地中海、黎凡特和中欧：公元前 1100 年—前 800 年

Marc Van De Mieroop, *A History of the Ancient Near East, ca. 3000–323 BC*, 2nd edn. (Malden, Mass., and Oxford: Blackwell, 2007) 第 11—12 章。关于腓尼基人，现代最好的介绍是 Maria Eugenia Aubet, *The Phoenicians and the West: Politics, Colonies and Trade*, 第二版 (Cambridge: Cambridge University Press, 2001)。以色列的历史和考古是相当有争议的话题，Kathleen M. Kenyon, *The Bible and Recent Archaeology*, Roger Moorey 修订版 (London: British Museum Publications, 1987) 第 4—5 章对其有经典的描写。对《圣经》文本的清楚分析，参阅 *J. Maxwell Miller* 和 John H. Hayes, *A History of Ancient Israel and Judah*, 第二版 (London: SCM, 1999)。William

G. Dever, *What did the Biblical Writers Know and When Did They Know It? What Archaeology Can Tell Us About the Reality of Ancient Israel* (Grand Rapids, Mich., and Cambridge: Eerdmans, 2001) 巧妙地运用了考古学证据来支撑《圣经》中对于早期以色列历史的讲述。Israel Finkelstein 和 Neil A. Silberman, *The Bible Unearthed: Archaeology's New Vision of Ancient Israel and the Origin of its Stories* (New York and London: Simon and Schuster, 2001) 同样巧妙运用了考古学证据，但并不支持《圣经》中的讲述。依据新的放射性碳年代测定，他们认为一些关键遗址的时期应该从所罗门时期向后推。

关于这个时期的希腊世界，最好的介绍是：Robin Osborne, *Greece in the Making, 1200–479 BC* (London and New York: Routledge, 1996; 第二版 2009 年)，第二章，以及 Jonathan M. Hall, *A History of the Archaic Greek World ca. 1200–479 BCE* (Oxford: Blackwell, 2007)，第三章。关于勒夫坎第，关于图姆巴考古挖掘的第一篇论文依然很有教益：*Mervyn Popham, E. Touloupa, and L. H. Sackett, 'The Hero of Lefkandi'*, Antiquity, *56 (1981)*, 第 *169—174* 页，PDF 文件可在 http://antiquity.ac.uk/ant/056/Ant0560169.htm 免费浏览。介绍整个遗址的著作是：Christopher Mee 和 Antony Spawforth, *Greece: An Oxford Archaeological Guide* (Oxford: Oxford University Press, 2001)，第 337—341 页。

关于意大利、罗马和伊特鲁里亚人，参阅 T. J. Cornell, *The Beginnings of Rome: Italy and Rome from the Bronze Age to the Punic Wars (c. 1000–264 BC)* (London: Routledge, 1995)，第二章，以及 Graeme Barker 和 Tom Rasmussen, *The Etruscans* (Oxford: Blackwell, 1998)，第二章。关于中欧，有两本优秀的介绍：Anthony Harding, 'Reformation in Barbarian Europe, 1300–600 BC'，收入 Barry Cunliffe 主编的 *Prehistoric Europe: An Illustrated History* (Oxford: Oxford University Press, 1994)，第 304—335 页；以及 Barry Cunliffe, *Europe Between the Oceans: 9000 BC–AD 1000* (New Haven and London: Yale University Press, 2008)，第 228—269 页。

乌加里特的遗迹保存完好，就位于叙利亚北部现代拉塔基亚城外，是一个值得一去的地方。在以色列境内也有许多著名遗址。Jerome Murphy-O'Connor, *The Holy Land: An Oxford Archaeological Guide from Earliest Times to 1700*, 第五版 (Oxford: Oxford University Press, 2008) 就是一本优秀的指南。关于随后耶路撒冷神殿的历史，参阅 Simon Goldhill, *The Temple of Jerusalem* (London: Profile, 2004)。在 *Jerusalem: City of Longing*(Cambridge, Mass., and London: Belknap Press of Harvard University Press, 2008) 第二章，Goldhill 探讨了整个城市的历史。《圣经》中的有关章节包括《约书亚记》《士师记》《撒母耳记》和《列王纪》。

关于伊特鲁里亚，包括维爱，参阅后面第三章。撒丁岛上有许多石塔遗迹，腓尼基遗迹诺拉（Nora）也很值得一去。

第三章　希腊人、腓尼基人与西地中海：公元前 800 年—前 480 年

这一时期希腊历史和考古的最佳入门书籍是 Robin Osborne,*Greece in the Making, 1200–479 BC* (London and New York: Routledge, 1996; 第二版, 2009)；最新的概述是 Jonathan Hall, *A History of the Archaic Greek World, ca. 1200–479 BCE* (Oxford: Blackwell, 2007)。Walter Burkert, *The Orientalizing Revolution: Near Eastern Influence on Greek Culture in the Early Archaic Age* (Cambridge, Mass.: Harvard University Press, 1992) 介绍了公元前 7、前 8 世纪的东方化文化。

关于希腊人和腓尼基人在西地中海的冒险，有两部经典之作，分别是 John Boardman, *The Greeks Overseas: Their Early Colonies and Trade*, 第四版 (London: Thames and Hudson, 1999)，以及 Maria Eugenia Aubet, *The Phoenicians and the West: Politics, Colonies, and Trade*, 第二版 (Cambridge: Cambridge University Press, 2001)。

关于古代伊特鲁里亚，最著名的指南是 George Dennis, *The Cities and Cemeteries of Etruria* (1848)，1985 年 Pamela Hemphill 对其进行了编辑。D. H. Lawrence 的 *Etruscan Places*（1932 年，多次翻印）也常被提及。格雷姆·巴克和汤姆·拉斯马森的 *The Etruscans*(Oxford: Blackwell, 1998) 精彩地追溯了希腊人对伊特鲁里亚文明的影响，并对遗址的定位提供了很好的实用性建议（第 297—328 页）。

对波斯人历史与文化的生动介绍是大英博物馆的展品目录，由 John Curtis 和 Nigel Tallis 主编的 Forgotten Empire: The World of Ancient Persia(London: British Museum, 2005)。

《伊利亚特》和《奥德赛》有很多译本，最受读者喜爱的是 *Richmond Lattimore* 和 *Robert Fagle* 的诗体译本。企鹅经典系列（1987）里的《伊利亚特》是较好的散文译本，译者为 *Martin Hammond*。同样是企鹅经典系列，*E. V. Rieu* 对两部史诗的散文翻译最流畅、可读性最高的，美中不足的是少了点荷马史诗的感觉。

牛津世界经典系列 (Oxford: Oxford University Press, 1999) 中的 M. L. West, *Greek Lyric Poetry* 收集了一些诗歌的片段，生动描绘了公元前 6 世纪和前 7 世纪时希腊的贵族文化。在这方面，还有 Mary Renault 的精彩小说 *The Praise Singer* (London: John Murray, 1978)。关于视觉艺术，参阅 Robin Osborne 的 *Archaic and Classical Greek Art* (Oxford: Oxford University Press, 1998)。

本章中提到的很多地方都非常值得一游。从雅典可以很方便地到优卑亚岛

的埃雷特里亚，有一本最新的景点指南可供参考：Pierre Ducrey 等人的 *Eretria: A Guide to the Ancient City* (Fribourg: École Suisse d'Archéologie en Grèce, 2004)。Christopher Mee 和 Antony Spawforth 的 *Greece: An Oxford Archaeological Guide* (Oxford: Oxford University Press, 2001) 是一部优秀的指南，对埃雷特里亚和科林斯的景点都有提及。在意大利，极力推荐游览塔奎尼、维爱（伊索拉法尔内塞）、塞尔维托里（开雷）和沃尔西尼（奥尔维耶托）这些伊特鲁里亚景点。除了上述一般书籍之外，还可以参阅 Robert Leighton, *Tarquinia: An Etruscan City* (London: Duckworth, 2004)。对勇于探索的游客而言，伊朗西南部靠近设拉子的波斯波利斯是古代世界的最佳遗址之一，这方面最佳的指南是 A. Shapur Shahbazi 的 *The Authoritative Guide to Persepolis* (Tehran: Safiran, 2004)，在伊朗的各家书店都可以买到。

第四章　希腊、欧洲与亚洲：公元前 480 年—前 334 年

讲述这个时期历史的最好单册书籍，应是 Simon Hornblower, *The Greek World 479–323 BC* 第三版 (London: Routledge, 2002)。Robin Osborne 主编的 *Classical Greece: 500–323 BC* (Oxford: Oxford University Press, 2000) 也很有帮助。在魅力、智慧乃至可读性方面，希罗多德的《历史》（涵盖整个希腊世界，甚至更远）依然是无可匹敌的，在牛津世界经典系列中，有其现代翻译版本 (Oxford: Oxford University Press, 1998, 2008 年重印)，译者为 Robin Waterfield。波兰记者 Ryszard Kapuściński 的 *Travels with Herodotus* (London: Allen Lane, 2007) 对希罗多德的著作有独到而深刻的个人见解。Tom Holland 的 *Persian Fire* (London: Abacus, 2005) 是对波斯战争历史的最新讲述。

关于古典希腊，有一本唾手可得的论文集，即 Deborah Boedecker 和 Kurt A. Raaflaub 主编的 *Democracy, Empire, and the Arts in Fifth-Century Athens* (Cambridge, Mass., and London: Harvard University Press, 1998)。Mary Beard 的 *The Parthenon* (London: Profile, 2002) 精彩剖析了帕特农神庙和雅典卫城。Jeffrey M. Hurwit 的 *The Athenian Acropolis* (Cambridge: Cambridge University Press, 1999) 一书学术性更强，但也很易懂。就像修昔底德在自己书的导论中承认的那样，初读之下，他的《伯罗奔尼撒战争史》不如希罗多德的《历史》那么吸引人，但许多读者在读完《伯罗奔尼撒战争史》后觉得它更有富有深度与智慧。人人文库中 Richard Crawley 的翻译是最好的英文译本，虽已停印，但仍然很容易找到。牛津世界经典系列中 Martin Hammond 的最新译本 (Oxford: Oxford University Press, 2009) 同样值得推荐。

Paul Cartledge 的 *The Spartans: An Epic History* (London: Channel Four Books, 2002) 是对斯巴达历史的最佳介绍。Elizabeth Rawson 的 *The Spartan Tradition in European Thought* (Oxford: Clarendon Press, 1969, 1991 年重印) 追溯了后人对斯巴达传统的接受。要了解希腊人的北部邻邦, John Wilkes 的 *The Illyrians* (Oxford: Blackwell, 1992) 特别有帮助。有关色雷斯人, 可以阅读 R. F. Hoddinott 的 *The Thracians* (London: Thames and Hudson, 1981)。在诸多描写古代马其顿王国的书籍中, 我们特别挑选出 Eugene Borza 的 *In the Shadow of Olympus: The Emergence of Macedon* (Princeton: Princeton University Press, 1990)。

若要游览大英博物馆, 帕特农雕塑是必不可少的。在希腊, 虽然帕特农神殿正处于大范围修复阶段, 但雅典卫城之旅仍是一次壮观的体验。雅典的考古学博物馆和新建的卫城博物馆都是最好的博物馆。从基克拉泽斯群岛的米科诺斯出发, 很容易到达提洛联盟的中心, 神圣的提洛岛。最后, 位于爱琴的马其顿旧都埃迦伊 (Aegae), 即韦尔吉纳 (Vergina), 也值得一游, 主要是这里发现的马其顿贵族墓室 (包括二号墓, 几乎可以确定是腓力二世之墓)。

第五章 亚历山大大帝与希腊化世界:公元前 334 年—前 146 年

关于亚历山大大帝的生平和战绩, Robin Lane Fox 的 *Alexander the Great* (London: Allen Lane, 1973) 依然是最好的作品。而 Mary Renault 的小说 "亚历山大三部曲" *Fire from Heaven* (1970), *The Persian Boy* (1973) 和 *Funeral Games* (1981) 一直写到继承者时代早期。

对希腊化王国最好的概述是 Frank Walbank 的 *The Hellenistic World,* 第二版 (London: Fontana, 1992), 而 Andrew Erskine 主编的 *A Companion to the Hellenistic World* (Oxford: Blackwell, 2003) 则对其做了非常好的补充。Geoffrey Lloyd 的 *Greek Science after Aristotle* (New York and London: W. W. Norton, 1973) 介绍了希腊化时期的科学和数学。

Peter Green 的 *Alexander to Actium: The Hellenistic Age* (London: Thames & Hudson, 1990) 生动描写了希腊的艺术和建筑。R. R. R. Smith 的 *Hellenistic Royal Portraits* (Oxford: Clarendon Press, 1988) 是关于希腊化时期统治者的扛鼎之作, 或可阅读他更简短的 *Hellenistic Sculpture* (London: Thames & Hudson, 1991)。

Barry Cunliffe 的 *The Ancient Celts* (Oxford: Oxford University Press, 1997) 探讨了拉坦诺凯尔特人的文化和凯尔特人的迁徙历史。

对于罗马来到希腊化东方, Walbank 的 *Hellenistic World* 中仅仅加以简单的叙述, 而 Erich Gruen 的 *The Hellenistic World and the Coming of Rome* (Berkeley, Los

Angeles and London: University of California Press, 1984) 进行更加详细的探讨。

在文中提到的各遗址中，最著名的无疑是土耳其西部阿塔罗斯王朝的首都帕加马（今天的贝尔加马），George Bean 的 *Aegean Turkey*，第二版 (London: John Murray, 1989, 第 45—69 页) 是一篇很有帮助的指南。同样位于土耳其西部的普里埃内（Priene）遗址风景优美，从中可以很好地感受到一座希腊化小城的布局和结构，参阅 Frank Rumscheid and Wolf Koenigs, *Priene: A Guide to the 'Pompeii of Asia Minor'* (Istanbul: Ege Yayınları, 1998)。

第六章　罗马、迦太基与西方：公元前 500 年—前 146 年

关于这个时期，有各式各样的叙述和分析。T. J. Cornell 的 *The Beginnings of Rome: Italy and Rome from the Bronze Age to the Punic Wars (c. 1000–264 BC)* (London: Routledge, 1995) 是现代对罗马早期历史讲述得最详细的一部作品。而《剑桥古代史》第二版第八卷 *Rome and the Mediterranean to 133 BC* (Cambridge: Cambridge University Press, 1989) 则对读者了解后面的历史非常有帮助。Harriet Flower 的 *The Cambridge Companion to the Roman Republic* (Cambridge: Cambridge University Press, 2004) 对一系列广泛的话题做了很好的介绍。对于直到公元前 2 世纪中叶罗马宗教的分析，可以阅读 Mary Beard、John North 和 Simon Price 共同编著的 *Religions of Rome*，两卷本 (Cambridge: Cambridge University Press, 1998)，第一卷，第 1—113 页。关于拉丁语，可以参阅 James Clackson 和 Geoffrey Horrocks 的 *The Blackwell History of the Latin Language* (Malden, Mass., and Oxford: Blackwell, 2007)，第 37—76 页。关于不同历史时期的罗马人对罗慕路斯的认识，参阅 Augusto Fraschetti 的 *The Foundation of Rome* (Edinburgh: Edinburgh University Press, 2005)。

波利比乌斯的 *The Rise of the Roman Empire*，第六卷（企鹅经典系列，Ian Scott-Kilvert 译，1979）对罗马宪政的优势有非常经典的讲述。Ursula K. Le Guin 的 *Lavinia* (New York: Houghton Mifflin Harcourt, 2008) 通过拉维妮娅和穿越时空的维吉尔的眼睛，对早期的拉丁姆地区进行了迷人的想象。

在罗马历法方面，参阅 Mary Beard、John North 和 Simon Price, *Religions of Rome*, 两卷本 (Cambridge: Cambridge University Press, 1998)，第二卷，第 60—77 页（对一些关键的记录进行了翻译）。Bonnie Blackburn 和 Leofranc Holford-Strevens 的 *The Oxford Companion to the Year* (Oxford: Oxford University Press, 2003)，第 669—692 页和 Leofranc Holford-Strevens 的 *The History of Time: A Very Short Introduction* (Oxford: Oxford University Press, 2005)，第三章都是大师级的介绍性作品。

关于伊特鲁里亚人，可参见本书第 3 章。Barry Cunliffe 的论文 Iron Age

Societies in Western Europe and Beyond, 800–140 BC 被收录于他主编的 *Prehistoric Europe: An Illustrated History* (Oxford: Oxford University Press, 1994), 第 336—372 页, 以及他的 *Europe Between the Oceans: 9000 BC–AD 1000* (New Haven and London: Yale University Press, 2008), 第 317—363 页, 都对这一时期的中欧进行了精彩的介绍。

关于罗马城, 参阅 Claudia Moatti 的 *In Search of Ancient Rome* (London: Thames and Hudson, and New York: Abrams, 1993), 该书图文并茂地介绍了罗马城, 而最好的指南是 Amanda Claridge 的 *Rome, Oxford Archaeological Guides* (Oxford: Oxford University Press, 1998); 第 3—9 页, 详细列举了与本章有关的罗马各处遗址。在罗马的朱利亚别墅国立伊特鲁里亚博物馆 (Museo Nazionale Etrusco di Villa Giulia), 可以看到包括皮尔吉的金色牌匾在内的伊特鲁里亚的重要发现。关于值得一游的伊特鲁里亚遗址, 见第三章的延伸阅读。在迦太基, 由联合国教科文组织资助的国际考古研究成果丰硕, 见 http://www.municipalite-carthage.tn/en/visiter.htm。

第七章　罗马、意大利和帝国：公元前 146 年—公元 14 年

对这一时期的权威叙述及分析, 可以参阅《剑桥古代史》, 第二版, 第九卷 *The Last Age of the Roman Republic 146–43 BC*, 及第十卷 *The Augustan Empire 43 BC–AD 69* (Cambridge: Cambridge University Press, 1994 and 1996)。关于罗马的宗教, 可以阅读 Mary Beard、John North 和 Simon Price 的 *Religions of Rome*, 两卷本 (Cambridge: Cambridge University Press, 1998), 第一卷, 第 114–210 页。Denis Feeney 的 *Caesar's Calendar: Ancient Time and the Beginnings of History* (Berkeley: University of California Press, 2007) 清楚地揭示了罗马从古至今的纪年系统和对历史的认识。Claude Nicolet 的 *Space, Geography, and Politics in the Early Roman Empire* (Ann Arbor: University of Michigan Press, 1991) 对罗马帝国主义与空间的概念和组织之间的关系进行了开创性的讲述。Andrew F. Wallace-Hadrill 的 *Rome's Cultural Revolution* (Cambridge: Cambridge University Press, 2008) 对罗马共和时代后期的"双语文化"进行了精彩的分析。而关于提比略·格拉古和恺撒之死的讨论, 可以参阅 T. P. Wiseman 的 *Remembering the Roman People: Essays on Late-Republican Politics and Literature* (Oxford: Oxford University Press, 2008), 第 177—234 页。

关于同时代人对致使罗马分裂的因素的分析, 参阅萨卢斯特的 *The Jugurthine War and Catiline's War*, A. J. Woodman 译, 收录在企鹅经典系列

(2007)。维吉尔的《埃涅阿斯纪》译本无数,最好的一本或许是约翰·德莱顿或 Robert Fagles 的译本,最新的散文译本是 David West 翻译的(均收录于企鹅经典系列)。

关于公元前 1 世纪早期的政治生活,参阅 Robert Harris 的 *Imperium* (London: Hutchinson, 2006),书中讲述了年轻的西塞罗对腐败的西西里总督瓦勒斯(Verres)的控诉。

去罗马的游客应该随身携带一本 Amanda Claridge 的 *Rome, Oxford Archaeological Guides* (Oxford: Oxford University Press, 1998),9—14 页特别指出了本章中提及的罗马遗址。比布拉克特(勃艮第南部的贝弗莱山)就是一处很好的遗址,山脚下有一座精美的凯尔特文明博物馆(http://www.bibracte.fr/en)。在欧坦(古代的奥古斯托杜努姆)也有一座很好的博物馆。昂特利蒙(Entremont,就坐落于普罗旺斯艾克斯北部)和迈亚克(Mailhac,靠近贝济耶)都是公元前 2 世纪时的奥皮杜姆,参阅 Henry Cleere 的 *Southern France* (Oxford: Oxford University Press, 2001),第 75 页,第 126—129 页。在科尔切斯特城堡博物馆 (http://www.colchestermuseums.org.uk/),可以见到源自斯坦韦的"德鲁伊"葬礼,而这座博物馆就建在皇帝克劳狄一世的神殿之上。关于庞贝古城的历史和考古,有下面几部优秀的介绍:Joanne Berry 的 *The Complete Pompeii* (London: Thames and Hudson, 2007); Roger Ling 的 *Pompeii: History, Life and Afterlife* (Stroud: Tempus, 2005); Alison E. Cooley 的 *Pompeii* (London: Duckworth, 2003) 和 Filippo Coarelli 的 *Pompeii* (New York: Riverside, 2002),这本是从意大利语翻译过来的,质量不太好。这方面有一个很有用的网站:http://www.pompeiisites.org/。Mary Beard 的 *Pompeii: The Life of a Roman Town* (London: Profile, 2008) 是一本杰作。

关于中世纪对维吉尔的接受,可以阅读 Domenico Comparetti 的 *Vergil in the Middle Ages* (London: Sonnenschein; New York: Macmillan, 1895; Princeton: Princeton University Press 重印, 1997),本书最早出版于 1872 年,原文是意大利文,但至今读来依然趣味盎然。

Quentin Skinner 的 *Machiavelli: A Very Short Introduction* (Oxford: Oxford University Press, 2000) 强调了马基雅弗利对古典人文主义的借鉴(有一定争议)。

关于莎士比亚笔下的罗马,最好的著作是 Robert S. Miola 的 *Shakespeare's Rome* (Cambridge: Cambridge University Press, 1983) 和 Coppélia Kahn 的 *Roman Shakespeare: Warriors, Wounds, and Women* (London: Routledge, 1997)。

Lynn Gamwell 和 Richard Wells 主编的 *Sigmund Freud and Art* (London: Thames and Hudson, 1989) 讨论了弗洛伊德的文物收藏。其中许多可以在位于伦敦的弗洛伊德故居中看到 (http://www.freud.org.uk/)。他在维也纳的故居也被改建成了博物

馆 (http://www.freud-museum.at/)。

第八章 罗马帝国：公元 14 年—284 年

罗马帝国的最佳单卷本介绍是 Colin Wells 的 *The Roman Empire,* 第 2 版 (London: Fontana, 1992)。《剑桥古代史》第 2 版的第 10 卷：*The Augustan Empire 43 BC–AD 69*；第 11 卷：*The High Empire AD 70–192* 和 第 12 卷：*The Crisis of Empire AD 193–337* (Cambridge: Cambridge University Press, 1996, 2000 and 2005) 都是十分权威的叙述和分析。Fergus Millar 的 *Government, Society, and Culture in the Roman Empire* (Chapel Hill, NC, and London: University of North Carolina, 2004) 是关于罗马各行省的管理和文化的论文集。

塔西佗的《编年史》有两部优秀的现代版本，一部为 A. J. Woodman 所译 (Indianapolis: Hackett, 2004)，另一部是 John Yardley 所译，后者是牛津世界经典系列之一 (Oxford: Oxford University Press, 2008)。《阿格里科拉传》和《日耳曼尼亚志》也被收入牛津世界经典的同一卷中，译者是 Anthony Birley。

Greg Woolf 的 *Becoming Roman: The Origins of Provincial Civilization in Gaul* (Cambridge: Cambridge University Press, 1998) 探讨了西部行省"罗马化"的整个问题。James Adams 的 *Bilingualism and the Latin Language* (Cambridge: Cambridge University Press, 2003) 对西部行省是如何保留本土语言的这一问题进行了权威的分析。

关于罗马不列颠的历史，David Mattingly 的 *An Imperial Possession: Britain in the Roman Empire* (London: Allen Lane, 2006) 是一部权威作品。想要了解布狄卡和她身后的名声，Richard Hingley 和 Christina Unwin 的 *Boudica: Iron Age Warrior Queen* (London and New York: Hambledon Continuum, 2005) 是一个很好的切入点。来自哈德良长城的文德兰达书写板陈列在大英博物馆，读者也可以在 http://vindolanda.csad.ox.ac.uk/ 在线浏览。

Martin Goodman 的 *Rome and Jerusalem: The Clash of Ancient Civilizations* (London: Allen Lane, 2007) 讲述了罗马和犹太人之间的几次战争。关于帕提亚人和萨珊人，在 Maria Brosius 的 *The Persians: An Introduction* (London and New York: Routledge, 2006) 中有很多有趣的内容。

在不列颠，最壮观的罗马历史遗迹无疑是哈德良长城 (http://www.hadrians-wall.org/)。菲什伯恩 (http://www.sussexpast.co.uk/) 也很值得一游，参阅 Barry Cunliffe 的 *Fishbourne Roman Palace* (Stroud: Tempus, 1998)。法国的比布拉克特和奥坦也非常值得一去（见第七章的延伸阅读）。J. Bromwich 的 *The Roman Remains of Northern and Eastern France: A Guidebook* (London and New York: Routledge, 2003)，第 312—323 页描绘了兰斯的罗马遗迹。Henry Cleere 的 *Southern France* (Oxford: Oxford University Press, 2001)，第 45—47 页对拉格劳费森科遗址进行了简短的介绍。

在希姆林戈杰的发现藏于哥本哈根的国家博物馆 (http://www.nationalmuseet.dk)。最后，你绝不能错过美丽的阿佛洛狄忒西亚（包括它非凡的雕塑博物馆，其中有塞巴斯蒂昂发现的浮雕），可浏览 http://www.nyu.edu/projects/aphrodisias/。

第九章 罗马帝国晚期：公元 284 年—425 年

Peter Brown 的 *The World of Late Antiquity: From Marcus Aurelius to Muhammad* (London: Thames and Hudson, 1971; 2004 年重印，改名为 *The World of Late Antiquity: AD 150–750*) 开创了古代晚期的研究，至今依然是一部图文并茂、趣味盎然的作品。Averil Cameron 的 *The Later Roman Empire: AD 284–430* (London: Fontana, 1993) 是最佳的简短介绍，而要想了解这个时期的完整记录，可阅读《剑桥古代史》第 2 版的第 12 卷：*The Crisis of Empire: AD 193–337* 和第 13 卷：*The Late Empire: AD 337–425* (Cambridge: Cambridge University Press, 2005 and 1998)。要想了解公元 4 世纪宗教上所发生的变化，可以阅读 Mary Beard、John North 和 Simon Price 的 *Religions of Rome*，两卷本 (Cambridge: Cambridge University Press, 1998)，第一卷，第 364—388 页。

关于尤西比乌斯作为历史学家和纪年学家在历史上的重要性，可以阅读 A. D. Momigliano 的 *The Classical Foundations of Modern Historiography* (Berkeley: California University Press, 1990)，第 6 章，以及 Anthony Grafton 和 Megan Williams 的 *Christianity and the Transformation of the Book: Origen, Eusebius, and the Library of Caesarea* (Cambridge, Mass., and London: Belknap Press of Harvard University Press, 2006)。关于一般意义上的年代，可以阅读 Bonnie Blackburn 和 Leofranc Holford-Strevens 的 *The Oxford Companion to the Year* (Oxford: Oxford University Press, 2003)，第 762—790 页，以 及 Leofranc Holford-Strevens, *The History of Time: A Very Short Introduction* (Oxford: Oxford University Press, 2005)。

Peter Brown 的 *Augustine of Hippo: A Biography* (New York: Dorset Press, London: Faber and Faber, 1967; 重印于 2000 年) 是一部经典的传记。对于 Henry Chadwick 翻译的《忏悔录》(Oxford: Oxford University Press, 1991) 和 Henry Bettenson 翻译的《上帝之城》(Penguin Classics series, 1984)，怎么表扬都不为过。

关于文献的流传，L. D. Reynolds 和 N. G. Wilson 的 *Scribes and Scholars: A*

Guide to the Transmission of Greek and Latin Literature, 第三版 (Oxford: Clarendon Press, 1991) 清楚地讲述了古代的文本是怎样流传下来的。关于西奈抄本，可以通过 http://www.codexsinaiticus.org/en/ 在线浏览，这个网站展示了分散在大英博物馆、俄罗斯国家博物馆、西奈的圣凯瑟琳修道院和莱比锡大学博物馆尚存的 800 页《圣经》的图片。

关于罗马城，我们再次推荐 Amanda Claridge 的 *Rome, Oxford Archaeological Guides* (Oxford: Oxford University Press, 1998), 第 22—27 页列举本章中提到的罗马遗址。在德国，特里尔是保存最好的古罗马城市，参阅 Edith M. Wightman 的 *Roman Trier and the Treveri* (London: Hart-Davis, 1970), 第 71-123 页。关于德国北部的遗址，可参阅 Joachim von Elbe 的 *The Romans in Cologne and Lower Germany* (Düsseldorf: Ursula Preis Verlag, 1995)。在法国，有一些豪华的乡村别墅，如 Montaurin（南部比利牛斯）; Loupian（蒙彼利埃西南部），参阅 Henry Cleere 的 *Southern France, Oxford Archaeological Guides* (Oxford: Oxford University Press, 2001)。关于圣 - 吉扬 - 勒德塞尔，可以阅读 Frédérique Barbut 的简介 *Saint-Guilhem-le-Désert* (Rennes: Éditions Ouest-France, 2001)。想了解更多实用信息，可以浏览 http://www.saint-guilhem-le-desert.com。在西班牙，一些城市有重要的早期基督教建筑物，如塔拉戈纳（Tarragona）、梅里达（Mérida）和安普利亚斯（Ampurias）。在卡兰克（Carranque）有一座宏伟的乡村别墅，参阅 Roger Collins 的 *Spain, Oxford Archaeological Guides* (Oxford: Oxford University Press, 1998)。关于鲁灵斯通别墅，参阅 Michael Fulford 的 *Lullingstone Roman Villa, Kent* (London: English Heritage, 2003)。想了解游览此地的更多信息，可以浏览 http://www.english-heritage.org.uk/server/show/nav.14714，绘画现藏于大英博物馆。

关于君士坦丁堡 / 伊斯坦布尔，参阅 Hilary Sumner-Boyd 和 John Freely 的 *Strolling through Istanbul: A Guide to the City* (London: Kegan Paul, 2003), 那些铜蛇柱遗迹现今还可以看到。关于巴勒斯坦，在第 2 章的延伸阅读，以及 Oleg Grabar 的 *The Dome of the Rock* (Cambridge, Mass., and London: Belknap, 2006)。关于黎凡特地区后来的精彩拼贴画，参阅 Glen W. Bowersock 富有想象力的作品 *Mosaics as History: The Near East from Late Antiquity to Islam* (Cambridge, Mass.: Harvard University Press, 2006)。

关于此后的历史，有许多优秀的书籍可以查阅。关于东方，有 Mark Whittow 的 *The Making of Orthodox Byzantium, 600–1025* (London: Macmillan, 1996)。关于西方，则有 Peter Brown 的 *The Rise of Western Christendom: Triumph and Diversity, AD 200–1000*, 第二版 (Oxford: Blackwell, 2003)。Bryan Ward-Perkins 的 *The Fall of Rome and the End of Civilization* (Oxford: Oxford University Press, 2005) 认为这

个时期出现了巨大的断裂，而 Julia Smith 的 *Europe after Rome: A New Cultural History 500–1000* (Oxford: Oxford University Press, 2005) 则强调了中世纪早期的活力。Chris Wickham 的 *The Inheritance of Rome: A History of Europe from 400 to 1000* (London: Allen Lane, 2009) 从爱尔兰一直讲到黎凡特，探讨了这一时期的动荡和成就。

年代表

公元前700年以前的所有年代都是推定的大概时间。围绕公元前第二千年爱琴海世界的历史年代，有很多争议，有的偏"高"，有的偏"低"，我们选取了可能正在形成的折中方案。

	西方世界	爱琴海世界	近东
公元前 1900 年		前 1900—前 1750 年 克里特岛上的第一宫殿时期	
公元前 1800 年		前 1750—前 1430 年 克里特岛上的第二宫殿时期（或称新宫殿时期）	
公元前 1500 年			前 1550—前 1070 年 埃及新王国时期
			前 1530—前 1155 年 下美索不达米亚的喀西特王朝
		前 1430—前 1350 年 迈锡尼人支配的克诺索斯	前 1420—前 1200 年 小亚细亚中部的赫梯人"新王国"
公元前 1400 年		前 1400—前 1200 年 希腊本土的宫殿（迈锡尼、梯林斯、皮洛斯、底比斯）	前 1400—前 1050 年 上美索不达米亚的亚述王朝
		前 1350 年 克里特岛上宫殿政体的终结，而在干尼亚一直延续到前 1200 年	
		前 1350—前 1300 年 特洛伊 VIh	

	西方世界	爱琴海世界	近东
公元前 1300 年	前 1300—前 700 年 西欧青铜时代晚期：瓮棺时期	前 1300—前 1210 年 特洛伊 VIIa	
公元前 1200 年		前 1200—前 1070 年 希腊本土的后宫殿时期	前 1200 年 以色列人"征服"迦南（传统年代）
公元前 1100 年		前 1070—前 900 年 爱琴海地区的铁器时代早期	前 1070—前 712 年 埃及：第三中间期（没有统一的政府）
公元前 1000 年			前 1010—前 970 年 大卫（以色列国王）在位
		前 950 年 勒夫坎第"图姆巴"遗址	前 970—前 930 年 所罗门（以色列国王）在位
			前 969—前 936 年 希兰一世（推罗国王）在位
公元前 900 年	前 900—前 700 年 意大利半岛中部的铁器时代早期或维兰诺瓦时期		前 883—前 610 年 新亚述帝国
公元前 800 年	前 800—前 750 年 西地中海最早的腓尼基和希腊殖民地	前 800—前 700 年 希腊本土城邦的出现；希腊世界的"东方化"时期	
	前 770 年 皮塞库萨（那不勒斯湾）的建立	前 776 年 第一届奥运会的传统年代 前 775 年 最早的希腊字母书写	前 775 年 阿尔－米那（叙利亚）的建立
	前 753 年 罗慕路斯建立罗马城一个传统年代		
	前 730 年 皮塞库萨"涅斯托尔的酒杯"		
公元前 700 年	前 700—前 475 年 意大利半岛中部的伊特鲁里亚文明	前 700 年 赫西俄德《神谱》	
		前 700—前 650 年 《伊利亚特》和《奥德赛》被记录下来	
			约前 620 年 《希伯来圣经》第一版
			前 616—前 608 年 亚述帝国被巴比伦人和米底人灭亡

	西方世界	爱琴海世界	近东
公元前600年	前600年 马西利亚（马赛）的建立		前605—前539年 新巴比伦王国
	前600—前500年 西欧希腊化的哈尔施塔特酋邦		
		前582—前573年 泛希腊竞技会，德尔斐竞技会（前582年）、地峡竞技会（约前582年）和尼米亚竞技会（前573年）	前586年 尼布甲尼撒攻占耶路撒冷；犹太人沦为巴比伦之囚
			前550—前330年 近东的波斯帝国：居鲁士（前550—前530年在位），冈比西斯（前530—前522年在位），大流士（前522—前486年在位），薛西斯（前486—前465年在位）
			约前550年《希伯来圣经》第二版
			前539年 波斯征服巴比伦
			前525年 波斯征服埃及
	前507年 罗马最后一个国王被驱逐；罗马共和国建立	前508/7年 雅典克里斯提尼的民主改革	
公元前500年	前500年 塞纳河畔沙蒂永的维克斯墓葬	前499—前494年 爱奥尼亚人反叛波斯	
		前490年 马拉松战役	
		前480—前478年 薛西斯入侵希腊	
		前478年 提洛同盟建立	
		前461年 雅典和阿尔戈斯结盟	
	前450年 中欧的拉坦诺文化发源（终结于前50年前后）	前458年 埃斯库罗斯的《奥瑞斯提亚》三部曲	
		前447—前433年 雅典建造了万神殿	

	西方世界	爱琴海世界	近东
		前431—前404年 雅典和斯巴达之间的伯罗奔尼撒战争	
		前5世纪20年代 希罗多德的《历史》；赫兰尼库斯的《阿尔戈斯的女祭司》	
		前415—前413年 雅典人远征西西里岛	
公元前400年	前396年 罗马攻占维爱	约前400年 修昔底德的《伯罗奔尼撒战争史》	前401年 色诺芬的《长征记》
	前386年 高卢人进攻罗马	前386年 希腊本土的国王和平	
		前382年 斯巴达攻占底斯的卡德米亚	
		前371年 底比斯在留克特拉战役中击败斯巴达	
		前369年 美塞尼建立	
		前359—前336年 马其顿的腓力二世在位	
	前338年 罗马强行在拉丁国家殖民	前338年 腓力二世在喀罗尼亚战役中击败雅典和底比斯	
		前336—前323年 马其顿的亚历山大三世（大帝）在位	
		前335年 亚历山大摧毁底比斯	
			前334年 亚历山大入侵亚洲
			前332年 亚历山大里亚建立
			前331—前330年 波斯首都被攻占
			前327—前325年 亚历山大入侵印度
	约320年 马西利亚的皮基亚斯的航行		前323年 亚历山大死于巴比伦
		前310年 亚历山大四世去世	
		前306年 独眼安提柯称王	

	西方世界	爱琴海世界	近东
公元前 300 年		前 301 年 伊普苏斯战役；安提柯去世	前 305—前 282 年 埃及托勒密一世在位
		前 287—前 211 年 叙拉古的阿基米德（数学家）	前 285—前 194 年 昔兰尼的埃拉托色尼（亚历山大里亚图书馆馆长）
	前 264—前 241 年 第一次布匿战争；西西里成为罗马的第一个海外行省	前 279 年 凯尔特人入侵希腊	前 279/8 年 亚历山大里亚第一次庆祝托勒密节
		前 240—前 197 年 阿塔罗斯一世在位（帕加马阿塔罗斯王朝）	前 223—前 187 年 安条克三世在位（亚洲的塞琉古王朝）
	前 218—前 202 年 第二次布匿战争（又称汉尼拔战争）	前 221—前 179 年 腓力五世在位（马其顿安提柯王朝）	
公元前 200 年		前 197—前 158 年 欧迈尼斯二世在位（帕加马阿塔罗斯王朝）	
		前 190 年 马格尼西亚战役；塞琉古王朝在小亚细亚的统治结束	
		前 179—前 168 年 珀尔修斯在位（马其顿安提柯王朝）	前 175—前 164 年 安条克四世在位（亚洲的塞琉古王朝）
		前 168 年 皮德纳战役；马其顿安提柯王朝告终	前 167 年 安条克四世镇压犹太教；犹太人反抗的开始（《但以理书》和《马加比书》的写作背景）
	前 149—前 146 年 第三次布匿战争	前 148 年 罗马马其顿行省建立	
	前 146 年 迦太基被攻占；阿非利加行省建立	前 146 年 科林斯被攻占；马其顿行省延伸到希腊南部	
	前 133 年 提比略·格拉古担任护民官		
	前 123—前 122 年 盖乌斯·格拉古两次担任护民官		
公元前 100 年	前 91—前 89 年 "同盟战争"；意大利半岛居民成为罗马公民		

年代表

西方世界	爱琴海世界	近东
		前89—前63年 罗马和本都的米特拉达悌六世
		前86年，罗马人攻占雅典
前55、前54年 恺撒入侵不列颠		
前52年 恺撒完成对高卢的征服		
前49—前44年 恺撒主导罗马		
前44年，恺撒被刺杀		
前31年—公元14年 皇帝奥古斯都在位（从前27年之后才被称为"恺撒-奥古斯都"）		
前19年 维吉尔去世		前37—前4年 犹太地的希律王在位
公元元年		
		6年 居里扭的人口普查
14—68年 儒略-克劳狄王朝：提比略（14—37年在位），卡里古拉（37—41年在位），克劳狄（41—54年在位），尼禄（54—68年在位）		约30年 耶稣被钉死在十字架
43年 罗马入侵不列颠	1世纪40年代后期和50年代 保罗在希腊世界传教	
60—61年 不列颠的布狄卡起义		公元66—70年 犹太地的犹太人起义；圣殿被毁
69年 四帝之年：伽尔巴、奥托、维特里乌斯和韦斯帕芗		
69—96年 弗拉维王朝：韦斯帕芗（69—79年在位），提图斯（79—81年在位），图密善（81—96年在位）		1世纪80年代?《使徒行传》成书
78—84年 阿格里科拉任不列颠总督		

	西方世界	爱琴海世界	近东
	96—98年 涅尔瓦在位		
公元100年	98—117年 图拉真在位		
	98年 塔西佗《阿格里科拉传》		
	约110—120年 塔西佗《编年史》		
	117—138年 哈德良在位	131/2年 泛希腊同盟建立	132—135 犹太地的巴尔·科赫巴起义
	138—192 安敦宁王朝：安东尼·庇护（138—161年在位），马可·奥勒留（161—180年在位），卢基乌斯·韦鲁斯（共治，161—166年在位），康茂德（180—192年在位）		
	192—235年 塞维鲁王朝：塞普蒂米乌斯·塞维鲁（193—211年在位），卡拉卡拉（211—217年在位），埃拉加巴卢斯（218—222年在位），亚历山大·塞维鲁（222—235年在位）		
公元200年	249年 德基乌斯在位时基督徒受到迫害		240—272年 沙普尔一世在位（波斯）
		267/8年 哥特人攻占雅典	260年 沙普尔一世俘虏罗马皇帝瓦勒良
	284—305年 戴克里先在位		
公元300年	303—304 基督徒受到"大迫害"		
	306—337年 君士坦丁在位		
		324年 君士坦丁堡建立	
	337—361年 君士坦提乌斯二世在位		

年代表

续表

	西方世界	爱琴海世界	近东
	354—430年 奥古斯丁（395—430年任希波主教；397/400年完成《忏悔录》；413—425年完成《上帝之城》）		
	360—363年 尤利安在位		363年 尤利安死于远征波斯途中
	约371—397年 马丁任图尔主教		
	379—395年 狄奥多西一世在位		
公元400年	410年 罗马被攻占		